〔英〕温斯顿·丘吉尔

二战回忆录

从德黑兰到罗马

〔英〕温斯顿·丘吉尔◎著

蔡　亮◎译

吉林出版集团股份有限公司 | 全国百佳图书出版单位

图书在版编目（CIP）数据

从德黑兰到罗马/（英）温斯顿·丘吉尔著；蔡亮译.--
长春：吉林出版集团股份有限公司，2023.7（2025.10重印）
（二战回忆录）
ISBN 978-7-5581-7124-6

Ⅰ.①从… Ⅱ.①英…②蔡… Ⅲ.①丘吉尔（
Churchill，Winston Leonard Spencer 1874—1965）—回忆
录②第二次世界大战—史料 Ⅳ.① K835.167=5 ② K152

中国版本图书馆 CIP 数据核字（2020）第 167426 号

审图号：GS（2021）134 号

二战回忆录
CONG DEHEILAN DAO LUOMA

从德黑兰到罗马

著　　者：〔英〕温斯顿·丘吉尔
译　　者：蔡　亮
出版策划：崔文辉
责任编辑：徐巧智
出　　版：吉林出版集团股份有限公司（www.jlpg.cn）
　　　　　（长春市福祉大路 5788 号，邮政编码：130118）
发　　行：吉林出版集团译文图书经营有限公司
　　　　　（http://shop34896900.taobao.com）
电　　话：总编办 0431-81629909　　营销部 0431-81629880/81629900
印　　刷：河北延风印务有限公司
开　　本：720mm×1000mm　1/16
印　　张：26
字　　数：375 千字
版　　次：2023 年 7 月第 1 版
印　　次：2025 年 10 月第 2 次印刷
书　　号：ISBN 978-7-5581-7124-6
定　　价：70.00 元

印装错误请与承印厂联系　　电话：0316-3650563

致　　谢

　　我应该再次感谢丹尼斯·凯利先生、伍德先生、迪金上校、艾伦海军准将、陆军中将亨利·博纳尔爵士。我之前的各卷就是在他们的帮助下完成的。我也要感谢其他许多审阅过原稿并且提出了意见的人。

　　在关于空军的资料方面，空军元帅盖伊·加罗德爵士给了很大帮助，很感谢他。

　　在本卷的写作中，伊斯梅勋爵和其他朋友依然给了我帮助。

　　我能将某些官方文件的原文复制在本书中，有赖于英王陛下的同意，我在这里表示特别感谢。按法律规定，这类文件的王家版权属于英王陛下政府文书局局长。本书所刊载的某些电文，考虑到保密的因素，应英王陛下政府的要求，由我根据原来的意思加以改动，但是并没有改变原来的含义。

　　我要感谢罗斯福财物保管理事会以及我的一些其他好友，前者同意了我在本书中引用总统的一些电报，后者同意发表他们的一些私人信件。

温斯顿·斯宾塞·丘吉尔

序　言①

在 1942 年冬天到 1943 年春天，我们的命运有了决定性的转变。从 1943 年 6 月到 1944 年 6 月一年间，西方盟国攻克了西西里岛，发起了对意大利的进攻，推翻了墨索里尼的政权，从而让意大利倾向于我们，这一切都得益于海面已经被我们控制，德国的潜艇被我们制服，我们的空中优势不断加强。希特勒和他占领的周边国家因此而变得孤立无援，更加因为德国从东边发起的大规模进攻而完全被包围。与此同时，日本也在无可奈何的情况下由攻转守，这让他们无法保全所占领的大片地域。

联合国家面临的危险现在已经是僵局，而不再是以前的失败。攻入德国和日本这两个侵略国家的国境，从他们手里解救出被征服的人民，是联合国家当前所面临的艰巨任务。在夏季的时候，英国和美国在魁北克和华盛顿召开了会议，11 月，英国、美国和苏联三个主要盟国又在德黑兰开会。开会的目的，都是为了面对这个世界性问题。除了在方法和侧重点方面有很严重的分歧外，三个国家的目标、为共同事业全力以赴的决心是一样的。而之所以会在方法和侧重点上有不同看法，是因为三个主要盟国总是很自然地站在不同角度考虑需要做出决定的问题。但在重大问题上，我们仍然达成了一致意见，这也是我即将要加以叙述的事情。这

---

① 本册及上册《战胜意大利》在英文原版中同属一卷。——译注

一叙述，一直会持续到解放罗马，以及英国和美国横跨英吉利海峡攻入诺曼底半岛之前。

我仍然准备站在英国首相兼国防大臣的立场上为历史添砖加瓦，即沿袭在上几卷所用的方法。我能够做到这一点，是因为我的指令、电报和备忘录都是在当时写的，而不是在事后写的。我没有接受一些人的建议，即在本卷中同时加入对上述大部分文件的回复。我这样做，完全是因为我认为这一卷应该更加精准和紧凑。此时，我认为还需要再写一卷，全部历史的叙述才能完成。因此，我必须对那些认为本卷不能充分表现他们看法的人士表示歉意。

本卷所叙述的事件，从发生到现在已经有七年多时间。在这七年当中，国际关系瞬息万变，许多往日的敌人成了朋友，甚至是盟友，而昔日的同伴之间却出现了深深的裂缝，或许更加严重的危机正在酝酿。既然如此，一些国家的读者，难免会对本卷引用的电报、备忘录和会议报告所包含的一些情绪和措辞感到不快。关于这个问题，我只能给出如下答案：这些文件具备历史价值；在当时，我们进行的是一场残酷而骇人的战争，没有谁会在事关生死存亡的战争中，用更加柔和的语气对待想毁灭自己的敌人；何况，倘若把当时对敌国说的那些尖锐的话改得更加温和，将无法重现当时的真实情况。所幸，一切伤痛都会被时间和事情的真相治愈。

温斯顿·斯宾塞·丘吉尔
写在肯特郡韦斯特勒姆的恰特威尔庄园
1951 年 9 月 1 日

目　　录

纳粹德国失去了盟友，遭到围攻。

第一章　开罗

坐"声威"号航行——在马耳他岛停留——喀土穆无法作为会谈地点——我们都聚集在金字塔周围——罗斯福总统的到达——针对从萨勒诺之战开战到现在的军事部署不当的指控书——地中海战场在军力和责任上的分配不合理——德军掌控爱琴海东部——"霸王"战斗计划的阴影——11月23日开罗会谈的首次全员大会——11月24日召开第二次大会——艾登先生在同土耳其人磋商后，来同我们会合——最高指挥官之事——美国建议任命一个最高指挥官统领对德战争——英国三军参谋长们提交的持不同意见的备忘录——我认为他们是对的——我们的盟国缄口不言——11月25日感恩节的家庭聚会——11月27日动身赶往德黑兰

　　我和我的同事于11月12日下午坐"声威"号从普利茅斯动身，我因为此次旅程，将离开英国超过两个月的时间。美国大使怀南特先生、第一海务大臣坎宁安海军上将、伊斯梅将军和国防部的其他官员随我一起出行。我的身体非常不舒服，原本就得了重感冒、喉痛，之后，我打了预防感冒和疟疾的防疫针，病得更厉害了。我好些天都起不了床。内阁的同事们关心我，想让我的女儿萨拉和我一起出行，我欣喜地接受了他们的建议。在空军那边做事的萨拉现在成了我的副官。我们顺利穿过比斯开湾，在通过

直布罗陀海峡的时候，我已经可以上甲板了。16 日，我们在阿尔及尔逗留了几个小时，我同乔治将军针对法国在非洲的形势谈了很长时间。当夜幕降临时，我们继续向马耳他航行，17 日抵达此岛。

在这儿，我同艾森豪威尔和亚历山大两位将军及其他首要人员见面了。突尼斯之战打完，我曾经向国王提议，授予亚历山大将军"北非荣誉绶带"，绶带上镶嵌着两个数字——1 和 8，代表赢得北非战役胜利的两个英国集团军。在我看来，艾森豪威尔身为最高统帅，此种荣耀理当也颁发给他。我征询国王的意见，国王同意了。非常幸运，我将这十分荣耀的绶带授予了两位将军。当我把绶带夹到他们的衣襟上时，他们都觉得吃惊，并且看上去十分开心。我抵达马耳他的时候，因为又患感冒和发烧，病得十分严重，但我还是参加了马耳他总督在其战时官邸举办的晚宴。总督原本的官邸因为被炸，所以住不了了。

尽管我在马耳他的所有时间，都在不间断地处理各类工作，可始终都在床上待着，只有两次起身出行，一次是参加参谋会议，另一次是去巡视那个被炸得一片狼藉的海军制造厂。在那里，所有职工都聚集起来，十分热情地迎接我。11 月 19 日午夜，我们继续出发，驶向亚历山大港。

罗斯福总统发电报说，他的安全事务顾问们觉得，在开罗开会风险太大。他们怕德国会自希腊、罗得岛过来展开空袭，所以提议将开会的地点改为喀土穆。罗斯福总统早就将个人生死置之度外了，所以这自然不是他自己的想法。喀土穆没有安排我们带来的大量随行人员（一共有近五百人）的充足条件，所以我让伊斯梅查看了马耳他的设施。他汇报说，空袭带来的破坏使得马耳他的居住环境无法容纳我们这么一大群人，而且十分简陋。开罗已经筹备好了布置的所有工作，所以我认为我们在开罗是最妥当的。英国在亚历山大港驻扎了八个空军中队，德国飞机若是过来攻击，肯定会被拦截消灭。我们预备住宿的地方临近金字塔，已经予以封锁，负责守卫的军力超过一个步兵旅，并且还有五百多门高射炮在周边对天空进行防御。因此，我便向载着罗斯福总统穿越太平洋的"依阿华"号军舰发去电报：

首相致罗斯福总统　　　　　　　　　　　　1943 年 11 月 21 日
　　请翻看《约翰福音》第十四章第一节到第四节。

　　电文发过去之后，我又从前到后将《约翰福音》里的这几节更认真地看了一次。我有些不太放心，生怕这么做不只会让人产生一种不经意亵渎神灵之感，还会让人觉得我决定了太多的事情，进而心生不满。不过，罗斯福总统力排众议，维持我们的原计划不变。结果，德国的飞机从未在金字塔周边几百英里内出现过。

*　　*　　*

　　11 月 21 日清晨，"声威"号抵达亚历山大港，我当即乘飞机到金字塔附近的沙漠机场。凯西先生将他自己住的那个舒服的别墅交给我随意支配。一片广阔的卡塞林森林就在我们驻地周边，各个国家富豪们的奢华别墅和花园鳞次栉比地镶嵌在森林之中。罗斯福总统将住在美国柯克大使的宽敞别墅里，那里距去往开罗的大路三英里左右。次日清晨，他坐"圣牛"号飞机自奥兰抵达的时候，我为欢迎他去了沙漠机场，还和他坐同一辆车去了他的别墅。

　　随行的参谋们迅速聚在一处。米纳大酒店位于金字塔对面，既是会议的本部，也是英美参谋长们的聚集地，距离我住的地方仅有半英里。整个地方满是部队和高射炮，任意一条路上，都安排了最周密的防御线。所有人员均马上展开工作，对需要决断和改动的大批事项进行处理。

　　罗斯福总统因为太关注中印战场，很快就和蒋介石召开了几次耗时颇长的会谈。我们曾经试图说服蒋介石夫妇去金字塔游览，放松一下，等我们自德黑兰返回再谈，可这一努力是徒劳的。不管我如何辩论，罗斯福总统仍对他承诺，将在数月之内，在孟加拉湾展开一次高强度的两栖战斗。这一计划，不管跟我们的土耳其计划比，还是和爱琴海计划比，均会抢走更多的"霸王"战斗计划需要的登陆艇和坦克登陆艇，可眼下这些船舰数量的短缺已经严重损害了战斗活动。不仅如此，在孟加拉湾的战斗计划也势必会极大地影响我们正在意大利展开的大范围战斗。11月29日，我以书面的形式告知三军参谋长们："首相想将如下真相予以记录，就是切实否决蒋介石的要求，即让我们在缅甸发动陆地战的同时，发动一次两栖战斗。"可等我最终劝服罗斯福总统放弃他的承诺时，已经是自德黑兰返回开罗之后了。就算这样，仍出了不少盘根错节的事。这些情形很快就会说到。

借着这个机会，我自然要去蒋介石住的别墅拜访他，这是我和蒋介石首次会面。我和蒋介石夫人进行了一次十分愉快的谈话。我发觉她是一个非常出色且很有魅力的人。我同她说，在我们都在美国的时候，居然没找机会见上一面，这曾经让我十分惋惜。我们全都认为，以后我们的会面不该为那些繁文缛节所累。一次，在罗斯福总统的别墅开会的时候，罗斯福总统让我们一起合影，照片里就有蒋介石及其夫人，我一直保留着这张照片留作纪念。

＊　　＊　　＊

我曾在来开罗的航行中草拟了一份文件，事实上，这份文件是有关我们在萨勒诺取胜后的两个月里，对地中海战役统领不当的指控书。我将这份文件交付参谋长委员会，原则上，他们是认同的，不过同时也给出了一些看法。最后，经修改，全文如下：

1. 自阿拉曼之战和在西北非登陆之后，英美部队一年以来在所有战场上均赢得了实际上的持续胜利。我们指挥战斗的手法——通过在两国政府首脑领导下工作的联合参谋长委员会来进行指挥的方法——使得我们的战区司令官们可以赢得辉煌的胜利，并赢得丰硕的战果，这毋庸置疑。不论是战争的最高指挥机关,还是战场上的指挥官和军队,都配合默契,互相理解包容,超越了历史上一切战争同盟关系。从阿拉曼之战开战,一直到那不勒斯之战及在意大利布置军力时结束,我们的共同战斗行动,均可以说进行得非常妥当和非常顺利。

2. 可是,情况在之后不一样了。我们落后于,并且在某种含义上讲,远赶不上我们自己获胜的局势。在英国和美国的参谋中间出现了不同看法,两方的不同见解并不是原则上的,而是侧重点上的。我们不应该看见已经获得的一点胜利就裹足不前,不愿意为了改善工作手法和持续增强工作质量,而独自或共同地展开认真的自省。

3. 9 月,盟军在意大利顺利登陆及布置军力。然而自那之后,地中海战场的战局走势并不乐观。就算将恶劣的天气状况考虑在内,我们的部队在意大利集合、前进的速度也非常迟缓。我们在前线和敌人相比,并没有明显占据上风。不少师团登陆之后要不间断地战斗,完全没有替换之机。与此同时,第五十和第五十一两个师作为英国最优秀师团里的一员,驻扎在西西里岛,临近战场,率先被卸掉了武装,之后又被调回了英国。我们始终没能采用自东海岸或西海岸展开两栖突袭的策略,帮我们的部队朝前压进,抵达我们期望能够抵达的地方。某些急需的登陆艇已经被撤回国了,路上因为严酷的天气又受到了极大损失。大量登陆艇也已被调回、集合,预备动身返国。眼下,这些指令已经被延迟至 12 月 15 日再执行,可是对地中海之战的目标而言,这个日期已经没有任何价值了。除了帮忙将车送到岸上,登陆艇在 10 月和 11 月这段时间一直在闲置。与此同时,对火线的援助也因为在意大利设立战略空军而受到了影响。因此,陆地上的全部战争已经软了下来。想要在 1943 年夺取罗马,已经指望不上了……

4. 和这些状况共同存在的一个问题是,我们一个切实去援助南斯拉夫和阿尔巴尼亚游击队和爱国人士的行动都没做。英国部队加在一块儿绊住的（德国）师的总量，也不过就是这些游击队绊住的数量。截至目前，他们都仅靠着空投物资的援助。在亚得里亚海口，我们占据海空优势到现在已经超过两个月了，但还没有任何装载物资的船只进入游击队占领的港口。与之相反，德国部队却按照计划将游击队驱逐出这些港口，而且掌控了全部的达尔马提亚海岸。我们无法遏制德国部队对科孚岛和阿戈斯托利昂的侵占，这些岛屿，实际上他们如今已经占领了。所以，德国部队已经克服了因为意大利的瓦解和反戈而引发的难题，并且正凶猛地清剿爱国力量的军队，切断他们和海上的交流。

5. 这种形势是怎么出现的？是因为我们在想象中在地中海划分了一条分割线，艾森豪威尔将军的军队对达尔马提亚海岸和巴尔干半岛的所有职责，都因为这条分割线而被解除了。这些地域交到了中东司令部的威尔逊将军的手里，可是，他缺少该有的军队。就这样，一个指挥部有军队，但没有职责；另一个指挥部虽然有职责，却缺少军队。想来这样的部署并不妥当。

6. 多德卡尼斯群岛和爱琴海是最糟糕的。在意大利刚投降的时候，经意大利允许，我们马上控制了一些它掌控的岛屿，其中科斯岛和莱罗斯岛这两个岛最关键。若想控制爱琴海地区，罗得岛最为关键。我们试图拿下罗得岛，可失败了。没过多久，希特勒就意识到，我们轻松获取的那个守卫森严的莱罗斯岛，在海上战争和政治上具有重要价值。于是，他亲自以极其强硬的态度指挥并挽救爱琴海的形势。德国原本能够用在意大利战役上的大多数空军都被调去了爱琴海战场，与此同时，还临时布置了海上运输。①显而易见，德国部队在10月初预备对莱罗斯岛和科斯岛进行攻击；德军在10月4日重新夺取了科斯岛，

---

① 据德国档案，德国驻爱琴海的空军在这一时间段增加了近三百架飞机，可德国在意大利的空军却少了大概二百架飞机。——原注

我们在那儿派驻的军力只有一个营。虽然在莱罗斯岛进行的防守战意想不到地持续了很长的时间，可最终在11月16日沦陷了。在整场战争中，英国失去了大概五千人，可敌人却赢得了从阿拉曼之战到现在的首次胜利。当然，北非最高指挥部并不对这些战役承担任何责任……

7. 德国部队眼下已经彻底掌控了爱琴海东部。他们虽然在意大利战场上本就不占空中优势，可希特勒仍旧果断地将意大利战场的空军调往爱琴海战场，而这批空军，足以使其完全控制爱琴海战场。在地中海，英国、美国有超过四千架飞机，事实上和德国空军的所有力量相等，可在爱琴海战场，在我们的空军实力不足的时候，德国人仍使用他的老伎俩，以"斯图卡"俯冲轰炸机毁掉我们最出色的军队，并将我们的船舰炸毁、打沉……

8. 有两个原因导致了这些厄运。第一个原因已经说了，就是在地中海的东边和西边划分了一条人工分割线，以致持有部队的西部司令官们卸下了对处在困境之中的东边的所有关键利益的全部职责。第二个原因当然是"霸王"战斗计划引发的阴云。魁北克会议结束后，意大利溃败成为定局，意大利舰队投降，盟军顺利攻入欧洲大陆。虽然这样，直至两周之前，这些决议仍保持原样。我们始终无法将开会的时间提得更早。眼下，一个这样的情况摆在我们面前，就是已拟订的"霸王"的时间将持续损害和减弱我们在地中海的战斗，我们在巴尔干半岛的情形将变糟，德国人将继续死死掌控爱琴海。我们被迫陷入以上的困局，就是因为事事都要为定在5月开始的一场战役让路，而这个时间是以行动前的种种设想顺利实现为前提制定的。可现在，在这个日期前，这个设想很可能实现不了，并且若我们放松了对地中海的戒备，它就必定无法达成。

9. 眼下部队里所有人都清楚，因为春天在别的地区展开的战斗，将尽可能按照需求，将人员、物资撤出地中海战场。此种状况对地中海的整场战斗造成了消除斗志和降低气势的影响，所以我们必须予以重视。部队和登陆艇正从这一战场撤离，并且武装部门也接到了预备返国的命令，这些实情自身就有害处。我们想要收拢力量攻击敌军这个强烈愿望，已经受损，可这种愿望曾经让我们自阿拉曼一路攻打到这儿，而且在突尼斯之战里，让我们战无不胜。可如今，我们唯一能和敌人周旋的地方就只有地中海，同时还能用数量上的优势来压制他们。然而，在未来数月能采用所有措施的仅有地中海战场，我们却放缓了战争的脚步，这的确是一个帮助苏联人的奇怪的方法。

*　　*　　*

11月23日，星期二，开罗会议（代号为"六分仪"）的首次全体会议在罗斯福总统的别墅召开。此次会谈的目标是将联合参谋长委员会在魁北克会议中制订的东南亚战斗计划的初步方案，正式简洁地告知蒋介石及使团。蒙巴顿海军上将和他的同僚已乘飞机从印度过来。他起初介绍了他已经收到的，并且将在1944年东南亚战场启动的武装方案。之后，我补充了海军的普遍情况。因为意大利舰队投降，还有别的有利于海军的形势的发展，在印度洋，很快就能建一支英国舰队。最终，这支舰队拥有的现代化主力舰将在五艘以上，重型装甲巡洋舰将有四艘，辅助运输舰十二艘。蒋介石插言说，在他看来，缅甸之战想要成功，除了依赖驻扎在印度洋的英国舰队以外，还要有相应的陆上行动加以配合。我表示，地面战斗和孟加拉湾舰队的活动关系不大。我们的主要舰队据点在制海权上的威力，可以在距离陆军战斗战场的两三千英里之外显露出来，所以这些战斗和西西里岛的战斗不可同日而语。

此次会谈用时极短，而且议定，相关细节让蒋介石和联合参谋长委员会来深入探讨。

　　　　　　＊　　　＊　　　＊

　　罗斯福总统次日举行了联合参谋长委员会的二次会议，研究欧洲和地中海的战斗计划。在开赴德黑兰之前，我们要研究这两个战场的联系，并且互换看法。罗斯福总统率先讲话，他谈及了眼下我们能在地中海展开的一切有可能展开的行动，土耳其加入战斗会给"霸王"战斗计划带来什么变动也在其中。

　　我在演讲中说，"霸王"战斗计划仍然迫在眉睫，可是，这场仗不能草率地否决地中海的任何其他行动。比如，在登陆艇的应用上，就该灵活一点。亚历山大将军对登陆艇加入"霸王"之战的时间曾经有过建议，应该由12月中旬推迟到次年1月中旬。在英国和加拿大已经下达了另外打造八十艘坦克登陆艇的指令。我们要想方设法比这做得更棒。我们或许会发觉，美英两国参谋人员所争论的问题，仅仅是牵涉两国人力、物资的十分之一（不算太平洋的力量），可以在某种程度上留出收放空间，这是毋庸置疑的。我仍旧期望能打消一切这种看法——觉得我们减弱和轻视了"霸王"，或者有不参加这场战斗的打算。恰恰相反，我们正想竭尽所能。总而言之，在我看来，我坚持的宗旨是1月夺取罗马，2月拿下罗得岛；重新为南斯拉夫提供给养，处理有关指挥部的布置问题，并按照我们和土耳其协商的结论打开爱琴海的通道；在以上地中海方针的范围内，加快"霸王"战斗计划的所有筹备工作的速度。

　　对于我在德黑兰会谈前夜持有的态度的真实记述，就是这样。

　　　　　　＊　　　＊　　　＊

　　在莫斯科召开的会议结束后，艾登先生坐飞机返回了英国，此时他从英国过来同我们相聚。他的到来帮了我们很大的忙。他和伊斯梅将军在从莫斯科会谈返回英国的路上，曾和土耳其的外交部部长，以及其他土耳其人士在开罗会面。艾登先生在这些会议中表示，我们对安纳托利亚西南部的空军基地的需求十分急迫。他的解释是，我们在莱罗斯岛和萨摩斯岛的武装局势因德国握有空中优势而危机重重。这两个岛之后都丢了。与此同时，艾登先生也对土耳其加入战斗将引发的有利结果进行了详尽介绍。第一，保加利亚只能将他们的部队聚集在边境，进而逼迫德国不得不派等量的十个师的军力去替换保加利亚在希腊和南斯拉夫境内的部队。第二，有机会夺取普洛耶什蒂这一或许有关键作用的目标。第三，能够切断土耳其运输到德国的铬。第四，土耳其加入战斗，有机会加快德国及其附庸国瓦解的进程。这一切观点都没能触动土耳其使团。他们最后说，若供应了安纳托利亚的据点，那和插手战争并无不同，他们若插手战争，德国势必会以君士坦丁堡、安哥拉和士麦拿复仇。我们曾经许诺为他们提供充足的战斗机以抵抗德国人展开的所有空袭，与此同时，还同他们承诺，因为德国在各个地方的军力均有不足，所以已经没有用来攻打土耳其的军队了。虽然这样，他们仍感到担心。会议只有一个成果，即土耳其使团同意向他们的政府汇报。土耳其人曾经亲眼看见了爱琴海的局势变迁，所以，我们没办法去指控他们的谨小慎微。

＊　　　＊　　　＊

此后，我再也没听到过任何成立联合司令部的计划，即负责指挥"霸王"之战和地中海战场的最高指挥部，于是我认为英国的主张已被认可。可是，11月25日，在我们还待在开罗的时候，美国参谋长联席会议以正式的备忘录同我们提议建立一个最高指挥部。从这可以看出，罗斯福总统和美国最高指挥部极其相信一定要委任一个最高指挥官，来统御盟军在地中海和大西洋两地同德国的战斗活动。他们仍想要一个西北欧战斗司令和一个地中海盟军司令，而且还有个最高指挥官在这两个司令之上，他不但要对这两个战场的战斗进行规划、调度，在他觉得合适的时候，还能将部队自一个战场调往另外一个战场。千万别忘了，那时我们不仅在陆海空各类兵种上占据上风，在未来的几个月里，势必持续占据极大优势，不仅如此，亚历山大和蒙哥马利在突尼斯和非洲沙漠的胜利，让我们享有极高的声望。

英国三军参谋长当即对美国的备忘录进行了激烈抗议。他们和我均以书面的形式将自己的看法写了下来。英国三军参谋长做了以下回复：

英国参谋长委员会就英美对德战斗的三军指挥之事的备忘录

1943 年 11 月 25 日

美国参谋长联席会议的提议——"马上任命一个最高指挥官，带领盟军在地中海和大西洋战场的所有对德战役"，英国参谋长委员会已经认真分析过了。此提议涉及关键政治问题，并且这个问题，明显应该让英国和美国政府以最慎重的态度予以研究。虽然这样，英国参谋长委员会也要马上宣告：以军事角度讲，他们也绝不支持这一提议。反对的理由如下。

整体作战并不是纯粹的武装实力之事，就算依照"军事"这个词最普遍的含义来讲也没什么不同。近乎一切大型战争都在政治、经济、工业和内政上拥有意义。所以，针对同德国作战的最高指挥者这件事，近乎在所有重大事项上，都一定要与英国和美国政府进行协商，这非常明显。简而言之，实际上，他能够予以决断的，不用询问最高政府，只是那些小型的和完全军事方面的事情，比如从他的众多战线里的一条战线，将一两个师，数支空军中队，或者数十条登陆艇调到另外一条战线上去。所以，在指挥链的整个链条中，他将变成另外一条累赘环。

在前一次大战中，福煦元帅拥有的地位，和现在预备给统御同德国战斗的最高将领的位置，是不一样的。福煦元帅的职责只是统领西方战场和意大利战场，萨洛尼卡战场、巴勒斯坦战场和美索不达米亚战场并不在他的职责范围之内。依照当前拟订的部署，最高将领不但有统领

"霸王"战斗和意大利战场的权限，还有统领巴尔干战场和土耳其战场（若建立这一战场）的权限。盟国政府交给一个军人的责任一定要有所制约，不过当前拟订的职责范围，看上去远在这些制约之外。

美国参谋长联席会议建议联合参谋长委员会有权撤销这个最高指挥官做的决议。如果这种新部署的首要目标是保证高效做出战事决策，那以上附加的要求，正好会起反作用。日后肯定会出现此种情形——最高指挥官下达指令，部队奉命进军，可联合参谋长委员会立即又将原本的指令撤销了，如此，就造成了混乱。再者，还有可能出现这种情形——英国参谋长委员会认同最高指挥官的决议，但美国参谋长联席会议却绝不答应。若是这样，该如何处理？另一边，以军事角度而言，联合参谋长委员会能够一心一意地接受最高指挥官的决断，但却发觉相关的这个政府或者那个政府并不打算准许。遇到这种情形，又如何处理？

这个最高指挥官若想掌握实际指挥权，他得在前所未有的程度上将情报、规划和后勤等层面的所有人都聚集一起，可这些会变成战区指挥官和联合参谋长委员会中间的一个巨型的缓冲团队……

当前的这个经过长期检验、曾经让我们平安撑过之前两年时间的体系，若不是在大问题上失去了效力，那最妥当的是对其进行修整，找到增加其效能及修整的措施，而非动手做一个从没有过的新尝试，这种尝试，只是往指挥链的整个链条里加一个多余的、完全不被需要的环节，并且势必会造成令人失望的结果。

＊　　＊　　＊

这些观点说服了美国三军参谋长。他们意识到其提议的最高统帅，接替了当前联合参谋长委员会的许多权限。所以他们将这个议题从参谋人员探讨的流程中撤掉了，他们相信处理此事的应该是政府领袖。

*　　*　　*

我非常支持参谋长委员会的文件，还在次日写了份备忘录，对这些观点进行深入说明。

首相兼国防大臣就同德国全面战斗的最高指挥官之事的备忘录

1943 年 11 月 26 日

1. 自萨勒诺之战到现在，我们在统领战斗上的种种难题和缺陷均是因为两国参谋人员之间和两国政府之间看法不同引发的。最高指挥官将由联合参谋长委员会统领，他的决断，这个委员会能够取消，所以在我们看来借助任命一个最高指挥官去清除这些不同看法，是实现不了的。这些不同看法，有军事属性，也有政治属性，它们还得借助当前的办法，也就是在联合参谋长委员会中间和两国政府领袖中间磋商修正。所以，这个最高指挥官将看到自己只是被宣传为世界大战的英雄，实际上职权的可动空间非常有限：一边受制于只能以当前施行的办法对相关政策和战术等主要决断进行处理；另一边又受制于两个主要地区指挥官的职权范围。

2. "宣称委任一位'打败德国的最高指挥官'，必定可以带来所有希望，必须要组建各类机关，"要想证明这一点，以上情形自然是不够的。

3. 若将最终的决断权交给这个最高指挥官，那联合参谋长委员会的职责，事实上，也将被他取代，所以，两国政府和最高指挥官间的关系会马上变得非常僵。先不说选谁的事，能否找出这么一个将领，可以对当前由两国政府领袖在联合参谋长委员会的帮助下处置的十分繁杂的事项，我非常怀疑。

4. 地位相同的盟国之间，应该尽可能遵循的一个方针是，应当将所有战场的指挥权交给那个已经在这个战场布置，或者将要在这个战场布置最多军队的盟国。按照这个方针，地中海的指挥权自然应该归英国所有，至于"霸王"之战的指挥权，则应该归美国。

5. 这两个指挥部若并到一起，让一个最高指挥官统领，那同德国战斗的军力，到 1944 年 5 月，英国将明显多于美国。所以，最高指挥官好像应该让一个英国将军来做。这么一个让人讨厌的职位，身为英王陛下政府的领导者，我是非常不想让一个英国将军去做的；另一方面，若不管哪边用的军队更多，就将这个最高指挥官的职位交给一个美国将领，与此同时，他又宣称要集合所有力量在"霸王"之战上，罔顾我们在地中海之战中遭受的损失，那英王陛下政府也将难以接受。所以这个最高指挥官，不管是英国人，还是美国人，都会沦落到无计可施的地步。他当着整个世界的面担下了发布命令的工作，可这个政府或者那个政府又把他的命令撤销了，如此一来，他只能辞职，除此，没别的法子。截至目前，我们两国政府始终保持着和谐、愉快的关系，将会因为这个遇到最为严峻的挑战。

6. 为何不能改进后再继续照现行安排行事，这一点是我无法理解的。在当前的部署中，一个美国指挥官将统领大规模穿越英吉利海峡的战事，一个英国指挥官将统领地中海之战，在行动中，他们彼此协作。至于军力划分，则让两国政府领导人手下的联合参谋长委员会办理……与此同时，也应该布置让联合参谋长委员会更频繁地召开会谈，至于各自的参谋长委员会主席，则应该在条件允许的情形下，一个月拿出一周的时间，轮换着到伦敦和华盛顿拜访。

这份备忘录，我在动身去德黑兰之前亲自交给了罗斯福总统；在德黑兰会谈的那段时间，我不清楚他会如何回应。我私下听人说，美国三军参谋长彻底明白了，我们的联合参谋机关和新的最高指挥官之间在职权上可能产生的矛盾，而且他们衡量过我们的观点之后，已经放弃这一计划了。此事，罗斯福总统和他身边的人在同我们来往的时候，正式场合也好，非正式的也罢，都一直没再和我们说起过，不管是以什么方式，我们也始终彼此保持着友善的关系。所以，我就认为"霸王"之战将由马歇尔将军统领，艾森豪威尔将军会回华盛顿替他。而我作为英王陛下政府的代表，有为地中海战场挑选指挥官的职责。那时我真以为已经在意大利战斗的亚历山大应该出任这个指挥官。因此，直到我们重回开罗之后，才重提此事。

＊　　＊　　＊

11月25日，正赶上感恩节，在美国人的生活里，这是个重要节日。那天，按理美国部队的所有将士都该吃火鸡，而1943年他们之中的大部分人的确吃上了。罗斯福总统坐着的军舰运来了大量为开罗的美国参谋人员提供的火鸡。罗斯福总统邀我去他的别墅共进晚餐。他说："我们来办一个家庭宴会吧。"于是，也请了萨拉，另外，还有"汤米"（汤普森海军中校），罗斯福总统十分喜爱他。罗斯福总统的客人包括他的心腹，他的儿子埃里奥特，女婿伯蒂格少校，哈里·霍普金斯和他的儿子罗伯特。我们宁静又欢快地享用了一顿丰盛的晚餐。让人遵照盛大的仪式将两只大火鸡送进来。罗斯福总统坐在很高的椅子上，十分娴熟地切开鸡肉。切鸡肉花了不少时间，因为我们总共有二十多人，先分到的人都已吃完了，而罗斯福总统还没切自己的那份。我看到他将一盘放得高高的鸡肉拿给大家分享，不过他算得十分准确，等到最后撤走两个鸡骨架的时候，我见他开始享用自己的那份了，我这才放下心来。见我着急，哈里就说："我们还有不少备用的火鸡呢。"大家在用餐的时候袒露了热情和亲近的友情。那两个小时，我们把一切忧虑都抛在了一边。罗斯福总统非常开心，那是我从没见到的。用过晚餐，大家就去了那个我们曾经开过很多次会的大厅。以留声机唱片播放跳舞用的音乐响了起来。场内唯一的女性就是萨拉，她被邀走了，所以我同沃森"老爹"（罗斯福的心腹、老朋友和副官）跳舞，他的长官在沙发上坐着看我们，觉得十分开心。我待在开罗期间，这个愉快的夜晚，以及罗斯福总统切火鸡的画面给我的印象最深。

*　　*　　*

一切难题终于都得到了解决。美国宪法、罗斯福的身体状况、斯大林的固执引发的各种难题，还有去巴士拉的行程和横贯波斯的铁路的繁杂问题，全都彻底清除了。由于眼下急需召开三国会谈，并且除了坐飞机去德黑兰，别的所有替代办法均已宣告失败，因此，11 月 27 日清晨，我们坐飞机离开开罗，飞往那个协商了很长时间才议定的会谈地点。路上天气状况好极了，我们的航线不一样，抵达目的地的时间也不一样，但都平安到了。①

---

① 我因为担心干扰上面的讲述，那时国内的一个受我重视的问题，我没说起。有关释放莫斯利夫妇之事，附录五可见。——原注

第二章　德黑兰：大会启动

防护工作的布置——我再三强调我的意见——斯大林和罗斯福总统会谈——11 月 28 日召开首次全员大会——罗斯福总统率先讲话——斯大林介绍苏联前线的局势——我阐述英国的看法——土耳其的态度——"霸王"战斗计划要用三十五个师——斯大林支持以攻击法国南部为次要目标——我坚持要占领罗马——罗斯福总统和各场战事的时机之事——土耳其应该选择的正确原则

在我坐飞机抵达德黑兰后，我无法对相关部门所做的各种欢迎工作给予表扬。英国大使坐车来迎接我，我们从机场一起向大使馆开去。在我们靠近德黑兰城区的时候，在起码三英里的路上，每隔五十码就站着一位波斯骑兵。这不是直接告诉心怀叵测的人，将有一个关键人物抵达，并且会走这条路吗？骑兵无法施行任何保护行动，却在宣告路线。一辆警备汽车在我们前方一百码开路，示意我们就要来了。车辆行进的速度十分迟缓。骑兵之间的间隙很快就被大量的民众填满了，并且我尽量向四周张望，看见步行的警察只有几个。拥挤的人潮在临近德黑兰城中央的时候，有四五层，他们友善而拘束。他们挤到了距离我的汽车只有几尺的地方。两三个带着手枪或者炸弹的死士能轻而易举地突破这松懈的守卫。我们抵达通向大使馆的弯道时，路已经被完全堵死了，我们在大批的波斯民众中间滞留了三四分钟。倘若这是一场冒险的话，那现在这种既不准备让我们秘密抵达，又没有高效护卫队的安排确实可以称得上完美。所幸，一路都顺顺利利的。我对民众微笑，他们也以微笑回应我。最终，我们抵达了英国大使馆，英印军队在使馆周边布置了森严的防线。

英国大使馆和它的花园与苏联大使馆挨着，英印军队负责我方安保工作，苏联大使馆的守卫军队伍更为庞大，他们负责苏方的保卫工作，这两支守卫队已经建立了直接联系。两国的军队很快并到一处，我们这里因此变成了一个封锁区，而且启动了所有战时警备手段。负责保护美国大使馆的是美国的军队，而美国大使馆与我们的距离大概在一英里以上。这表示，罗斯福或者斯大林和我在会谈的时候，一天必须在德黑兰大街穿行两三次。莫洛托夫已经先于我们二十四小时抵达了，他说了一个这样的情况：苏联的地下情报员发现有人企图谋害"三巨头"（那时人们是这样称呼我们的）。所以，这使莫洛托夫十分担心。他说："这样的事，只要发生，就将导致非常恶劣的后果。"这点毋庸置疑。莫洛托夫提议罗斯福总统马上搬到苏联大使馆，相比于英国和美国的大使馆，此馆大了两三倍，地方宽敞，苏联的部队和警察眼下就在周边。对于莫洛托夫的邀约，我非常赞同。我们劝罗斯福先生答应这个好办法。次日下午，他和他的所有同事，还有数名他游艇上出众的菲律宾大厨，一起搬到了苏联大使馆中。在那儿，为他提供的住处既宽敞又舒服。如此，我们住到了同一个圈子中，能够完全不被干扰地探讨世界大战之事了。在英国大使馆里，我住得非常舒服，仅仅走上二百码，就能抵达金碧辉煌的苏联大使馆，此处暂时可说是世界的"心脏"。我的身体仍旧非常难受，感冒和喉痛都十分严重，以至于有段时间连话都说不了，不过，多亏莫兰勋爵无微不至地照料我，而且持续进行治疗，使我总算能将必须说的话说出来。

* * *

英国三军参谋长完全支持我所坚持的战斗方针。然而，对我这一方针的多种误解却在这次会议上流传开来。在美国，有一种流言，说我曾经全力抵制预备穿过英吉利海峡进行攻击的"霸王"战斗计划，还说我图谋引导盟国大举进攻巴尔干半岛，或在地中海东部展开一次大型战争，如此，和事实上撤销"霸王"战斗计划没什么区别。在上面的各个章中，针对这些荒唐言论中的大部分，已经做了披露和反驳。然而，在此处解释一下事实上我追逐的是什么，并且在极大的程度上得到了什么，或许是有价值的。

那时"霸王"战斗计划正在精心筹备之中，启动的时间将在 1944 年 5 月或者 6 月，最晚是 7 月初。第一，参加此战的军队和护送这些军队的船舰拥有的待遇仍旧是最靠前的。第二，一定要提供物资和援助给在意大利战斗的英美部队，好让它们可以夺取罗马，从而拿下这个首都北边的机场，以便从这些机场对德国的南部展开空袭。取得这些成果之后，在意大利战场就不必穿过比萨 - 里米尼线，也就是说，我方战线，我们没打算将其扩展到意大利半岛的更广阔的空间。在这些战斗中，敌军若予以反抗，就将吸附、绊住极大一批德国部队，意大利部队将有机会"戴罪立功"，并且可以让战火在敌方前线燃烧不熄。

此时，我对在法国南部里维埃拉一域登陆，将马赛和土伦当作目标，之后英美大军顺着罗纳河谷朝北进发，以便对横渡英吉利海峡的首要攻势予以支援的策略并不反对。可相比于这个，我更想采用另外一种策略——借伊斯特利亚半岛和卢布尔雅那山峡，自意大利北面施行右翼攻击，逼近维也纳。在罗斯福总统给出这个策略的时候，我非常开心，而不是如同下边说的那样，我妄图让他动手推行这一方案。德国部队若是反抗，我们就能自苏联或者英吉利海峡战场把他们的不少师团吸引过来。他们若没有对我们进行反抗，我们就能以非常微小的代价将大面积的关键区域解放出来。我清楚，我们肯定会遇到反抗，如此，就能为"霸王"战斗计划提供关键性的援助。

只要对穿越海峡发动攻击的力量没有损害，我们就应当对地中海东边战场和它或许引发的所有关键成果予以关注，这是我的第三个条件。在这一切问题上，我始终认同自己在两个月之前同艾森豪威尔将军说过的比例，也就是将我们五分之四的军力用在意大利，在科西嘉和亚得里亚海用十分之一，而地中海东部，则用剩下的十分之一。我始终坚持这一观点，一年的时间，我一步都没退过。

前边的两场战事，英国、美国和苏联三方都认可，如此，就会用掉我们当前力量的十分之九。而我是一定要全力主张的仅仅是将我们力量的十分之一予以有效运用。只要不是傻瓜，是不会如此争论的："集合所有军力，用到具有关键价值的战事上，将只能视为徒然分散军力的别的所有机会砍掉，这难道不更妥当吗？"可是，此种论调忽视了战场上的关键问题。为了筹备"霸王"之战及保持我们的意大利战场，西半球眼下拥有的所有船舰，即使是最后一个吨位也被布置了工作。就算还能再找到船舰，也用不了，因为相关的港口和基地已经被登陆计划以最大限度装满了，而地中海东部战线是完全不需要用别的地方的人员和物资的。为守护埃及聚集的空军，若能在更往前推进的交火区起航，也同样可以有力地或者更有力地完成使命。全部军队（还有两三个师在别的地方）均已抵达这条战线，想将他们运到大一些的战场上，能用的也只有当地的船舰。这些军队若积极地、尽可能地用起来，就能让敌人遭受重创，要不然，他们将只是围观者。我们若拿下了罗得岛，我们的空军就能夺取爱琴海，与此同时，我们也能够自海路和土耳其建立直接往来。另外一个方法是，若可以劝土耳其参加战斗，或者尽可能运用它中立的身份，使土耳其将我们帮它建的飞机场给我们用，我们也一样可以掌控爱琴海，如此，就不需要拿下罗得岛了。两个策略都是确实行得通的。

当然，土耳其是我们要拉拢的对象。若我们可以赢得土耳其，那我们一个战士、一艘船舰或者一架飞机都不用从有关键作用的战斗中抽调，以潜艇和轻型海军军队就能掌控黑海，为苏联提供极大的支援，而且相比于穿过北冰洋或波斯湾航路为苏联军队运送给养，穿过这条航线需要付出的代价更小、航程更短、交通也更繁忙。

这三个主题，是我每次都会和罗斯福总统、斯大林说的，并且绝对果断地、完全不后悔地再三阐述我的理由。我原本可以劝服斯大林，可罗斯福总统被他带有成见的军事参谋影响得很厉害，在此次讨论中左摇右摆，最后，这些很可能成功的机会都被搁在了一边。对于自己的固执，我们的美国朋友们自己还感觉不错，他们觉得：我们到底没被丘吉尔扯进巴尔干半岛。事实上，我心里从没这么想过。在我看来，我们没去用那些在别的地方用不上的军队，将土耳其扯进战场，并且掌控爱琴海，是犯了一个军事原则上的错误。这个错误，用没采用以上策略也一样赢得了胜利就能争辩了吗？不。

＊　　　＊　　　＊

斯大林在罗斯福总统搬到苏联大使馆的新住处不久后，就去拜会他了，两方展开了亲近的会谈。……罗斯福总统告诫斯大林，别同丘吉尔说印度的事。斯大林也觉得，此事确实易于破坏感情。罗斯福说，印度应当从最下层动手改革。斯大林回复说，从最下层改革，代表要进行革命。当天早上，我非常安心地在床上待着，一边医治自己的感冒，一边处理自伦敦发过来的众多电文。

＊　　　＊　　　＊

11 月 28 日（星期日）下午四点，首次全员大会在苏联大使馆召开。在宽阔精美的会议厅中，我们坐在一张巨型圆桌周边。艾登、蒂尔、伊斯梅和三位参谋长随我一起出席会议。哈里·霍普金斯、海军上将莱希、海军上将金和两位别的将军随罗斯福总统一起出席。马歇尔将军和阿诺德将军没来。据《霍普金斯传》的作者说："他们记错了开会的时间，已经动身去德黑兰郊区观光了。"伯尔斯少校，去年帮我翻译的那个让人敬佩的翻译，又和我到了一块儿。巴甫洛夫还是苏联人的译员。美国那边的翻译伯伦先生是新来的。随同斯大林一起参会的，仅有莫洛托夫和伏罗希洛夫元帅。斯大林差不多就坐在我的对面。我们之前已经议定，首次大会由罗斯福总统主持，罗斯福总统也答应这么办了。大会伊始，他率先发言，言谈十分精妙得体，据记载，他说：苏联人、英国人和美国人首次以同一家庭成员的身份在一处欢聚，我们只有一个目标——在战争中获胜。之前完全没为此次大会制定固定的流程，所有人都能就想要探讨的一切问题畅所欲言，同时也能就他不喜欢探讨的问题进行争论。以友善为基础，所有人都能畅所欲言，不过所有内容都不会公布出来。

在发言的最开始，我也重申了此次会议意义重大。我说，此次会议在人类发展史上是空前的。缩短战时的可能、大获全胜的希望、人类的幸福和命运都牢牢地掌握在我们的手中，这点毋庸置疑。

斯大林说，我们提及的三大国的友情，他十分看重。的确，三个大国均赢得了一个关键的时机，他期望所有人都能善用这个时机。

随后，罗斯福总统开启了此次磋商，起初，以美国的看法，简要地就战争的局面进行了介绍。太平洋战场，驻扎在那儿的美国军队在澳大利亚、新西兰和中国的协助下，承担着主要职责，所以他先提起的是对美国有关键作用的这个战场。美国将自己大多数的海军和一百万将士中的极大一部分都集中到了太平洋战场。这是个面积非常辽阔的战场，这点从一艘运输船舰一年仅能来回三次就能看出来。美国采取的方针是耗损敌军力量，截至目前，这个方针很顺利。日本的军用船舰也好，商用船只也罢，均被大批地打沉，致使新建造的船舰来不及填补。罗斯福总统之后对再次夺取缅甸北部的计划进行了介绍。英美军队将和中国军队携手，指挥官为海军上将路易斯·蒙巴顿勋爵。他提起我们还研究了自曼谷对日本运输线发动两栖战斗的方案。我们已经尽最大努力试图以最小的代价实现作战目标，然而，需要的军力仍然非常多。让中国可以继续积极参战，将滇缅公路开通，同时设立基地，好让我们能在德国瓦解之后，自这些基地启程，用最快的速度击败日本，是这些计划的目标。

之后，罗斯福总统说到了欧洲的局势。英国和美国曾经开了很多次会，也拟订了不少方案。穿越英吉利海峡进行远征这个决定，一年半之前就曾经做出过，可因为交通和别的难题，还没办法确定发动此战的精确时间。一定要在英国聚集充足的军力，除了用在切实的登陆上，还要用到向内陆进发上。英吉利海峡这一水域条件十分恶劣，想在 1944 年 5 月 1 日之前启动远征，无法实现。1944 年 5 月 1 日这个时间，是在魁北克会谈中定的。他申明，登陆艇在多次登陆中，始终是个制约条件。我们若决议在地中海施行大型远征，那穿越英吉利海峡的战事就必须彻底舍弃。若决议在地中海展开的只是小型战斗，那以上战事也会因此延误一到两个月，甚至是三个月。所以，他和我在此次军事会谈中，都想听听斯大林元帅和伏罗希洛夫元帅的看法，看看我们如何行事才能对苏联的援助最大。为提升我们在意大利、巴尔干半岛、爱琴海、土耳其等地区的攻击实力，不少方案都曾拿出来研究过。确定选用的计划，是此次会谈的关键任务。让英国和美国的军队尽可能减少苏联军队的作战负担，是主要目标。

＊　　　＊　　　＊

然后，斯大林讲话，他期待美国在太平洋上的成功，不过，他表示因为苏联的军队近乎全都得拿出来与德国周旋，所以苏联眼下还无法参与和日本的战争。苏联的远东军要是用来防守，勉强还够，可若拿来展开进攻，就起码得在眼下军力的三倍以上。一定要等到德国瓦解时，他们才能来太平洋战场和盟军会合，那时，所有人将一起战斗。

而欧洲的形势，斯大林说，他得先简要地介绍一下苏联的作战经验。他们发动攻击的时间是 7 月，德国人之前就猜到了，不过苏联人在聚集了足够的军队和设备之后，发现展开攻击的难度并不是很大。他坦陈，7 月、8 月、9 月赢得的胜利是他们原本没想到的。德国军队并不如人们预想的强悍。

之后，他详细介绍了苏联战线最近的局势。战斗在一些战场已经减速，在某些战场已经彻底停滞，至于乌克兰还有基辅西部和南部战场，近来三周，控制权已到了德国人手里。德国人再次夺取了日托米尔，可能还将再次夺取科洛斯油田。重新拿下基辅，是他们的目标。不过整体而言，控制权仍在苏联军队手里。

他说，他将对英美军队怎样才能最有力地帮到苏联这一问题进行回答。苏联政府始终相信，意大利战争可以打开地中海的通路，所以对于盟国的事业而言至关重要。可是将意大利作为攻打德国的起点并不是非常合适。阿尔卑斯山脉隔开了两个国家。因此，将大批兵力集结在意大利，以便攻打德国，完全不会有效果。相比于意大利，土耳其这个地方更适合攻进德国，可是它距离德国的中心地区又过于遥远。他认为，再没有什么地方比法国北部或西北部更适合英美大军展开攻击了，在那儿，德国军队肯定会拼死顽抗。

*　　*　　*

尽管之前请过我讲话，可我始终没有发言。现在，我对英国的态度进行说明。

我说，很早之前，我们就和美国议定，我们将自英吉利海峡打进法国北部或者西北部。这个战斗计划集中了我们大部分的准备工作和资源。我们为什么无法在1943年发动这场战事，想要解释清楚，我们必须根据实情和数字写下篇幅很长的论证，可是这个行动我们已经决议在1944年施行了。我们尽管没在1943年横渡海峡发动攻击，可我们在地中海那边，却进行了一连串的战事。我们在发动这些战斗的时候，完全清楚它们的次要属性，可是，鉴于我们的力量和交通状况，我们觉得在1943年可以做出的最大功绩就是这些战斗。当前，英国和美国政府给自己确定的使命是，在1944年春末或者夏天施行横渡英吉利海峡的攻击计划。届时，大概能集结英国师十六个，美国师十九个，一共三十五个师的部队。相比于德国的师，这些师不论是在数量上，还是在配置上都更加强劲。

此时，斯大林评价说，他从未觉得地中海的战斗属性是次要的。它们的重要性均是最高的，但这种重要性不是从攻打德国本土的角度讲的。

我回复说，这些战斗，仍旧被我和罗斯福总统视为至关重要的跨海峡战役的前奏。考虑到在地中海和印度战斗的英国军队的状况，对于一个人口总量为四千五百万的国家而言，准备投入横渡英吉利海峡之战里的十六个英国师，是它能够给出的最多数量。这些师的战斗力能够保持，但人数却增加不了。美国拥有众多储备师，所以想延伸战线和维系战争进程的任务就落在美国头上了。不过，1944 年的春末或者夏初，离当前尚有六个月的时间，我和罗斯福总统时常会想，在这六个月里，我们如何使用地中海当前拥有的人员和物资，才能有效地减轻苏联的重担，与此同时，又用不着将"霸王"战斗计划推迟超过一两个月的时间。英国和美国最出众的七个师和相当数目的登陆艇，已经或者正从地中海开赴英国。这在一定程度上削弱了我们在意大利战场的战斗力。天气始终恶劣，到现在也拿不下罗马，可我们期望 1 月能拿下它。艾森豪威尔将军部下的亚历山大将军正统领在意大利战斗的第十五集团军群，目标除了夺取罗马，还有歼灭或俘虏德国十到十一个师。

我还申明，打到意大利靴形领地中的较为辽阔的地区，并不在我们的计划之内，穿过阿尔卑斯山脉去攻打德国本土就更不在了。我们的整体方案是，先占领罗马，夺取它北部的机场，进而让我们可以轰击德国南部，之后，我们就可以在临近比萨 – 里米尼线的地方设立一条战线。从那之后，就应当考虑开辟第三战场的可能性，以便配合，而非取代横渡英吉利海峡的战事。有两个可能，第一，开进法国南部；第二，如罗斯福总统提议的那样，自亚得里亚海的顶点向东北朝多瑙河推进。

在将来的六个月时间里，我们应当如何行动？有关援助铁托之事，我们有不少理由要讲。他牵制了德国的很多师团，对盟国事业的贡献远大于米海洛维奇旗下的"采特尼克斯"。我们以给养和游击行动对他进行援助，明显能有不小的收获。巴尔干战场是我们能将敌人兵力拉得最远的战区之一。这时，我们遭遇了一个最严重的问题，军事人员分析过这个问题之后，一定要给出决断——怎样才能让土耳其参加战斗，将我们通过爱琴海去往达达尼尔海峡之后抵达黑海的运输线贯通。土耳其只要参加战斗，我们就能用它的空军基地，如此，用少量军队（约两三个师）和已经在这个战场驻扎的空军，就能夺取爱琴海里的岛屿。我们若能抵达黑海的港口，运输舰队就能自由往返。眼下，因为一定要将护航舰用到"霸王"战斗计划中，所以我们仅能在北方航道维持四个运输舰队。只要开通了达达尼尔海峡，眼下已经位于地中海的运输舰，就能持续不断地将供应品送抵苏联的黑海港口。

　　想劝服土耳其参加战斗，我们要怎么做才行呢？它若是参加战斗，我们又指望它怎么做呢？它到底是应该只为我们提供基地，还是应当攻打保加利亚，并且对德宣战？它到底应当朝前进发，还是就在色雷斯边界上待着不动？因为保加利亚非常感念苏联过去曾经将它自土耳其解放出来，土耳其要是参加战斗，那对保加利亚会有什么影响呢？罗马尼亚的反应又将是怎样的呢？它们已经做出了切实的和平尝试，准备无条件投降。另外，还有匈牙利，它将在哪条道路上前行。这些附庸国的政局有很大可能会江河日下，进而让希腊人站出来发动叛乱，把德国部队从希腊赶出去。

　　苏联对于这一切问题均有特别的意见和见解。我们若能明白苏联人是如何看待这一切问题的，会非常有用。苏联政府对地中海东边的这些计划是否关心，进而想让我们依照这些计划继续前进，甚至顾不上原本议定将在5月1日启动的"霸王"之战推迟一到两个月？在不清楚苏联政府对于这些问题的看法之前，英美两国政府准备暂时什么决定都不做。

罗斯福总统此时提示我，让我说说下一步作战计划，也就是向亚得里亚海北部进军，之后再向东北攻打多瑙河地区的计划。他的提议正合我心，于是我接着说，只要我们夺取罗马，并且消灭了亚平宁山脉以南的意大利狭小地域的德国部队，英美部队就可以向内陆进军，和敌军对战。之后，我们就可以以最少的军队守住我们的战线，让剩下的军队攻向法国南部，或者如罗斯福总统所想，自亚得里亚海的顶点向东北进发。对于这两个问题，我们还没有认真分析过，不过斯大林若觉得合适，就可以建立一个特事小组委员会对相关的形式和实际数字进行分析，之后交报告给大会。

磋商到这里已经碰到了核心问题。以下为那时的记载：

斯大林元帅向首相提出如下问题：

问："我的理解是，会让三十五个师来承担攻打法国的工作，对吗？"

答："对。这些师十分优异。"

问："这场仗，预备让当前在意大利驻守的部队来打吗？"

答："并非如此。有七个师为加入'霸王'之战，已经或正撤出意大利和北非。你第一个问题里提及的那三十五个师，就有这七个师。它们离开之后，地中海大概还留着二十二个师，能够用在意大利战场或者别的目标上。里面有些师能够用在攻打法国南部的战斗中，或者让它们自亚得里亚海的顶点向多瑙河进发。这两场仗，将在时间上和'霸王'之战彼此呼应。与此同时，留下两到三个师对爱琴海里的岛屿进行攻击，难度不大。"

随后，我指出，想在上边说的那七个师之外，再从地中海抽一些师去英国，就完全实现不了了。水上交通也满足不了需求。为了发动最开始的攻击，在英国将集结三十五个师的英美部队。以后，英国的力量就只是在法国北边维持十六个师了。然而，美国会接着投更多的军队进来，直至法国北边的远征军人员总数够五六十个师。若将通信部队、军直属军队和高射炮队等都算上，英国和美国的师，一个师大概四万人。已经有很多的英国和美国的空军军队到了英国本土，虽然这样，美国在将来的六个月里会将他的空军数量翻一番或者两番。所以，将有强悍的空军力量在这里聚集，它用不了多少力气就能攻入敌军阵营。一切的军队和配置正遵照预定的计划展开布置，这个计划，苏联政府若想，可以拿去参照。

斯大林问我攻打法国南部的战斗计划。我表示尚未认真分析过这个计划，不过按照我们的想法，它能够协助"霸王"战斗计划，或者两个计划一起执行。攻击军队将由眼下在意大利驻扎的军队形成。我又说，与此同时，罗斯福总统提出的有关自亚得里亚海的顶点向东北推进的主张，也有探讨的价值。

斯大林又问，土耳其若加入作战，英美打算调出多少兵力。

鉴于我只代表我个人发表意见，因此，我说要想夺取爱琴海里的岛屿，多说两三个师也就够了，除了这个，为了让土耳其可以自保，在不影响其他行动的前提下，我们或许还得给它大概二十个空军中队和几支高射炮团。

斯大林觉得，将我们的军队派一部分去土耳其和其他地方，又派另一部分去法国南部，并不正确。最妥当的做法是将"霸王"作为1944年战斗计划的基础，至于在意大利驻守的全部兵力，只要夺下罗马，就全都调去法国南部。于是，等"霸王"之战启动，这些军队就能和攻击的军队会合。在德国的战线里，没有比法国更弱的部分了。他本人对土耳其答应参加战斗，并不抱希望。

我问，苏联政府难道不急着让土耳其参加战斗吗？我们曾经有过一次尝试，但没成功。现在想让我们再尝试一次吗？

斯大林说，再试一次，我是绝对支持的，若有必要，我们应该掐着它的脖子逼它做。

随后我说，我完全认同斯大林元帅觉得不该分散军力的观点。可是我们给出的所有意见是，很少的几个师，比如两三个师，就能有效地用于达成我们和土耳其的直接往来，而需要参加战斗的空军，可以用那些守护埃及的空军，仅仅需要它们将战线往前推进一下罢了。如此，就用不着自意大利前线或者"霸王"战斗计划里抽很多军力出来了。

斯大林觉得，这些岛屿如果仅用三四个师的军力就能攻克，也非常值得。

我说，战争在夺取罗马和启动"霸王"战斗计划中间的六个月中会停滞下来，是最让我担忧的事情。我们应该持续对敌人进行攻击。我说的战斗计划尽管属性是次要的，可这个问题是应该被认真研究的。

斯大林再次重申，"霸王"战斗计划十分重要，最好能通过对法国南部的攻击给予支援。他甚至表示，若不攻打罗马且在意大利选择防守之势，能够大致抽出十个师去攻打法国南部，那就这么做。两个月之后马上发动"霸王"战斗计划，从两个方向推进的军队即可会合。

我回复说，就算我们停止向罗马推进，我们的实力也无法更加强劲了。但是，只要我们拿下了这个城市，我们就能因为歼灭或者重创十到十一个德国师而处在更加强劲的位置上。另外，为了轰击德国，我们还得拿到罗马北面的机场。我们不可能放弃夺取罗马，各方都会将这种行为当成一次惨烈的失败，而这种看法，英国议会一分钟也忍不了。

*　　　*　　　*

随即，罗斯福总统提议，应该十分谨慎地研究各战事的时机之事。只要在地中海东部发起战争，就有机会让"霸王"战斗计划延迟到 6 月或者7 月。若可以避免，他个人希望这种延误不要出现。所以，他提议军事专家应当按照斯大林说的日期，即在"霸王"发动的两个月之前，考虑有没有在法国南部展开攻势的可能，而"霸王"战斗计划的如期展开是它的中心思想。

斯大林说，苏联人在近两年的斗争里总结的经验显示，一场大战，若进攻的方向只有一个，通常不会有什么收获。同一时间，自两个或者更多的方向展开攻击，是最佳方案。这将逼敌人分散军力，与此同时，若攻击军队互相离得较近，它们就有沟通的可能，进而提高攻击的整体实力。他提议这一方针能够有效地用在当前争论的问题中。

原则上，这些见解我是认同的。我说，我提议稍微支援一下南斯拉夫和土耳其，这和以上的一般见解并不矛盾。与此同时，我期望我以下主张可以记录下来，即只是因为要切实按照5月1日这个日期施行"霸王"之战，就舍弃在地中海驻守的二十二个英国及受英国掌控的师的武装行动，无论什么情况，我都绝不答应。

土耳其若不肯参加战斗，那也没什么办法。罗斯福总统说的那种有关各场战事在时间上严密协调的事，我诚挚地期望别让我答应。大会是不是可以分析一下大家已经陈述的看法，明天再接着研究？罗斯福总统表示赞同，而且提议，参谋长们应该在次日清晨工作起来。

斯大林表示，尽管伏罗希洛夫元帅将竭尽所能，但他没想到大会会探讨军事问题，所以没带他的军事专家团过来。

我问他们准备如何探讨土耳其问题。这个问题或许兼顾了政治性和军事性。大会应当就以下问题进行探讨：

1. 我们想让土耳其做什么？

2. 若让它参战，我们预备给它什么？

3. 提供这些，会带来何种影响？

斯大林对此表示赞同。土耳其身为英国的盟国，和美国的关系也不错，英国和美国应该告诫它别走错误的路。我说，土耳其若不接受苏联让它加入战胜方的邀约，与此同时，又丢掉了英国的怜惜，那就太不明智了。斯大林附和道，总是有人甘愿糊涂，所有中立国都认为，如果能置身事外的话，又何必犯傻参战呢？

我在会议即将结束时说，尽管我们是关系非常好的朋友，可是，我们必须承认，我们并没有在所有问题上都达成共识，我们需要的是时间与耐心。

就这样，我们的首次会议宣告结束了。

第三章　谈话与会谈

和斯大林探讨德国问题——波兰及其边界——罗斯福提出"四个警察"的计划——我按照国王的指示，颁发列宁格勒荣耀之剑——第二次全体大会——斯大林问谁是"霸王"之战的统帅——我阐述英国有关"霸王"之战和意大利之战的看法——敌军的三十个师被牵制在巴尔干半岛——怎样说服土耳其参加战斗——保加利亚的地位——探讨横渡英吉利海峡的时间——不让意大利战事受损的重要性——土耳其问题——斯大林就"霸王"之战的问题向我直接发问——我申明不支持整体杀掉德国人

在正式会议时，我和罗斯福、斯大林常常在午餐或晚宴上展开讨论，这些谈话内容可能比正式会议更为重要。在这种场合下，大家兴高采烈，畅所欲言，任何事都能听得进去。11 月 28 日，周日晚上，罗斯福总统举办宴会款待大家，我们一共有十个或是十一个人出席，翻译官也在其中。没多长时间，谈论就变得严肃了。

第一天晚上宴会结束，当我们在屋子里闲逛时，我将斯大林请到了沙发旁边，就我们战争取胜之后将会出现的状况进行探讨。他同意了，我们就坐了下来。艾登也加入了探讨。斯大林元帅说："首先，让我们先想想战后或许会出现的最糟糕的状况吧。"他认为，德国很可能从这次战争中

恢复过来，而且很快就会再来一场新的战争。德国国家主义重燃的可能让他忧虑。和平在凡尔赛会谈之后，似乎已经得到了保证，可是没过多久，德国就东山再起了。所以为了防范德国挑起新的战争，我们一定要组建一个强悍的系统。他坚信德国将卷土重来。我问他："会用多长时间？"他回答说："十五到二十年。"我说："必须让世界至少平安五十年。这种平安若仅能保持十五到二十年，那我们就有愧于我们的战士。"

在斯大林看来，我们应该想想是不是可以对德国的生产能力予以限制。德国人是精干的，十分勤勉并且很有谋略，他们必将迅速恢复。我回答说，我们一定要用一些控制手段。我将严禁他们进行任何民用和军用的航空产业，禁止设立总参谋部制度。斯大林问："为了防止他们制造炮弹零件，你会关闭钟表制造厂和家具制造厂吗？德国人当初通过制玩具步枪，让数十万人学会了射击。"

我说："任何事都无法一蹴而就。世界一直在向前发展。我们已经获得了一些经验教训。我们的使命是让世界至少可以平安五十年，而方法是解除德国的军备，严禁再次装备，监视德国的制造厂，严禁任何航空产业，施行影响深远的疆域变革。所有这些让我们再次回归这一问题——为了彼此之间互相关联的利益，英国、美国和苏联能保持亲密的友情，并监督德国吗？一旦发现危险的苗头，我们便即刻下达指令。"

"上次大战之后，没制约过吗？"斯大林说，"可最后却没能成功。"

"我们那时经验不足，"我回答说，"上次的战争并不是现在这种程度的民族之争，苏联也没参与和平会谈。这次情况不一样。"我始终认为应当孤立且压制普鲁士，让巴伐利亚、奥地利和匈牙利构成一个普遍的、和平的联邦，而不是攻击型的联邦。在我看来，相比于德国的其他地区，对普鲁士应该更严格，如此，就能对后来人产生影响，让其没胆子再和前者一起破釜沉舟。不过应该记得，这些都只是我在战争进行时的观点。

"你说的都很好，不过还不够。"斯大林这样评断。

我又说："苏联应当有自己的陆军，英国和美国应当有自己的海军、空军。另外，三个国家还得有其他本领。三个国家均要维持强大的军事实力，无论在何种情形下都决不裁军。我们是守护世界和平的人。我们若输了，可能会造成百年的动荡。我们若强悍起来，就能完成守护者的使命。自然，不只是在守护和平上。"我继续说："三个国家还将引领世界发展的方向。不管是什么制度，我都绝对不愿意强加在其他国家身上。我要自由的权利，还有各个国家依照自己的意愿前进的权利。我们三国一定要坚定不移地保持友好关系，进而确保所有国家的人民都可以平安喜乐。"

　　斯大林再次询问如何处理德国之事。

　　我回答说，我对德国的劳动人民并不抵制，我抵制的是它的领导者们和有危险的盟友。他说有不少按照命令战斗的劳动人民存在于德国的军队中。他问那些源自劳动阶层的德国俘虏，为什么帮希特勒战斗。俘虏们的回答是，奉命行事。

＊　　　＊　　　＊

　　我建议我们应当探讨一下波兰之事。斯大林同意了，还让我先谈谈我的看法。我提到，我们曾经因为波兰才宣战，所以对我们而言，波兰是重要的。换句话说，没有任何事比苏联西部疆域的安危更重要。可是对于边界之事，我什么承诺都没做出过。我希望能坦诚地和苏联人谈论此事。斯大林元帅若愿意同我们说他是如何看待此事的，我们就能谈论此事并达成某些协定了。并且斯大林元帅应当同我们说，对捍卫苏联的西部边界来说，什么最为关键。此次欧洲战争或许将在1944年宣告结束，战争之后，苏联会十分强悍，不管对波兰下什么样的决定，苏联都将在其中担负起极大的责任。按照我个人的想法，就如同战士"向左靠拢"两步一般，波兰可以向西延伸。若德国的脚趾被波兰踩到了，那也没办法，不过波兰一定要是强悍的。在欧洲这个管弦乐队里，波兰这个乐器必不可少。

　　斯大林说，波兰人民有自己的文明和语言，这些不应当消失，一定要留下来。

"我们试试划分一下疆界怎么样？"我问。

"好。"

"议会没给我划分疆界的权力，而且在我看来，罗斯福总统的情况也没什么不同。不过我们眼下在德黑兰研究，在三个国家的政府领袖的共同努力下，能不能议定某种策略，好给波兰人提建议，并且说服他们答应，倒也没什么不可以。"

我们答应探讨此事。斯大林问是否可以不邀请波兰人出席。我说"可以"，等我们就此事拟订了非正式的协议，再和波兰人联系。艾登先生此时插言说，斯大林那天下午说波兰人向西延伸直至奥得河，是可行的，让他觉得非常吃惊。他发现在此种看法里前景非常可期，所以受到了极大鼓舞。斯大林问我们是不是觉得他将吃掉波兰。艾登说，苏联人打算吃多少，又有多少是无法消化的，他并不清楚。斯大林说，尽管苏联人会将德国咬下来一块，但别人的东西，他完全不想要。艾登说，在东边丢掉的土地，波兰可以在西边获得弥补。斯大林说，波兰或许能在西边得到弥补，不过，最终是什么结果，他不清楚。之后我用三根火柴比喻，解释我对波兰向西延伸的看法，这让斯大林觉得愉快。就在此种氛围中，我们这些人暂时分开了。

*   *   *

英国、苏联和美国的军事领袖在29日清晨召开会议。我清楚斯大林曾经和罗斯福私下聊过，眼下自然都在一个大使馆中，所以我提议我和总统在当天下午的第二次全员大会之前一起吃个午饭。可是罗斯福却没有同意，还让哈里曼来我这儿解释，说我和他暗中协商的事，他希望瞒着斯大林。在我看来，我们三人应该互相同等地信赖，所以，我对此觉得有些怪异。用过午餐，罗斯福总统和斯大林、莫洛托夫再次会面，就很多关键问题进行协商，其中特别包括罗斯福总统有关设立战后世界政府的计划。这种计划的施行人应当是"四个警察"——苏联、美国、英国和中国。这个提议斯大林不太认同。他说欧洲的一众小国家是不会期待这"四个警察"的。相比于罗斯福总统，苏联的领导人在这点上看得更远，更能做出和事实相符的判断。斯大林那时有一个别的提议：建立一个欧洲委员会和一个远东委员会，其中欧洲委员会，由英国、苏联、美国，或许还有一个别的欧洲国家共同组成。罗斯福总统回答说，这同我提议的区域委员会差不多，也就是各自建立欧洲、远东和美洲区域委员会。他好像没有解释清楚，我还预备设立一个由这三个区域委员会组成的联合国家最高委员会。由于会谈过程，我是在很长时间之后才知道的，因此没能对此种错误的见解予以纠正。

＊　　＊　　＊

我们将在四点召开第二次全体大会，在这之前，我按照国王的命令颁授了一把宝剑，这是陛下为纪念荣耀的斯大林格勒保卫战而专门设计打造的。苏联的将士将外边的大厅挤得水泄不通。我以几句话讲明始末之后，就把这个光彩夺目的兵器交给了斯大林元帅，他以十分动人的姿势将宝剑送到唇边，轻轻地亲吻剑鞘。之后，他将宝剑递给伏罗希洛夫，伏罗希洛夫再把宝剑放下来。在苏联仪仗队的守护下，非常盛大庄重地将宝剑捧出了房间。在这个队伍向外行进的时候，我看到罗斯福总统坐在房间的一侧，明显被这一仪式触动了。随后，我们步入会议厅，再次在圆桌周围坐了下来。此次参谋长们全部到会，现在，他们过来汇报上午努力研究的成果。

帝国总参谋长说，各个战斗计划，他们已经分析过了，而且意识到，若自眼下开始直至"霸王"战役启动的这段时间，不在地中海进行某种活动，德国人或许就会将部队从意大利调去苏联或者法国北部。他们曾经研究，能不能将意大利半岛的前线部队向前推进，让南斯拉夫的游击队变强，使得他们可以绊住在巴尔干半岛的德国师，并且促使土耳其参加战斗。他们还分析了自法国南部登陆，以配合"霸王"战斗计划。波特尔重新审查了我们的轰炸攻势，马歇尔查看了美国军队在英国的集结情况。

马歇尔将军表示，船舰、登陆艇，还有获得距战场非常近的战斗机机场之事，才是西方同盟国在欧洲要面对的问题，而非军队或者给养之事。登陆艇缺得非常厉害，最缺的那种登陆艇是单艘能运载四十辆坦克的那种。对"霸王"战斗计划而言，部队和给养的运输均是遵照计划展开的。登陆艇短缺，几乎是盟国当前所有问题的变数和不确定因素。为了实现这两个目标：一是提高"霸王"战斗计划前期攻击的规模；二是让我们可以在地中海发动我们觉得对的攻势，英国和美国都在加快船舰制造计划的速度。

*　　*　　*

之后，斯大林就决定性问题发问："'霸王'战斗计划的指挥者是谁？"罗斯福总统回答说，还没定。斯大林坦率地说，若不选定主持所有相关筹备事务的人，这个战斗计划必定毫无成果。罗斯福说，已经就此事采取行动了。英国将领摩根将军已带领一个英美共同指挥部，为这场战事筹备了很长时间。实际上，万事俱备，仅仅是还没选出最高指挥官。斯大林觉得应该马上将人选定下来，除了筹备工作，还要担当执行之责。要不然，就算摩根将军表示万事俱备，可等最高指挥官选定好之后，这个最高指挥官或许会有截然不同的看法，进而预备重新部署。

我说，摩根将军得到了我和罗斯福总统的认可，他在数月之前被联合参谋长委员会委任为最高指挥官（还没选定）的总参谋长。由于美国将担负起对进攻大军进行动员的职责，而且在军队的人数上更占上风，所以英王陛下政府同意由美国统帅调度。不过另一方面，在地中海的海军近乎全是英国的，与此同时，在陆军上，我们也有很大的优势。所以，我们认为这个战场的指挥官理当让英国人出任。我提议委任最高指挥官之事，让三国政府的领袖来研究，在比较大的会议里研究更妥当。斯大林说，在指定人选上，苏联政府可以不插言。他们唯一关心的是受命的人是谁。尽可能早些决定人选最为关键，而受命的那个将领除了要拟订战斗计划，还负有执行的责任。我也觉得确定"霸王"之战的指挥者，是应该解决的最关键的问题之一，还说最晚两周之内将处理此事。

*　　　*　　　*

之后，我阐述了英国的态度。我说："摆在我们面前的问题又多又杂，让我有些不安。"此次会谈代表的是全世界人中大概十二亿到十四亿的民众，我们得到的正确论断决定了他们的命运。所以，除非我们眼前关键的军事、政治和公义之事完全处理好，否则，我们就继续开会，这点十分关键。此外，我提出了一些细节问题，这些问题可由军事小组委员会研究定夺。

第一个关键问题，已经在地中海集合的大量军队能为"霸王"战斗计划提供什么帮助？尤其是在意大利驻守的部队，对法国南部展开的攻击打算到什么程度？这个计划，罗斯福总统和斯大林都说了，可是我们尚未周密地分析过，所以没有人能给出最终看法。钳形攻击的重要性，斯大林强调得非常对，可是以少量军力进行攻击明显一点效果都没有，因为主力大军还没抵达，敌军已经将其消灭了。就我个人而言，我认为留在地中海的登陆舰，应该起码能运两个师的军力。在得到有此种运载能力的登陆艇之后，我们就能启动海上合围策略，帮前哨军队自意大利的中段向前进发，进而免于采用缓慢且艰难的正面进攻策略。若土耳其参加战斗，这些登陆艇能让我们拿下罗得岛并打开爱琴海的通路。这些登陆艇还能在五六个月之后，让我们策应"霸王"之战，自海上攻击法国南部。

显而易见，这些战斗计划，都得非常慎重地对其进行分析和确定时机，可是我在上边提及的各条若均能做到，看上去是很可能成功的。另一方面，假如要为地中海留下能够运载两个师的军力的登陆艇，那启动"霸王"战斗计划的时间明显得延迟六到八周；或者用另外一种方案，那必然得撤回派去东方的舰艇，它们在和日本的交战中正承担着攻击之责，如此，我们就落到了进退维谷的地步。这就得衡量所有问题的轻重缓急。我说，斯大林元帅和伏罗希洛夫元帅的战绩激励了他们的英国伙伴，而且让他们觉得十分佩服和敬重，所以针对这些问题，我将怀着感激之情聆听二位的看法。

第二个关键问题，南斯拉夫和达尔马提亚海岸之事。在巴尔干半岛，游击队起码绊住了二十一个德国的师团。另外，还有保加利亚在希腊和南斯拉夫驻扎的九个师团。如此一算，这些勇敢的游击队绊住的敌军有三十个师团。所以，巴尔干战场的确成了一个让敌军分散兵力的地点，而且能减小我们将来苦战的压力。对于巴尔干，我们并无任何野心。我们的整体目标仅仅是将敌军的这三十个师死死困住。莫洛托夫、艾登和罗斯福总统的代表应该开个会，并且把没处理的政治问题汇报给大会。举个例子，对于以上见解，我们的苏联朋友和我们的盟国有政治上的难题吗？假如有，这些难题是怎样的？我们必将同他们一道合力解决难题。就军事角度而言，不用在这个地方用很多兵力，最多，只是需要军用物资和突袭式的战斗为游击队提供援助罢了。

第三个问题，土耳其之事，也是最后一个问题。作为土耳其的盟国，英国曾担负着在圣诞节之前说服土耳其参加战斗的工作。在当前的情况下，罗斯福总统若愿意插手这件事，并予以指挥，那英国政府是非常愿意让他来办这件事的。我说，我准备代英王陛下政府承诺：英国将尽其所能让土耳其参加战斗。就军事角度而言，土耳其参战至多也就用同盟国两到三个师的军力。

之后我问，苏联政府是怎么看保加利亚的。他们准备告诉保加利亚，土耳其若宣布和德国开战，那保加利亚要是入侵土耳其，苏联会当即将保加利亚视为对手吗？我提议，莫洛托夫、艾登和罗斯福总统的代表研究一下，讨论出说服土耳其参加战斗的最佳方案并上报大会。我们一旦做成此事，德国就将遭受重创。保加利亚会变弱，罗马尼亚已经为无条件投降想尽了办法，并且也将极大地影响到匈牙利。我研究的地中海那边的所有战事，主旨都是想让苏联的压力小一些，并让"霸王"战斗计划成功的可能性提高。

＊　　　＊　　　＊

我说了大概十分钟。会议一度没人讲话。之后，斯大林说："保加利亚若因为土耳其参加战斗就损害土耳其，苏联政府会认为自己和保加利亚陷入了战争之中。"他如此承诺，我表示感激，又问："我能如此告知土耳其吗？"斯大林说："绝对可以。"随后，他就巴尔干半岛问题发表意见。在他看来，我们看法一致，并且绝对赞同向游击队提供援助。不过他又坦率地予以补充，说依照苏联人的思维模式，土耳其参加战斗，支援南斯拉夫还有占领罗马，都不是最重要的问题。此次开会的目的若是想探讨军事问题，那必须率先探讨"霸王"战斗计划。

若按提议建立一个军事委员会，就得确切指出委员会应该完成哪些工作，这显而易见。在对抗德国的战争中，苏联人需要支援，并且是尽快支援。及早大规模推行"霸王"战斗计划是最佳的援助措施。要确定的主要问题有三个：第一，时间，时间应当设定为5月，不能再晚了。第二，为策应此战，有必要在法国南部登陆，若能在"霸王"之战开启之前两三个月就完成登陆，自然最好，如果不能，就一起推进，若无法一起推进，稍微迟一些登陆也是有益处的。对于"霸王"之战而言，攻击法国南部是一种援助型战斗，多少肯定会有所助益。占领罗马，还有在地中海展开的其他战斗，仅能当作制约行动。第三，选定"霸王"战斗计划的总指挥。斯大林说，这个决定，他期望能在大会结束之前给出，最晚也不应超过一周。若缺少最高指挥官，"霸王"战斗计划是无法顺利展开筹备工作的。当然，选谁，得看英国和美国政府，不过苏联政府想知道谁当选了。

＊　　　＊　　　＊

罗斯福总统说，在"霸王"战斗计划的重要性上我们已经达成了共识，可是在时间上，尚有分歧。若5月启动"霸王"之战，那肯定起码要舍掉一场地中海的战事。假如将登陆艇和其他装备全留在地中海，就得将"霸王"之战推迟到6月或者7月。"霸王"之战推迟明显会带来危险。假设我们只用两三个师的军力，在地中海东部发动远征，那这种远征也很有可能变成一种较大规模的战争，让我们无法舍弃，并且得调更多的军队过去。若出现此种情况，"霸王"战斗计划就算7月启动，也会受损。

随后，罗斯福先生谈及我说的关于德国和保加利亚的三十个师团被绊在巴尔干半岛之事。他提议，为了增强困住他们的行动，我们应该使用突击队。将他们遏制在这一区域之中，让他们无法危害其他战场是关键问题。显而易见，大家都认为应该支援铁托，不过从"霸王"战斗计划中抽取力量，并不在这种援助之列。

斯大林说，据他得到的消息，德国有八个师在南斯拉夫，有五个师在希腊，有三个师在保加利亚，有二十五个师在法国。他预备不赞成将"霸王"战斗计划延迟到5月之后。

我说，让我给出这种承诺，我做不到。不过在我看来，照大家已经阐述的意见来说，是不存在根本矛盾的。我愿用英王陛下政府的所有力量，及早启动"霸王"之战，可是我相信，只是因为想将"霸王"之战启动的时间提前一两个月，就生生牺牲、舍弃我们在地中海那边的美好前景，就像这种前景毫无意义似的，并不合适。英国有着强悍的陆军在地中海驻扎，让他们在将近六个月的时间里按兵不动，我无法接受。这支部队应该以最强的力量和美国盟友一起和敌人开战。我十分希望，英国和美国的大军能通力合作，剿灭在意大利驻守的大批德国军队，而且在向罗马北部推进之后，能把德国的大量军队遏制在意大利前线。在意大利停止战斗、完全没有行动近六个月的时间，和没有妥善利用我方部队没有什么区别，并且我们还会因苏联人近乎担负了陆战的所有重任而备受指责。

斯大林表示，他绝对没想提出在冬天之前停止一切在意大利战场的行动。

我解释道，若将登陆艇撤出地中海，那就等于压缩我们在那儿的战斗。我提示斯大林，"霸王"之战想成功需要靠三个条件：第一，从现在到展开攻击之时，在欧洲西北部的德国战斗机队的力量，必须予以极大的削减；第二，在我们进行攻击之时，驻扎在法国和低地国家的德国储备军队的力量，必须让它不超过十二个最优异的满额机动师；第三，在战斗最开始的六十天里，德国人能从其他战场撤回的军力，必须使之低于十五个最出色的师。我们应该尽可能地困住在意大利和南斯拉夫的德国人，以达成这些条件。土耳其若参加战斗，我们的实力就更强劲了，不过这个条件并不是必需的。眼下在意大利驻守的德军，大部分都是调自法国的。在意大利，我们若给德国的压力小了，他们就会被撤回法国。这是眼下仅有的能和敌人战斗的战场，现在我们必须接着与之战斗。我们冬天若尽可能地在地中海和它激战，将非常有助于为"霸王"之战的推进制造必备条件。

　　斯大林问，若德国在法国有十三四个机动师，而且可以自其他战场抽调十五个师以上的军力，那么，情况将怎样？放弃"霸王"之战吗？

　　我说："不，绝对不会这么做。"

＊　　　＊　　　＊

　　之后，我将议题再次转回土耳其。促使土耳其在今年年末参加战斗，是我们已经答应了的。它若参加战斗，我们要采取的军事行动就只有一个——将我们的飞机放到土耳其的安纳托利亚飞机场，并夺下罗得岛。局势用一个突击师和一些守军就能摆平。只要我们控制了罗得岛和土耳其的空军据点，便随时都可以让爱琴海的其他岛屿弹尽粮绝。这些军事措施并不会变成永远压在我们身上的重担，可以将其视为一种极其有限的义务。我们要是尽量让土耳其不用参加战斗，那事情马上就没有了。可是我们若无法让土耳其参加战斗，那德国人就安心了。针对土耳其，还有一个更加深远的目的。它若参加战斗，且我们拿下了罗得岛，并且之后又将德国人赶出了爱琴海的其他岛，那我们在埃及驻守的军队和空军就能全部向北进发，过去参战，就不用像目前这样进行防守了。

土耳其之事应该予以重视。就像罗斯福总统和马歇尔将军所说，我们是否能够得到登陆艇、是否能护送军队过海，都决定了我们各场战斗的强度、性质和时间。我表示，我打算极尽频繁、极尽周密地进行分析此事，不过，需要的少量登陆艇要是无法留在地中海，或者自其他战场运过来，那不管什么强度的军事措施，地中海地区都将无法采取，攻击法国南部也在其中。这些理由，在得出结论之前，一定要非常谨慎地予以考虑。我向斯大林表示，他的提议切实指出了军事技术委员会的工作范畴。至于各条工作的内容，我提议应当让三个国家的政府领袖各自制定。

斯大林说，他又研究了一下此事，认为没必要设军事委员会。就算想做决定，也不必将所有细枝末节的问题全都弄清。启动"霸王"之战的时间、指定总指挥，还有能不能在法国南部发动协助性战斗，是几个重点问题。全体会议需要就这一切问题予以决断。与此同时，他认为完全没有设立外长委员会的必要。任命这些委员会只会推迟德黑兰会议的闭会时间罢了。出访德黑兰的期限，以他而言，只能在 12 月 1 日之前，最晚不能超过 12 月 2 日。

罗斯福总统提出，假如决议设立军事委员会，并让其运行起来，他已经以简要的办法试着给这个机构制定了工作内容，一共两句话：第一句，三国参谋长委员会决议"霸王"之战为 1944 年的主要战事；第二句，委员会要给出让配合性战斗能够展开的建议，不过此种战斗是不是将使"霸王"战斗计划推迟，之前一定要非常谨慎地予以研究。对此，大家都觉得可行。

斯大林说，对于"霸王"之战的时间，苏联政府十分重视，而更重要的原因是要与苏联战场的战斗彼此策应。罗斯福总统说"霸王"之战的时间，魁北克会议已经做了决定，只不过从那之后，战事又出现了极大的变动，这才使得我们需要考虑一些改动。

斯大林在我们结束会议之前，在桌子对面看着我说："我有个关于'霸王'之战的问题想要直接问首相。对于'霸王'之战，首相和英国官员真的有信心吗？"我回答说："如果机会到了，以上说的启动'霸王'之战的种种要求也都达成了，那我们会竭尽所能横渡海峡对德国人进行猛烈攻击，这个责任我们当仁不让。"说到这儿，我们就结束了会议。

*   *   *

斯大林举办晚宴款待我们。出席者的数量限制得非常严格，斯大林、莫洛托夫、罗斯福总统、霍普金斯、哈里曼、克拉克·科尔、我和艾登，还有我们的翻译员。大家都兴致勃勃，频频举杯。不久，埃里奥特·罗斯福出现在了门口，他是坐飞机到这儿和他的父亲见面的。有人让他进来。所以，他坐到了桌子边上。就算我们说话的时候，他也胡乱插言，后来还添油加醋地宣扬把他听见的话都说出去了，造成了非常严重的误会。按照霍普金斯的说法，斯大林和我说了很多玩笑话，我丝毫没放在心上，直至斯大林元帅用平和的语气说起惩处德国人这种庄重的，甚至是恐怖的事。他说，德国的总参谋部必须剿灭。希特勒之所以拥有强大的陆军实力，全都要归功于大概五万的将领和技师。等战争结束，把这些人抓起来枪决，就能将德国的武装力量连根拔起。听见这些话，我认为应当这么回复："无论何时，英国议会和民众都不会接受整体击毙。就算他们因为战时的疯狂答应如此办理，可等这种残暴的行动发生过一次，那些负责的人就会遭到他们的严厉指控。在这件事上，请苏联人不要有这样的想法。"

然而，斯大林或许仅仅是因为玩笑，仍在接着说这件事。他说："必须枪决五万人。"听了这话，我十分恼火。我说："我和我的国家的名誉若是因为这种卑劣的行径遭到侵犯，我宁愿现在就在这儿让人将我拉到花园开枪打死。"

罗斯福总统此时插话了。他说了一个调和的方法，枪决是应该的，不过应该枪决四万九千人，而非五万人。对这整件事，他无疑想让大家笑一笑就算了。艾登也以各种姿势提醒我，让我明白这仅仅是笑谈。但是坐在餐桌另一边的埃里奥特·罗斯福此时却从椅子上起身说话，说斯大林元帅的见解，他是多么真心赞同，坚信这种见解会得到美国军队的认可。被如此打断，我当即站起身离开餐桌，去了旁边那间灯光昏暗的屋子。我才到那儿，有人就在后边用手在我的肩膀上拍了一下，竟然是斯大林。莫洛托夫站在他身边，两人都是满脸的笑容，诚挚地解释他们不过是在说笑，任何严重的事情都没考虑。斯大林若是想显露出风度，他的风度还是很吸引人的。不过，他那时显露出的那种魅力十足的姿态，我从来都没见过。不管是那时，还是现在，说这完全就是玩笑，其背后没有隐藏任何其他意图，我没多少信心。听了他的解释，我答应返回餐桌。那晚之后的时光，气氛一片祥和。

第四章　德黑兰：难题

我的六十九岁生日——我独自和斯大林会面——我们努力筹备"霸王"之战——对地中海的影响——最高指挥官之事——一切取决于登陆艇——为"霸王"之战集结的军队——意大利大战就在眼前——斯大林重申"霸王"之战必不可少——斯大林建议苏联将在 5 月或者 6 月展开进攻——罗斯福总统发出"只有三个人"的午餐邀请——苏联要求不冻港——11 月 30 日第三次全体会议——会议的主要军事决议——发表的公报得到了三个国家全票通过——在英国大使馆举办宴会———片祝贺声和众多发言——布鲁克将军对斯大林的回答

对我而言，11 月 30 日是个十分繁忙并且有纪念意义的日子。那天是我的六十九岁生日，近乎所有时间都花在解决我始终关心的一些最要紧的事情上了。罗斯福总统和斯大林元帅维持着私下的往来，并且还在苏联大使馆里住。虽然我和罗斯福总统一直来往频繁，与此同时，我们的重大事项又彼此重叠，可是自我们离开开罗后，他始终不愿意和我单独见面，这些状况，让我觉得我应当想办法直接和斯大林进行一次私人会面。在我看来，苏联的领导人会如此对待英国，是因为没有真正了解英国。他的脑海中已经有了这样一种错误看法，即丘吉尔和英国参谋人员因为想用攻击巴尔干半岛来取代"霸王"战斗计划，所以他们希望尽量不去推进"霸王"

战斗计划。我要做的是消除这种误会。

　　"霸王"战斗计划精确的启动时间，得看数量短缺的登陆艇的调集，可在巴尔干半岛展开的战事，没有哪个是需要这些登陆艇的。罗斯福总统曾让我们对一次孟加拉湾的战斗负责。若没有这场战斗，那我们要用的登陆艇就够了，即让两个师迎着敌军的抵抗同时在意大利或者法国南部登陆，以我持有的两栖登陆能力来说，完全可以实现，不仅如此，还能按计划在5月展开"霸王"之战。我已经告诉过罗斯福总统，5月这个时间是可以的，罗斯福总统也不再坚持把行动日期定在5月1日当天，如此，我就得到了需要的时间。若我可以劝罗斯福总统舍弃孟加拉湾计划——在德黑兰会议中完全没说起过这个计划，如此，地中海战役和如期启动"霸王"之战要用的登陆艇就是充足的。结果，这些关键的登陆时间都是在6月6日开始，可这个时间确定得非常晚，也不是按照我的需求确定的，是按照月色和天气的状况。等我们到了开罗，我成功说服了罗斯福总统，他答应搁置孟加拉湾计划，就像我之后将会谈及的那样。所以，在我看来，我觉得一定要解决的事，已经办好了。可是，在11月的那个早上，在德黑兰时，我完全没有信心，所以我决定将主要的实情告知斯大林。那个时候，我觉得我没有必要将罗斯福总统已经赞成在5月启动"霸王"之战的事告知斯大林。我清楚，在我和斯大林元帅见面之后立即举办的午宴中，罗斯福总统会亲自同他说这件事。

　　得我信赖的翻译员伯尔斯少校记录了我和斯大林的私人会谈，下述情形就是按照他的记载写的。

＊　　＊　　＊

　　我首先提醒斯大林元帅，我身为半个美国人，对美国民众感情深厚。不应当把我将要说的话理解为在背后戳美国人的脊梁骨，我对他们极忠诚，不过一些事，我们两个人开诚布公地谈一谈，或许更妥当。

　　相比于美国人，我们在地中海有更多的军力。在那儿，英国军队的数量是美国军队的两三倍。这就是我迫切希望只要条件允许就不让地中海的部队闲置的原因。我想让他们持续发挥效力。意大利大概有十三四个师，其中英国占了九个师，要不就是十个师。除此尚有两个集团军——第五集团军及均为英国人的第八集团军。在遵照"霸王"之战的日期和尽量启动地中海战事的这两件事中，存在着选择的余地，但是全部情况并不限于此。美国让我3月和日本在孟加拉湾打一场两栖战。对此，我没什么兴趣。孟加拉湾之战需要的登陆艇，我们若将其调往地中海，就能完成我们需要完成的所有工作，不仅如此，还能让"霸王"之战发动的时间变早。所以需要的抉择并非发生在地中海之战和"霸王"之战的时间上，而是发生在孟加拉湾之战和"霸王"之战的时间上。然而，最近两个月，地中海之战已经受到了损害，因为美国非让我们确定"霸王"之战的开启时间。由于有七个师被撤走了，所以在意大利的我方军队的斗志有些低迷。由于为启动"霸王"之战做准备，我们往国内调了三个师，美国又撤走四个师。我们之所以没有充分利用意大利崩溃的机会，原因也在这里，不过这也显示出在筹备"霸王"之战上，我们是非常用心的。

及早确定总指挥的人选这件事也十分关键。在8月之前，我们英国人或许会充当"霸王"之战的最高指挥官，不过我曾经在魁北克大会中告诉过罗斯福总统，我们愿意让美国人来担当此职，不过在另一边，地中海的最高指挥却应当让我们来担任。这是因为尽管在登陆的时候，美国人和英国人的数量是相当的，但不久之后，美国人便会占据兵力优势。行动开始几个月后，受此战役影响更深的一方将会是美国人。另一边，在地中海这里，英国人更占上风，而对于那里的战斗，我也自有看法，所以那个战场的最高指挥官，我觉得让我们来担任并无不妥。罗斯福总统同意这么安排，因此，现在委任"霸王"之战的总指挥的事，是他的职责。只要罗斯福总统选好人，我马上就能指定地中海总指挥和其他指挥。因为和国内的高层有关，总统始终没能确定选谁，不过我曾经催他在我们离开德黑兰之前确定下来。斯大林表示这非常对。

我们之后说起登陆艇之事，再次说明此事变成障碍的情况以及原因。

就算撤走了七个师，我们在地中海那边的军队仍旧非常多，并且在英国本土，又会聚集很多英国和美国的远征军。登陆艇决定了所有事。斯大林元帅两天前曾经发表了一份重大声明，宣告希特勒投降之后，苏联将和日本对战。听闻此事，我当即对美国人提议，他们可以再多调集一些登陆艇，对他们让我们推进的印度洋之战进行援助，或者从太平洋调些登陆艇也行。如此，就没人缺登陆艇用了。可是，在太平洋的事情上，美国人十分敏感。我曾经跟他们说过，苏联若是对日宣战，日本会败得更快，他们就能为我们提供更多支援了。

我和美国人争执的不是什么大事。绝对不是我不关心"霸王"之战。我既想得到为了推进地中海那边的战事需要的所有东西，又希望"霸王"之战能如期启动。

如今再说"霸王"战斗计划。到了拟订的5月或者6月的时限，英国那边将让将近十六个师的部队做完战斗筹备，再算上军直属部队、登陆艇大军、防空军以及后勤，总人数略微超出五十万。在这之中，有一些是我们最优异的军队，还有从地中海调来的受过战争洗礼的战士。除此，英国还得让皇家海军供应的所有舰艇去对陆军进行输送和掩护。在国内的空军军队中，能够不间断地作战的英国最前线的飞机大概有四千架。如今，美国正将军队运进来。截至目前，他们运得最多的是空军军队和陆军物资，不过据我推断，在将来的四到五个月里，每个月运来的人数将是十五万或者更多，等到5月，总人数将达到七八十万。这样的军事调度，我们在大西洋打败潜艇之后，已有推进的可能了。我的意思是，大概在施行"霸王"之战的时候，或者在其他所有合适的时候，也在法国南部展开攻势。我们将困住在意大利驻守的敌人，我们在地中海驻守的那二十二或是二十三个师，将尽量调去法国南部，至于剩下的军队，就在意大利留守。

大规模的战斗即将在意大利打响。亚历山大将军指挥着大概五十万人。盟国的十三到十四个师在和德国的九十个师对战。天气情况恶劣，大桥已经被冲垮了,可是我们预备12月让蒙哥马利将军带领第八集团军向前压进。两栖登陆将在特韦雷河周边展开。与此同时,为了绊住敌人,第五集团军也将展开猛攻。此战或许会成为小型的斯大林格勒战役。我们的计划,不包括侵入意大利辽阔的内陆,只想在狭长的靴形区域死守。

斯大林说,他不得不事先说明,苏军一直希望我们在对法国北部的攻击中取胜。如果在1944年5月间不进行战争,考虑到恶劣的天气条件和种种运输障碍,苏军就会认为这一年中根本就不会再进行什么战争了。如果战争不能进行,苏军必将极为失望,导致士气低落,这是他所不愿看到的。欧洲的战争局势若无法在1944年得到极大的改善,苏联人想坚持下去就非常困难。他们已经对战争十分厌烦了。他怕苏军会觉得只有自己在战斗。他之所以想确定"霸王"之战会不会在承诺的时间进行,原因就在这里。否则,他就得想办法安抚苏军的情绪。此事非常重要。

我说,除非敌军调去法国的军队比英美聚集在那儿的部队多,否则,"霸王"之战必定展开。在我看来,德国人要是在法国有三四十个师,我们准备穿过海峡的军队是坚持不下去的。登陆我不担心,但到了第三十天、第四十天或者第五十天,我怕会出现什么其他情况。不过,苏军如果能牵制住敌军,我们又能在意大利牵制住敌军,再算上土耳其或许会参加战斗,在此种情形下,我认为我们能够取胜。

斯大林说,"霸王"之战若能顺利开始,必将对苏军产生积极影响。他若知道此战启动的时间会在5月或者6月,他如今就可以开始筹备对德国人进行攻击了。再没有什么时间比春天更好了,3月和4月战斗不多,他在这个时间,可以收拢部队和供应品,等到5月和6月就能发动攻击。这样一来,德国将没有向法国调兵的余力。德国一直在向东部战争调兵,他们非常担心该战场的战局。此地既没有海峡阻挡盟军,也没有法国作为屏障,对德国来说,苏军若继续向前推进,将对他们产生很大威胁。若是盟国能采取有效行动协助作战,苏军必将继续向前进军。

斯大林问"霸王"之战启动的时间。我说，除非罗斯福总统允许，否则我无法告诉他"霸王"之战的启动时间，不过，吃午饭的时候，他会得到答案的。对此，我猜他会觉得欣慰的。

＊　　　＊　　　＊

罗斯福总统约我和斯大林元帅参加"只有三人"的午宴，因此，我和斯大林元帅没过多久就各自去了罗斯福总统的住处，我们的翻译也一块儿去了。罗斯福总统此时告知斯大林，我们两个都同意"霸王"之战5月启动。对于我们二人的这种既庄重又直接的保证，斯大林元帅明显觉得十分满意。交谈转到较为轻松的话题，有关这些谈话，只记载了一件事：关于苏联海洋出口的事。我始终觉得，苏联这么一个地大物博的国家，人口将近两亿，在长达数月的寒冬里，居然无法有力地和海路连接，可不是一件对的事，并且会引发很大的纠纷。

在斯大林元帅说起苏联不冻港这件事时，我表示难度不大。他还问了达达尼尔海峡和变更《塞夫勒条约》之事。我说，我希望能让土耳其参加战斗，现在并不是说此事的好时机。斯大林回复道，说这件事的好时机，日后会有的。我说，我希望苏联的海军和舰队可以航行在大海上，而且期待苏联船舰的访问。听到此处，斯大林说，寇松勋爵并不这么想。我说，我们那个时候和苏联尚未达成共识。

罗斯福总统说，波罗的海应该对所有国家的商船敞开大门。应该在港口设立自由区，应该把基尔运河交由别人打理，至于达达尼尔海峡，应该对全球贸易敞开大门。斯大林问，这对苏联的贸易适用吗？我们承诺说，适用。

随后，斯大林问，如何在远东安置苏联。我回答说，海参崴已经是苏联的了。他说，寒冰也隔离着这一港口，而且还得依靠对马海峡。眼下苏联只有摩尔曼斯克这一个出海口。我回复说，由于世界的政治一定要交给已经称心如意的国家（这些国家在自身已经获得的一切之外再无别的需要）去统领，所以我希望苏联人的难题可以得到解决。若掌控世界政治的国家，急着为自己谋取利益，那早晚会坏事。可是我们这几个国家却没有理由提出更多要求。那些按照自己的模式生活，又没有任何野心的国家才能维系和平。我们的实力让我们超出其他众国。我们就如同在自己家丰衣足食的富翁一般。

*　　*　　*

稍微休息了一会儿，下午四点，第三次全员大会在苏联大使馆召开。此会议全员出席，大概三十人。

罗斯福总统说，他非常开心地告诉参会者，已经在关键的军事问题上取得了一致。

阿兰·布鲁克爵士说，英国和美国的三军参谋长在开过联席会议之后提议，我们5月启动"霸王"之战：在法国南部，将有援助型战役和它协作，并根据该时间段内可用登陆艇的数量决定行动规模，在登陆艇条件满足的前提下，发起最大规模的行动。

之后，我着重指出英国和美国的联合参谋长委员会得和苏联军事当局保有最紧密的来往，让东方、西方和地中海等战场的战事共同协作。如此，就代表着我们三个大国收缩了对这头野兽的围困，让它在同一时间承受来自各个方向的攻击。"霸王"之战是一次史无前例的最大规模的联合战斗，为推进此战，参谋工作一定要非常谨慎。

斯大林说，参谋们做此决定的重要影响和让这个决定变成现实的难度，他是清楚的。在登陆之后兵力散开的这段时间是"霸王"之战的紧要关头。德国人为了让"霸王"之战陷入最大的困境，此时或许会从东方调集更多的军队过来。5月，他会担负起发动一场大规模的苏联进攻的责任，以便遏制一切力量强劲的德国军队自东方调过来。①

罗斯福总统对所有战场彼此策应战斗的时机的关键性予以解释。既然

---

① 苏联的主要攻势始于6月23日。——原注

三个国家的参谋人员已经一起共事了，他希望他们可以继续这么做。他已经告知斯大林元帅，接下来的工作就是选定"霸王"之战的领导者。等和他自己的参谋人员还有我商量过之后，或许在三四天之后，他就能予以决断。已经确定了主要的军事事项，英国和美国的参谋人员自然应该及早返回开罗，将各个细节定下来。对此，我和斯大林都觉得应当。

我又说，关键的决议既然已经通过，那就该尽全力，想方设法得到更多登陆艇。这点应该可以达成，因为"霸王"之战启动的时间距现在还有五个月，而美国和英国的所有物资又在我们的掌控之下。"霸王"之战既然已经决定推进，就应该拿出战胜一切的实力去执行。我希望参谋人员可以想办法让初期的攻击实力更加强悍。

我问三个国家的参谋人员，配合保护的计划有什么难处没有。斯大林解释道，苏联人用伪装的坦克、飞机和机场，制造了大量假象用以蒙骗敌军。借助无线电蒙骗敌军的效用也得到了证实。为了制定关于一起使用遮掩和蒙骗敌军的战术，参谋人员彼此配合，他是绝对支持的。我说："真理在战时太过珍贵，所以一定要时常用谎话予以掩护。"在翻译之后，斯大林和他的同志们十分认同此话，就在此种欢乐的气氛中，我们的正式会谈结束了。

我那时提议，让参谋人员给我自己，还有罗斯福总统和斯大林元帅写一份关于军事谈判的公报。用词应该简洁、婉转，并且得预示德国即将消亡。所以，在大家的一致认可下，起草了如下公报：

……我们的圆桌会议，军事参谋人员也出席了，为了瓦解德国实力，我们已经让各自的计划彼此呼应。针对东方、西方和南方即将展开战事的规模和时间，我们已经达成了一致。

在此之前，我们开会或者聚会的地方始终是苏联大使馆，不过第三次宴会我提出由我来请，在英国大使馆办。此事用不着讨论。以字母顺序来说，英国和我个人的名字均在前列，而以年纪来说，相比于斯大林或者罗斯福，我又大了四五岁。相比于其他两个国家，我国的政府成立的时间最早，要早出几个世纪。我们参加战斗的时间最久，但这点我没说。最后一点是，11 月 30 号是我的生日。这些理由完全没有商量的余地，尤其是最后一个。宴会的各项筹备工作由我们的大使负责，需要款待的客人近四十个，除了军政要人，他们的某些高级将领也在其中。在斯大林抵达之前，苏联内务人民委员会的政治警察非要全面检查英国大使馆，所有的窗户、椅垫都要检查。苏联的将军带着大概五十个苏联武警在每一扇门、窗户的旁边站岗。美国守卫也随处可见，可是，所有事都进展得十分顺利。在护卫队周密的守护下，斯大林到了大使馆，看上去兴致勃勃。罗斯福总统坐着轮椅到了这儿，对我们笑逐颜开，看上去愉悦而友善。

在我的生命中，此刻是值得纪念的。苏联的领袖坐在我左边，美国总统坐在我右边。我们团结一致，掌控了整个世界绝大多数的海军与四分之三的空军，近两千万部队受我们统领，并且这些部队正在打的那场仗是人类历史上史无前例的最恐怖的一场。1940 年夏天，战斗的只有我们自己，除了海军和空军以外，在和他们那种战无不胜和所向披靡的力量对抗时，我们几乎是手无寸铁的，因为德国和意大利近乎掌控了整个欧洲及其资源。我们从那时候起，一直到现在，已经向着胜利前进了一段极长的路，这自然让我感到高兴。罗斯福先生送我的生辰贺礼是一个精致的波斯瓷瓶。这个瓶子尽管在我回国的路上被打碎了，但之后又被修复好了，变成了我的一个收藏品。

我和我的两个尊贵的客人，在宴会上聊得十分开心。针对自己在大会上曾经问过的事，斯大林再三追问："'霸王'之战的指挥者会是谁？"这个问题他在会谈中已经问过了。我说，总统还没最终下定决心，不过我几乎可以确定是和我们面对面坐着的马歇尔将军。截至目前，情形就是这样。对此，斯大林明显非常开心。之后他说起布鲁克将军，他觉得布鲁克对苏联的态度并不友善。1942 年 8 月，在我们在莫斯科启动首次会谈的时候，布鲁克对苏联人的态度十分强硬粗鲁。我同他担保说，军人在和他们的同行就战斗事项进行争辩时，粗暴、严苛是平常事。斯大林说，若是如此，他们就更讨他欢心了。他盯着在房间另一侧的布鲁克。

我在恰当的时候提议，让我们满饮此杯，祝我们两位尊贵的客人身体健康。总统又建议为我的健康干杯，并祝我长寿。之后，斯大林也以相同的贺词向我表示祝贺。

*　　*　　*

之后，遵照苏联的习俗，又进行了不少非正式的祝酒。在这样的宴会上，气氛本就该如此。霍普金斯高兴地发了言，还说起他在长时间的充分研究之后，发现英国的宪法并不是书面上的，战时内阁的权限和架构也没有详细界定。据此，他得出了以下结论：温斯顿·丘吉尔随时随地都能任意决定英国宪法的条款和战时内阁的权限。此结论一出，所有人都笑了。读了这本书的人应该清楚，这是句完全没有道理的笑谈。确实，在调度战争的时候，我得到的国会和我的内阁同事的忠实扶持是史无前例的，并且在大事上，我也很少会被驳回。但是我不止一次，以自豪的心情提醒我那两个伟大的战友，在我们三个人之中，随时会被按照普选政策以自由投票选出的下院罢免的人只有我，也只有我无时无刻不接受着战时内阁的监督制约。罗斯福总统有任职期限，但他不仅担任总统，也是战争总司令，按照美国宪法，他几乎享有绝对权力。在苏联，斯大林从前是似乎，可现在是确实包揽了最高权限。他们可以直接下达指令，我却不得不先要以理服人。我愿意这么做。步骤虽然烦琐，可此种工作模式，我并没有理由抱怨。

*　　*　　*

不少人在宴会中讲话，包括莫洛托夫和马歇尔将军在内的很多要人都发了言。不过布鲁克将军的发言让我印象最深。事后，布鲁克将军亲自为我写下了他当时的发言，引述如下：

"宴会进行到一半，罗斯福总统非常友善地提议干杯，祝我身体健康，谈起那年我父亲去海德公园拜会他父亲的情境。他即将说完，我也正想着，我可以十分轻松地回复罗斯福总统这种友善的言辞时，斯大林起身说，接下来将由他祝酒。所以，他就说了起来，话里话外说我对苏军没有展现出诚挚的友善之情，对苏军的优良品德知道得不够清楚，他期望日后，我能对苏军战士给予更加真挚的战友情。"

这些控诉的依据到底是什么，我实在想不出来，所以听到这些控诉，我非常吃惊。不过那时我已经非常了解斯大林了，我清楚我要是委曲求全地坐下，那他曾经对我怀有的一切尊重，或许都将消失殆尽，并且日后还将接着攻击我。

所以我起身，先对总统十分友善的话语表示十分感激，之后面向斯大林，大体说了这些：

"斯大林元帅，请允许我回应你的祝词。我十分吃惊，你向我提出的指责根本毫无根据。你别忘了，今天早上，丘吉尔先生在我们研究掩护方案的时候曾经说'真理在战时太过珍贵，所以一定要时常用谎话予以掩护'，你也别忘了，你自己亲口跟我们说，在发动大型进攻时，你从不告诉外界你的真正目的。你曾经同我们说，你一直将经过伪装的坦克和飞机聚集到那些有直接影响的战场上，至于你真实的目的，则始终深加隐讳。"

"所以，斯大林元帅，你被经过伪装的飞机和坦克蒙住了眼睛，所以才看不到我对苏军的诚挚情感，所以才看不到我将苏军战士当作我的挚友。"

布鲁克的以上言论，斯大林听到巴甫洛夫逐字逐句的翻译时，我认真地观察了他的神情。他的神情耐人寻味。不过等布鲁克说完，他明显觉得十分有意思，同我说："这个人，我喜欢。他的话听上去是发自肺腑的。我打算日后和他聊聊。"

最后，我们都往前厅走，在这儿，我们都是随意找人一边走一边聊。

我觉得在我们神圣的同盟里，有一种史无前例的更宏大的凝聚和更友善的战友情。此次宴会我没叫伦道夫和萨拉来参加，可是在宾客们为我祝寿敬酒的时候，他们走了进来。现在，斯大林在人群中，特意找到他们，非常友善地向他们致意。当然，罗斯福总统也和他们十分熟悉。

我在到处闲逛时，看到在一小群人里，斯大林就站在布鲁克（我称他为"布鲁基"）对面。布鲁克将军接着记述说：

"首相在我走出房间时，同我说，在我说'真理'和'谎话'时，他感到有些担心，不清楚我接下来会说什么。不过他宽慰我说，斯大林喜欢对我祝酒时的回答，印象不错。所以，我决定到了会客室，再说说对我的这次攻击。我走到斯大林跟前同他说，我十分惊讶，也非常难过，他会觉得需要在敬酒时那样来指控我。他马上让巴甫洛夫回复说：'再没有什么友谊比建立在误解上的友谊更坚实的了。'之后就热情地和我握手。"

在我看来，眼下所有乌云似乎都散了。实际上，斯大林是以敬重和友善为基础来信任我这个友人的，在我们共事的时候，这种基础一直稳如泰山。

我们最后道别的时候，都在凌晨两点以后了。在护卫队的保护下，斯大林元帅离开了，罗斯福总统也让人保护着去了他苏联大使馆的住处。我躺到床上时已经筋疲力尽了，但非常满足，觉得今天做的每件事都非常顺利。我确实认为今天这个生日过得非常开心。

第五章　德黑兰：结论

12月1日午餐时的谈话——怎样拉拢土耳其——苏联提出分得意大利船舰——波兰的边界——"寇松线"和奥得河线——赤诚的磋商——芬兰——"不割地，不赔款"——最后的和解——德国问题——分割德国？——罗斯福总统的提议——我陈述个人意见——斯大林元帅的看法——再次探讨波兰问题——有关军事策略的一般协定——政治形势还没有确定——战争高潮将至，对德国的实力非常忧心——当前的划分情况："这是暂时的。"

　　我们虽已就战略问题达成关键决议，然而，尚且留有几个重大政治问题亟待解决。12月1日，罗斯福总统在苏联大使馆里设宴，三国领导人再次共进午餐。莫洛托夫、霍普金斯、艾登、克拉克·科尔和哈里曼也参加了此次午宴。劝土耳其参加战斗的事是我们最先谈及的问题。

　　霍普金斯问我们，土耳其若参战，我们会提供哪些援助。罗斯福说，伊诺努会问我们能帮他们什么忙，这是肯定的。登陆艇的状况在我们还没予以研究之前，一定要谨慎行事，不能草率许诺。我说，在埃及，有十七个英国空军中队不受英美指挥部调度，并且空军上将特德手下还有三个空军中队可供调遣。它们以战斗机为主，可拿来守护土耳其。另外，我们尚有三个高射炮团。我们已经承诺给土耳其的就是这些。我们绝对没有对土耳其做出会派部队支援它的承诺。它经过武装的师有五十个，因此，不需要再向那里派兵。

斯大林说土耳其若参战，它应当交出自己管辖的领土供我们使用。我表示同意，还说普洛耶什蒂极易受到攻击。我们英国人给土耳其的所有东西，都不是慷他人之慨，我们只是从地中海中部抽出三个空军中队，好将十七这个数变成二十，或许美国能补充一些轰炸机中队。已经说过了，我们能提供的仅仅是空中掩护。我们派不了陆军。进攻罗得岛的时间是3月，而需要的登陆艇，在意大利之战和"霸王"之战中间的空档使用，没什么问题。罗斯福总统期望此事能够达成，不过他又表示登陆艇损失极大，因此，我们需要把我们获得的全部登陆艇都用在"霸王"之战上。我回复说，我觉得难度不大。我们完全没对土耳其提建议，并且我们也不知道，给出的建议，伊诺努会不会接受。罗斯福总统即将出访开罗，如此，就将了解他的参谋们的意见。我们那二十个空军中队，是英国人唯一可以提供的。土耳其人有空中掩护就行，用不着陆军。另外，伊诺努或许不会去开罗。

斯大林插言道："他或许会称病。"

我说，他要是不愿意来，罗斯福总统又将要离开，我建议坐一艘巡洋舰去阿达纳见他。伊诺努会去那儿。登陆艇是我们所有战事的核心问题。可以自印度洋或者太平洋调一些过来，至于更多的就得制造了。这点我们若办不到，那必然得舍弃一些计划，不过我们一致认为不能损害"霸王"之战。

罗斯福随后表示，我说的自太平洋抽调登陆艇的提议并不可行。由于路程太过漫长，并且美国军队在吉尔伯特群岛和马绍尔群岛每天都在向北推进，去攻击日军的给养线。眼下手中的全部登陆艇，他们都要使用。

霍普金斯接着问，要用多少登陆艇才能拿下罗得岛。我回答说，对于土耳其，我们既没有夺取罗得岛或者任何一个其他岛屿的责任，也没有提供登陆艇的责任。罗斯福说，他要是伊诺努，他将提出夺取克里特岛及其他岛的要求。

我说："士麦拿和巴德朗地区的空军基地才是我想要的。那些机场全都是我们修的。我们只要得到这些基地，并派空军中队驻守，就能在天上剿灭德国飞机。不管怎样，就算我们要用一架自己的飞机来换取歼灭一架德国飞机，也是值得的。我们必须让在岛上驻守的德国军队山穷水尽。土耳其要是主动投身战场，这些岛不用打就会投降。在这样的背景下，甚至不用进军罗得岛。德国不得不为这些岛供应物资。我们若能自土耳其提供空中掩护，我们的驱逐舰就可以消灭德国的护卫舰，可是由于德国还保有制空权，所以这件事眼下还做不到。我们若得到了土耳其的基地，就能持续向德国军队施压，这会变成一个推进'霸王'之战的筹备步骤。"

这点得到了斯大林的认同。用二十个空军中队和一些轰炸机作为谈判的基础，罗斯福总统也觉得可行，不过他不想发动两栖战。

之后，我总结了大家的看法。我们只提供少量空中掩护和高射炮给土耳其。可是冬天已经来了，德国是不会攻打土耳其的。我们会继续为它供应军火。为了日后可以和我们一同参加和平会谈，土耳其应该答应苏联的邀请，这个机会千载难逢。另外，我们还会说服土耳其和获胜国合作，并且我们会拿出不少支援和友善的态度。

斯大林问："保加利亚若因为土耳其对德宣战而攻击土耳其，苏联又向保加利亚宣战，丘吉尔先生想让苏联怎么做呢？"

我说："在确切的行动上，我完全没有要求，不过，保加利亚的民众在苏联军队经由敖德萨向前压进时，会受到极大影响。土耳其部队拥有步枪，拥有悍勇的步兵战士，拥有十分出色的炮兵，可坦克非常少，高射炮和飞机更是没有。我们建立了军事学府，土耳其人很少过来学习。他们学得慢。土耳其部队非常英勇，可是在现代化装备上严重不足。他们已经花了两千五百万英镑来购买军火，特别是美国的军火，而运送这些军火的正是我们。"

斯大林表示，土耳其不参战的可能性很高。他们会将他们的空军据点给我们用，事情或许就是如此发展的，但这也不错。

之后，罗斯福总统让艾登先生介绍土耳其人在开罗的会谈中是如何说的。艾登先生说，他曾经让土耳其外交部长将空军基地交由我们使用，还告诉他德国不可能攻打土耳其。可是土耳其外交部长并没有同意，他说见土耳其滋事，德国肯定会有所回应。土耳其宁可按照协议投身战场，也不想因为接受以上建议，依言行事被间接扯进战场。

我发觉，我们只要让土耳其尽可能借助他们中立的身份，让我们用他们的空军基地，他们就会回答说："啊，不可以，被动的角色我们不能扮演。"可我们若让他们真刀真枪地投身战斗，他们又会说："啊，不行，我们尚未装备完全。"所以，若有需要，我提议，想别的办法。假设土耳其不肯参战，那它就是舍弃了参加和平会谈的门票。它将和别的中立国一起被一同对待。我们还得申明，英国将不再关心土耳其的事，也将不再提供军火。

艾登先生说，他想将土耳其会提的要求完全弄清。土耳其若只对德国宣战，而完全不和别的国家战斗，我们答不答应。德国若因此让保加利亚加入德国与土耳其的战事，苏联政府会和保加利亚战斗吗？对于以上两条，斯大林均表示认可。我说，就我个人来说，土耳其若能尽可能地使用它中立的身份，我会觉得开心。如此，我们希望我们在为了成功让土耳其参加战斗而采取一定行动的这一目标上，基本达成了共识。与此同时，我们决定邀请伊诺努前往开罗，同我、罗斯福总统谈一谈。尽管我清楚，土耳其人因为我们没能攻击罗得岛，还失去了科斯岛和莱罗斯岛，以致德国人拿到了爱琴海的制空权而非常沮丧，可我并没有谈及此事，因为，我已经得到了我认为的我所需要的东西，与此同时，也满心以为这些能够满足需求。

* * *

莫洛托夫此时问，在意大利的船舰方面，能否给苏联政府一个答案。

罗斯福的回答十分简单。战斗时期，三个国家可以使用大部分商船和有限的战船，等到战事结束再按照使用权划分。在战斗进程中，最佳方案就是这些船舰谁用起来更有效就由谁用。莫洛托夫说，苏联可以非常有效地使用它们。我问，苏联政府想在什么地方来对这些船舰进行交接。斯大林说，移交程序在黑海进行即可，若是不行，就换到北海。假设土耳其不参加战斗，就没办法在黑海交接了。不过这些船舰在北海也有用。

我说，在苏联已经做着，或者正在做着种种努力之后，这不是什么大事。我们唯一的要求是，留些时间让我们和意大利人谈谈这件事。我说，我们期待这些船舰开赴黑海，或许我还能让若干艘英王陛下的军舰一起过去。为了让意大利人部署此事，我和罗斯福总统需要一些时间。他们有些小型船只已经开始帮忙警戒，一些潜艇正在押送重要供应品。我们必须保证意大利舰队不会叛乱，也不会将舰只凿沉。只用一个月，我和罗斯福总统就能和意大利人部署好。到了那个时候，就能将这些船舰交给苏联人掌控。我又说，我希望派四到五艘英国潜艇去黑海。土耳其若只肯"尽量使用中立身份"，这条也是我们承诺给它的。不过我们会尊重斯大林元帅的意愿。对于黑海，我们完全没有野心。

斯大林回答说，他对于任何帮助都是十分感激的。

*　　　*　　　*

用过午饭，我们休息了一会儿后，进入另外一间屋子，在会议桌边落座。我们接着谈了一下午。波兰是下一个关键事项。

罗斯福总统一开始就表示，为了让波兰政府认同我们的决议，他希望波兰和苏联两国政府可以重新建交，不过，他承认这并不容易。斯大林问，他该和哪个政府磋商呢？波兰政府及其国内的朋友一直与德国人有来往。他们屠戮游击队员。我和罗斯福总统都不清楚那里现在是什么状况。

我说，由于我们曾经因为德国入侵波兰而同德国宣战，所以波兰之事对我们英国的民众来说是重要的。尽管我们之前完全没有准备，可是德国一攻打波兰，我们就参战了。我又用三根火柴来比喻德国、波兰和苏联。防范德国日后发起攻击，确保苏联西面边界的平安，是盟国的主要目标。说到这儿，我提醒斯大林，他曾经说起西边的奥得河线。

斯大林插言道，之前可没说和波兰政府恢复邦交的事，说的只是确定波兰边界。今天，这个问题的提法却大不相同。对苏联而言，和波兰维持友善的往来关乎了自身边界安定，所以相比于别的众多国家，苏联想要这样的心情更加急迫。苏联赞成主要以德国的牺牲来换取波兰的振兴、发展和强盛，可是他不接受波兰和波兰流亡政府一体。他之所以要和波兰流亡政府不相往来，是因为波兰流亡政府和希特勒一起对苏联进行污蔑性的宣传，而非一时的鲁莽行事。能担保这种事情以后不会再有吗？他想要得到这种承诺——波兰流亡政府再也不残杀游击队员，与之相反，鼓励波兰人和德国人战斗，与此同时，不参与一切阴谋活动。他期待一切采用此种积极行动的波兰政府，而且希望能和他们重新建交，可是他完全不认为波兰流亡政府能成为这样的理想政府。

此时我说，在这个谈判桌上，我们若能明白苏联人是如何看待边界的，将对事态发展有很大益处。如此我就可以同波兰人谈及此事，而且直接告诉他们，在我们看来这些条款是否合理。我谨代表英王陛下政府发言，而英王陛下政府想同波兰人说：这个方案是切实可行的，而且或许是他们能拿到的最佳条款了，在和平会谈时，英王陛下政府将表示认同。之后，我们就能继续说罗斯福总统提起的有关重建邦交的事。我们想要的波兰，得强悍、独立，并且能和苏联友善往来。

斯大林说，这是正确的，可是波兰人不能占领乌克兰和白俄罗斯的土地。那并不公正。依照 1939 年的疆界，乌克兰和白俄罗斯的领土已经还给乌克兰和白俄罗斯了。苏联不想变更 1939 年的疆界，因为以人种学而言，这些疆界看上去没什么问题。

艾登问道，这说的是不是里宾特洛甫—莫洛托夫线。

"你想怎么称呼它就怎么称呼它。"斯大林说。

莫洛托夫说，通常这条线被称为"寇松线"。

"不，"艾登说，"这有很大不同。"

莫洛托夫说，完全没有分别。

于是，我拿了一张地图，将"寇松线"和1939年的边界线分别指了出来，同时，还指明了奥得河线。艾登说，从来没有人明确界定过"寇松线"向南延伸到了何地。

此时，参会的人零零散散地聚到一块儿。人们在我的地图和美国人拿出的地图周围驻足观看，翻译员很难记录当时的会谈情况。

艾登提示大家，原本"寇松线"准备延伸至利沃夫东边的地区。

斯大林回复说，我地图上的边界线画错了。利沃夫应该是苏联这边的，边界线应该向西画到普热梅希尔附近。莫洛托夫将拿一张"寇松线"的地图和地图介绍出来。斯大林说，他一个波兰人都不要，不管是什么地方，只要他知道有波兰人定居，他都十分愿意舍弃。

我提醒道，相比于普里皮亚特沼泽地，德国领土的价值高多了。作为工业区，那里对建成一个更加出色的波兰帮助很大。我们希望可以告诉波兰人，苏联人没错。与此同时，还希望可以同波兰人说，他们已经受到平等对待了。波兰人要是不愿意，我们也无能为力。在此，我直言自己仅仅是代表英国人讲话，还说，许多波兰人住在美国，罗斯福总统一直把他们当作自己的同胞。

斯大林再次强调，任何地方，若能够证明是波兰人的居住区，他就不会要。此时，他拿笔在地图上"寇松线"以西和维尔纳以南的地区画了些阴影，直言这些地区基本是波兰人的居住区。

此时，对着地图上的奥得河线，人们三五成群地聚在一起，又讨论了很长时间。等讨论结束，我说，这么划分，我十分支持，并且将告诉波兰人，他们要是不答应就太蠢了。我将提醒他们，要是没有苏军，他们已被彻底剿灭了。我还将告诉他们，他们已经得到了一个非常好的居住地，不管是横向，还是纵向，都超过了三百英里。

斯大林说这片地区确实会成为一个工业大国。

"并且它将会是苏联的好邻居。"我插言说。

斯大林回复道，一个友善的波兰，正是苏联的期望。

按照记录，此时我用十分郑重的口吻同艾登先生说，割让德国的部分领土给波兰和利沃夫之事，我不愿再多费心力。艾登说，斯大林元帅要是将"寇松线"或者奥得河线当作讨论的基础，那就有了一个开端。

莫洛托夫此时拿出了苏联那块画着"寇松线"的地图，还有寇松勋爵的无线电报稿，上面附有全部地名。我问莫洛托夫是不是不希望奥伯雷一域被波兰人掌控。他说他没这么想过。

我说，波兰人若接受了我们的忠言，绝对是明智之举。对于利沃夫之事，我不打算大呼小叫地辩论。我又转身告诉斯大林，原则上，我们意见相差不大。罗斯福问斯大林，在他看来，以自愿为原则迁徙民众可行吗？斯大林元帅回复说，或许行得通。

如此，我们结束了有关波兰之事的讨论。

＊　　＊　　＊

罗斯福总统问斯大林，他是否打算谈论芬兰之事。为了帮芬兰不再参战，美国政府是否需要采取一切措施？

斯大林说，瑞典外交副大臣不久前曾经同科隆泰夫人（苏联大使）说，芬兰人怕芬兰会成为苏联的一个省。苏联政府的回答是，只要芬兰人不逼着苏联这么做，他们没想让芬兰成为苏联的一个省。因此，科隆泰夫人按照指令告诉芬兰人，苏联政府愿意在莫斯科和芬兰代表团会晤，可是希望他们能讲明他们对撤出战场有什么看法。在德黑兰，博希曼先生刚刚才将接到的芬兰人的主要回复转交给斯大林。复电完全没提芬兰打算和德国决裂的事，只说了边界之事。芬兰人提议，谈判的基础应该是1939年的边界线，不过提了一些对苏联有益的改动。斯大林觉得芬兰人急于慎重讨论的心是假的。芬兰人自己也清楚，他们给出的条款让人无法认同。芬兰人还是想让德国人取胜，起码有一些人坚信取胜的将是德国人。

罗斯福问，美国政府若说服芬兰人去莫斯科，是否会有好处。斯大林回复道，他们有来莫斯科的打算，不过他们带来的方案要是现在的，就没什么意义了。

我说，曾经在苏芬战争期间，我同情芬兰一方；现如今，芬兰对苏联宣战，我坚定地站在苏联这边。苏联必须得到防护列宁格勒和通往列宁格勒的大路的屏障。必须确保苏联在波罗的海的海军、空军的永久强国的身份。可是，英国的民众不希望芬兰人被迫加入苏联。所以，听了斯大林元帅的话，我觉得十分开心。在我看来，赔款并不是什么有用的要求。芬兰人或许能砍一些树下来，不过，这么做，用处不大。

斯大林说，他不准备要钱，可是芬兰人需要在大概五到八年的时间里，向苏联提供纸张、木头等，如此，他们给苏联带来的损害就能得到补偿。他觉得应该让芬兰人被惩罚一次。

我说，芬兰不是什么富裕的国家，照我推断，芬兰人攻打苏联的这个错误给苏联带来的损害，他们远远赔不起。我又补充道，也许斯大林元帅听了会不高兴，但我还是要说，我脑海中一直回响着一句名言——不割地，不赔款。

斯大林笑呵呵地回答道："我和你说过，我已经变成保守派的一员了。"

之后，我问他到底想要什么。我们即将发动"霸王"之战。到了春天，我希望瑞典能同我们并肩战斗，至于芬兰，则会撤出战斗。斯大林说，如此就太好了。

会谈于是转向领土的详细情况：维堡（斯大林说："维堡绝对谈不了"）、卡累利阿地峡以及汉科。斯大林说："移交汉科若难度很大，作为替代方案，将贝柴摩给我也行。"罗斯福说："这个交易很公平。"

我说，英国人的想法有两个：第一，应当让苏联觉得自己的疆界合意；第二，芬兰人应当得到独立和自由，而在那些不宜居住的地区，也应该尽量能过得好一些，可是我们完全不想对苏联施压。斯大林说，盟国若是想，偶尔还是能彼此压一压的。不过是应当让芬兰人继续生活的。他们带来的损害，补偿一半就可以了。罗斯福问道，芬兰人若是什么要求都不带就前往莫斯科，是否会有什么助益。斯大林说，确保协议签订的保障要是一点都没有，那让人长途跋涉地来莫斯科，也只不过是对德国有益，因为他能从不成功的谈判中拿到本钱，而且对芬兰境内的掠夺者也有好处，他们将宣扬说苏联追求和平的心是假的。

我说，这是假话，我们所有人都会证明这是假话。

"好吧，"斯大林说，"你们若非要如此，那他们可以来。"

罗斯福说，当前的芬兰领导人与德国亲近，若来的还有其他人，我们就能有些收获。斯大林觉得如果还有其他人会更合适，不过，他连吕蒂过去都能接受。不管是谁，就算是魔鬼来了，他也不怕。

我说，在解决芬兰之事的时候，我希望斯大林元帅可以适宜地想想瑞典能否在 5 月我们发起总攻的时候，及时参加战斗。

斯大林接受了这一建议，不过他表示他必须坚持以下几个条款：一、恢复 1940 年的协议；二、汉科或贝柴摩（他在这件事上补充说，汉科，苏联已经租了，而贝柴摩，他的意思是自己要得到）；三、应该以切实的物品来偿还苏联遭受的五成损失，至于数目，日后再谈；四、和德国断绝往来；五、将德国人全部赶走；六、遣散军队。

在赔偿这件事上，我说，破坏很简单，但修复的难度就非常大了，没有哪个国家担负了赔偿之责，还觉得好过的。经验显示，巨额赔偿款并不可行。斯大林说，芬兰人要是不给赔偿款，苏联将占领一些芬兰的领地，不过他们要是给，苏联人将在那年的年内撤离。

"我尚未获选变成苏联人民代表，"我说，"不过我若获选，我肯定要建议不这么办。尚有更重大的问题等着我们处理。"我支持苏联人，而且准备随时为他们提供援助，可是5月的那场大战是我们必须顾及的。罗斯福总统表示，刚刚说的那些他全都认可（指不赞成巨额赔偿）。

＊　　　＊　　　＊

斯大林此时问："是否还有别的事情？"罗斯福总统回复道："还有德国之事。"斯大林说，他不希望德国是个整体。这得到了罗斯福总统的认可，不过在斯大林看来，我并不会同意。

我说，原则上我是支持的。罗斯福说，大概三个月之前，他和他的参谋们就已经试探性地制定了一份方案，以便展开讨论。按照这个方案，德国将一分为五。斯大林笑着说，我因为不想割裂德国，所以没听他们讲话。我说，在我看来，普鲁士、普鲁士军队和总参谋部才是罪恶的源头。

随后，罗斯福介绍了将德国一分为五的方案：

1. 普鲁士。

2. 汉诺威和德国的西北地区。

3. 萨克森和莱比锡地区。

4. 黑森—达姆施塔特、黑森—卡塞尔，还有莱茵河以南的地区。

5. 巴伐利亚、巴登和符腾堡。

这五个地区都会采取自治，不过还有两个地方得由盟国来管：

1. 基尔、基尔运河和汉堡。

2. 鲁尔和萨尔。

这些地区均以托管的形式交由盟军掌管。以上各条，仅仅是他的一个构想，拿出来让大家研究。

我说："我若能以美国的俗语表达，那我要说的意思是罗斯福总统'讲得恰到好处'。对我而言，罗斯福总统的方案还十分少见。照我看，事情分两类：一是破坏性的；二是建设性的。我心中有两个切实的主张。一是孤立普鲁士。至于孤立它之后要如何做，那并不是最关键的。二是把巴伐利亚、符腾堡、帕拉蒂纳特、萨克森和巴登分离出来。尽管我想严厉处置普鲁士，但对于第二组的地区，我准备较为平和地对待，想让它们加入我提出的多瑙河联邦。德国这些区域的民众还不算十分凶恶，我希望他们的日子不会太差，过个二三十年，他们的看法就大变样了。德国南部的民众并不会再发起一场战争，我们应该让他们觉得遗忘普鲁士是值得的。不过我不太在意到底有一组地区，还是有两组地区。"

我问斯大林元帅，在这件事上，他有展开行动的打算吗？斯大林说，他有，不过割裂德国这样的方案，比如罗斯福总统设计的那种，看上去对德国的打击更大，所以他更想采取这种办法。在我们要和大量德国部队战斗的时候，我们就会发觉他们每个人都能殊死作战，这件事英国和美国的部队很快就会明白。奥地利大军自己就很不一样了，斯大林描述了他们投降的状况。没有哪个德国人是不一样的。只不过是普鲁士的将领将他们凝聚到了一起。因为每个德国人战斗都像野兽一般，所以，从本质上讲，北部的德国人和南部的德国人之间是一模一样的。我们应该留心，别将奥地利人放到这种序列中。奥地利曾经是一个独立的国家，现在，应该让其恢复独立。匈牙利也是一样的道理。分割完德国，再建立新的联合并非明智之举，无论他叫什么名字，是多瑙河联邦，还是任何一个其他名字。

罗斯福总统热烈地表示赞同。德国人都是一样的。巴伐利亚人要不是没有军官阶级，会和普鲁士人一模一样，美国部队已经发现这点了。

我说，德国若像罗斯福总统提议的那般被割裂成几块，这些地方又不隶属于其他组合，那他们会再次整合到一起。想解决此事，除了割裂德国，得让这些被割裂的地区得到生机，与此同时，得让他们乐于和德意志帝国分开。这件事，就算我们用五十年才能实现，也是值得的。

斯大林说，多瑙河联邦不可能一直存在，德国人将通过这点，为其添枝加叶，如此，就能建造一个新的强国。他问匈牙利和罗马尼亚会变成此种联邦的一员吗？之后，他又再三介绍，此种联邦对德国的好处。将德国的众多民族分解、散落开是最妥当的。当然，无论被分解到什么地步，他们肯定会追逐整合。他们将永远追求再次变成一个整体。在这件事上，他预见到了极大的危机，为了降低此种风险，一定要动用种种经济手段，最后，在需要的时候，武力是必不可少的。想维系和平，只有这一个办法。可我们若让德国人组成一个大联盟，出事是必然之事。我们一定要对他们进行分离，并且不能让匈牙利和德国整合。一个以再次得到大一统为目标的行动，是任何措施都遏制不了的。德国人一直想再次整合，想报仇。为了能在他们再次发起战争的时候打败他们，我们一定要让自己的力量足够强悍。

我问斯大林，一个欧洲若由彼此独立的小国家组成，其中完全没有大国这种情况，他想过没有。

他回复说，他没说欧洲，只说了德国。波兰也好，法国也好，都是大国家。罗马尼亚和保加利亚是小国家。可是我们一定要分解德国，不管付出什么代价，让它没办法整合起来。罗斯福总统表示，这个目标，以他的方案就可以实现。我说我一定要明明白白地申明，眼下我们只是简单地分析了一个关键的历史问题。斯大林说，此种分析当然是非常初步的。

＊　　　＊　　　＊

之后，我又将讨论转向波兰之事。我说，我完全不要求达成协定，并且对于这件事，我本身也没什么信心，可是我仍旧期望以书面的形式来记载一些事。于是，我提出了以下方案："原则上，应当将被视为波兰和波兰民族的土地界定在所谓的'寇松线'和奥得河线①中间，同时还包括东普鲁士（按照规定）和奥伯雷；但是实际边界线的走向需要仔细研究，可能在某些地区需要解决人口问题。"这样一个方案没有什么不好的。它使我能够对波兰人这样说："我不知道苏联人是否会同意，但是我会努力为你们争取的，你们看，你们已获得了很好的待遇啦。"我

---

① 那时还没有出现到底是东尼斯河或者希尼斯河的事。——原注

还补充说，我们永远也不能使波兰人说他们感到满意了。什么也不能使波兰人心满意足。

随后，斯大林说，苏联人非常希望得到哥尼斯堡这一不冻港。随后，他在地图上画了条分割线。如此，就能让苏联掌控德国。若得到这一口岸，他将十分愿意答应我说的有关波兰的提案。我问，怎么解决利沃夫，斯大林说，他会认可"寇松线"。

*   *   *

那天晚上，罗斯福、斯大林和我共同草拟了一份文件，这份文件阐述了三国领导人就军事上的论断。

会议：

1. 均认定，应当竭尽所能用供应品、配备和突击队的战斗行为，为南斯拉夫的游击队员提供支援。

2. 均认定，以军事角度而言，急需土耳其在今年年末之前和同盟国共同战斗。

3. 可以看到，斯大林元帅宣称保加利亚若因为土耳其对德国宣战而和土耳其宣战或者攻打土耳其，苏联会马上和保加利亚宣战。大会还可以看到，这一实际情况将在即将启动的让土耳其参加战斗的会谈中明确提出。

4. 可以看到，1944 年 5 月"霸王"战斗计划将会启动，并且会以对法国南部的攻击来进行协助。后边这场战斗将按照可以使用的登陆艇的状况的最大规模展开。大会还留意到，斯大林元帅宣告，为了不让德国部队自东线调去西线，苏联大概会在同一时间发起攻击。

5. 均认定，日后，三个国家的参谋人员将针对即将在欧洲启动的战事彼此维持紧密的联系。尤其是，均认定，为了让敌人无法查明以上战事的状况，或者推断错误，相关参谋人员应当共同指定一个保护计划。

＊　　　＊　　　＊

如此，我们在德黑兰召开的耗时颇久的艰辛的会议即将结束。战争将来的进展大致由军事上的相关论断确定了。5月穿越英吉利海峡的作战，这还得看潮汐和月色的状况。为了策应此次攻势，苏联将再次发起大举进攻。关于派一些驻意大利的盟国大军去攻打法国南部海岸的提议，我起初就非常赞成。这个计划虽未被认真分析过，可是因为美国人和苏联人都认可，所以实施此项计划所需的登陆艇也就比较容易凑齐了。有了这批登陆艇，意大利战争才能顺利开展，夺取罗马的计划也将得以顺利实施，要是缺了这些登陆艇，上面说的战争是不会成功的。当然，更引我注意的是罗斯福总统另外的那个提议：自意大利取道伊斯特利亚半岛和的里雅斯特向右推进，最终目标是穿越卢布尔雅那山峡抵达维也纳。这一切都是五六个月之后的事情了。在战争的总体形势的进程中，还是有足够的时间进行最终决断的，除非，在意大利的我方部队因为他们数额有限但必备的登陆艇被调走而失去了行动能力。两栖战斗或者半两栖战斗的计划，有不少都有机会达成。我想舍弃在孟加拉湾自海上发动攻击的计划，就像下一章即将谈及的，事实证明这点没错。看见不少能够选择的重大计划还没丢，我非常开心。为了让土耳其参加战斗，我们会再次做出努力，土耳其参战会引发爱琴海出现各种变动，这些变动将推进黑海局势的进程。之后，我们的期望在这件事上成了泡影。我们各方为了共同的目标而团结一致、友爱和谐，在这样的氛围中，我们互相道别，纵观整体军事形势，我个人感到非常满意。

＊　　　＊　　　＊

当前政局变数颇多，无法预计。政治形势得看大规模战斗的最终结果，这是非常明显的，在那之后，还得看各个盟国取胜后的心情。在德黑兰会谈中，西方民主国家不应该忧虑苏联人在获胜后，以及在解除了它所有的危机后所持有的看法，并按照这种忧虑拟订自己的计划。斯大林答应，在希特勒战败以及德国军事力量瓦解之后，马上加入同日本的战争，此事的意义极其重大。以最快的速度终结战事，并组建一个以预防另外一场战争为目的的世界组织才是将来的指望，而这些基石则是三个大国团结的力量，在会议桌边，这三个大国的领导人的手已经频繁地握在一起，彰显友好了。

芬兰的赔款压力已被减轻了不少，截至目前，这个措施基本上还在施行。新波兰的东西两边的疆界已经基本确定。东面的界限是"寇松线"（还需要说明），西边的界限则是奥得河线，这片土地看上去将给饱受磨难的波兰人一个切实且永久性的领土。东尼斯河与西尼斯河（它们交汇成奥得河）的问题尚未发生。1945年7月，波茨坦会议启动，这件事在截然不同的背景下，以激烈的方式提出这个问题时，我马上表态，英国只认可东面的分支。直到现在，英方仍坚持这一立场。

*　　　*　　　*

至于获胜国怎么处置德国的事，在此次颇具历史意义的大会中，只能当成"一个关键的政治问题进行简单探讨"，并且就像斯大林说的"自然是十分简单的"探讨。此时我们正和强悍的纳粹帝国打一场恐怖的仗，这我们不应该忘记。战争的所有危机都在我们周围，而我们的所有情绪则被同盟国之间的战友情和对于共同敌人的复仇情绪掌控了。相比于我说的提议——孤立普鲁士和建立一个多瑙河联邦，或者建立一个南部德国和一个多瑙河联邦，罗斯福总统的构想方案——将德国分为五个自治国，并让盟国来掌控两个关键地区，更得斯大林元帅的青睐。这仅仅是我自己的看法，可是在德黑兰的时候，在我们身处的那种背景下，我对自己提出的这一问题，完全不后悔。

统一的德国的实力，让我们所有人都感到忧心。普鲁士自有其宏伟的历史。在我看来，我们或许能和它签订一个郑重且得体的协议，与此同时，还能再建一个以奥匈帝国为外形的现代化国家。在奥匈帝国方面，人们说得不错："它若不存在，就造一个它。"这里将变成一个辽阔的地区，相比于一切其他解决方案，这个地区的存在将让和平和友爱尽早实现。如此，就能建立一个欧洲联盟，进而让每个获胜国和战败国，都给自己久经磨难的千千万万民众的自由和生存打下一个坚实的基础。

在我看来，我对这个辽阔的地区，并没有什么连贯性的构想，可是，我们已经在现实中遭遇了极大可怕的变化。事实上，波兰疆界名存实亡。德国的确被割裂了，可仅仅被割裂为一个个的让人厌烦的武装占领区。我们对于这个惨剧唯一能说的就是，这只会是暂时的。

第六章　再次到访开罗和最高指挥官

英国和美国在开罗的谈判——安达曼群岛战斗计划——我们于 12 月
4 日召开首次全员大会，没签任何协议——罗斯福总统决定舍弃以上
方案——12 月 6 日联名给斯大林元帅致电——蒙巴顿所需部队的数
目问题——参谋部探讨对日战争的策略——我们和土耳其人在开罗协
商——支援土耳其的方案框架——土耳其人不肯做出任何承诺——罗
斯福总统让艾森豪威尔将军指挥"霸王"之战——我和罗斯福总统参
观古迹"狮身人面"

　　12 月 2 日，我自德黑兰返回开罗，再次被安排到了临近金字塔的别墅里。
当晚，罗斯福总统也到了，因此，我们针对战争的整体形势和与斯大林协
商的结果继续展开亲密的磋商。与此同时，联合参谋长们因为曾在自德黑
兰返回开罗的路上，在耶路撒冷稍作休整，精力得以恢复，次日就能继续
探讨战争的各项要务了。蒙巴顿海军上将曾奉命制定有关在安达曼群岛展
开两栖战斗（又名"海盗"战斗计划）的改进方案，现在，他已返回印度，
将这个方案从印度发了过来。我们已经自地中海调走的那些急需的登陆艇
将因为这个方案得到彻底的使用。我想最后尝试一次，好让美国人答应另
一个攻击罗得岛的战斗计划。

　　次日晚上，我和总统再次共进晚餐。艾登也在席上。我们始终在针对

我们的不同看法进行讨论，直至午夜才离席。在德黑兰会议之前，总统曾经许诺蒋介石，会及早自孟加拉湾发动攻击，对此，英国的三军参谋长觉得十分担心，我也这么看。因为这个诺言，我想占领罗得岛的希望都将化为乌有，而在我看来，拿下罗得岛在很大程度上决定了土耳其能否参战，可罗斯福总统已经下定了发动孟加拉湾之战的决心。在军事会谈中，当英国的参谋长们问及此事时，美国的参谋人员果断地拒绝协商。他们说总统已下定决心，他们唯一能做的就是听命行事。

我们在12月4日下午召开了自德黑兰返回后的首次全员大会，然而，此次会议收获不大。第一个发言的是罗斯福总统，总统开始就宣布，他12月6日必须离开，双方签定最终协定所需的各项报告必须在12月5日，也就是周日晚上全部备好。当前，亟待解决的问题，除了土耳其参战之事以外，还有一个较为次要的事情——怎样使用二十艘左右的登陆艇和它们的配置，这个问题处理起来相对容易些。在罗斯福总统看来，实在是不应该被这样一个小问题难倒。他强调，一定要将所有细节问题处理好。

我说，我们前期的那种将力量打散的做法让英国代表团非常担心，这点我希望能向各方阐明。现如今，很多最重要的问题还没处理呢。近几日发生的两件事对于当前战事具有决定性意义：第一，斯大林主动发表声明，一打垮德国，苏联将马上和日本宣战。这会让我们得到更好的保障，我们集中精力让"霸王"之战获胜的价值也更大了。苏联这一决议将对太平洋和东南亚的战争产生怎样的影响，参谋人员一定要予以分析。第二，决议5月横渡海峡。我个人觉得，在7月选一天最合适，可是，既然日期已定，无论如何我都将尽全力让已经确定的行动可以顺利完成。这是一个压倒一切的任务。行动后期，将有一百万美国将士、五六十万英国将士投入战斗。我们估计会出现史无前例的大型激战。我们必须尽可能增强维埃拉登陆战（"铁砧"战斗计划）的攻势，为"霸王"之战的胜利提供更为坚实的保障。在我看来，登陆军队在行动开始后的第三十天左右将遭遇最大的危机，所以，为防德国集中优势兵力攻击我方滩头堡，需要想尽一切办法在其他地方展开行动。只要参加"霸王"之战的军队和参加"铁砧"行动的军队汇合，就由一个指挥官指挥。

罗斯福总统对我们的讨论做出总结，他认为，我们在以下各条上已经达成了共识：1.不能妨碍"霸王"战斗计划的推进。2.不能妨碍"铁砧"战斗计划的推进。3.土耳其若参加战斗，为了能在地中海东部开战，我们得想方设法将登陆艇凑够。4.给蒙巴顿海军上将下令，让他使用已经拨给他的所有供应品，尽全力推进孟加拉湾计划。

为了增强"霸王"战斗计划和"铁砧"战斗计划，在最后一条上，我建议裁减调拨给蒙巴顿的部分力量是有必要的。罗斯福总统表示他并不这么认为。于情于理，这场两栖战，他不准备舍弃。我回复说，眼下我们准备推进的"霸王"之战仅三个师登陆。可我们攻打西西里岛的时候，首日就有九个师登陆。这项主要作战计划目前的伸缩余地留得太小了。

随后，我再次谈及攻打里维埃拉之事。我表示，起码应该以双方的突击师作为拟定此次攻击方案的基础。这或许能让在意大利发动两翼夹击战的登陆艇数量充足，并且土耳其要是参加战斗，还能占领罗得岛。接着，我指出，一定要按照东南亚的战争和最重要的"霸王"战斗计划的关系，来决断东南亚的战争。在蒙巴顿海军上将的计划中，安达曼群岛一战所需资源之庞大，让我感到吃惊。斯大林已经承诺将会参加战斗，在这种背景下，东南亚司令部指挥的战事的价值，已经小了很多，然而，这些战争需要做出的牺牲，已经到了让人慎重考虑的程度。

争论的中心是安达曼之战该不该继续下去。英国想舍弃这个计划，可罗斯福总统并不赞成。我们没得到定论，只说让两个国家的参谋们周密探讨。

*　　*　　*

我们于12月5日再次召开大会。罗斯福总统宣读了联合参谋长委员会从各个角度对欧洲战场上的战争所做的汇报，得到了大家的一致认可。除了远东战事，一切问题都处理好了。已经轮不到罗得岛之战了，因此，我一心一意想拿到"铁砧"之战和地中海之战需要的登陆艇。此时，一个新的因素浮现了出来。东南亚司令部给出的对安达曼群岛发动强攻所需的军队数量，让人听了心惊胆战。总统曾经表示一万四千人就够。可提案却要求五万人，按照此次会谈的状况，这个提议明显会让对安达曼群岛进行远征的计划无法实现。与会各方此时答应问问蒙巴顿，倘若将来数周之内，大多数登陆艇和发动攻击的船舰都撤出了东南亚，他能够施行哪种规模的两栖战。于是，我们散会了，罗斯福先生因为此次会谈非常失落。

开罗对峙的局面，在我们可以深入采取措施之前得到了处理。罗斯福总统下午和他的参谋们协商之后，决议放弃安达曼群岛的战斗计划。他写了封简洁的私人信件给我："已撤销'海盗'之战。"伊斯梅将军使我想起一件事，在我私下打电话告诉他，总统已经改了想法，并且已经把这个让人期待的决议告知了蒋介石的时候，我曾对伊斯梅说："相比于能征善战的人，能掌控自己心意的人更加强大。"次日晚七点半，我们所有人在柯克的别墅再次见面，探讨会谈的最终报告。攻击法国南部的战斗正式获批，罗斯福总统诵读了他写给蒋介石的电文，告诉他，我们决定放弃安达曼计划了。

*　　　*　　　*

我和罗斯福总统制定了一份联合摘要，准备给斯大林发过去。

首相和罗斯福总统致斯大林元帅　　　　　　　　　1943 年 12 月 6 日

开罗会谈刚刚结束，在此次会谈中，在 1944 年对德国发起攻击的这件事上，除了我们三个之前在德黑兰签署的协定，我们又达成了如下协定。

战略上，为了瓦解德国空军的战斗力、德国的军事、工业和经济体系，并且为穿越海峡的战事开路，轰炸德国的战斗将压倒一切。

原本定在3月的在盂加拉湾展开的战争，为了增加对法国南部进行战争所需的两栖舰艇，我们已经决议缩小它的规模了。

为了提升"霸王"之战的力量，我们已经下达了尽全力增加英国和美国登陆艇产量的命令，并且也是为了这个目标，自太平洋调一些登陆艇回来的指令也下了。

*　　*　　*

蒙巴顿的参谋们给出的、且蒙巴顿签署了的评价所带给我的惊诧，我在告知东南亚司令部我们的决议的时候，我并没有隐瞒。

首相致蒙巴顿海军上将（在德里）　　　　　　　　　1943年12月9日

罗斯福总统发给蒋介石的有关舍弃"海盗"之战的电文，你应该已经看到了，对于此事，我是绝对认可的，这你清楚。我们为什么走这种程序，因为在德黑兰的时候，已经决议要集合所有力量推进"霸王"之战，与此同时，还能对法国南部发动攻击。

你要求派遣的总人数为五万，其中作战兵力为三万三千七百名的英国和帝国军队与兵力为五千的日本部队战斗，给这里的人带来了坏印象。听见此种要求，我也非常吃惊，所以担心你听到的军事顾问的看法是不是可信。在比例上，美国人攻占日本部队的岛所用的军力是两个半打一个，你手下的将领们的要求居然是六个半打一个，所以产生的观感非常糟糕，这种观感，就连你交给我的详尽的统计表也打消不了。

雨季之后攻击苏门答腊的筹备工作，我期望当下就开始进行。但是，你要是仍按照你认可的那种攻打安达曼群岛的标准来，那不管发起的两栖战形式如何，希望都很渺茫。

蒙巴顿回答说，近期的登陆力，美国使用的优势军力的比例，大致已经自三个对一个增加为六个对一个了。除非能有自海边起航的飞机的保护，否则，就应该按照后边那种高一些的比例来用兵。他将用航空母舰来为占领安达曼群岛提供保护，而不是用以海岸为据点的飞机，要知道大概过了四天，这些飞机的战斗力就耗尽了，所以占领安达曼机场之事，不应该超过四天。他拿到的供应品，足够让他为之前提议的五万人战斗使用。可是，其中，最开始的两批里能登陆的人数仅有九千。所以，在他看来，他并没有为了确保快速取胜而提出过多的优势军力。他以美国人登陆芒达的情况举例，在那儿，他们的军力具有更多的优势，可进度却十分迟缓。

我仍旧不太相信。可是，为了公平地说明争执的焦点，应该把战后国防部给出的评论写在这里：

> "海盗"之战的目标是攻打安达曼群岛，它得将我方军队自最近的据点运往一千英里之外，这些军队含有为武装提供方便、修建机场和跑道，还有在码头上劳作的各类兵种。不战斗的军队大概有一万六千人，加入"战斗"的军队还有本部的人、负责工程和空中防御的人。在这个地区占有空中优势的是敌人。和日本守军相比，我方主力军的力量预计更多，比例大概是四比一，可是和那时普遍认同的突击登陆的理想优势比，这个比例并没有占据很大优势。值得注意的是，在以往的十二个月里，我们和日本的战斗一场没赢。蒙巴顿勋爵无疑想马到成功，只说战争上的气势，也应该这样。

*　　　*　　　*

针对英国在同日本的战斗中应该承担的战略之责，联合参谋长委员会也进行了研究，在开罗会议的最终汇报里，他们对我和罗斯福总统给出了建议。整体来说，他们提议东南亚司令部战斗的主力应该位于缅甸。等打败德国，应该派陆军、空军先头部队，还有以澳大利亚为据点的空军的人员物资和麦克阿瑟将军携手。在海上，以英国的实力，重点聚集的地方不应该是孟加拉湾，而应该是太平洋。英国三军参谋长和我都认为，在缅甸北部发起一场耗时良久的苦战简直是对战争资源的浪费，这场战争的目标仅仅是修建一条通向中国的公路，这条公路能否派上用场还不好说。另一边，除非德国已经瓦解了六个月以上的时间，否则，蒙巴顿海军上将是无法发动大型的两栖战斗的，这他们也认同。可以将充盈太平洋战场的计划提得非常早，所以他们认同美国那边的看法。在最终报告里，两个国家的参谋人员说，将击败日本的整体方案"当作深入调查和筹备的基石"，他们"原则上认同"。这个计划准备派一支英国分遣舰队，而且暂时拟订此分遣舰队在太平洋战斗的时间是 1944 年 6 月。这份文件，我和罗斯福总统都草签了，可是因为尚有更紧急的事情要解决，罗斯福总统又一定要回美国，所以我们没时间和参谋们，或者在我们两个人中间就长期规划展开磋商，可是我们坚信，日后还是有机会就整体形势进行讨论的。

＊　　　＊　　　＊

重新和土耳其领导人协商，是我们在开罗展开会谈的主要目标之一。我于 12 月 1 日在德黑兰致电给伊诺努总统，提议让他来开罗，与我和罗斯福总统会面。我们准备让维辛斯基也参会。艾登先生在 11 月初从莫斯科回国，路上他在开罗和土耳其的外交部长沟通一番，使得这些协商得以实现。土耳其人因此在 12 月 4 日再次抵达开罗，第二天晚上，我摆酒宴请土耳其总统。我的贵客的态度十分小心，之后的一些谈话更显露了谨慎，德国的武装实力给他的参谋们留下了深刻印象。我尽全力想让土耳其参加战斗。意大利从战斗中撤离之后，土耳其参加战斗需要承担的风险小了，好处却明显多了。

我于 12 月 6 日给英国参谋长委员会写了份备忘录，详尽地规定了土耳其若最后加入战斗，我们一定要施行的方针和行动。

首相致伊斯梅将军转参谋长委员会　　　　　　　1943 年 12 月 6 日

"土星"战斗计划

1. 土耳其政府在开罗会谈之后将发表宣言，说他们还是原来的方针，并且将采取所有防范行动减小敌人的疑心。

2. 可是，应该及早启动对土耳其机场的准备和保护工作，一天都不能推迟，还应该将所有不穿制服的必要武装人员和供应品送到。完成这一工作的时间，最多是六七周。英国空军中队在 2 月 1 日之后的任意时间都有机会飞去那里的飞机场，切实的时间一方面由敌人的行动决定，一方面要和土耳其政府协商。这个时限的进退空间是两周，在这个时间段内，还能及早运去更多的人和供应品。

3. 有机会在 1 月拿下罗马，为了通过轰炸让敌人的飞机场和空运"实力变小"，并且对英国战斗机大军的开进提供保护，期望能让中东空军总司令在之后的军事间隙中对三个大军的中型轰炸机进行指挥，让它在昔兰尼加驻守。轰炸机可以随时展开行动，有关进军的一切决议都不用顾及。不过敌人若按兵束甲，为了对进军和之后发生的变更提供保护，那最好暂时别派轰炸机出去。至于这部分空军到底怎么用，还有怎么协调调集的时间，各种具体情况得看总指挥的意思。

4. 进军的工作应该在 2 月 15 日之前做完，自那时起，应该让土耳其在防范空袭上得到保障。

5. 只要在飞机场部署好，并且和土耳其政府协商好，英国空军就着手在爱琴海行动，与此同时，让位于昔兰尼加的中型轰炸机为大军提供援助。得到空军这样的保护，地中海东边的英国海军获得必需的强化后，可以对为各岛提供供应品的敌方船舰和护卫船队进行袭击。

6.同时，应当展开各种筹备工作，以便拿下罗得岛。为实现这一目标，发动攻击的应该是一个最优异的英国师，而守住这个岛的则是级别稍差的师，以便使上述英国师能够撤离，开赴意大利继续作战。能不能打下罗得岛，当然得看我们能够得到的登陆艇的状况。这场仗应当在2月末之前打，这一时限之后，一切登陆艇都准备用在"铁砧"之战里。

7.估计敌军将如何行事？明显应该尽可能干扰敌军的行动，以保证盟国的权益。因此，土耳其政府应该尽可能保持和德国、保加利亚的联系，直至最后一刻，而且准备工作还在持续的时候，他们或许会提起的一切抗议都应该用外交辞令来回答。保加利亚恐吓土耳其的时候，苏联人将告诉保加利亚，它要是按照德国人的指令发起攻击，苏联会马上同保加利亚处于对战状态。可以想一想用不用告诉保加利亚，德国或者保加利亚若扔了一吨炸弹给君士坦丁堡或者士麦拿，我们就将往索非亚扔两吨炸弹或者三吨。苏联的部队若在苏联南边持续成功推进，若英国和美国的部队在罗马战争中取得胜利，保加利亚很可能放弃进攻土耳其，可是它或许会将它的九个师从希腊和南斯拉夫撤出，集结在色雷斯，同土耳其的战线相对峙。

8.与此同时，随着形势的发展和压力的日渐增大，保加利亚或许会想办法单独和三个大同盟国签署协议。提议土耳其一切时段都不宣战；它应该让掩护性的改进军火的工作持续下去，静待敌人展开行动。

9.与此同时，在英国将打开由埃及通向土耳其的航路，并且掌握了对爱琴海的海上优势之后，就马上尽全力将供应品和援军送去士麦拿。进一步装备土耳其部队和为君士坦丁堡提供粮食的任务，若有机会，就利用达达尼尔海峡及早展开。

10.土耳其在英国空军中队的"开进"工作达成之后，应当马上帮六艘或者八艘英国潜艇和这些潜艇的军用物资驶抵黑海。要是有机会，应当在伊斯梅特布置基地设施，因为没办法提供航空母舰。这些潜艇，要是足够让从克里米亚撤走的罗马尼亚人和德国人遭受重创，并且帮助苏联人攻打罗马尼亚海岸，罗马尼亚人的政治立场或许会因为此种行为变成可能，可是这种行为取决于苏联人的意愿。

土耳其人返国后汇报给他们的国会。双方达成一致，在行动开始前，应集中英国专家将"土星"战斗计划的第一步做完。

*　　*　　*

罗斯福总统在开罗的数次磋商里从未谈及"霸王"之战的总指挥这件关键且紧急的事情，所以，我的感觉始终让我相信，我们原本的部署和协定并未失效。可是，在他离开开罗的前一天，他才同我说起最终结果。我们正乘着他的汽车从开罗驶往金字塔的途中。那时，他近乎漫不经心地跟我说，身为相关军事和战斗调度的长官，马歇尔将军在他的带领下带来了极有效果的重大影响，而且对于战争取胜不可或缺，所以他离不开马歇尔将军，他提议让艾森豪威尔作为"霸王"之战的统帅，还问我是什么意思。我说此事要看他的意思，不过对于艾森豪威尔将军，我们也十分尊重和信任他，愿意让他的指挥来决定我们的命运。

在此之前，我始终觉得"霸王"之战将由马歇尔指挥，而艾森豪威尔将返回华盛顿出任陆军参谋长。这件事艾森豪威尔也曾经听闻过，还因为将要离开地中海到华盛顿去而郁郁寡欢。如今所有的事都尘埃落定："霸王"之战由艾森豪威尔指挥，马歇尔仍旧在华盛顿驻守，一个英国司令官被调去了地中海。

霍普金斯的传记作者，在谈及罗斯福总统推迟、犹疑了很长时间才最终下定决心的原因的时候说，12月5日（周日）罗斯福下的决定，那时"无视霍普金斯和史汀生近乎十分激烈的告诫，无视大家都清楚的斯大林和丘吉尔两个人的喜好，无视他本人已经声明的意向"。之后，舍伍德先生又援引了一份来自战后马歇尔将军写的记述的如下概要，马歇尔说，"回想当初，在我们谈话的结尾，罗斯福总统说，'一想到你会离开华盛顿，我晚上就睡不着觉'"。① 罗斯福总统显然觉得，让马歇尔将军离开华盛顿，只是指挥"霸王"之战这个理由，分量还不够。

*　　*　　*

我们总算大功告成。在别墅里，我摆酒款待了三军参谋长们、艾登先生、凯斯先生，还有一两个其他人士。我记着在高级将领中乐观的氛围广泛弥漫，让我印象非常深。人们此起彼伏地谈及这种看法：面对我们春天发动的攻击，希特勒将无能为力，或许不等我们夏天启动"霸王"之战，就已经先垮掉了。由于那时盛行的想法对我影响极大，所以我请大家轮流谈谈自己的想法。每个负责军事的人都更加相信德国马上就要瓦解了。但在场的三位政治家却不这么看。当然，这种涉及众多人命的关键问题总会遇到很多推测。无法预计和难以推断的事不知有多少。在战火纷飞的前线，隐藏在面具后边的敌人，没人知道他到底弱到什么地步？何时他的毅力才能崩溃？我们又何时才能打败他？

*　　*　　*

总统始终没时间观赏当地的景致，可是，我怎么能让他直到离开都看不到古迹"狮身人面"呢？一天，喝完下午茶，我说："你现在一定得跟我去。"我们马上坐汽车过去，全方位地欣赏了这个世界奇观。夜幕降临，我和总统安静地站在那儿，注视它好几分钟。它什么都没告诉我们，那种让人捉摸不透的笑容依旧挂在脸上。再等下去，怕是也没有什么收获。我们便离开了。

12月7日，总统飞离开罗。我在金字塔边上的飞机场为我伟大的友人送行。

---

① 舍伍德：《罗斯福与霍普金斯》，第802—803页。——原注

第七章　在迦太基古城遗址和安齐奥

我们乘飞机去往突尼斯——得了肺炎——为"霸王"之战和地中海战区指定一些司令官——罗斯福总统觉得我提出的任命没什么问题——我的妻子自英国到达——战争的高潮——如何打破意大利战役的僵局——为什么会有安齐奥之战——这场战事得到了英国三军参谋长们的认可——登陆艇之事——我们在圣诞节的会谈——国内的担忧——我发报告给罗斯福总统

我在此次旅程和会谈中觉得身体有点难受，动身没多久就开始发热。数日后又得了感冒和喉痛，使得我在马耳他岛的时候，大部分时间都在床上躺着，而我的嗓子，等抵达德黑兰的时候已经哑了。不过我还能坚持，因为这种状况并没有持续很久。这些病症在我返回开罗之后已经全都不见了。可是会谈接近尾声时，我又觉得非常累了。举个例子，我洗完澡没力气将身体擦干，于是围着毛巾在床上躺着，等它自己干。

我和陪同人员于 12 月 11 日，刚过午夜，坐着我们的"约克"式飞机去了突尼斯。艾森豪威尔将军在那儿有套别墅，我原本打算在那儿住一宿，第二天坐飞机去亚历山大和蒙哥马利在意大利的本部，有消息说意大利的气候十分糟糕，所有的飞行都是断断续续的。

次日清晨，我们抵达突尼斯机场上空。我们得到信息，说要改变着陆地点，因此又掉头去了另一个机场着陆，大概在四十英里之外。我们全部走出机舱，大家动手卸载行李。要一个小时之后，汽车才能到，之后，还得坐车行驶很久。我在飞机边上的公文箱上坐着，此时真的觉得一点力气都没有了。可是艾森豪威尔此时正在第一个飞机场等着我们，他打了一个电话过来，同我们说，他们指错了着陆点，在第一个飞机场降落并没有什么问题。于是，我们又着急忙慌地上了"约克"式飞机，十分钟之后就见到他了。这里距离他的别墅非常近。艾克一如既往地非常热情好客，他在那里待了两个小时，平静且高兴地等着我们。我坐上他的汽车，汽车开了一会儿后，我说："我怕自己在这里待的时间超过原本预计的时间。我的精神和体力都无法继续坚持了，想接着去前线，只能等我的体力恢复一些才行。"

那天，我在床上躺了整整一天，次日开始发热，经过诊断，说是肺叶下方发炎了。于是，在这么一个关键时刻，我却躺在古代迦太基的废墟中起不了床了。

*　　　*　　　*

X光影像表明我的一个肺叶出现了阴影，我发觉莫兰勋爵之前的判断和估计一点没错。好像变魔术似的，在地中海战场的贝德福德医生和其他高级医疗专家，还有出色的护士从各个方向赶了过来。M 和 B 这样的特效药，在我生病的前期就用上了，用得时候也没什么不好的变化，所以一周之后，热度就退下去了。尽管莫兰勋爵曾记述，说按照他的诊断，曾经无法确定病情，可我并不这么看。和 2 月的时候相比，我此次的病症还轻一些。M 和 B 的疗效得到了充分的显露。M 和 B，我也这么叫莫兰和贝德福德。因为这种特效药的出现，肺炎这种病现在无疑已经和以前截然不同了。总领国家大事的职责，我一直不曾舍弃，我该给出的裁决，也一刻不曾耽误。

首相致外交大臣　　　　　　　　　　　　　　　1943 年 12 月 13 日

　　在这座古城遗迹，我突然生病，有些发热。只能等恢复健康才能离开这儿。接下来的行程还没办法确定。

在如下两点上，务必别让安哥拉生出误解：我们在 2 月 15 日给出的条件，若做不到，就是在实际中宣告我们的同盟终结；他们提的要求，我们若完全没有同意的可能，就等同于委婉谢绝。

关于德国人会不会集中足够的力量分兵攻打土耳其之事，让参谋长委员会交一份报告。在我看来，这种说法一点根据都没有。

首相致罗斯福总统   1943 年 12 月 15 日

我因为感冒，滞留在了你曾经待过的迦太基古城遗迹，眼下病情已经发展成了肺炎。你们这边的每个人都在竭尽所能，不过我还是觉得有点难受。关于选谁做新指挥官的提议，我期望很快就能交给你。望你旅程开心，福寿安康。请转达我对哈里的问候。

罗斯福总统致首相   1943 年 12 月 17 日

听闻你得了肺炎，真让人心焦，我和哈里都希望你好好调养身体，早点恢复健康。我刚刚才从军舰"依阿华"号上下来，正顺着波托马克河逆流而上。圣经说，莫兰的医嘱你一定要听从，可是眼下我还无法说出是圣经里的哪章哪节……现在最关键的事情好像就是这个了，所以你要听萨拉的话，请转达我对她的问候。请静心调养。

身为掌控战时内阁的英国国防大臣，我有委任英国在地中海战场上的最高指挥官的职责。我让威尔逊将军出任这一职务，与此同时，就如同亚历山大将军曾经在艾森豪威尔将军手下进行指挥一般，决定将意大利所有战事的指挥权交给亚历山大将军。我们还决定，在地中海战场，将威尔逊将军的副手之职交给美国部队的德弗斯将军，而"霸王"之战，将艾森豪威尔将军的副手之职交给空军上将特德来做，与此同时，让蒙哥马利元帅作为横渡海峡的攻击军队的实际指挥官，直至日后的最高指挥官将本部迁到法国直接承担战斗工作为止。所有的事都发展得非常顺利，我和罗斯福总统均绝对支持，且得到了内阁的允准，并且有关的各个方面也精诚合作、互助友爱，尽心尽力地完成各自的任务。

我还要再说一点：亚历山大将军在1944年12月接替威尔逊将军出任地中海最高指挥官的时候，我曾经以英王陛下政府的名义提议，让美国的马克·克拉克将军作为他的下属对在意大利的所有部队进行调度，其中，英国和帝国军队，或者由英国指挥的军队大概占四分之三。这项工作，他完成得成功又漂亮。

以下是相关各种部署的电报：

首相致罗斯福总统　　　　　　　　　　　　　　1943年12月18日

1. 电报已经收到，万分感激。我唯莫兰马首是瞻，所以身体情况好转得非常快，不过还得在这儿再待一周。

2. 我们之前就再次更改指挥体系的事有过沟通，从那之后，我曾经一再考虑此事，还和艾森豪威尔、亚历山大和特德研究过。我也和国内的同事们讨论过，今天帝国总参谋长考察完意大利经过这里，我也抓住机会同他聊了很久。通过再三协商，我总算可以把如下意见告诉你了。这些意见，除非你不赞成，否则，我坚信是能够得到大家的认可的。

3. 我始终觉得艾森豪威尔的职务应当由亚历山大来接任，不过帝国总参谋长、艾森豪威尔和其他人给出的理由，让我觉得，亚历山大也好，蒙哥马利也罢，谁当了最高指挥官，都无法在同一时间统领占领罗马之后在意大利展开的攻势。的确，这一点亚历山大本人也看见了。

4. 因此，艾森豪威尔的最高指挥官的职务，我提议由威尔逊将军来接。另安排以下军官在他手下任职：（1）一名美国将领统领阿尔及尔之战。有消息说，对你而言，让德弗斯将军离开现在的职位，难度不大。（2）亚历山大出任驻意大利各集团军总司令。（3）克拉克将军负责"铁砧"战斗计划。据悉，你和马歇尔将军都认同此人。若当真如此，我们也赞成。（4）关于支援南斯拉夫的行动、铁托，还有希腊人等问题，交由一位英国陆军少将来管。（5）地中海战场的战斗事务和土耳其之战，由中东总司令帕吉特主持（眼下正统领英国国内军队）。

5. 你来指定一个美国人出任空军总司令。阿诺德在这儿路过时，曾说起布雷尔顿和埃克。这两个人我们全都接受，不过若让埃克来做，有关轰炸的工作和"霸王"战斗计划的筹备工作，他就顾不上了。而空军副总司令和地中海战场的皇家空军总司令将由肖尔托·道格拉斯兼任。

6. 最高指挥官的政治参谋人员将包含如下三个层面的人：（1）互相协助的墨菲先生和麦克米伦先生。（2）达夫·库伯及威尔逊负责法国那边的相关事宜。（3）国务大臣或者国务大臣的候选人负责中东战区。

7. 德尔·史密斯将陪同艾森豪威尔在几周之后成为驻英军队的参谋长，空出来的职务则由其他英国参谋长接任。我们决定是否委任一位最高副指挥，看你的意思，当然，人选也是美国人。

8. 你将看到，委任亨利·梅特兰·威尔逊爵士是我深思熟虑之后的结果。他拥有能够完成的所有条件和必不可少的精力，让他承担关键协助性战斗任务，这让我觉得欣慰。帝国总参谋长也这么看。在开罗我同你说起这一看法的时候，你好像也是认可的。

9. 由于空军将在"霸王"之战中发挥重要作用，所以艾森豪威尔的最高副指挥官，我要同你提议让特德来做，对此，艾森豪威尔也十分支持。首批远征军，战时内阁想让蒙哥马利统领。蒙哥马利是众人皆知的英雄，这么做，会让英国民众更有信心，美国民众肯定也会这么觉得，所以在我看来，内阁的主张是对的。

10. 我衷心期望可以及早在这些问题上，起码对某些关键问题得到你的回复，我们因为想让"霸王"战斗计划的统帅及早上任，所以我将想办法让威尔逊早日接手艾森豪威尔的职务，甚至提早上任，好对调任引发的众多小问题进行解决。

罗斯福总统致首相　　　　　　　　　　　　　1943 年 12 月 20 日

1. "霸王"之战的总指挥由艾森豪威尔出任，特德做艾森豪威尔的最高副指挥，艾森豪威尔的地中海最高指挥一职由威尔逊接任（这一变动，得等艾森豪威尔表示意大利的状况允许的时候再施行），地中海战场的联合空军由埃克统领，这些消息，我认为可以在 1 月 1 日宣布。

2. 次级指挥官的变动，我想和马歇尔研究一下，所以决定先不公布，直到过了明年 1 月。他不出几天就能到华盛顿。

3. 你的病已经好了很多，这真让我开心，期待可以在马拉喀什和你会面。你的画笔，期望你已经跟人去取了。

＊　　＊　　＊

这段时间非常难熬。一会儿发热，一会儿退热。为了打发时间，我琢磨起战争方案，似乎把病给忘记了。医生们想方设法阻挠我在病床上办公，可是我不搭理他们。他们全都不厌其烦地喊着："先别工作，用不着心急。"于是，我决定看本小说。简·奥斯汀的《理智与情感》我很早之前就读过了，眼下，我准备看看《傲慢与偏见》。在我的床边，萨拉读得非常动听。相比于它的姊妹篇，我始终觉得这本写得更好。书里那些人的日子是那样的安详。法国革命也好，拿破仑战争中的激战也罢，全都不用他们忧心。他们只需关注尽力压制本能情感的那种优雅，还有对厄运进行的那种典雅的抚慰就行。用这本书来做 M 和 B 的药引子再好不过了。

一天清晨，萨拉没来我的病床边上。我正准备让人在这个不准工作的时段把我装电报的盒子拿过来，她忽然和她的母亲走进了我的房间。我的妻子会从英国坐飞机过来看我，这出乎我的意料。她急急忙忙地去了机场，想坐"达科他"式两引擎飞机过来。天气情况恶劣，好在比弗布鲁克勋爵非常慎重。他赶去机场不让她走，直至一架四引擎的飞机被调过来，才让她动身（我始终觉得需要穿过大海飞很久的话，四引擎的飞机最好）。在寒冬之中，她坐着一架没有暖气装置的飞机，经过一段非常颠簸的飞行，如今到了这儿。乔克·科尔维尔护送她来的，他到了这儿之后，让我们眼下数量有限的工作人员（不少事情都是由他们解决的）得到了补充，这还是让人期待的。罗斯福总统发电报过来说："请转达我对克莱米的问候。她是你的上级长官，你同她在一块儿，我就非常安心了。"

*　　*　　*

我在病床上躺着，想起我们眼下正处于战争的高潮中。加快"霸王"战斗计划的施行速度是整个世界最神圣的工作和责任。意大利拥有我国在国外的全部主力，难不成，我们必须舍弃自己能在那儿展开的所有活动？在那儿，我们曾经抓到过我们需要的各式鱼种，难不成，它如今就得变成一池死水？在这件事上，我认为对于穿越海峡的主要战事而言，由那一百余万的大部队——来自英国、英国掌控的和盟国的——推进的意大利战争，是一个绝对不能缺少的相得益彰的环节。美国人那种井井有条、符合逻辑、高强度和大规模制造型的思维模式让人十分钦佩。人们在生活中第一步要学会的是"将精力放在主要事务上"。毫无疑问，这是脱离凌乱和蒙昧的第一步，可这才只是个开始。战争的第二个阶段，是协调一切，让各不相同的为战争做出的努力都能相互呼应，与此同时，又能让每一丝每一毫的战争实力都能在任意时间彻底起效。这个渡海的战争是我们的所有思想和行动的核心。我坚信，对于以上战役来说，1944 年前半年在意大利发起激烈进攻是极有助益的，可是想让参谋长们全都觉得意大利战争这一工程"必需"或者"关键"（请允许我用一用这些老生常谈），就如同这一工程决定了我们的主要目标是输还是赢一般。举例来说，想要十几二十艘运送车辆的登陆艇，都如同这些登陆艇就是问题的核心一般，得全力争取才能拿到。

我认为这是个非常简单的事。我们的一切船舰都将用在将美国或许会供应的所有武器和军力送到英国上。所以我们无法将大量军队通过海运撤出意大利战场，他们还得在那儿接着发光发热呢。5月末或者6月初，我们将看月色和潮汐的情形确定在那个战区发起攻击的时间。

*　　*　　*

德国人在东海岸到西海岸中间的八十英里长的战线展开的殊死反抗，使得在意大利的我方部队陷入僵持之中，所以艾森豪威尔将军很早之前就有意在侧翼发起两栖攻击。他曾经拟订用一个师的军力在特韦雷河南边登陆，朝罗马进军，与此同时，和主力的袭击相互策应。考虑到主力部队遭到拦截，离登陆点又有不短的距离，大家觉得需要的军力要在一个师之上。当然，我是支持美国人所谓的"侧击"，我自己称之为"包抄"。这种享有制海权的国家可以采取的战术，我从未将其顺利地用到我们数次的沙漠攻击里，可是巴顿将军在西西里顺着此岛北边的海岸朝前推进的时候，曾经两次利用海上包抄的优势得到非常好的成果。我在迦太基和马拉喀什的时候，距离战场非常近，所以可以将所有重要的指挥官都叫到一块儿开会。

这个计划，有不少的军事人员是认可的。原则上，艾森豪威尔已经认可了这种做法，可是，他最近在判断轻重上有了新的标准，因为他近来被任命统领"霸王"之战。亚历山大受命出任最高副指挥，并且统领意大利部队，觉得此战不但没错还是必需的；在所有方面，比德尔·史密斯都十分热情，而且愿意配合。掌握海军一切力量的约翰·坎宁安海军上将和空军上将特德，他们也这么看，所以，在地中海的事情上，我有不少强有力的专家。另外，这个方案，在我看来，英国参谋长们也将表示认可，他们同意后，战时内阁也会批准。一个人若无法通过下令来展开工作，就要准备做长时间的不懈努力了。

绝对不能随意更改5月的"霸王"之战。只在一个月之前，我们才在德黑兰承诺过。任何事情只要妨碍了我们推进最高使命，都应该予以否决。陆、海、空三军的实力在这件事上，都不会变成妨碍。坦克登陆艇是所有问题的核心。由于送坦克上岸，仅仅是它们必须完成的一小块任务，所以"车辆登陆艇"也在其中。所以，我和英国政府及华盛顿政府以长篇幅的密码电文进行了沟通。这种紧凑且简洁的争论的具体情况，研究军事事宜的人日后或许有看的欲望，这里只将里面的摘要加以刊载。为推行"霸王"战斗计划，在限定的时间之前，坦克登陆艇一定要抵达英国。这些时间都是非常精准地计算过的。当然，为了应对突发事件，在军事方案的每个时期都留了进退空间，不过这种进退空间若不自上到下地进行限制，那恐怕一场战斗都打不了。在每个时期，若所有人都想留进退空间，那加到一块儿通常也就成了"不做任何事"了。

我开始工作的时间是12月19日。这天，自意大利的本部返国的帝国总参谋长蒙哥马利，在途经迦太基的时候，特意过来探望我。我们原本想一块儿走，可是我因为生病还走不了。我们聊得非常愉快，我发觉布鲁克将军尽管和我的思维模式不一样，不过我们得到的结论却一模一样。我们在方针上达成了共识，而且决定我和各个指挥官就地展开协商，他将尽全力解决国内的所有难题。因此，布鲁克坐飞机去了伦敦。我发电报说：

首相致三军参谋长　　　　　　　　　　　　1943年12月19日

我正心急火燎地等着眼下在地中海驻扎的全部各类登陆艇的所有明细。这份明细得说清现在它们的情况和用途，尤其要讲明这个消息——大量登陆艇是特定为运输工作准备的，做不了两栖工作是不是真的。意大利战场的所有战事都处于僵持之中，已经日渐引人发笑了，这是毋庸置疑的。我推测里的最糟糕的情形因为帝国总参谋长到访此处而得到了证实。亚得里亚海岸那边根本没顾及采取两栖战，西线那边，敌人也没遭遇一样的袭击，这都导致了非常恶劣的结果。

三个月以来，地中海战区的登陆艇完全闲置（没发动袭击），不管是返回筹备"霸王"之战，还是预备加入对爱琴海里的岛屿的攻击，都没有做，与此同时，意大利战争也没参与。这支军队如此珍贵，居然被彻底冻结了，这种情况，就是在此次战争里也非常少见。

三军参谋长们思考问题的模式明显也没什么不同，所以听了布鲁克将军的汇报后，在22日给出回应：

你的看法——必须结束当前的凝滞状态，我们绝对认同。不管从哪个角度想，都一定要想办法加快工作进度。就像你说的，我们通过两栖战斗的力量对敌军侧翼发动攻击，为迅速向罗马进军开辟道路才是解决之道，这是显而易见的。

为了筹备"霸王"之战，部分登陆艇于1月15日撤离了，在这之后，艾森豪威尔将军持有的运送能力，仍足以护送超过一个师的军力展开两栖登陆，而且他已经拟订计划，试图在敌人身后——位于罗马正南方——登陆。这个计划有个缺陷，想以上面说的那一个多师的军力攻击海岸，得等第五集团军抵达能够支援登陆军队的距离之内才行。可是若能提高登陆的运送能力，那就用不着等主力部队抵达能够支援的距离内，就能让一个更加强悍的军队登陆了。另外，对于整场战事的推进来说，此种登陆影响更大，有机会更快地为部队前进开路。在我们看来，起码应该以为两个师的人准备可以登陆的交通工具为目标。

你需要的有关登陆艇的消息，我们已经提交地中海总司令，让他给你了。在这件事上，我们非常希望能节省一点，不过想让艾森豪威尔将军获得能够运送人数为两个师的登陆交通工具，就只能想别的办法了。

正从东南亚返回地中海的登陆艇或许是一个供应渠道……仍有少量登陆艇在东南亚滞留。

他们说，肯定得舍弃占领罗得岛和占领缅甸一些海岸的小规模两栖战，才能执行这个计划。最后，他们说：

你若不反对我们依照这些主张马上采取措施的上述意见，我们提议将这个问题上交联合参谋长委员会。

*　　*　　*

我们因此得以对自身的所有资源展开周密审查。部分登陆艇——原本是为夺取安达曼群岛的战斗计划准备的，因为此战被撤销而取道印度洋被撤回了地中海。部分登陆艇将要返回参加"霸王"之战。这些全是我们急需的。

攻打罗得岛这件事我们曾经和伊诺努总统说起过，我们不想撤销此次攻击。对于土耳其，我们必须付出更多辛劳，与此同时，还要加快这场战争的推进速度，并且在战争结束之后，为筹备"铁砧"战斗计划（攻击法国南部的战事），撤回登陆艇。可等到 12 月 23 日，我已经预备任由土耳其选择中立立场。我在迦太基回答说：

你们将发现，艾克在你们正打算对意大利战线予以决断的时候，想要的是"铁砧"战斗计划，他已经被这场战事吸引了大部分视线。我已经发觉，土耳其人若无法参加战斗，我们或许只能舍弃爱琴海方针了，这个方针要做出的牺牲太大，施行上也得用不少时间，是更重要的原因，不过这样的决定，我期望等彻底分析过整个形势之后再下。

今天，我准备和艾森豪威尔会面。亚历山大正在此间探望我。等"琼博"（威尔逊将军）返国的时候，我会请他半路过来和我见见。在未来的三四天里，我准备把一切问题都拿出来研究。土耳其若举棋不定，罗得岛也拿不下来，我们就只能以大型的两栖战来攻打罗马，并且在达尔马提亚海岸，尤其是在阿戈斯托利和科孚岛两地，采取一些清剿措施了。我们绝不能为了里维埃拉之战就放弃攻打罗马。我们一定要左右开弓。

*   *   *

此时，我和亚历山大已经详谈过了。他说，他觉得大家说他对安齐奥登陆战不太关心的这种说法，并不正确。他想要两个师作为登陆的军队，可是登陆的交通工具怎么获得呢？比德尔·史密斯此时也到这儿了，在他看来，若算上空降军，他大致能凑到两师的登陆军力。此种交通工具若拿得到，并且明天或者后天就能予以决断，在1月的最后一个星期，亚历山大就能发起攻势。关键是怎么得到登陆艇。我问比德尔·史密斯，关于"霸王"之战的登陆艇等事宜，怎么不推到2月15日之后再处理呢？他回答说，他不愿再请求第三次推迟。不过我却觉得不用担心此事。

地中海的坦克登陆艇共计是一百零四艘，不过，"霸王"战斗计划将吸纳其中很大一部分回国。我们1月中旬仅有三十六艘，大概到了那时，将额外从印度洋调十五艘过来。有消息说，运送的军队若是两个师，所需的登陆艇就得是八十八艘。想再调任何登陆艇过来都得等4月之后了。地中海的大多数登陆艇再继续使用三周，是仅有的解决之道。我们有很大机会，既能达成此事，又不会让"霸王"战斗计划或者在里维埃拉的登陆受到损害。

*   *   *

三军参谋长于24日发了一份详细的电文过来，陈述他们的看法，还附加了一份草稿，提议给他们美国的同事送过去。他们支持这个方案，不过忧心美国那边会坚决反对。

这是他们得到的结果：

联合参谋长委员会需要答应我们：1.应命令攻打安达曼群岛剩余的船舰和潜艇返回地中海。2.为了攻占罗马，并且让军队能朝比萨－里米尼一线推进。应让地中海地区联盟最高指挥官使用一切可以及时抵达地中海中部的登陆艇，发起一场军力为两个师的两栖战。应马上下发关于以上各条的命令。将来会有足够的时间撤回这些登陆艇以支援对法国南部的攻击。3.在目前情况基础上，继续与土耳其磋商，但爱琴海的两栖战需要舍弃。4.将以上结论告知蒙巴顿海军上将，并且按照当前持有的登陆艇下令让他起草在这一战区开战的最终建议。

*　　*　　*

值此危急时刻，仅有国防部霍利斯将军在我身旁，他洋溢着充沛的精力。英国皇家海军中的鲍尔舰长，还是约翰·坎宁安海军上将的副参谋长（负责规划工作），也帮了我很大的忙。他按部就班地摆平了不少妨碍我们得出结论的争执。他拟订的汇报十分不错，一度得到了坎宁安海军上将的绝对支持，里面这么说：

现在在地中海驻守的坦克登陆艇全都久经磨炼。它们执行过的突击战起码有两次，而且曾经承担过不少额外的工作，比如往返运送，在海边、船厂或者港口装货卸货。这些船舰都配上了合适的人，在紧凑的队列行进或者演练上，他们都有着丰富的经验。在"霸王"战斗计划启动之前，他们不熟悉的仅有潮汐之事和涨潮的时候在岸边装卸货的技术问题，所以什么海军训练都不用做。不过这些海军十分优异，若想让他们学会新东西，只要花一点点时间对他们进行教导、训练即可……地中海的经验告诉我们，登陆艇和相关军队的协作在切实开战之前的十一天内进行就行——前期装货要用三天，演练要用六天，之后再装货两天……

这些潜艇都饱受磨炼，所以我推断给潮水训练额外留出七天，这个时间非常充裕。

因此，整个训练期大概是三周……除了不能马上将装置全部换新，他们在"霸王"之战启动之前，有足够的时间。

＊　　　＊　　　＊

我和聚在一处的指挥官们展开了周密的磋商，于是 24 日午夜之后，发了如下建议给国内：

首相致三军参谋长及第一海务大臣　　1943 年 12 月 25 日（午夜 12 点半）

今天晚上曾经和威尔逊将军、亚历山大将军、特德空军元帅及他们的下属们，谈到安齐奥之事。

我们全都觉得，此战的规模，起码要有两个师参战才能确保获胜。发起攻击的时间大概是 1 月 20 日。我们假设罗得岛不会开战。我们坚信，只有这个方法是对的，即，先将原本打算在 1 月间和 2 月 1 日撤离地中海的所有英国坦克登陆艇（共五十六艘）留下来，至于留的时间，一个月之内。安齐奥之战，那十五艘自孟加拉湾调过来的登陆艇已经来不及参加了，不过在即将到来的"霸王"之战中，它们仍有大作用……

我让鲍尔舰长写的报告，我期望三军参谋长们及早予以讨论。这个报告给出了省时的方法，这个方法可以用在筹备登陆艇参加"霸王"之战上。今天晚上参与磋商的人一致认为，鲍尔写的报告表明他对局势十分了解，他的提议应该可以变成现实……

对于这点，三军参谋长们起初并不相信。他们说了各式各样的小细节，可是细节的作用是关键性的。他们还诚挚地期望我不会反对他们将阐述时局的稿件送交联合参谋长委员会。在我看来，起码我们自己一定要在所有关键问题上达成共识，因此，我如此回复：

首相致三军参谋长   1943 年 12 月 26 日

各种现实状况，我曾经和海军上将、盖尔将军，还有他们的下属非常认真地分析过。想以两个师的军力发起安齐奥之战，就必须将五十六艘登陆艇全都再留三周，也就是留到 2 月 5 日，要不然，全无可能。在地中海，这些登陆艇已经接受过有关突击登陆的众多训练。请告诉我留三周和留一个月的优缺点，撤回的舰艇每天都在做什么，也请切实告诉我……而且希望你们能安排好船厂，以便每个月改造二十五艘登陆艇。

最开始登陆的力量决定了安齐奥之战是不是能马到成功。因为登陆的若是伞兵和两个充足的师，就能将第五集团军前边的所有敌军的运输线切断，那起到的效用将是关键性的。所以，敌人为击败登陆大军，只能从第五集团军的战场上撤离，要不然，马上就会被打败。想要获胜，就必须要有两个师的兵力。因为天气变化莫测，登陆的军队带的粮食起码要够四天之用。我们是想通过这些师，让战争在一周之内或者十天之内到达高潮，没想让它在海岸上停留很长时间……

如果无法在这个关键问题上——让那五十六艘坦克登陆艇的撤离时间推迟三周——达成共识，你们给联合参谋长委员会发电报，将毫无用处。这决定了意大利之战的成败。

12 月 27 日，三军参谋长们做出回复，在回复中，他们理直气壮地说了不少让他们感到忧虑的理由，还补充说："在我们看来，应该将这点坦率地告诉你——若将我们看见的实情明确告知美国三军参谋长们，在他们那儿，我们就将遭遇众多难题。"

＊　　　＊　　　＊

整个圣诞节的清晨，我们都在迦太基接着磋商。艾森豪威尔、亚历山大、比德尔·史密斯、威尔逊将军、特德、约翰·坎宁安海军上将和其他高级军官均出席了会议，只有第五集团军的马克·克拉克将军没来。由于最终此战是由他的集团军掌管，所以他的脑海里应该就这种情况有所了解，于是，这个疏漏让我觉得十分可惜。我们一致认为，登陆的军力至少要有两个师才够。此时，我的意思是让第八集团军的两个英国师来发动强攻，该集团军的蒙哥马利即将由利斯将军接替。在我看来，两栖战或许会让登陆的军队出现死伤，我宁愿让英国军队去承担这种风险，因为我是对英国负责的。另外，在此种情形下，强攻的兵力将全都来自英国，而非一半英国一半美国。

任何事都要排在登陆艇之后，已经有好几周了，我们所有的战术都严重受其影响。一是因为"霸王"战斗计划被限定了严苛的时间，二是因为要对不到一百艘的此种小潜艇进行调度、修缮和重新改造，所以，一切计划都遭受了严重的束缚。虽然我们也被弄得狼狈不堪，不过往返的电报显示了我们是怎样从这个泥沼中脱困的。然而我不得不说，我由于将所有的心力都放在了为原则而战上，以致，没能顺利拿到（事实上并不敢提）"包抄"必需的充足力量。按照计划发起战争的登陆艇，事实上，我们并不缺少，并且我认为军事组织提的要求太过，要是减少一点，我们就能让更多的军队只一次行动就在特韦雷河南边登陆，不仅不会对其他工作或者承诺造成影响，还能有充分的机动性。尽管我们确实已经考虑过在比斯开湾冬季天气状况下，这些舰艇的返国问题，还有重新改造所耗费的时间问题，可那时此事的处理是依照部队的正常需要，还有有关如期备好参加"霸王"之战的登陆艇等要求来的。我若是曾经提出条件，说想拿到一次运载三个师的军力的交通工具，我肯定什么都拿不到。大家总是希望拿到自己能拿到的东西，生活中，这种例子实在不少。可是，我认为适度最为妥当。

*　　*　　*

这个残酷的实情——让五十六艘登陆艇回英国的时间推迟三周，我们必须直面这一实情。和这个实情形成鲜明对照的是5月这个发起"霸王"之战的时间。在如下电报里，读者将第一次看到一个日期——6月6日。

首相致三军参谋长　　　　　　　　　　　　　1943年12月26日
　　我行事的基础绝对是依照"霸王"之战5月启动。我坚信，我们若百折不挠地努力，是能够办到这点的，并且麻烦也能得以解决。可是，我还将十分机密地同你们说，艾森豪威尔和蒙哥马利听到当前关于"霸王"的计划后，觉得十分不妥，据我所知，他们理想的首批横渡海峡发动攻击的军力远比这个多。在我看来，等他们讨论完这个计划，提议延迟的机会很大。我们说好的时间是"5月"，可是，若主事的军官提出想要借6月月光之便，要求将行动延期到6月6日左右，并且可以证明，延期后对我方更有利，如此，对于推迟一周，我们就不清楚要不要答应了。不管怎样，5月，行动前的空袭必须展开，不得延期。

　　因此，既然时间不管怎么样都有机会由于其他更重大的原因非推迟不可，那我们就得留心，别因为要迁就这个时间而舍弃我们在意大利的关键工作。艾森豪威尔甚至表示，他一拿到切实的主事权，而且能够主理此事的时候，将马上亲自给斯大林发电报，提出将时间稍微推迟一些。由于在这件事上，我是按照德黑兰（协定）的方针在奋斗，所以此种做法，我个人是完全不支持的，可是我更加期待你们可以帮我。上述内容请严格保密，知悉此事的只限于你们，以及在战时内阁国防委员会工作的三位大臣，艾德礼先生、艾登先生和利特尔顿先生。

在迦太基召开的此次圣诞节会谈具有决定意义，我在会谈结束后，发了以下电文给罗斯福总统，与此同时，又发了相同的电文给国内。我非常慎重、坦诚地对基本实情进行了说明。

1943 年 12 月 25 日

今天，我和艾森豪威尔及其全部高级将领开了一次会。报告如下：

若是能得到护送两个师登陆的交通工具，亚历山大将军准备在 1 月 20 日前后在安齐奥登陆。此次登陆或许能实现消灭很多敌人的目标，对罗马之战来说意义重大。由于我们已经考虑到那天第五集团军和第八集团军或许会抵达战场，所以强攻的军力若不足两个师，会引发一场大祸。

得有八十八艘坦克登陆艇，才能实现这一目标。我们要获得这些登陆艇，方法只有一个：让那五十六艘原计划在 1 月 15 日之后开出地中海的坦克登陆艇留用一些时间，直到 2 月 5 日，再让护卫舰队送它们返国。除非登陆艇达到此数，否则，肯定不够。那十五艘自印度过来的登陆艇，虽然在这两件事上——弥补受损船舰和构建"铁砧"战斗计划——用处极大，可却无法及时抵达。

用了各种折中方案之后，我们认为，损失的三周是能够挽回的，并且眼下为"霸王"战斗计划拟订的军力也能保持不变。

这五十六艘登陆艇我们已经将其留了这么长的时间，现在到了它们可以发挥关键效力的一周，却将它们撤离，这看上去没什么道理。意大利战争若再裹足不前三个月，并且情形日趋恶化，将变成最危险的事。我们不可能一方面前进，而另一方面却留下一个仅仅完成了一半的巨大任务。因此参会者一致认为，应该竭尽所能用两个师的军力在 1 月 20 日前后启动安齐奥之战，而且已经命令亚历山大将军按照这个计划筹备起来。这个机会我们若丢了，1944年的地中海之战必定会完全落败。因此，我衷心期望能得到你的首肯，让这五十六艘坦克登陆艇晚些返国，并且警示每个责任人注意绝对不能让5月的"霸王"战斗计划因为此事而受损。

我遗憾地发觉，只能放慢有关罗得岛和爱琴海的策略推进的速度，来关照这些更大的利益，并且为了集结在法国南部登陆的三个师的军力，必然会将"抓捕野猪"的计划（对缅甸西部的若干海岸的袭击）变成"不抓野猪"计划。这让我非常难过，可是若不这么办，意大利的局势就会停滞不前，甚至引发一场大灾难，这种情况，是我不想看到的。

就是这么一个每件事都等待决断的时候，我焦躁不安地自迦太基飞往马拉喀什。

第八章　马拉喀什休养期

飞往马拉喀什——好消息：罗斯福总统 12 月 28 日发来电报——"霸王"之战启动的时间：5 月 5 日和 6 月 3 日的差异——美国伞兵部队——蒙哥马利到访——新年和罗斯福总统互动消息——1 月 7 日和 8 日，在马拉喀什举行会谈，探讨远征安齐奥事宜——发起"霸王"之战的时间，艾森豪威尔和蒙哥马利两位将军更倾向 6 月 3 日月圆的时候——罗斯福总统的看法——再次讨论波兰之事——贝奈斯总统来访——称颂贝奈斯——和戴高乐将军友善往来——苏联提出分得一些意大利船舰的要求——一个折中方案——在安齐奥之战启动前回国

　　莫兰勋爵认为，过了圣诞节后我就能离开迦太基，不过非让我找一个地方再休养三周。一年前，我和罗斯福总统参加完卡萨布兰卡会谈，曾经在马拉喀什的一座讨喜的别墅待过，现在没有其他地方比这座别墅更合适了。数日之前，所有计划均已部署妥当。在马拉喀什期间，我将到访美国军部。大家还认为，在迦太基我停留的时间太长，易于被人发现，因此为了防范忽然有潜艇开进来发动突袭，在别墅前边的海湾里一直有小舰艇巡视。与此同时，敌人也有机会发动远距离的空袭。我个人的安危交给了科尔斯特里姆警卫队的一个营来守护。由于我病得非常厉害，或者过分忙碌，因此这些事并没和我商量；不过，我相信，讨人喜欢的马拉喀什是个养病

的好地方，我能在这里康复起来。这次航行，特德做了十分周全的部署。医生们说我航行的高度不能超过六千英尺，所以他按照这点部署了我们越过阿特拉斯山脉的航线。12 月 27 日早上，我第一次重新穿上军装时，非常开心。我正要走出大门时，就有一份电报送到了我的手上，内容为："沙恩霍斯特"号已经被打沉了。① 这真是天大的好消息。我停住脚步，口述如下电文给斯大林：

首相致斯大林元帅　　　　　　　　　　　　　1943 年 12 月 27 日
　　开赴苏联的北极运输舰队带了好运给我们。敌军昨天妄图用"沙恩霍斯特"号战斗巡洋舰对其进行拦截，却让舰队总指挥弗雷泽海军上将带领"约克公爵"号（三万五千吨的战列舰）切断了后路，一番激战之后，将其打沉了。

　　和之前相比，我的病情好了很多，计划去南方休养。

　　数日后，我收到一封回电，十分热情，结尾说："我紧紧地握着你的手。"
　　科尔斯特里姆警卫队，严阵以待，正在别墅外站岗。我因为这场病身体虚弱到何种地步，我从未注意过。穿过边上的卫队，踏上汽车，对我来说是件非常艰难的事情。天气预报说那天是个晴天，因此决定在六千英尺的高空飞行。可是在我们朝前飞行，突尼斯的高原逐渐在我们身边显露的时候，我看到不少大朵大朵羊毛似的云彩朝我们聚集，很快有些云彩变黑了，几个小时之后，我们就时常被云雾包围，在飞行中时而能看到阳光时而看不到阳光。那种实心云层——包裹着山峰的云朵，我素来是十分讨厌的；在我看来，顺着一条复杂的航线从我们前边的各个山谷中穿过，以维持六千英尺以内的高度，这对于同乘的人而言，并不合理。所以我找来飞行员，嘱咐他，

---

　　①　本卷第 244 页—245 页可见。——原注

若在一百英里的航程中遇见高峰，相比于最高的高峰，飞行的高度起码要高出两千英尺。莫兰勋爵觉得没问题。一个经验丰富的管理者还拿来了特地为此次旅程预备的氧气。[①] 因此，我们朝着上边的晴空飞了过去。整个旅程，我都觉得十分舒服，我们大概在四点的时候平安在马拉喀什机场着陆。另外一架飞机因为严格听命，十分艰险地从每个山谷和山峡中穿过，在飞过不少山谷和山峡的时候，刹那间瞥见了高耸入云的崇山峻岭。在这样低的高度，天气状况却十分糟糕。我们都到了一个小时了，这架飞机才平安降落。狂风已经将它的一扇门吹走了，差不多所有乘客都生了重病。他们因为我，居然经受了如此大的苦楚和风险，这让我觉得非常愧疚。原本他们能十分舒服地在一万一两千英尺的高度，在一碧如洗的晴空下飞行的。

我的新居十分舒服，说极其金碧辉煌也不过分。相关人员也都十分可亲，所有的事都非常棒，不过我心里有件事却让我尤其关注，即我的电文，罗斯福总统会怎么回应。只要事关地中海的计划，我遇见的就全是呆板僵硬的否决，完全不管时机的协调和事情的轻重缓急，所以，只要想起这个，我等待回复的心，就变得非常焦躁。我所要求的，就是冒着风险在意大利海岸展开一次武装行动，还有或许将穿越海峡发动攻击的时间自5月1日延后三周，若算上月亮的阴晴圆缺，或许会延后四周。在场的司令官已经对我表示了认同。原则上，英国的三军参谋长们素来不反对，并且现在没有任何被抵制的细枝末节了。可是，"霸王"战斗计划需要推迟四周的事，美国人会怎么看呢？不过，当一个人真正感到筋疲力尽时，他往往是会享受睡眠的幸福的。

*　　*　　*

次日，收到如下电文时，我觉得十分开心，不过，我不得不说，虽然

---

① 凯利空军准将——驻北非的英国皇家空军首席医师——因为这一目标而坚持随行，他这么做太对了。——原注

我的心情很好，但其中还夹杂了惊异：

罗斯福总统致首相　　　　　　　　　　　　　　1943 年 12 月 28 日

　　为了在 1 月 20 日启动安齐奥之战，让那五十六艘原计划用在“霸王”之战上的坦克登陆艇的返回时间予以推迟，可以接受，不过最重要的战事仍旧是“霸王”战斗计划，而且启动的时间，也仍是原来在开罗及德黑兰议定的那个。应该采用所有可行的折中措施，除去可能会对“霸王”之战的筹备工作造成的损害，为了这一目标，其他十二艘原本预备参加“霸王”之战的坦克登陆艇应当依照当前的条款起航，至于那十五艘原计划 1 月 14 日从安达曼群岛抵达地中海的坦克登陆艇，则应该直接开赴英国。暂时舍弃罗得岛计划和爱琴海计划，并且除非“铁砧”之战（里维埃拉）已经启动，否则罗得岛之战不予考虑，可以接受。考虑到苏联、英国和美国在德黑兰所签的协定，所以为了防止延误或者妨碍“霸王”之战或者“铁砧”之战取胜，除非斯大林不反对，否则，我不支持将军力和武器用在其他地区。

　　我回答说：

首相致罗斯福总统　　　　　　　　　　　　　　1943 年 12 月 28 日

　　感谢上帝，这个决定合人心意，因为它，我们得以再次团结一致去做一件伟大的事业。

　　按照我自英国三军参谋长委员会得到的消息，这些要求，海军部可以做到，只要登陆艇按已经议定的数量自安齐奥计划里抽出。今天三军参谋长委员会将发电报把所有情形都告诉给联合参谋长委员会。在这中间，“全速前进”是我们这儿的口号。

　　航行在一万三千英尺的天上，完全没让我受到影响，已于昨日抵达我们的别墅。美国那边细致入微的热情招待，确实让我过得十分舒服。马克斯（比弗布鲁克）刚从伦敦坐飞机过来。我准备继续留在这儿，享受一下这里的阳光，直至我的身体状况恢复健康再离开。

为了完成"包抄"，参谋长们在国内的确付出了极大的努力，特别是海军部，我连忙向他们表示祝贺。亚历山大将军曾经提出了八十八艘登陆艇的需求；他们同意为他提供八十七艘。罗斯福总统发来的电文让人吃惊。我坚信这除了缘于罗斯福总统的好意、马歇尔的冷静、艾森豪威尔对自己将要离开的工作显露的忠实，还有比德尔·史密斯的乐观、善于权衡轻重和以事实为依据的外交手段也脱不开关系。

亚历山大在当天把他的计划交给了我们。和马克·克拉克将军、军需长布赖思·罗伯逊将军（第一次世界大战帝国总参谋长的儿子）磋商以后，他决议美国师和英国师各派一个。装甲兵团、伞兵部队和突击队都各占一半，至于全军的指挥权则交由一个美国将领负责。此次发起攻击的时间大概是 1 月 20 日。在攻击的十天前，为了牵制德国的援兵，他将先大举进攻卡西诺，之后让主力部队的先锋军尾随推进。我觉得非常欣慰。真到目前为止，事情进展得十分顺利。

可是，我尚有一些额外的进退空间。我给三军参谋长发电报：

在这件事上（也就是"霸王"之战的时间之事），我正以德黑兰会谈的协定为基础，奋勇前进。依照此项决议，我们假设时间没定在 5 月 5 日，而是定在了 5 月 20 日，至于 5 月 5 日，那是个全新的时间。时间只要没超过 5 月 31 日，不管是哪天，都算践行了我们和斯大林议定的合约。按照我从艾森豪威尔那儿听到的情况，6 月 3 日的月色，和 5 月 5 日月色的情况没什么不同，所以我认为这个时间绝对行得通；特别是，我们当前为此战内部指定的指挥官表示，这个时间没有任何问题。这些事，眼下没有讨论的价值了，不过，在这个层面，还有修正计划的进退空间。

5月5日与6月3日相比，集结军力的状况到底有什么差异，望告知。我再强调一遍，这种想法丝毫没有推迟行动的意思。与此同时，此事要严格保密。

三军参谋长回复说：

应该将"霸王"计划的突袭定在5月5日左右施行，才能实现当前指挥官所拟定计划的需要。可是，也不能认为这个时间就是最终的；就算登陆艇撤回的时间稍有推迟，或者改装计划没能及时实现，导致4月13日加入突袭大军的登陆艇并不是足量的，但这也不应当否定在5月选定一个日期来执行"霸王"突袭计划。

你提议的方案，当然包含5月发动突袭的可能，可是，计划仍旧十分紧急。然而，这和我们违背在德黑兰所签协定的事无关，在我们看来，当前这个阶段，还没有和苏联人协商的必要。

对于这些看法，我是这么评论的：

1943年12月30日

除非时间改到了5月31日之后，否则，我们就算是践行协定了。我个人认为，我们若在6月3日——这天月色圆缺的情况和5月5日是一样的——发动切实的突袭，那也不算违背这一协定。可是，尽量赶在5月5日最为妥当，如此，时间就能多出来一个月。

＊　＊　＊

此时，又有一个全新的关键问题出现了。

首相致蒂尔陆军元帅（在华盛顿）　　　　　　　　1944年1月3日

　　1. 亚历山大发来如下电文：克拉克正在计划安齐奥之战，一些常见的难题逐渐显露出来。举个例子，我们看上去无法将美国的第五〇四伞兵旅留下，而艾森豪威尔也没有非常想留下他们。眼下，我们不可能派其他军队去替换正在战场上厮杀的英国伞兵旅，同时，也不能耽误时间而不把他们调出来并派往那不勒斯地区。不仅如此，他们还缺少战斗经验，急需进行操练。

　　2. 当前，艾森豪威尔正和马歇尔会晤。你能对他们提出请求，让美国第五〇四旅在被调去英国参加"霸王"之战之前，将这份非同一般、艰苦卓绝的工作扛起来吗？伞兵军很少有机会参加具有关键作用的高空行动，在他们有机会成为表率、做出卓越功绩时，却把他们撤走，这看上去有些目光短浅。我们发现，为推进"霸王"之战，我们（在国内）已经拥有的伞兵和航空兵，大概比运输机能够运送的人多出了一倍，所以等事情结束，他们可以马上返回英国及时参加"霸王"之战。详情如何，望告知。

　　马歇尔表示赞同。此次付出得到的成果，后来是如何被挥霍一空的，我们之后就能看到了。

＊　　　＊　　　＊

　　我曾要求蒙哥马利在自意大利返国以接手"霸王"之战新任统帅的职务路过这里时，前来看我。我将这份非常危险艰巨的工作交到了他的手里。当然，身为一个将军，除非有特别原因，否则，国家交给他什么工作，他都得做。不过，不成文法并不要求人们非要满心欢喜。我曾经有幸在近卫步兵第一团服役，在那儿接到的任何指令，回答都只有一个字——是。不过说这个字的时候，语调就各不相同了。我始终相信这个任务除了神圣、无法避免之外，还十分危险，所以见到蒙哥马利愉快且积极地表示同意，我觉得非常高兴，同时也感到松了一口气。等他抵达马拉喀什，我们一起坐了两个小时的汽车，去阿特拉斯山脚野餐。摩根将军和身处伦敦的英美联合参谋们耗时数月制定的方案，我早上就拿给他了。他大体看过之后，立即说："不行，在最开始的突袭期，我必须得到更多军力。"我们经过了充分的讨论之后，按照他的意思制定了一套完整的方案，这些方案的正确性在之后得到了证实。对于此次战斗，他明显心志坚定，这让我非常开心。

夫人们此时全都到了，在一条波光粼粼的小溪边，我们一起享用了一顿便饭。山里空气清新，阳光明媚。和我们正艰难进行的人类争斗的景象相比，这里就像是一个广阔沙漠里的绿洲。很快，我们开车向山里前进。我知道一个欣赏景致的地方，我们的汽车沿着公路曲折、迟缓地开向那儿，可蒙哥马利并不喜欢这种做法，他下了汽车，直接朝山上走，他说要"锻炼自己"。我想到将来的情形，警告他保存体力。我还强调说，体力充盈不代表脑力充盈；力气应该用，但必须适当保留；体育活动和战争策略是两码事。这些循循善诱毫无效果。这位将军兴致勃勃，他如同羚羊一般，在山石之间蹦来跳去，于是我深切地觉得获得了某种承诺：一起都会很顺利。

*　　*　　*

新年降临之时，我和罗斯福总统正高兴地彼此通信。

首相（在马拉喀什）致罗斯福总统　　　　　　　1943 年 12 月 30 日

我的兄弟杰克写了封信给我，现在已经收到了。他详细地描绘了在契克斯种那棵圣诞树的景象。[①]在那里的，除了我的孙辈们，还有不少别的小孩，每个人都玩得十分开心。怀南特也去了，他承诺会将当时

---

① 在海德公园，罗斯福先生曾经种了圣诞树，并且以此为傲。他曾经给我一棵。——原注

的情景写信告诉你。非常感谢你送这个节日礼物给我。还得多谢你送我的那个非常讨人喜欢的地图盒，它已经到了，我急着想要看看。我们居住的这座漂亮的别墅的确十分舒适，我的身体也好了很多。今日阳光明媚，不过，任何事都不如你的电报更能让我获益，因为它表明在这场大型战争里的某些十分微小的事情上，我们通常易于达成共识。亚历山大报告说，他和克拉克已经针对安齐奥之战制定了一份让人欣喜的方案。他用的是英国第一师和美国第三师及伞兵和装甲兵团。我觉得这非常不错。我们共担苦楚、风险和荣耀，这非常合适。

当天，我还收到了佛朗哥和铁托发来的电文，他们对我身体康复表示祝贺。在你看来，这将如何？

萨拉对你的问候表示感激，并向你问好。

由于不幸得了感冒，罗斯福总统自己也卧床了。

罗斯福总统致首相　　　　　　　　　　　　　1943 年 12 月 31 日

因为得了感冒，我已经卧床两三天了，好在病得比较轻。此种程度的流感已经在全国弥漫。

我因为你在别墅里十分安全而觉得开心。那两个对你身体康复表示祝贺的先生，我提议元旦那天，将他们请过来，之后将他们锁在那个我们曾经欣赏晚霞的塔楼顶上。然后，你在下边看着，究竟是黑方还是红方能从塔顶的墙垛将他的敌人推下来。

首相致罗斯福总统　　　　　　　　　　　　　1944 年 1 月 1 日

听说你得了感冒，我非常担心。你曾经对我循循善诱的话，我衷心期望你能照做，请听麦金太尔医生的劝告，并以遵从的态度面对医务人员。

这座别墅十分不错。医生让我在这儿再待三周。天气尽管凉爽，但阳光十分明媚，厨师的手艺也的确很棒。我们经常去山里野餐。昨天晚上，艾森豪威尔在返国回去看你的路上，从这儿路过，和我们见了一面，我和他聊了很久。蒙哥马利因为回国途经此处，所以眼下也在这儿。在我看来，我们有个不错的团体，他们自然愿意通力协作。

塔顶的角力赛，我还没办法布置。相比于黑方，红方得到了更好的训练。

我献上的所有诚挚的新年祝福，敬请收下。今年我们不仅将迎来胜利，也将进一步开拓双方合作共赢之路。

代克莱米和萨拉向你问好。

＊　　　＊　　　＊

主要事项——有关安齐奥之战需要的登陆艇——虽然已经得到了解决，不过这些登陆艇怎么用，在与此相关的众多小问题上却引发了慎重的争论。

亚历山大将军致首相　　　　　　　　　　　　　1944 年 1 月 4 日

我自突尼斯回来时，曾和克拉克将军见过面，现在才回到这儿。眼下我因为已经发觉的一些情况，觉得十分担心，所以我只能请你帮忙。事实是这样的：完成最开始的登陆后，将所有的登陆艇送走，仅留六艘坦克登陆艇，这会让我们没办法将两个师的人及其必需的所有战斗配备送到岸上……在协同战斗上，我得到的经验是，以登陆为目的的初步突袭能够做到，可是战事能不能取胜，得看能否及时聚集远征军的所有战斗力，来和势必会发生的反扑进行对抗。以安齐奥之战为例，为了压制德国或许进行的反抗，登陆的军力起码要有两个师，可是，只要这两个师的人可以按时全都聚集在岸上，这个数，我们可以答应……我们甘愿扛起所有风险以实现我们的目标，可是这两个师的人要被德国大军围困，我们明显也无法丢下他们不进行援助，特别是在地中海地区，我们有充足的登陆艇能够进行援助的时候……克拉克和我坚信，除非我们无法拿到这一理想工具，否则，我们大获全胜的机会是很大的。我们需要的工具为登陆艇十四艘。这些舰艇在安齐奥登陆大军和第五集团军会和之前，将用来保持运输。另外，为了给这两个师运载大炮、坦克和其他援助性武器，好让它们实力强劲，在同等的背景下和德军战斗，于是，在登陆之后的十五天之内，还额外需要十艘登陆艇。就算这么做会对"铁砧"之战的筹备工作造成一定的损害，可是以它收获的战果而言，的确非常值得。

因此，我召集相关责任人到马拉喀什。在 1 月 7 日和 8 日开了两次会。比弗布鲁克勋爵、威尔逊将军、约翰·坎宁安海军上将、亚历山大将军、德弗斯将军、比德尔·史密斯将军等人出席了会议。鲍尔海军上校刚从伦敦回来，他在伦敦的时候，曾同三军参谋长澄清了有关登陆艇的许多错综复杂的问题，眼下，由于得到了上级将领的充分支持，所以对我们也给予同样的支持。8 日，我报告给罗斯福总统说：

在提议展开的行动上，我们两个国家的责任官员和三军将领在两次会谈后，达成了共识。参会人员都十分激动，并且人员、物资看上去也够用。在两次会谈中，小组委员会也就问题的所有层面进行了充分的磋商……我们预备将一支由两个师的军力组成的部队送到岸上发动突袭，接着派遣一支以另一个师的基本力量为基础的机动的攻击军队，将敌军的运输线切断。

只要没有突发状况，这点应该能够达成，并且和"霸王"或者"铁砧"之战的需求也没什么抵触，与此同时，还有足量的登陆艇让这些军队直至 2 月末都能得以保持。希望上天站在我们这边，天气状况不错。

威尔逊将军，今日正式出任地中海盟军最高指挥一职，已经对自己的下级将领发布了施行以上各条决议的命令，并且他也告知了联合参谋长委员会。

这一切计划的基础都是继续维持"霸王"之战在5月那个时间（X日）启动，不过，我个人始终觉得，以月亮的圆缺情况而言，6月3日（Y日）这个时间或许最妥当。艾森豪威尔将军途经马拉喀什的时候，我很高兴地获悉，他倾向这个解决方案，因为这能让他和蒙哥马利得到更加充足的时间，以当前的提议来安排筹备那支用来发动最初攻击的更庞大的军力。我已经给罗斯福总统发电报，就所有问题进行了说明，并希望他留意我们德黑兰会谈的协定。

首相致罗斯福总统　　　　　　　　　　　　　　1944年1月6日

5日早上，比德尔·史密斯和德弗斯经过此地。比德尔同我说，不管是他，还是蒙哥马利，全都觉得"霸王"之战最好以更大的军力和强度进行，别用我们在里维埃拉登陆时的那种规模，相比于我们在德黑兰会谈之前的想法，要更大。他说，这一主张，他准备告知艾森豪威尔和你们的三军参谋长们。我始终推断，在指挥官们亲自处理此事的时候，会对方案进行改动，可是作为日后决议的基础，这些改动还是非常有用的。相比于我们过去谈及的军力，我始终期望"霸王"之战最开始发动攻击的时候使用的军力会更加强悍，这你是清楚的。

在我看来，以我听说的情形而言，切实可行的最早时间有很大机会是6月月圆的那段时间。指挥官们若是觉得那个时候信心更足，我们为什么不能答应，我弄不明白。在德黑兰会谈中，三军参谋长们给出的意见是6月1日或再早一天，但你和我都同意将它更婉转地说成是"在5月"。5月5日，甚至是5月8日这种时间，我们在和约大叔会谈时，从没说起过，反而，一直同他说大概是20日前后。与此同时，我们无论何时都没说起，要在哪个特殊的日子让战事发展到哪个具体的阶段。我们若现在支持6月的时间，并将它视为最终结论，在我看来，不管从哪个角度讲，我们对他都是守信的。不管怎么样，战斗将于5月开启，最开始施行佯攻以及激烈的轰击。在我看来，约大叔是不会蛮不讲理，对四十八小时的时间锱铢必较的。

另一方面，约大叔6月再进行伟大的战斗，基础也会更加坚实。我们将发动更加猛烈的进攻，而取胜的机会也会更大一些。我正通过莱瑟斯向你建议，让北极运输舰队再跑一趟，你们若能供应船舰和物资，我们则能够提供护卫的船舰，事实上，我们已经达成了规定的数量。

在我看来，眼下还不用和约大叔说，不过几周之后，当艾森豪威尔将他的最终结果交给我们，我们自然得将整件事从头到尾地和他说清楚，包含我们对"铁砧"战斗计划的所有改动计划，及相关责任将领对我们主张的认同。

罗斯福总统在一周之后回复了这封重要的电文。我们并没有就电文里牵涉的真相进行讨论。他此时也拿到了整体的汇报，知道我们针对安齐奥之战会谈得到的结果，这些结果的基础都是在情况需要的时候，可以不改变给"霸王"之战设定的那个早一些的时间。

罗斯福总统致首相   1944年1月14日

我的理解是，在德黑兰的时候，我们曾经和约大叔说好，5月启动"霸王"之战，而且大致在相同的时间，以事实上能够集结得最大的军力于法国南部展开登陆以作支援，而他则答应预备让苏联部队同时在东线发起攻击。

在我看来，有关延迟此战的一切决断，当前我们都不应该下。除非责任将领艾森豪威尔和威尔逊已经有足够的机会对所有的可能性予以分析，并且以事实为基础写好了报告，否则，我们自然不该这么办，而且眼下也绝对不应该将此事告知约大叔。

在德黑兰发表的宣言，曾经得到了我们三个人的一致认可，现在和那时只不过才隔了一个多月的时间，所以在我看来，眼下争论此事将会对心理产生非常恶劣的影响。

16日，我回复说："看见我们的主张毫无二致，我非常开心。"

* * *

我在迦太基生病之后，到了马拉喀什，身体仍旧十分虚弱，一点精神都没有。我的画具都被送了过来，可是我用不了，并且近乎无法走路。就算天气十分晴朗，在阿特拉斯山山麓，下了汽车，跌跌撞撞地走到野餐的地方，走路的距离也只是在八十至一百码之间。一天二十四小时，我要在床上躺十八个小时。在我的记忆中，此时是我身体最疲惫和虚弱的时候。另一方面，让我在床上躺着休息的所有诱惑、劝诫、警告，还有在一定程度上，说强迫也不过分的手段，都以最让人无法招架的形式展现出来。把泰勒的别墅作为休养地非常棒，人们以舒适或者奢靡的享乐为目的提出的所有需求，都能在这里得到。我已经一点力气都没有了，可这里的休息条件却是最有诱惑力的，这是温和善良的主人提供的，莫兰勋爵、罗斯福总统和战时内阁也要求我享受。虽然是这样，可事情的发展仍旧无法避免地继续让我无法专心。

* * *

波兰之事在德黑兰会谈中占了很大的分量，促使我自迦太基给艾登发电。

首相致外交大臣　　　　　　　　　　　1943 年 12 月 20 日

　　在我看来，眼下你应当和波兰人就波兰的边界问题展开讨论，并说清楚这是按照我本人的意愿，并且我要不是暂时无法参会，肯定会亲自和他们谈。你应该讲我们拟定的模式和地图上在东边的大概划出的疆界，还有奥得河界线——包含奥伯雷区——全都同他们说。这会让他们得到一片十分辽阔的领土，不管是横向，还是纵向都有三四百英里，并且就算这条海岸线的起点只是在哥尼斯堡的西边，海岸线也超过了一百五十英里。波兰人自然应该明白，这些提议，都仅仅是试探性的，十分模糊，可是他们若使得这些提议无法达成，就太不明智了。就算他们拿不到利沃夫，我仍要说服他们答应这些提议，与此同时，在达成这一计划上，让他们应该对他们的英国和美国朋友给予绝对的信任。你应该和他们说明白，他们只要收下，并坚守奥得河以东的德国当前的领地，他们就为对苏联采取友好政策和对捷克斯洛伐克保持密切联系这一目标奠定了基础，如此，他们就为整个欧洲立了大功。与此同时，波兰民族或许还能借机重生，不管和之前的哪一次相比，这次的前途都更加光明绚丽。

　　这些意见，只要我们知道他们认可、接受了，我们就能和苏联人展开磋商，并想办法将这些事切实地确定下来。另一方面，这件事他们若一点都不考虑，我觉得英王陛下政府也没什么法子帮他们索求更多了。或许用不了几个月，苏联部队就会穿过波兰战线的边界，因此，让波兰政府得到苏联的善意认可，并且在此之前，针对有关战后边界的处理意见达成基本共识，看上去十分关键。我非常想知道他们会如何回应。

*　　*　　*

　　眼下，贝奈斯总统正在从莫斯科去伦敦的路上。就像本书每卷都显示出来的那样，我和他曾经来往过很长时间。我们应当没忘，他曾于 1936

年警告斯大林，苏联的亲德分子正在搞阴谋行动以反对斯大林，因此他曾经在此事上发挥了关键效用。[①] 不管怎样，他和苏联人都有着十分亲近和友善的关系。我请他在返国路上顺路来马拉喀什探望我。对于东欧的政治形势，他了解得非常透彻，所以，他的看法在有关波兰和苏联人将对如何对待波兰等事情上，非常重要。在出任捷克斯洛伐克外长和总统这二十余年的时间里，贝奈斯始终是法国诚挚的伙伴和西方国家的友人，而另一方面，他和斯大林也维持着特别的往来。在英国和法国舍弃了捷克斯洛伐克之后，里宾特洛甫和莫洛托夫在大战爆发前夕签订协议的时候，贝奈斯变成了一个十分孤独的人，过了很久，希特勒对苏联发起攻击，和苏联人紧密相连的命运，让贝奈斯再次得到了充分的认可。1938年，苏联原本完全可以为捷克斯洛伐克战斗。不管怎样，眼下这两个国家所承受的攻击，都同等残忍。

在明媚的阳光下，在马拉喀什别墅的花丛里，我和这位早已相熟的政治上的同事和老练的欧洲政治家聊天，让我觉得十分开心。我第一次遇见贝奈斯是在1918年，他当时正和伟大的马萨里克在一块儿。马萨里克建立了捷克斯洛伐克，因为对自己国家事业的忠诚，他的儿子失去了性命。现在，贝奈斯当然是非常乐观的。

我将我们谈话的过程告诉了罗斯福总统，内容如下：

1944年1月6日

贝奈斯来了这里，对于苏联的形势，他十分看好。因为长久以来，他始终被苏联人信赖，所以在让波兰人通情达理和苏联人达成和解这件事上，他或许能帮上大忙。他拿了一幅全新的地图过来，斯大林用铅笔画的分界线就在上边，显示东边疆界自哥尼斯堡起，直至"寇松

---

① 参阅第一卷，第258页。——原注

线"；在北部，波兰人能得到沃姆惹和比亚威斯托克，不过伦贝格（利沃夫）并没有在南部的顶端出现。而他们西部的疆界，斯大林表示用奥得河线，奥伯雷的很大一块也在其中。这就让波兰人获得了一个非常棒的、面积超过三百平方英里的居住区，至于海岸线，顺着波罗的海长达二百五十英里。我回国后，会马上想方设法让波兰政府答应这个计划或者相似的计划。他们若答应这么做就一定要声明，他们准备接受一个这样的责任——为了防范德国人再次攻打苏联，他们将坚守奥得河的外线，并且他们还将尽全力促使这个解决方案的达成。欧洲的各个大国救了他们两次，所以他们对它们有这个责任。此事，我若能在2月初做好，那么，他们再让人去拜会你，此事，就能解决了。

对于贝奈斯，苏联人十分关照，让他恢复了慕尼黑之前的疆界，仅有北边的山区的某些顶峰，因为军事理由，稍微有些改动，另外，在东边有一小块领地和苏联接壤。

此次是我和贝奈斯总统的最后一次相见，我需要表达我对他的敬重。我的思想和目的，始终都在赞成为西方文明奠基的主要原则，而且忠实于他的祖国的事业。在国家领袖的位置上，他已经做了二十余年。在行政和外交事宜上，他是个卓异的人才。他清楚怎样用耐心和坚韧来承受长时间的艰难境遇。他输在，在最重要的时候，没能果断行事，以致他个人和他的国家严重受创。他有太多的外交经验，与此同时，一年年累积的政治敏锐性太强，导致他反而无法抓准对获胜或者消亡破釜沉舟的机会。在慕尼黑时期，因为希特勒那时还需要花费很长时间布置他的部队和装甲车，所以，他若命令开火，第二次世界大战开始的时机原本或许会对希特勒更加不利。

*　　*　　*

佩鲁东、布瓦松和福朗丹于12月被"自由法国"的责任人抓获，尽管我们和戴高乐将军因为这件事弄得十分不愉快，不过我仍决定想办法在返国之前，和他重新确立友好的关系。在元旦，我邀他1月3日来我的别墅一起吃晚饭，并且住在这儿。我说："我们一直觉得有必要谈一谈，如此，我们就抓到机会了。我的妻子也在此地，戴高乐夫人若愿意同你一块儿过来，我和我的妻子会觉得十分开心。"戴高乐将军显然认为时间过分仓促。我原本应该清楚，除了法国的官府，他在北非这段时间，并不愿意去其他地方住。他推辞说，他尚有不少其他邀约。因此我搁置了此事。不过之后我得到消息，他将于1月12日抵达马拉喀什，于是我邀他那天共进午餐，他表示同意。达夫·库伯先生和黛安娜夫人、比弗布鲁克勋爵、我国驻当地的大使奈恩先生夫妇也成了我们的客人。戴高乐将军到了，兴致高昂，他用英语和我的妻子寒暄，在餐桌上，也是总在说英语。投桃报李，于是我说法语。

用过午餐，夫人们外出购物，我、戴高乐，还有别的先生们留在花园长谈。我有不少难题要和他商量，我觉得我若是说法语，或许能让这些难题变得没那么沉重。事后，奈恩先生曾经写过一些回忆，在记录里，他说："我听到丘吉尔先生用英语，以一种能让别人听得非常清楚的语调，在达夫·库伯先生耳边说：'我的法语说得很好，对吧？戴高乐将军的英语说得非常流利，所以我的法语，他绝对能听明白。'听见此话，由戴高乐将军起头，大家哄堂大笑。首相接着用法语讲话，十分敏感的戴高乐将军则打消了所有疑心，以一种友善的协作的态度主动认可了丘吉尔先生的评论。"

评论的领域宽广且严肃。他为什么要打击落到他的地盘里的法国名人？他不清楚他在美国惹了多大的麻烦吗？罗斯福总统有多生他的气？美国的支援和他对我们的友善的姿态，对我们来说有多重要？他为什么要制造种种矛盾，让他自身的工作变得如此复杂？既然他的存活离不开这些大国政府的支持，他为什么老是故意惹这些政府生气？除此，还有一件小事：考虑到解决事情的简易性，我特意从法国请了乔治将军过来，他因为什么驱逐乔治将军出委员会？此时戴高乐说，他已经邀请乔治将军出任退伍军人委员会名誉主席。我问他，回答如何？他说："我什么回复都没收到。"我说这很正常。戴高乐真的有这个工作让人去做吗？不过，所有事都愉快地完结了，最终戴高乐将军建议说，次日清晨有个特地为我举办的阅兵仪式，邀我参加，我高兴地接受了此次邀约。因此，第二天，戴高乐和我就站到了一个小的阅兵台上，对从我们跟前走过的大量法国和摩洛哥军队进行检阅。在这一绿洲上的民众的欢呼声里，此次阅兵仪式进行了一小时。

＊　　＊　　＊

由于德黑兰会议而出现的另一个问题，也引发了不少麻烦。斯大林曾经如何提出分得部分意大利舰队的要求，我们已经看见了。对于罗斯福总统，大家有这种印象：在会谈中，他自己曾经说了三分之一这个数。这种说法，英国的三军参谋长们觉得不合适，他们通常以别的依据来同他们的苏联同事协商。因为自己说了"三分之一"这个数，罗斯福总统也忧心忡忡，所以十分坦诚地对我讲明了所有情况。

罗斯福总统致首相 　　　　　　　　　　　　　　　1944 年 1 月 9 日

我曾经和你说过，我们对苏联的 2 月 1 日将意大利船舰交接给它的承诺，哈里曼想要知道，我们将采取哪些措施予以践行，如此，当他被问及此事的时候，就能和莫洛托夫进行协商了。我同他说，我的想法是，为补充苏联的战斗能力，将斩获的意大利船舰分给它三成，并且自 2 月 1 日开始，会尽快对可能分过去的船舰进行交接。

之后，哈里曼提醒我说，在德黑兰会谈中，斯大林提的条件仅仅是在重复苏联起初在 10 月莫斯科会谈中所提的条件（也就是预备用在苏联北面沿海的一艘战列舰、一艘巡洋舰、八艘驱逐舰、四艘潜艇，预备用在黑海的商船四万吨），莫斯科也好，德黑兰也罢，均不曾说起苏联人想得到另外的船舰，让总量变成被缴船舰的三成。所以哈里曼觉得，12月21日我给他发的电文，仅仅是想将情况告诉他，因此，有关三成的事，他没和莫洛托夫探讨。

哈里曼也着重指出，践行我们有关交接这些船舰的承诺至关重要。他认为，我们若不践行承诺，或者采用拖延的手段，只会让斯大林及其同事们心生猜忌——我们在德黑兰扛起的其他职责，我们是不是会坚定不移地完成。

另一方面，对于此种交接，三军参谋长们却就这种行为说了不少不同看法，它的基础就是，在发起战事的筹备方面或许会造成的影响。他们怕意大利的海军和陆军会因为这种行为而不再同我们协作，与此同时，我们将用在"铁砧"和"霸王"之战的不少重要船舰，或许会被他们凿沉或毁坏。他们推断，由于这些船舰眼下极不适合航行在北方的洋面上，黑海又没向商船敞开，所以这种行为并不会切实有利于当前苏联的战斗能力。

修正后的协议（负责协商的是海军上将坎宁安）里的某些条款规定，盟国在自觉合理的情形下，有权处置任意一部分或者所有的意大利船舰，这十分明智。关键是，我们应该得到我们的盟国的信赖，并予以保持，而且我觉得为了找到能在2月1日前后起，将苏联提出的意大利舰船和他们进行交接的解决方案，我们应该做出所有切实努力。

我们若是对斯大林讲明此事，我们的参谋长们觉得或许会对"霸王"和"铁砧"之战造成影响，并且建议将时间延后，直至"霸王"和"铁砧"之战启动之后，再和他对意大利船舰进行交接，你觉得这么做明智吗？考虑到眼下英国是地中海战场的负责人，与此同时，我非常想知道你的意思，以便我们能在准备展开的行动上彻底达成共识。我们之中，无论哪方在这件事上都显然无法独自展开行动，不过，我觉得这点你是不会反对的，即对斯大林的承诺，我们应当遵守。

这份电文的意思有些模糊。我们在 10 月的协议里提及的舰只，我同意，但"三分之一"这种较为粗略的用词，我不赞成，于是，我回复说：

首相致罗斯福总统　　　　　　　　　　　　　　1944 年 1 月 9 日

　　我绝对赞成你的看法——在船舰之事上，我们应该对斯大林守信。对于此事，我一周以来始终在和艾登进行函件沟通，并且期望不超过一两天就能交一份建议给你，好让我们两个发联名电文过去。

　　大西洋两岸的三军参谋长们的意思，我个人是绝对支持的。由于这些船舰曾果断开向马耳他岛，主动任由我们处置，所以，在我看来，对于意大利和盟国之间的协作而言，马上对这些意大利船舰进行交接将导致十分不利结果。1943 年全年，我的目标除了让意大利投降，还想让它在开战上，在日后处理欧洲问题上，都能和我们站在一处。所以，我准备敦促战时内阁和海军部让英国付出巨大代价为苏联提供些英国船舰，而不是在当前这个时候刺痛意大利人的心。因为我认为，眼下刺痛意大利人会给将来带来恶果。我国内部信件来往频密，知道国内的我的同事和三军参谋长们完全支持我的看法，我的确十分开心。美国因为扛起了太平洋战争的所有重负，所以我们不能期望他们给予极大的牺牲。另一方面，此时我们不管是在地中海，还是因为将"沙恩霍斯特"号打沉而在国内和北极海面，都拥有强悍的海军实力。我和国内的友人们达成共识之后，马上告诉总统如下建议：

首相致罗斯福总统　　　　　　　　　　　　　　1944 年 1 月 16 日

　　1. 我记得十分清楚，"三分之一"这个数，德黑兰的时候绝对没说，仅仅是答应接受莫斯科会谈时苏联人开出的条件，给他们一艘战列舰、一艘巡洋舰、八艘驱逐舰、四艘潜艇和四万吨的商船。

2. 另一方面，三军参谋长们说的主要难题也不是假的。我觉得斯大林只要感受到了我们的目的和诚心，让我们以最完满和最快的形式解决此事的机会还是很大的。

3. 因此，我提议现在我们将如下实情联名告诉他。

（1）……联合三军参谋长委员会……认为，现在若切实进行交接，或者告诉意大利人这件事，我们三个国家的利益都会受到影响。可是，在认真考虑之后，你还是觉得我们应该接着执行，为了做好必需的布置，我们会和巴多格里奥秘密协商……这些部署所依照的方针必定是，让选好的意大利船舰开赴合适的盟国口岸，之后交给苏联船员，由于眼下只有苏联北方的口岸是开放的，并且所有必需的装配都得在那儿进行，所以要开到那儿去。

（2）可是，这种行为的风险有多高，我们是非常清楚的，所以决定给出如下变通办法：

近日，英国的"皇家君主"号战列舰已经在美国重新完成装配。它装有可供各种大炮使用的雷达。英国尚有一艘巡洋舰可用。英王陛下政府这边接受，2月，在英国港口将这些船舰交给苏联船员，由他们开去苏联北部口岸。之后，你们可以对其进行一些必要的改造，以和北极的环境相协调。暂时来说，这些船舰可以当作租借交给苏联政府，并且挂苏联国旗，直至能够在不危及武装行动的情形下，将意大利船舰交给苏联时结束。

我们和土耳其人的关系，若因为事情的发展而得到改善，并且达达尼尔海峡可以开放，若有需要，让这些船舰在黑海上航行也是可以的。这个变通办法，我们期望你们可以非常认真地研究一下，在我们看来，这个办法从任何层面来讲，都远好于第一个提议。

4. 你们若能提供巡洋舰，且用不着我们想办法，那我们的压力就没那么大了。有关八艘驱逐舰的事，我们无计可施，或许这个条件你们能办到。否则，我们就只能说，我们绝对没办法在"霸王"和"铁砧"之战启动之前提供了。而商船四万吨，我觉得这些条件或许你们能做到，因为你们有很多储备，并且船舶沉没的状况也得到了极大的改善。

5. 这一切可能，亲爱的朋友，望你予以考虑，并告诉我你是怎么想的。我认为，这种豪爽的提议会让斯大林生出好感。无论如何，这代表了我们的信誉和友善。我怀疑我们同他说了这个变通办法之后，他仍会坚持在时机不佳的情形下提出意大利船舰的事，但是我们总算采取了正确的行动。

*   *   *

罗斯福总统接受了这个变通办法。美国人负责提供一艘巡洋舰。于是我们就按照我所建议的方式，在1月23日，由罗斯福总统和我联名发出电报，将整个问题基本上按照我的建议提交斯大林。我们后来收到了斯大林的复电，内容如下：

斯大林元帅致首相和罗斯福总统   1944年1月29日

首相先生和总统先生，你们二位联合署名的有关交给意大利船舰供苏联使用的电文，我已经于1月23日接到了。

我不得不说，关于1944年1月和苏联交接意大利船舰之事，我自从在德黑兰说完，并得到你们一致认可之后，我就觉得这件事已经处理好了，而且从没想过，之后还得对我们三个已经一致给出，且得到认可的决议进行再次协商。与此同时，由于那时我们均认为，此事唯一要做的就是和意大利人说好，于是，我更觉得毫无问题了。如今我才知道，事情并不是这样，这件事连说都没和意大利人说。

从英国口岸派出"皇家君主"号战列舰和一艘巡洋舰开赴苏联，暂时交由苏联海军最高指挥部使用，直到适当的意大利船舰能够移交给苏联时为止，为防此事越来越复杂（这在我们一致反对德国人的战斗里是至关重要的），你们的这一建议，苏联政府准备接受。同样的，供我们使用的那四万吨商船，我们也准备自美国和英国手中获得，直至我们拿到同等吨位的意大利船舰为止。这件事不应该有延误，以上所有船舰请于2月交给我们，这点至关重要。

在1月末将意大利的八艘驱逐舰和四艘潜艇与苏联进行交接这件事，你们的复电中为什么没说呢？此项交接，首相先生和总统先生你们二人可是已经答应过了。眼下，驱逐舰和潜艇之事对苏联至关重要，少了驱逐舰和潜艇，光交接一艘战列舰和一艘巡洋舰是没用的。你们自身也非常明白，巡洋舰和战列舰要是没有驱逐舰护航，全都束手无策。既然你们现在掌控了意大利所有的舰队，想践行德黑兰决议，调八艘驱逐舰、四艘潜艇给苏联用，难度应该不大。我也同意以相同数量的英美驱逐舰和潜艇来替换意大利驱逐舰和潜艇，供苏联使用。另外，对驱逐舰和潜艇进行交接的事也得尽快，一定要和交接战列舰和巡洋舰的事同时处理，此事，我们在德黑兰已经详细确定过了。

虽然我们和苏联盟国互通了很多信函，并且里面有一部分内容还让人有些恼火，不过此事最终仍按照我们期望的那般处理了。"皇家君主"号和美国巡洋舰按照原本的提议与苏联进行了交接。至于驱逐舰的交接，势必只能拖到"霸王"之战结束后才能实现。从我们的现代化潜艇中，海军部以借用的形式给他们拨了四艘。就像大家知道的，战后苏联人非常守信，将这些舰艇还给我们了，之后我们也部署妥当，遵照所有相关方面都认可的方式，对意大利舰队中的部分船舰和苏联进行了交接。

*　　*　　*

这个讨人喜欢的疗养地，尽管我非常想在这儿再养两周，并且大家也尽量劝我这么做，可是我仍决定在突击安齐奥之前回国。1月14日，天气状况非常不错，我坐飞机飞往直布罗陀，在那儿，"英王乔治五世"号正在等我。那天下午，我到得非常早，再度前往女修道院。① 已经受命地中海最高指挥官一职的威尔逊将军和海军总司令约翰·坎宁安海军上将，均从阿尔及尔飞到了那儿。针对大家一起奋斗的重大武装行为，我们展开了急切且十分积极的讨论。与我们同行的其他人已经上了"英王乔治五世"号，我和他们于 15 日顺利会合。这艘军舰从阿尔赫西拉斯湾起航，驶进了茫茫的大西洋，之后驶向普利茅斯。战时内阁阁员和三军参谋长们在此次舒适的航程结束后，对我们进行了欢迎，看见我回来，他们的确非常开心。我已经离开英国超过了两个月的时间，因为我生病和我的行程，他们时常忧心焦虑。现在实实在在地回到了家里。对于这所有的忠诚可信的友人和同僚们，我都万分感激。

---

① 第四卷，第 728 页可见。——原注

第九章　铁托元帅和南斯拉夫

米海洛维奇与铁托——巴尔干半岛战役的关键价值——迪金和麦克莱恩的使团——游击队实力在意大利投降后的发展——1943 年 10 月 23 日我致电罗斯福——米海洛维奇与铁托之间的激烈争执——我们方针的三要素——伦道夫加入麦克莱恩使节团——彼得国王的困境——1944 年 1 月 8 日我写信给铁托——他的回复——保持信件往来——我们将联系人从米海洛维奇那边撤走——1944 年 2 月 22 日我给议会的报告——彼得国王解散布里奇政府

　　有一件残酷而黑暗的事，在这本书之前的重点叙述中不曾涉及，现在读者们得回忆一下了。1941 年 4 月希特勒攻陷、夺取南斯拉夫之后，将那里变成了一个恐怖事件的制造厂。生机勃勃的南斯拉夫小国王率领曾公开抵抗德国入侵的保罗亲王的臣属们和其他政府官员到英国避难。激烈的游击战再次在南斯拉夫山区出现，塞尔维亚人已经用这种游击战和土耳其人抗争了好几个世纪了。米海洛维奇将军作为游击战的重要人物，身边聚集了不少活下来的南斯拉夫的社会要人。不过他们的抗争在世界事务的浪潮中很少被人留意到。他们遭遇的境况是"人类的重大灾难"之一。米海洛维奇的很多追随者都是知名人士，他们在塞尔维亚有亲人朋友，而在别处又有财产和人脉，这让游击队的领袖米海洛维奇严重受创。德军动用了一种恶毒的恐吓策略。为了报复游击队的行为，在贝尔格莱德，它一批一批地对精英进行枪决，一批多达四五百人。米海洛维奇因此种压力，慢慢转变了立场；他手下的部分将领与德国和意大利部队约定：只要德意两国答应让他们留在山区，保证他们安全，他们便减少或根本不进行任何敌对活动。米海洛维奇的名誉或许会遭到那些饱受严酷考验活下来的人的羞辱，可是历史却更为公正，所以他的名字不会从塞尔维亚爱国者的名录上抹除。塞尔维亚人对德国恐怖活动的反抗到1941年秋天，已经名不副实了。这个民族的斗争想维持下去，唯一能够仰仗的就是一般民众天性中的无畏精神，不过，这种精神并不稀缺。

为了民族的生命，为了抗击德国人，在游击队员中烧起了一场凶狠猛烈的战争之火。铁托身处游击队员的最前面，很快，这个出色的人物就获得了支配地位。铁托（他如此称呼自己）是一个曾受过苏联训练的共产主义者。他的共产主义理论和他为救祖国脱困而引发的灼热的情感在他的心中合二为一之后，他变成了一个领导者；他的追随者是一群一无所有、不怕牺牲的人，他们无时无刻不在为舍弃生命做准备，就算死也要拉着敌人一起死。德国部队因此遭遇了一个无法凭借大量杀害要人或者名人就能解决的麻烦。和他们对战的人什么都不怕，对于这些人，除了消灭，任何办法都没用。铁托带领这些游击队员从德国大军手里抢军火。他们的部队发展得非常快。他们的行动，德国部队不管对人质或者村落采取多残忍的报复活动都遏制不了。对他们而言，要么丢掉性命，要么赢得自由。很快，他们让德国军队遭受重创，并且拿下了辽阔的地域。

那些消极抵抗，或者为了得到赦免的特权而和敌人勾连的南斯拉夫人，游击队势必会与之发生重大矛盾。不管"采特尼克斯"（米海洛维奇的下属，大家是这么称呼他们的）和敌人签订什么协议，游击队都会蓄意破坏。于是，德军将"采特尼克斯"的人质枪毙了，为了复仇，"采特尼克斯"

就将游击队行动的消息透露给了德军。在荒山野岭间，这一情况时常发生，并且阻止不了。这是惨剧里的惨剧。

*　　*　　*

在专注进行其他工作的时候，我也尽量会关注这些变故。除了用飞机扔一些救援物资下去，我们也帮不上其他忙了。控制这一战场的所有军事活动的是我们位于中东的本部，为了和米海洛维奇的下属保持联络，还设立了一个情报人员和联络员的机构。1943年夏，在我们打进西西里岛和意大利的时候，我始终牵挂着巴尔干半岛国家，特别是南斯拉夫。我们派到那儿的人直到此时，还只是和米海洛维奇所在的军队联络，它们是反抗德军的正式机构和在开罗的南斯拉夫政府的代表。我们在1943年5月启动了新的方针，决议派少量英国将领和战士去和南斯拉夫的游击队取得联系，虽然游击队和"采特尼克斯"之间正在展开"激战"，身为共产主义者的铁托，除了抗击德国侵略部队，还抗击着塞尔维亚帝国和米海洛维奇。迪金上尉（曾经出任牛津大学特别研究员，还在战场上帮我进行了长达5年的写作）于5月末空降开罗，之后设立了一个和铁托来往的使团。英国派过去的其他人员随后抵达，到6月，已经搜集了不少证据。6月6日，三军参谋长汇报说："按照陆军部得到的情况，'采特尼克斯'明显已经向黑塞哥维那和门的内哥罗的轴心部队彻底妥协，近日，在后面的那个地区里进行的战斗，组织良好的游击队击败了轴心国大军，而非'采特尼克斯'。"

快到月末的时候，我留意到怎样借助在南斯拉夫展开的针对轴心国部队的地方性抗争得到最佳战果。在搜集了所有信息之后，6月23日，在唐宁街，我召集了一次三军参谋长大会。在讨论中，我对尽全力援助南斯拉夫抵抗轴心国大军的至关重要的价值——这一行动绊住了大概三十三个轴心师——进行了着重说明。此事非常关键，所以我下令：一定要增加对南斯拉夫的支援，其中包括追加少量飞机，如果有需要，缩减对德国的轰击和反潜艇战也行。

我们登陆西西里岛的前夕，也就是 7 月 7 日，我让亚历山大将军留意下列事件。

首相致亚历山大将军　　　　　　　　　　　　　　1943 年 7 月 7 日

　　近来，在南斯拉夫发生的激战，在希腊广泛出现的怠工和游击战，我猜你已经知道了。阿尔巴尼亚也应当变成一个很有前途的地方。在这一切行动的发展中，英国只是用飞机投了非常有限的救援物资予以支援。我们若能掌控亚得里亚海的出口，让几艘船开进达尔马提亚或希腊的码头就行，全部的巴尔干半岛的西边或许就能被战争之火点燃，并带来很大的影响。可是，这一切正是我们在其他地方正孜孜以求的目标。

　　两周之后，在如下重要电文里，针对意大利和巴尔干这两个战场之间的重大联系，我陈述了自己的看法：

首相致亚历山大将军　　　　　　　　　　　　　　1943 年 7 月 22 日

　　8 月 15 日之前，我将带参谋们去加拿大和罗斯福总统见面。所以，我们所有人再相聚时，西西里岛的敌军很有可能已被剿灭

　　我让一个将领转交一份报告给你。这份报告，我已经梳理好了，它详尽地记述了铁托的游击队员在波斯尼亚展开的非同一般的反抗活动，还有米海洛维奇在塞尔维亚展开的强劲冷血的行动。游击队的抵抗行动发生在阿尔巴尼亚，近期在希腊也有。德国部队不仅派师支援巴尔干半岛，还持续增加那些师的质量和机动性，与此同时，也在强化那里的意大利部队。这些部队，敌军无法拿出来用在其他地方；如果意大利瓦解，这种压力，就算是德国部队自己也扛不起来。在巴尔干半岛那边，将得到巨大的战果。

夺取罗马这个目标高于其他一切目标，等拿下罗马，预计巴尔干半岛也会随之解放，届时我们将获取预期的所有好处……意大利的瓦解和意大利瓦解对德国其他卫星国造成的影响，还有因此产生的德国彻底被孤立——这一切，不难预料将在欧洲引发关键性的成果，特别是念及苏联大军展现出的强悍实力。

这份电报将我所有的想法都告诉你了，我坚信，这和三军参谋长们的看法并不矛盾。

*　　*　　*

在巴尔干半岛展开的行动，我决定在自己动身去魁北克之前，进一步为其扫清障碍，我派一个高级将领带一支规模稍大的使团和战区的游击队联系，针对我们将来对游击队展开的行动，授予他直接向我汇报的权力。

首相致外交大臣　　　　　　　　　　　　　　1943 年 7 月 28 日

菲茨罗伊·麦克莱恩先生（下院议员）这个人天性勇敢，他不但拥有议员的身份，还在外交部磨炼过。他将到南斯拉夫去和铁托一起工作。按照我们的想法，以后会派一个准将去当指挥官。在我看来，应当尽可能地支援麦克莱恩，让他出任正在商定的任何使团的团长，并且派一个听命于他的出色的陆军参谋。为了和这些坚毅、持续遇袭的游击队员携手，我们得找一个兼具大使和领袖才能的勇敢的人。

1943 年 9 月，这个使团在南斯拉夫用降落伞落地之后，发觉那里的局势已经得到了彻底的改善。南斯拉夫没有别的渠道，只从政府的广播电台听说了意大利投降的消息。虽然我们之前完全没有告知，可铁托的行动却迅疾、有力。不过数周，游击队就抓获了六个意大利师，还有两个师向游击队投降，和游击队一块儿攻打德国军队。现在，南斯拉夫人借助意大利的武器可以实现对八万余人进行武装，而且眼下能夺取亚得里亚海岸线的大多数区域。如今，我们获得了不错的机会，可以让我们在亚得里亚海那边和意大利战场有联系的战地变多。目前，南斯拉夫游击队的总人数是二十万人，尽管基本是游击战，不过眼下已经采用了普遍战斗的形式来和那些以越来越凶恶的行动进行报复的德国部队对抗。

南斯拉夫的这种越来越激烈的战斗所造成的结果就是，铁托和米海洛维奇之间的矛盾越来越大。南斯拉夫君主政体和流亡政府的最终地位之事，因为铁托武装力量的持续增强，而显得越发明显。

在战争结束以前，在伦敦以及南斯拉夫国内曾进行过真诚而持久的努力，企图在双方之间达成一项可能实行的妥协。此事，我原本期望苏联人能从中说和。艾登先生在1943年10月出访莫斯科的时候，曾经将南斯拉夫之事写进了会议议程。10月23日，他在会谈里坦诚且公正地陈述了我们的立场，期望针对南斯拉夫问题，能议定一个盟国的共同方针，可是无论是互通消息，还是探讨行动方案，苏联都没什么意愿。

就算很多周之后，我发现在南斯拉夫的敌对党派之间，一切可能推行的协议，几乎都无法达成。

前海军人员致罗斯福总统　　　　　　　　　　　1943 年 10 月 23 日

虽然在南斯拉夫的铁托和米海洛维奇之间的冲突、希腊的游击队之间的矛盾让人心烦，可是敌人仍因巴尔干半岛的局势而感到芒刺在背……在长九百英里、宽大概在三百英里的广阔的山区中，分散着我们英国大概八十个独立派遣队，受威尔逊将军统领，和游击队及爱国军队展开协作。我们派到那儿的那些准将级别的军人非常精干，不少人已经在那待了两年……

交战带有最残忍的血腥气，德国佬再次发起疯狂的报复和处决人质，不过敌人也同样损失惨重。眼下，在这个战区使用的军力，在二十五个德国师和八个保加利亚师之上，不过除了主要城市，还无法

掌控别的地方，并且铁路运输的畅通也越来越难以保持。希腊方面的
争斗，我们期望很快就能调节好，不过，铁托的游击队与米海洛维奇
的塞尔维亚人间的矛盾却是根深蒂固的。

我推断前路渺茫，事实证明确实如此。11月末，在波斯尼亚的亚伊策，
铁托针对自己统领的运动，举办了一场政治代表大会，除设立了一个临时
政府"代表南斯拉夫民族的唯一权力"，还公开否认身处开罗的南斯拉夫
王国政府的所有权限。除非国家解放，否则禁止南斯拉夫国王返国。毫无
疑问，游击队已经将自己变成了南斯拉夫抵抗入侵的主要力量，在意大利
投降之后，这种情况更加明显。不过，现在情况是被侵占、存在内部战争，
以及政府流亡国外，所以关键的事情应当是：在南斯拉夫将来的政权上，
切忌采用无药可救的政治决断。悲情人物米海洛维奇已经成了主要的障碍。
因为我们一定要和游击队保持紧密的军事往来，于是劝南斯拉夫国王将米
海洛维奇从陆军大臣的职位上罢免了。我们在12月初终止了对米海洛维
奇的正式援助，并且调回了在他的控制区活动的英国使团。

* * *

德黑兰会谈时，南斯拉夫之事就是按照以上情况分析的。尽管三个盟
国决议尽全力支持游击队，可是斯大林却觉得，在战争中，南斯拉夫并不
具备首要价值，就连我们计算的轴心国在巴尔干半岛驻扎的师的数量，苏
联人也并不相信，不过，因为艾登先生的劝说，苏联政府答应派使团去铁
托那儿。至于和米海洛维奇的联系，他们也想继续保持。

自德黑兰回到开罗之后，我和南斯拉夫国王彼得见了一面，将游击运
动的实力和重大价值告诉了他，还说，他或许得将米海洛维奇从内阁罢免，
南斯拉夫国王回国的指望只有一个，在我们的说和下，在游击队深入掌控
国家之前，尽快和铁托签一个临时协定。苏联人也表示他们将努力让某种
让步可以达成。艾登先生于12月21日收到了苏联大使的如下信函：

苏联政府知道，眼下两方——一方是铁托元帅和南斯拉夫民族解放委员会，一方是南斯拉夫国王彼得和他的政府——之间的关系十分僵硬。两方彼此进攻和猛烈抨击，特别是近来发生的种种状况，造成了明目张胆的对抗活动，以致损害了解放南斯拉夫的战斗事业。英国政府认为，必须尽量寻找两方合作的基础，以保证南斯拉夫民众抵抗德国入侵者的利益，苏联政府觉得很对。苏联政府清楚，想完成此项工作难度极大，不过为了整合南斯拉夫人民的一切力量保证盟国共同事业的权益，准备尽全力寻求双方的妥协。

到底应该用什么政策来应对此种不利的局势，我得到的意见几乎一模一样。曾经和铁托共过事的将领，还有被派往米海洛维奇那边驻守的使团责任将领，给出的意见近乎相同。史蒂文森先生——驻南斯拉夫王国政府的英国大使，也这么看。他于 12 月 25 日发电外交部，说："我们的方针必须以三个新的要素为基础：在南斯拉夫掌权的将是游击队员。我们必须让政府听命于军事，竭尽所能地支援他们，因为在军事上他们对我们极为有用。这个君主政权，我们还能将其视为统一南斯拉夫的要素吗？可能性微乎其微。"

＊　　　＊　　　＊

在马拉喀什生病时，南斯拉夫危机让我非常担心。在开罗的时候，曾经和我一道的麦克莱恩，此时正准备返回南斯拉夫。他期望我的儿子能和他同行，因此我们安排伦道夫空降南斯拉夫，加入英国代表团。

首相致外交大臣　　　　　　　　　　　　　　　1943 年 12 月 29 日

眼下伦道夫正等着空降南斯拉夫。他于 12 月 25 日，留下如下备忘录给我。我觉得主张行得通，基本上能显露我的看法。他不日就会动身。

1. 三周之前，在开罗时，麦克莱恩和迪金的如下论调——罢免米海洛维奇将军的职责是在南斯拉夫启用一切有力政治活动的前提——史蒂文森并没有驳斥的打算。但现在由于南斯拉夫国王的拖延，使得我们在政治上无法获益，只能在军事上获益。

2. 在开罗的时候，麦克莱恩强调说，南斯拉夫国王罢免米海洛维奇是什么好处都得不到的，不过，这种态度或许能制造某种对国家的未来有益的氛围。尽管此种看法有失偏颇，有一定局限性，但在如今看来仍然没错。

3. 因此，如下两条，的确应当达成：（1）英王陛下政府马上否认米海洛维奇，若可以，请南斯拉夫国王彼得将其罢免。（2）麦克莱恩马上返回铁托本部，尽量实现如下两点：一点是，在此种形势下，得到军事上的最大利益；另一点是，就南斯拉夫国王因罢免米海洛维奇引发的新形势而获得的好处进行调研。

我表达了我自己的观点，同时草拟了一封给铁托的复信。

首相致外交大臣   1943 年 12 月 30 日

以罢免米海洛维奇为条件，让铁托承认彼得国王，眼下是实现不了的。只要将米海洛维奇罢免，国王就能得到更好的机会，至于我们，则可以在铁托本部为国王申辩。我记起在开罗时，我们已经达成了共识，请彼得于今年年末之前罢免米海洛维奇。不管是迪金和麦克莱恩阐述的种种情形，还是我得到的所有汇报，都显示他曾经频繁地和德国军队勾结。因此，在国王（而不是我们）罢免他的职务前，铁托和国王是不可能和谐共处的。

如下电文我应不应该发，或者只表示友情方面的感谢，你是怎么看的，望告知。若按后者做，我担心会失掉一个同这位重要人物结交的绝佳机会。

这封私人信件，我希望美国和斯大林那边不会知道，并且那么做免不了会耽误时间。你要是觉得可以，我打算将其作为函件通过空运让身处巴里的麦克莱恩代为转呈。今天，他和伦道夫将会空降南斯拉夫。请告诉我，你将以什么样的方式和米海洛维奇断绝往来，另外请国王也照做。在我看来，彼得除此再无机会了。

1 月 2 日，我又致电外交大臣说：

我已确信我所认识的且信赖的人的议论：米海洛维奇是一块粗粝的石头，绑在小国王的脖子上，年幼的国王若不将其赶走，就毫无机会。这种说法我深信不疑。

外交大臣并无异议，我于是致信铁托。此前铁托曾向我表示祝贺，恭贺我身体康复。

我非常感激你以及南斯拉夫勇敢的爱国者们和游击队对我身体的诚挚问候。你们的英勇事迹，我都从我的朋友迪金少校那边了解到了。借助海路供给、航空支援，还有派远征军帮你们在岛上战斗等举措，为你们所有人提供人力可及的帮助，是我最诚挚的心愿。我还有个朋友，麦克莱恩准将，是下院里的一个同事。很快，我的儿子伦道夫·丘吉尔少校将会和他一块儿去你们的本部做事。他也是个议员。

我们眼下的首要任务便是将纳粹——法西斯这一邪恶势力从欧洲的土地上彻底清除。对于南斯拉夫日后的政府之事，我们英国人并不会独断专行，这你可以放心。与此同时，我们期望尽可能凝聚所有力量以打败一致的敌人，等此事达成之后，再按照人民的意愿确定南斯拉夫未来政府的形式。

英国政府已经决定停止为米海洛维奇提供任何军事支援，只为你提供支援。南斯拉夫王国政府若罢免米海洛维奇的一切职务，我们会觉得欣喜。不过国王彼得二世年少时脱离摄政王保罗亲王的魔掌，以南斯拉夫的代表和落难的年轻王子的身份到了我们这儿，如果对他置之不理，这种行为对大不列颠而言，那未免太不仗义。我们不能要求他切断和自己的国家已有的所有往来。所以我希望你能体谅，无论何时，我们都会和他保持正式的关系，与此同时又为你提供所有力所能及的军事支援。我也希望你们两方能够放下争端，因为这只会让德军获利。

这你不用怀疑：在工作中，我将和我的朋友——斯大林元帅和罗斯福总统保持最亲密的往来；我非常期望，苏联政府派到你本部的军事使团能和麦克莱恩准将统领的英美使团一样和谐地工作。你给我的信，请让麦克莱恩准将转交。无论什么事，只要你觉得我可以做到，对你又有好处，你都可以和我说，我必定竭尽所能。

希望你们早日终结磨难，希望整个欧洲都能尽快摆脱压榨……

非洲

1944 年 1 月 8 日

我大概一个月之后才拿到回信。

铁托元帅致首相（收于 1944 年 2 月 3 日）阁下：

1. 麦克莱恩准将已经转交了你的来信。这封信表明，在我国民众为了自由和独立而坚毅不拔地奋战时，一个对我们的需求和期望非常清楚的真正的朋友和伙伴出现在了我们身边，所以是值得珍惜的。你的来信对我个人而言是一种荣耀，因为它显露了你对我们的付出和民族解放军的斗争的极高的赞誉。你把自己德黑兰会议时的照片写上赠言送给我，我非常感激。在我们民族历史最危急的时期，你所给予的那种非常珍贵的友情，我们会尽力维系，这你不用怀疑。南斯拉夫饱受摧残，并且民众受尽磨难，困苦到了极点，所以不论是战争时期，还是日后和平之时，为抚平可耻的法西斯侵略者对我们造成的重创，我们也需要我们崇高的盟国的支援。我们是共同打击我们一致敌人的伙伴，我们期望我们可以尽职尽责。我们的盟国为我们提供的支援，对缓解我们战争形势帮助非常大。我们还期望你能帮我们拿到重型武器（飞机和坦克），就当前的战局和民族解放军的实力来看，这些武器对我们而言是不可或缺的。

2. 你对于国王彼得二世和他的政府的责任，我非常清楚。除非和我们人民的利益相矛盾，否则，我会尽量避免多余的政治斗争，而且不让我们的盟国在此事上受到困扰。不过，阁下，我明确地告诉你，国内的政局产生于为了赢得解放而展开的艰难斗争，它除了是一些个人或者一些政治团体争斗的武器，也是每个爱国者，每个参与战斗而且和此战根源很深的人的无法抵挡的期望，在南斯拉夫的众民族中，这些人占大多数，所以，人民给自己布置了艰巨的任务，我们有责任来完成这些任务。

3. 如今，我们一切的努力都凝聚在这儿，即：（1）为了能让我们尽可能有力地展开反侵略战，要召集一切爱国和正义之士；（2）让南斯拉夫各个民族团结互爱——这在战争之前是没有的，国家因此蒙受了大祸；（3）为建立这种国家——能让南斯拉夫的每个民族都因为在这个国家而感到欣喜，即建立一个切实民主的南斯拉夫，一个联邦制的南斯拉夫——创建条件。我坚信你是体谅我们的，并且你会为我们的民族战争提供珍贵的支援。

南斯拉夫元帅铁托

我马上回信：

首相致铁托元帅（在南斯拉夫）　　　　　　　　1944 年 2 月 5 日

1. 很高兴，上一封信已经顺利送到了你那儿；接到回信，十分欣喜。对于国王彼得，你所抱有的立场有所保留，我是可以理解的。在之前的数个月里，我始终劝他罢免米海洛维奇，并且直面随后出现的现任参谋们全部辞职的这一局面。我之所以迟迟不肯行动，是因为这一举动无疑是要让他排除身边仅存的追随者。我觉得自己对他有某种个人义务，这你应该能理解。他罢免米海洛维奇之后，能否和你们的行动之间建立友好往来？能否日后参与你们的行动？在这件事上，你若能告诉我你的想法，我会十分感激。至于日后君主政体之事，自然应该等到南斯拉夫彻底解放之后再来讨论。毫无疑问，你和国王之间若能达成某种可行的协议，将凝聚众多力量，尤其是当前已经被排斥在外的塞尔维亚人民的力量，这会增加你们的政府和行动的威信，并为你们的政府和行动提供更多资源。在此种背景下，南斯拉夫才可以以相同的声音，在此种变幻莫测的起步期，在盟国大会中阐述主张。我非常希望你能给我一个满意的答复。

2. 英王陛下政府想让你们凝聚一切爱国的正义之士，将抵抗侵略者的战斗有力地持续下去；让南斯拉夫所有民族团结一心；创造条件以建立一个切实民主和联邦制的南斯拉夫。英王陛下政府一定全力支援你们完成上述任务。

3. 我已下令，首先，让地中海最高盟军指挥马上建一支支持两栖战的突击队，在空军和小型舰队的支援和你们的帮助下，攻打达尔马提亚海岸一域德国占领且驻兵防守的海岛。若能启用很快就将抵达的部队，那些驻军就能被剿灭。其次，尽管我们必须随时更改线路，可我们一定要尽量建一条海上运输线直通你们那儿。坦克、反坦克炮、其他重型弹药，以及必备的物资，只用这条运输线就能按照你们部队的需求量给你们运过去。相关的所有事项，你都可以和麦克莱恩准将协商。我绝对信任他，他可以直接同我和最高指挥官沟通。

铁托回信说：

1944 年 2 月 9 日

你信里的各条，我必须和南斯拉夫民族解放委员会和南斯拉夫反法西斯民族解放委员会成员进行协商。我们在协商后得出的结论如下：

1. 就像你知道的，1943 年 11 月 29 日，南斯拉夫反法西斯民族解放委员会在第二次大会中决议支持南斯拉夫人民联盟不动摇。可是，只要同时有两个政府存在，一个在南斯拉夫，一个在开罗，彻底的团结就实现不了。所以，一定要废除在开罗的政府，遏制德拉扎·米海洛维奇的行动。与此同时，位于开罗的政府还必须向南斯拉夫反法西斯民族解放委员会政府说明其浪费的巨额公款。

2. 盟国必须承认南斯拉夫只有一个政府，即南斯拉夫民族解放委员会；国王彼得二世若支持它，就应当受到南斯拉夫反法西斯民族解放委员会条令的限制。

3. 这些要求，国王彼得二世若是答应，并且赞成等南斯拉夫解放后，按照人民自己的意愿来确定南斯拉夫君主体制之事，那与他携手之事，反法西斯民族解放委员会便不会反对。

4. 国王彼得二世应当发表声明，表示自己所看重的只是国家的利益，期望国家解放，而且国家的组织架构，将在战后由人民依照他们自己的意愿确定；在此之前，他会竭尽所能地支持南斯拉夫各族人民顽强的斗争……

首相致铁托元帅　　　　　　　　　　　　1944 年 2 月 25 日

　　你的困境我非常理解，而且欣赏你应对这些难题的精神。你理解我的难处，我非常感激。我们这边首先会撤回我们在米海洛维奇那里的联络员。这一指令已经下达，但可能还得等几周才能完成。国王彼得二世若和米海洛维奇及其险恶的参谋划清界限，并且战后南斯拉夫的宪法由各族民众自己自由决断这点永远不变，你会邀他回国参加人民的战斗吗？这个年轻人，如果我没看错，他最诚挚的心愿就是和一切反抗一致敌人的南斯拉夫各族民众站在一起。不过，你应该理解，除非我知道他可以依赖你的扶持和合作，否则我是无法逼他解除米海洛维奇的职务，舍弃他的政府，还有切断和塞尔维亚人的一切联系的。

　　我建议国王彼得二世回伦敦和我商量这些事。所以，我期望你在再三斟酌之后，能修改你的条件，如此，让我们两方得以努力达成南斯拉夫的统一，以对抗一致之敌。不要犹疑，请清楚地把切实的需要告诉我。我如果现在无法达成你的需要，请不要怀疑，原因肯定不是对你和你的国家不够友善。

*　　　*　　　*

　　我于 1944 年 2 月将所有的情形告知国会，以下是谈及的各点：

　　"依照游击战的方针组建的游击队，在非常高明的指挥下，他们不仅行踪飘忽不定，还能克敌制胜。他们一会儿在南边，一会儿在北边，哪里都有他们的身影。德军曾经凶狠地围剿过他们，可是就算被包围，游击队也能在重创德军之后顺利逃脱，让德军伤透脑筋。游击队的成员数量没多久就比米海洛维奇将军部队的成员数量多了。投奔铁托元帅阵营的不仅有克罗地亚人和斯洛文尼亚人，还有大批塞尔维亚人，眼下铁托的人马已经超过二十五万，他们从敌军和意军处缴获大量武器，将游击队员们整编成不同的师和军。

"运动已经整体建立并且实现了推进，不过它仍旧保有游击队的特点；假如缺了这种特点，运动就无法成功了。以这些英勇的部队作为中心和基础，一个全国的、团结的运动就这样发展起来。共产主义者有幸成了这一行动的先驱，在运动的力量和数量得到提升之后，某种调节、整合的进程就出现了，人民的民族意识也随之觉醒。在游击队看来，铁托元帅是一位出色的领导人，在为自由拼搏的战争里获得了辉煌的胜利。遗憾的是，这些军队和米海洛维奇将军统领的军队产生了争端，这或许也是无法避免的。米海洛维奇的将领与敌军达成了妥协，可游击队却用行动来阻挠这一妥协。米海洛维奇想压制游击活动，因此在相同种族、相同国家的民众中，发生了许多惨烈的战斗，而一致的敌人的出现，就是他们不幸的根源。

"之前有很长时间，我对铁托元帅的运动十分关注，并想方设法为其提供支援，现在依然如此。迪金上尉，也就是当前已经获得优秀军人勋章的迪金中校——他是我的一位年轻朋友，也是牛津大学特别研究员——大概在一年之前已经通过跳伞去了南斯拉夫，在铁托元帅的大本营干了八个月。一次，他们两个人被同一枚炸弹炸伤，之后变成了好友。自然，这种友情关系是属于民众间的，不过我认为，在我们个人的来往中，是无法建立此种关系的。迪金上尉的汇报生动地向我们展示了整个战争所牵涉的人物。"

*　　*　　*

在伦敦避难的南斯拉夫人士之间，有关南斯拉夫的政治争执持续了两个月之久。随着时间的流逝，双方得到同等利益及和平解决的可能越来越小。

首相致外交大臣　　　　　　　　　　　　　　　1944 年 4 月 1 日

在我看来，南斯拉夫国王当前的那些参谋们已经变成了他的负担，并且让他遭遇厄运，所以应当尽全力让他和他们分开。我曾经推断这件事去年年末就能办好，这你是知道的。我弄不明白，如眼下这样继续耽误着能拿到好处吗？……我一直觉得，国王应当和米海洛维奇断绝往来，答应布里奇政府的请辞或者罢免他们；并且他在几周之内缺失政府，对他而言，损害不大……我赞成国王彼得应当发布合适的通告。恐怕我们目前能做的也只有这么多了。

……我在某地得到消息，说已经有三个德国师依照命令从南斯拉夫撤离，前往匈牙利；当然，对铁托的大军而言，最关键的事是联络到匈牙利的游击队，并尽可能充分利用北方的新局势。

上述情况对我们和铁托很有利，但很显然，对国王彼得和他那狼狈不堪的政府没有好处。我认为，他若不加快行动速度，就将丢掉重得王位的机会，此种看法，在你备忘录里也能看到。从我们在开罗探讨这些事情开始，我们就留意到苏联派了一个大型使团去了铁托的大本营。

因此，我期望你尽快动手，帮南斯拉夫国王起草一份合适的声明，让他罢免布里奇和布里奇的爪牙，和米海洛维奇切断所有来往，并且让国王组建一个变通的、能让铁托接受的政府。如此，在接下来的五六周里，我们在就他们之间的关系进行协商的时候，或许还能有点指望。虽然塞尔维亚政局混乱，但我们绝不会因此就阻碍那些希望同游击队一起奋战的部队前去支援。

米海洛维奇被罢免的时候几乎是 5 月末了。舒巴西奇博士受邀组建新政府，他是一个持重的政治家，曾经出任克罗地亚总督，参加了麦契克博士的农民党。

首相致铁托元帅（在南斯拉夫）　　　　　　1944 年 5 月 17 日

　　因为英国的劝说，今天早上，国王彼得二世撤销了布里奇内阁——米海洛维奇将军在里面任陆军大臣。他眼下正打算让克罗地亚总督（伊凡·舒巴西奇博士）领头，建立一个内阁或者建立一个国务会议。对此，英王陛下政府自然非常支持。

　　这会在南斯拉夫塞尔维亚地区引发什么样的影响，我们并不清楚。米海洛维奇身为总司令，在那里必定占据优势地位。他的力量并不会因为自己从陆军大臣的职务上被罢免就没了。我们无法推断他的行动。当地还有大概二十万塞尔维亚自耕农，虽然他们仇视德国，但有着强烈的民族情绪，农民所有制观念也已根深蒂固。

　　我的目标是让这些力量与你携手，好建立一个完整独立的南斯拉夫，好将恶毒的希特勒主义的屠夫和入侵者彻底赶出南斯拉夫。

　　应该恰当地给这些改变一些机会，让其按照对最终目标有益的方向前进，对于共同事业，还有我们和你们的关系而言，这非常关键。你若草率地公开指控这些改变，我会感到非常可惜。欧洲将出现有关键价值的变革。意大利战争正在前进的方向是对我们有益的。威尔逊将军对我承诺，他决定尽可能地支援你。所以，除非我们能就此次变革进行电文沟通，否则，起码数周之内，你都不能发布一切对这种变革不利的说辞，我认为我有这个权力。

　　眼下，麦克莱恩准将正在我这儿，不出三周，他就会带着他在此间搜集的所有看法去你那里，我期望你起码等他过去再做决定。

　　与此同时，请允许我再次恭贺你在所有战线绊住了敌人的众多师团。铁托元帅，你将发现，战争很快就将进入白热化阶段，英国、美国和苏联的部队将猛烈攻击共同的敌人。届时，你务必要使出全力。虽然我无法保证敌人的势力将迅速瓦解，但此种可能的确是存在的。

我 24 日又写信过去说：

国王已经罢免了布里奇和他的同党，在我看来，克罗地亚的前总督会以他为中心凝聚某些力量。我认为这一政府应当暂时放权，任局势自由发展。我相信，这点和你在之前的电报中提到的想法不谋而合。我也一直向苏联和美国通报我们之间的最新进展。

伦道夫若到了你的地盘，请代为转达我的问候。麦克莱恩将要返回你那里了。我希望我也能去，可是我年事已高，身子又太重，跳不了伞了。

在与此相关的事情上，可以到此为止了。接下来我们再谈谈其他那些同样让人捉摸不定且规模更大的事情。

第十章　突袭安齐奥

卡西诺前线的激战——在安齐奥的骤然登陆——导致严重受损的暂停——摆在凯塞林面前的危险局势——在滩头堡错失战机——再次攻击卡西诺——在安齐奥遇阻——2月6日，我问了威尔逊将军一些问题——2月8日，我给蒂尔元帅发电报——滩头堡的大批车辆——遗憾与伤亡——2月16日德军竭尽全力试图把我们驱逐到海里——拼死博杀赢得胜利——3月1日，凯塞林承认战败——2月22日，我汇报战局给议会——2月23日，史默兹发来的电报——我的回复电文——德军派精兵自法国开赴意大利

1月份的前两周，我们对秘密代号为"鹅卵石"的安齐奥战役展开了密集的筹备工作，同时，第五集团军开始行动，以转移敌人的注意力并诱使其后备部队调离滩头堡。为实现这一目标，第五集团军采取了一连串的攻击，试图以此横渡加里利亚诺河和拉皮多河，至于法国军团，则自右翼包抄，逼近卡西诺北面的山地。德军明显不想我军穿越古斯塔夫防线——这条防线的中心是卡西诺，是德军纵向防御带的最后阵地——所以战斗异常凶猛。在由石头层层累积的崇山峻岭之间，敌人以数量庞大的钢筋水泥打造了一个铜墙铁壁的大型防御体系。设置于高地的侦察岗哨，能以炮火掌控下方山谷里的所有活动。

在寒冷的冬季，第五集团军展开了初级进攻，之后它们在 1 月 12 日发动了主要攻击，而法国大军则自北面的侧翼朝前压进了十英里。利里河前方的最后一道壁垒——特罗基奥山在三日后，被美国第二军攻陷，美国第二军穿过利里河之后，建立了桥头堡，可惜没能守住。英国第十军此时穿过加里利亚诺河下游，占领了明图尔诺和卡斯特尔福特的外层，不过在试图继续朝北压进的时候，遭到了压制。它的右翼大军也没能攻下圣安布罗吉奥。

不过，这一切行动却在敌人身上产生了预期效果，它没看到自己临海的薄弱的侧翼将会遇险，为改善形势，从后备军里抽出了三个精锐师。敌人攻击英国第十军，却无法使其后撤。在我们的飞机的保护下，开赴安齐奥的舰队于 21 日下午顺利起航。当日的天气有利于隐蔽我们的船队。敌人的不少飞机因为我们对它们机场的激烈轰击而无法起飞，尤其是位于佩鲁贾的德国空军侦察机基地，更是遭到了我们的猛击。凯塞林的参谋长维斯特法尔将军绘声绘色地讲述了那时德军总部的状况：

德国情报署署长卡纳瑞斯海军上将于 1 月 21 日到了集团军群总部，我们催他传达他或许知道的有关敌人试图登陆的所有消息。有关航空母舰、战列舰和登陆艇的状况是我们尤其想要了解的。卡纳瑞斯无法讲述具体情况，不过觉得不会很快就有新的登陆行动发生。他确实这么看。德军此时不仅停止了空中探察，连反间谍活动也近乎全部终止了。卡纳瑞斯离开总部几个小时后，敌军在安齐奥就登陆了。

*　　*　　*

尽管很紧张，但我强压住内心的激动，等候此次重要攻击的结果。我给斯大林发电报，说：

1944 年 1 月 21 日

我们已经对驻守罗马的德军发起了猛攻，在德黑兰的时候，我曾经和你说起过此次攻击。目前的天气状况对我们有利。我期望很快可以告诉你喜讯。

没过多久，我就得到消息，由美国卢卡斯将军统领的第六军于 22 日凌晨两点在安齐奥海岸登陆，美国第三师在这座城市的南边登陆，至于英国第一师，它的登陆地点是北面。整个过程中，盟军几乎没有遭到抵抗，也几乎没有伤亡。午夜时分，盟军已有三万六千人和三千多辆车登陆。那时，在场的亚历山大发电过来说："我们的攻击近乎完全在敌人的预计之外。派攻击力最强的机动巡逻队勇敢地朝前进发和敌人碰撞的关键性，我已经着重说明了，可是我到现在也没拿到它们的行动报告。"我对此绝对赞成，回复说："多谢你发过来的一切消息。你没在滩头堡坚守，而是发动攻击，这让我觉得非常开心。"

＊　　　＊　　　＊

不过此时突袭的主要目标，却因为遭遇了祸患而完全落空了。卢卡斯将军一心要夺取滩头堡，并且让装备和车辆上了岸。统领英国部队第一师的彭尼将军急于朝内陆进军，可他的后备旅却和第六军团在后方留守。22 日和 23 日发动的攻击，均是针对奇斯泰尔纳和康博莱奥尼这两个地方的小型的试探型攻击。这支远征军的指挥官没想发动大举进攻。23 日晚，两个师的全部人马及其配属队伍，其中包含两支英国突击队、美国突击队和伞兵部队，都已携带大批辎重登陆。滩头堡的防范工程虽然已经在强化之中，可是我们却丢了曾经竭尽所能才创造的这个时机。

面对眼前的危局，凯塞林立刻采取了行动。他的大多数后备部队已经被派到卡西诺前线和我方军队战斗，可是为遏制我方军队的继续推进，他调动了所有能够使用的军队，不到四十八小时，就集结了大概两个师的军力。

对于实现以上布置的举措，德国维斯特法尔将军做出了精准的评价。

    敌人在罗马南部登陆的时候，不算附近的一些海岸炮兵，我们仅有两个营的军力……那天，附近没有能够调过来和敌人对战的别的军队。通向罗马的路畅通无阻。要是有支勇猛的先头部队想开进这座神圣的城市，没人拦得住。敌人登陆之后的前两天，形势实在是岌岌可危。德军的对抗手段直至两天之后才起作用。这是为什么？因为德国集团军群在1943年12月下达了一个在意大利全国通用的整体应急方案，里面对调集哪些军队和纵队去敌人或许会登陆的地区展开拦截进行了界定，还规定了他们走的路线和调集时间，还有承担的工作。这些方案只要下达"理查德案件"的代号，就能启动。亚平宁山脉地区的道路虽已冰冻，可实际上，大多数部队仍在限定日期之前抵达了指定区域。德国最高指挥部

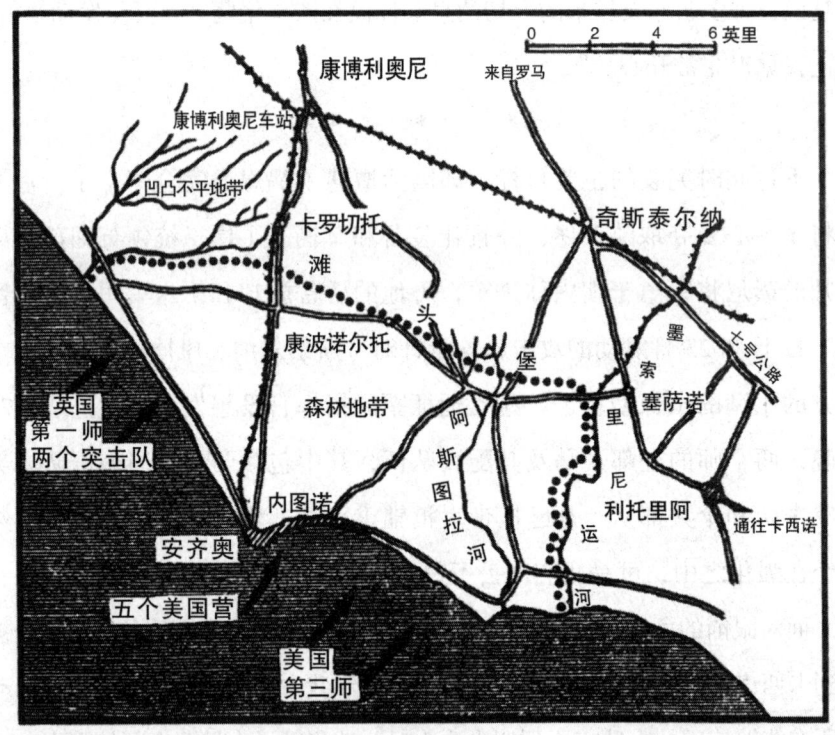

安齐奥

又在法国、南斯拉夫和本国调集了援军过来……不过没想到的是，敌军却按兵不动。他们明显是忙着建桥头堡。如此，我们就有时间组织建一条和敌军对抗的新战线了。第十四集团军总部负责统领此条战线，该部队目前驻扎在意大利北部，由冯·马肯森将军统领。

对于我们在卡西诺发动的攻击，凯塞林的抗击之心，并没有因为其侧翼遭遇的危险而动摇。按照24日截获的希特勒的指令，德国的目的非常明确：

务必不惜一切代价保住古斯塔夫防线，此次保卫战的彻底取胜将产生重大的政治影响。元首的意思是，就算是一寸之地，也要以最顽强的战斗来守护。

他的指令的确被执行了。

* * *

亚历山大在25日汇报说，桥头堡极其坚固。美国第三师距奇斯泰尔纳四英里，英国第一师距康博莱奥尼两英里，两方人马在整条战线上持续交锋。27日得到重大消息。这两个地方，一个都没拿下。警卫旅已经打退了步兵和坦克队的反扑，朝前进发，可是距康博莱奥尼仍有大概一英里半的距离，至于美国军队，还在奇斯泰尔纳南边。亚历山大说，他和克拉克将军都觉得部队的推进速度太慢，克拉克打算马上去滩头堡。我回复说：

首相致亚历山大将军 　　　　　　　　　　　　　　1944 年 1 月 28 日

听说克拉克将去滩头堡察看情况，我很欣慰。你们的部队若是被困在那儿，主力部队又无法自南边推进，那形势将不容乐观。

可是，事情的走向正是这样。

*   *   *

我们此时仍在攻击卡西诺战线的德国军队。英国第十军将敌人援军主力拉到了己方前线，之后为攻占俯视卡西诺的高地，以便从那里包抄这一战线，他们决定攻击更北的地方。进度非常好。在卡西诺上边，美国第二军穿过了拉皮多河，在它右翼共同进军的法国兵团则攻占了卡斯特隆山和科勒马约拉。他们从那儿朝南推进，攻打修道院山，不过德国部队已经得到支援，而且不顾一切地抗争到底。第二军的力量在2月初已经消耗殆尽。为重新发起攻击，亚历山大将军决议增兵。他下令自亚得里亚海岸的第八集团军里抽出三个师的军力，组建新西兰军，让弗雷伯格将军统领。实际上，第八集团军——原本打算用反攻将敌人死死困住——为了支援西海岸的激战，无奈抽调了超过五个师的军力，而且在之后的数月里只能进行防守。

发生在两条战线上的更激烈的战斗明显已是千钧一发，所以得增加更多兵力。按照原本的计划，波兰的第三喀尔巴阡师抵达主要战场的时间是2月初。威尔逊将军已经让在北非驻守的第十八步兵旅和第一警卫旅整装待发。美国第一装甲师已于1月30日在安齐奥登陆，美国第四十五师正在路上。这所有的战事都得在有很多困难的海岸上展开，或者穿过狭窄的渔港。海军上将约翰·坎宁安发电报说："在马拉喀什的时候设想的情形是，以两到三个师的兵力展开急速进攻，当前的状况据此有很远的距离，不过，海军将竭尽全力，争取胜利，这点你不用怀疑。"之后的实际情况表明，这一承诺完全实现了。

*   *   *

卡西诺激战正酣，在1月30日，位于安齐奥的第六军首次发动猛攻，并得到了一些成果。不过，美国第三师没能实现攻占奇斯泰尔纳的目标，而英国第一师也没能达成占领康博莱奥尼的目标。在滩头堡登陆的师已经超过四个了。不过，我们的空军虽然对其运输线进行了轰击，可德国部队的援军仍旧来得迅速而强劲。他们得到了加固战线的时间，八个师的主力军队在上面和我们进行着对抗。我们占领的战场非常拥挤，还遭到了敌人的炮火的攻击，此外，我们停靠在岸边的船舰也因为敌人晚上的空袭而受到破坏。2月2日，亚历山大再一次到战场巡视，向我发了一份详尽的报告。德军的反抗已经变强了。美军第三师在奇斯泰尔纳遭遇的反抗，还有英国第一师在康博莱奥尼遭遇的反抗，变得尤其猛烈。除非夺取这些壁垒，否则是无法展开深入进攻的。在过去的两三天里，在攻占奇斯泰尔纳的战斗中，第三师作战极为勇猛。战士们已经精疲力竭，可是离这座城市还有大概一英里的距离。正在康博莱奥尼火车站坚守的是第一师的一个旅，不过他们战斗的地方是一个颇为细长的突出地带，此刻正遭受从三个方向而来的种种进攻。亚历山大总结说："为了实现我们切断敌人主要运输线的目标，我们很快会采取一种严密配合的总攻，我已经为此事下达了筹备方案的命令。"

2月3日，敌人发起反攻，打入英国第一师的突出阵地，这明显只是日后更加猛烈的战斗序曲，这时，亚历山大的命令尚未被执行。在报告中，威尔逊将军说："由于突出阵地的边界已经被封锁，所以我们在里面的部队无法朝前推进了。"

对于安齐奥之战，从以下电报里能够看出，我是非常担心的：

首相致威尔逊将军（在阿尔及尔）和地中海总司令　1944年2月6日

1. 战斗正打得激烈，在这个时候，我不愿打扰亚历山大将军，与此同时，美国三军参谋长们提出的问题也在我的意料之中。我希望你对以下三点进行解释：一、按规定，第五〇四伞兵旅应该用在安齐奥，为什么没用？眼下的英军伞兵旅在前线被当成了普通步兵来用，又是什么原因？二、登陆时并未遭遇抵抗，在这之后的十二或者二十四小时之内，为什么不努力夺取高地，或者起码将韦莱特里、康博莱奥尼和奇斯泰尔纳等城市拿下来？三、德国那边撤兵抵挡登陆的时候，不在主要战线上发动猛攻的原因是什么？这个问题是美国的三军参谋长问的。

　　2. 在我之前给亚历山大将军的电报中，我曾经列出以上各条让他考虑，尤其是不赞成继续以营、连，甚至是排这样的军力重复发起小型攻击。不过，我想再次强调，我不希望亚历山大将军因为要回答、解释这些事，而无法专心致志地应对打得正激烈的战事。

　　威尔逊将军回复说，第五〇四伞兵旅因为克拉克将军最后时刻的命令，经由海上而不是空中抵达。与此同时，因为步兵短缺，所以就让英国伞兵去前线战斗了。而对于我提的第二个问题，他的回答是，高层是催促过的，亚历山大和克拉克在登陆后的四十八小时内曾经亲自到桥头堡敦促发起攻击。奇袭的工作，卢卡斯将军也的确做到了，可大好形势却没能运用起来。这是由他的"萨勒诺心理"导致的，即要想取得胜利，一定得先击退敌人必将发起的反攻。在美国第一装甲师的作战部队抵达之前，他没有把握取得胜利。威尔逊说，进攻速度过于迟缓。他还对冲破拉皮多河和卡西诺周边的主要战线的困难进行了说明。

　　我担忧的事也是马歇尔将军所担忧的，因此我将这份汇报和如下看法一起呈送给华盛顿：

首相致蒂尔元帅（在华盛顿）　　　　　　　　　　　　1944年2月8日

　　这份报告应不应该转交给马歇尔将军，请你自行斟酌……我认为，上层司令应该做的是"下令"，而非"敦促"。

　　这一切事情让我觉得沮丧，可是，若大批敌军奔赴意大利南部战斗，这也很有好处，其他战场的敌军实力就弱了。此外，我们很有必要接着和他们持续交火，就算是消耗战，也比袖手旁观地看着苏联战斗强。有关如何避免以上情形，我们可以吸取的经验不少，这对"霸王"战斗计划的实施很有价值。

＊　　　＊　　　＊

有关登陆艇的切实行动，坎宁安海军上将比他承诺的做得更多。现在，我坦诚地向他提出了我的疑问。

首相致地中海总司令　　　　　　　　　　　　　　1944 年 2 月 8 日

请分别上报七天和十四天内在安齐奥登岸的车辆数量。若可以，且不会非常麻烦的话，请将卡车、大炮和坦克的数量分开。

他的回复既迅速又让人吃惊。登岸的车辆，截至第七天，总计一万两千三百五十辆，其中有三百五十六辆坦克；至第十四天，总计两万一千九百四十辆，其中有三百八十辆坦克。这个数量表明，坦克登陆艇一共运了三百一十五船次。截至第十四天，除了随同坦克登陆艇往返的四千辆卡车外，在安齐奥桥头堡登陆，供应给七万人部队的车辆大概有一万八千辆，当然，驾驶员和车辆的维修保养人员也在其中。

我在 2 月 10 日发电回复，说：

非常感谢你提供的资料。

在这狭小的地方，我们到底让多少人来操作或者养护一万八千辆卡车？我们的驾驶员必定非常多。得知我们的步兵居然没有敌人的多，太让我吃惊了。请提交报告，告诉我，我方为桥头堡提供的最新的物资情况。

我在当天晚些时候收到了更多的报告。威尔逊将军称，我们的空袭因为天气原因无法展开。在巨大的压力下，英国第一师无奈后撤，亚历山大正想办法提供支援。

英国和美国的人民因为这一切情形感到极为沮丧。当然，卢卡斯将军收到的指令是什么，我并不清楚，但基本原则一定是向前推进，然而他的看法好像从开始就和这个原则相悖。就像我那时说的，我曾经指望我们的登陆部队像一只野猫，可最后仅仅是只搁浅的鲸鱼。截至第十四天，我们已经在岸上集结了车辆一万八千辆，供七万人使用，平均每辆车不到四人，还包括驾驶员和维休养护人员，可它们得到的进展连十二英里或者十四英里都没到，此种情形让人震惊。在作战能力上，我们明显强过德国部队。可敌人却在那儿临危不乱地部署军队，而且快速对被逼留在南边战场的危在旦夕的空隙进行填充，这让人印象深刻。对于"霸王"战斗计划而言，这一切都是留给我们的经验教训。

我给亚历山大发电报，说：

首相致亚历山大将军　　　　　　　　　　　　　1944 年 2 月 10 日

……你为什么没有下令攻击，而选择敦促攻击？在我看来，或许是因为你和美国那边的人有密切来往，使得你不愿意强调自己的职权。不过你完全有权对他们下令，我从美国最高政府那边得知，他们期望他们的部队能收到切实的指令。他们说，他们组建陆军依照的不是较为平和的英国的方针，而是普鲁士的方针，美国的指挥官们期望得到直接的命令，他们将马上执行。所以，在下达指令的时候，你别迟疑，就如同在对我们自己的战士下令一般。美国人不难相处，他们不在乎是逆境还是顺境。

2 月 11 日，亚历山大发电报回复说：

眼下，开始原本大有可为的战事的第一阶段已经成了过去式，为什么会这样，原因是敌人可以快速地聚集充足的军力，挽回他们危在旦夕的战局。现在战事已经迈进了第二阶段，我们在此阶段一定要倾尽一切以瓦解敌军的反攻，之后整顿我方军队，再次发动攻击，向内陆挺进，并且将自罗马通向南方的敌军的运输线切断。我们应该尽可能地达成这一目标。以下为第六军三十五个营的死伤情况：截至2月6日，英军牺牲人数为二百八十五人，受伤人数为一千三百七十一人，失踪人数为一千零四十八人；截至2月9日，美国牺牲人数为五百九十七人，受伤人数为两千五百零六人，失踪人数为一千一百一十六人。九个突击营的伤亡情况也包括在内。英美两军伤亡总数为六千九百二十三人。你在来电结尾处，发给我的诚挚的忠告，我非常感谢。你与国内每个人感受到的沮丧，我绝对明白。我非常期望，也愿意实现我们想要完成的目标。

＊　　＊　　＊

敌人在2月16日发动大举反攻，妄图在安齐奥驱逐我们下海，这是预料之中的事。那时敌军使用的军力超过四个师，装备的大炮有四百五十门，自康博莱奥尼直接朝南进发。德军在攻击之前，向军队宣布了希特勒的特殊指令。他下令务必在三天之内切掉我们滩头堡的"脓包"。由于自卡西诺前线抽调过来的美国第四十五师和英国第五十六师正在支援我们勇敢的第一师，而第一师没过多久又可以全力以赴参与作战了。所以对我们而言，敌人攻击的时间并不合适。一个深入且危险的楔形插进了我们的战线之内，将我方战线打开了一个口子，我方战线不得不撤回到原本的滩头堡。敌军的炮火从我们驻守滩头堡的战士全部登岸开始，始终在发动攻击，眼下更是空前凶猛。局势十分危急，身后再没有撤退的空间。只要再稍稍朝前迈一步，敌人不但能以远程大炮滋扰性轰炸趸船和船舰，还能以野战炮建一条切实的火力线，封锁一切来往运输。对于这种事我完全不做考虑。是生是死只看这一步。

我们之前是前路坎坷，可是眼下，因为英国和美国军队勇敢地破釜沉舟，居然看到了希望。德军无奈停止攻击的时候，希特勒限定三日的时限还没到。此时，我军从侧面攻击敌方突出阵地；还用一切大炮展开轰炸，所有飞机，除非无法起飞，否则，都对其发动轰击，敌人的突出阵地被清除了。这场激战，两方都严重受损，但是这场关乎生死的战斗，我们赢了。

希特勒凭借自己的意志力，妄图在 2 月末再发动一次攻击。德军以三个师的军力对东翼那边的美国第三师发起攻势。上一次的惨败使得这三个师严重受损。美军坚毅地死守阵地，德国的攻势不出一天就宣告落败，死伤了两千五百多人。凯塞林于 3 月 1 日接受落败。安齐奥的长途进攻因他而遭遇磨难，不过没被打垮。我发电告知罗斯福总统：

> 你们的军队，尤其是美国第三师在安齐奥滩头堡之战里，立下了赫赫战功，请接受我最诚挚的恭贺。我们的部队在多次激战里携手并肩，而我们的历史因为这些声名卓著的战果又增加了让人振奋的一页，我一想到这个，总是非常激动。当然，滩头堡几乎没什么退路曾经让我非常担心。眼下两方均已投入了极大的兵力，僵持局面将长期存在，不过我坚信，在这儿和卡西诺，我们终将取胜。

＊　　＊　　＊

我在 1944 年 2 月 22 日对下院做了报告，[①] 其间实事求是地介绍了安齐奥的战斗形势。那时或许可以谈及的种种状况，我都提到了。

"冬日的天气完全无法推断，敌军的空中防御实力也探察不出，在这种背景下，确实很难派这支第一批就有四五万人的庞大队伍去海上。就此次战事自身而言，它是协同作战的一个典范。事实上，登陆完全不曾遭遇

---

① 本卷第 420 页可见。——原注

反抗，可是，之后的情形和我们期望的或者规划的走向并不相同。一支装备了大批大炮、坦克和数千辆车的大军总算实现登陆；向内陆推进的我方军队和敌人发生了交火。

"对于此次进攻，德军的应对让人吃惊。显而易见，希特勒决定凭借那种坚韧——在斯大林格勒、突尼斯，还有近来在第聂伯河弯曲地带所显露出来的那种——来守卫罗马。自法国、意大利北部和南斯拉夫飞速抽调过来的德军多达七个师以上，他们决议瓦解桥头堡，并且将我们驱逐到海里。双方展开了既凶猛又惨烈的战斗，且持续了很长时间。美英第五集团军此时位于南边，也在向前进发。在那儿也发生了一场激战。

"希特勒决议派去意大利南边的德军有十八个师那么多，算上他们的养护部队，总计大概有五十万人，而且决心在意大利建立庞大的第二战场。他的这一决定，以全面的战略价值而言，并非不讨盟军喜欢。只要我们没想任苏联人自生自灭，我们就得在一些地区和德国军队战斗。一支军队被此次发生在的意大利的消耗战绊住了脚步，因此无法参加其他规模较大的战事，这对其他规模较大的战事而言，是个有力的前奏。"

＊　　　＊　　　＊

第二天，史默兹将军给我发了电报，他学识广博，这在言谈中显露得非常充分。

史默兹将军致首相　　　　　　　　　　　　1944 年 2 月 23 日

你的报告对英国在大战里的付出进行了充分的说明，世界言论会对此留下深刻的印象。报告里罗列了不少大家通常不会知道的新的真相，正好能和苏联的辉煌战绩相媲美。它也冲淡了我们的宣传所造成的一种片面印象：同苏联势如破竹的胜利相比，我们自己在缅甸和安齐奥显得软弱无能。在安齐奥滩头堡，我们的作战方针是怎样的，我个人并不清楚，在我看来，这一阵地应当和卡西诺阵地相互关联，以便瓦解意大利南部山区的德国军队的反抗。我们眼下正在一个被隔绝的袋形区域中，虽然还没和敌人南部的主要战线交锋，可自身却四面受敌，以致无法减轻我们在南边承受的压力。

你着重说明了，我方空军在瓦解德国作战资源的据点和为将来西方战场打下坚实的基础上做出的不懈努力，这一战线因此回到了它应该拥有的比重。不过就我个人来说，我不预备过多地宣扬这一战线，原因是，它或许会带给我们不好的突发情况。东线的德国部队为什么会撤退，除了苏联大军无畏地抵抗和我们吸引了东线的德国空军这个理由，或许德军为解除我们在西方给它带来的危险而撤回了大量战略机动部队也有关系。敌人对我们极其抗拒，在这样的战场上，我们就算没被遏制住，也得严重受创，而且肯定会遭遇让我们非常沮丧的事。德国那边或许是如此打算的，即在西方对我们展开有力的拦截，之后迅速返回东方遏制苏军冲进德国，敌人最担心的肯定是苏军冲进德国。如果德军的方案不是这样，那么，在我看来，他们的策略——在意大利，同我们殊死战斗，毫不退让，可在东线，却让苏联赢得此种大胜——是说不通的。

现在，我们应该少说我们西方的战线，而将宣传的重点放在我方空军对德国的进攻上。和苏联在陆上取得的胜利相比，我坚信这件事的价值是更大的。

但凡想要招募后备部队，就请务必记得第六南非装甲师，它现下已经接受过充足训练，正在埃及驻守。只要再拿到一些交通工具，他们就能在合适的战场取得不俗的功绩。

我在回复此封电文时所展露出的看法，直到现在也没变：

首相致史默兹元帅　　　　　　　　　　　　　　　1944 年 2 月 27 日

非常感谢你的来电。在迦太基和马拉喀什开会时，我尽量克服困难，让此次安齐奥的大型两栖战在启动时没有缺陷。我自身的努力并没有涉及作战的指挥方面；只要指挥官们在规定地点顺利登陆，这些事事实上就自然应该由他们全权负责。每次同我开会，亚历山大都表示尽可能早地拿下阿尔本山是此战的关键，我因为这一目标得以自美国调来第五百零四伞兵团，尽管当时由于"霸王"战斗计划，他们已经收到了撤退的指令。可是在最后一步，克拉克将军居然没调用这个伞兵团；而美国五十五岁的卢卡斯将军——曾经因为统领一个军战斗而声名鹊起——好像信心十足，觉得一定要竭尽所能遏制反攻。最后，尽管我一收到成功登陆的消息，就马上告诉亚历山大应该发动进攻，不应该坚守桥头堡，可是全盘方案却裹足不前。不待说明，对后勤方面的估计，结果证明是偏高了，要求的数量打得太宽。原本为五万人提供服务的方案，现在给十七万人用都游刃有余，大家都得承认，这种运气实在太好了。

因为上天眷顾，也因为精心绸缪而得到的良好开端，好像轻易就放过了，这自然让我非常沮丧。可是，我完全不为已成定局之事感到遗憾。眼下，德国调往意大利南部的师起码在八个以上，所以那里总共已有十八个师了。将"霸王"战斗计划的战场上的德国军团尽量多调出来一些，并把他们绊在别的地方，如此，对主要战事而言，今年整个春天，发生在意大利的苦战就成了一个称心如意的序幕和伴奏。这对"霸王"战斗计划的成功实施十分重要。

我们原本打算自卡西诺阵地大规模地朝北推进，以策应登陆。这种打算我们的确想过，可因为穿越卡西诺，沿利里河河谷上去的难度非常大，所以没能施行。当然，我们正想方设法让这两支军队汇合，下一场戏的大幕随时都有可能拉开。卢卡斯的职位现在已由师长特拉斯科特接手，这个年轻的美国人很有名。我仍旧完全信赖亚历山大。

在国内，这里完全没有麻烦，尽管小人物的动作更加频繁，可是很快，轰鸣的大炮声将盖住他们的低声密谈。

我的确十分期待与你会面。日后到了关键时刻，你会来到我身边，这让我非常开心。

＊　　＊　　＊

这就是安齐奥之战的始末；这个故事，不缺绝佳的时机，也不缺希望的破灭；有我们这边苦心经营的开端，也有敌军迅疾夺回失地的拼搏，还有两方无畏的精神。现在我们清楚了，在1月初，德军最高指挥部曾经试图从意大利朝欧洲的西北地区派五个最出色的师。凯塞林表示反对，说在此种背景下，在罗马南面战斗的指令，他无法接受，非撤军不可。争得正凶，就出现了安齐奥登陆之事。德军最高指挥部舍弃了这一方案，不仅没从意大利战场向欧洲的西北地区派兵，还采取了截然不同的措施。自己的第十四集团军没能将盟军赶到海里，使得希特勒非常生气。2月16日，他们发起反攻，之后，他让一个专门的代表团——由二十名来自在意大利战斗的各个军种、各级将士组成——当着他的面汇报前线战况。在此次大战中，这种例子还是首次，也是仅有的一次。维斯特法尔将军评价称："想让他相信盟军的确在大炮上占据上风，最好的做法是让他亲自到战场上看看。"

我们对那时影响计划的所有状况都全不知情。不过它却证明我方在意大利发动的攻击，尤其是在安齐奥的进攻，对"霸王"战斗计划的达成，的确做出了重大贡献。我们在这本书里将看见它在解放罗马方面所起的作用。

第十一章　意大利：卡西诺

墨索里尼和齐亚诺——巴多格里奥元帅的政府陷入困境——我和罗斯福总统通过电报沟通此事——我于 2 月 22 日发表演讲，谈意大利的形势——对卡西诺的修道院进行轰炸——我们和敌军因糟糕的天气状况陷入僵局——同罗斯福总统就意大利的政治形势展开协商——苏联人接受巴多格里奥政府——意大利之战裹足不前——亚历山大的解释让人心服口服——英美关于"霸王""铁砧"两个计划和意大利之战的分歧——艾森豪威尔将军和威尔逊将军的看法——4 月 16 日，我就武装局势致电马歇尔将军——翁伯托太子担任摄政之职——盟军新攻势的前奏

在新的一年里，意大利的政治形势呈现出更加危险和失序的状况。德军增加了对墨索里尼的影子共和国的重压。在意大利南面，在巴多格里奥身边围绕的统治队伍除了受境内阴谋活动的攻击，还被英国和美国的言论藐视着。墨索里尼率先站出来反抗。

他从罗马逃走，到慕尼黑，和他的女儿埃达、女婿齐亚诺伯爵见面。意大利投降的时候，这两个人拼命跑出罗马。在大委员会召开的那场影响命运的大会中，齐亚诺虽然给他的岳父投了反对票，可仍希望妻子能帮自己同岳父讲和。这种心愿在慕尼黑时期的确变成了现实，进而点燃了希特

勒的怒火——他在齐亚诺一家抵达时软禁了他们。或许正是因为墨索里尼一直推迟对背叛法西斯的人的惩处，尤其是对齐亚诺的，才使得希特勒在这一危急时刻看不起自己的盟友。

墨索里尼直到"萨罗共和国"日渐虚弱的实力迅速下滑，而它的德国主人也表态再无容忍可能，才答应发起一次有计划的复仇行动。所有那些曾在7月间投票反对他的旧法西斯政权的领袖们，凡能在德军占领的意大利境内逮捕到的，都在1943年底在维罗纳的中世纪城堡中进行审判，齐亚诺也在其中。他们全部被判了死刑，无一幸免。虽然埃达恳求并要挟，可墨索里尼却没办法赦免他。1944年1月，这些人都以叛徒之罪被处决了，其中，除了齐亚诺，还有七十八岁的德·邦诺元帅——作为墨索里尼的袍泽，他曾经和墨索里尼一起攻打罗马，他们被捆在凳子上，后背中枪，勇敢地牺牲了。

齐亚诺的结局，同文艺复兴时期的悲剧里的种种特征一模一样。希特勒要求报仇，墨索里尼无力拒绝，白白让人笑话，可这个支离破碎的轴心的残骸——极其悲惨的新法西斯共和国，却仍然在加尔达湖畔勉强维持着烂摊子。

＊　　　＊　　　＊

在意大利南部，曾抵制前期的法西斯主义的反对党残余分子仍在攻击巴多格里奥。从去年夏天开始，他们建立了一些政治团体，不仅急于组建一个他们可以参加的领域较宽的政府，还妄图废除君主制；他们宣称，这个体制长时间容忍墨索里尼夺取政权，已经失去人心。他们的活动在英国和美国日益获得民众的支持。1月，六个意大利政党的代表大会在巴里召开，包含此种含义的决议得到批准。

所以，我给罗斯福总统发电：

首相致罗斯福总统　　　　　　　　　　　　　1944年2月3日

　　我衷心期望，除非我们两国部队眼下参与的大战已经让我们夺取了罗马，否则起码在这之前，我们同意意大利当前的政府继续施政。我坚信，若现在就把存在于意大利国内的这种政府换掉，而且努力在完全没有力量的政党里再组建一个新的政府，会极大地增加我们遇到的难题。一旦这些政治党派参政，为了赢得意大利民众的信赖，他们会觉得有采用强硬的手段——比意大利国王的手段，比巴多格里奥有胆量采用的手段更强硬——以保证意大利权益的必要。在我看来，若巴多格里奥也在其中干涉，就更糟糕了。并且按照我们得到的消息，抵制意大利国王的活动或许会极大地影响意大利海军。大量英美战士正在流血牺牲，所以这件事请你重点从军事角度考虑。

他在回信里再次做出承诺。

罗斯福总统致首相　　　　　　　　　　　　　　1944 年 2 月 11 日

我已经告知国务院，为了确保意大利绝对维持现状，眼下务必不对意大利当前政府进行干预。等到我们在意大利之战的武装形势彻底改善，我们能够应对那些目前协助盟军的意大利人发生反叛这一危险时再说。

可是，我觉得你我应当只将这个过程视为给这两位老先生提供一个苟活的机会。

我对我的看法进行了深入说明：

首相致罗斯福总统　　　　　　　　　　　　　　1944 年 2 月 13 日

有关我们应当等夺取罗马之后再对整个局势进行分析这点，我绝对赞成。眼下我们还没走到那儿。庆贺林肯诞辰的纪念活动使我意识到，除非抵达福克斯河，否则不必争论渡河之事。

现在的政权是意大利名正言顺的政府,我们曾经和它签订停战协议。按照协议,意大利海军加入我方阵营,而且有一些意大利陆军和空军与我们一起战斗。在听从我们的指令行事上,现在这个意大利政府将远胜于我们经过精心绸缪能建成的一切别的政府。另一边,在对船队、陆军将领和其他队伍的统御上,它也比自那些腐朽软弱的政治党派里建成的政府更有力量。更何况上面所说的政治党派,不管是选举,还是委任,都完全没有话语权。一个新的意大利政府想在意大利民众中建立威望,必定会选择同我们抗争这一策略。它会想方设法阻碍停战协议的条款的落实,这有很大的可能。而想让它在不引发叛乱的条件下,把部分意大利舰队交给苏联,在我想来,它是不会答应的,就算它同意了,意大利海军也不会听从它的指令。所以,我的意思是,我们到那时再一起讨论。国务院对达尔朗之事的处理,我绝对赞成。国务院现在好像认为那件事不应当那么处理。回想一下,我觉得那时此事的处理没什么不妥。几千名英国和美国的将士因为此事才活到现在,而且我们因此得到了达喀尔,说来那时我们是无力调集大量部队以夺取达喀尔的……

我收到了霍普金斯的信。他是个非常坚毅的人。听说他身体虚弱而且得再次做手术,这让我非常担心。我认为他在十二武士①里占有重要地位,所以如果能告诉我任何与他有关的消息,我会非常感激。刚刚接到一个噩耗,他的儿子在马绍尔群岛的战事中牺牲了。我不知道他的身体状况是不是可以承受这件事,所以请你代为传达。

因为我和总统在主要问题上已经达成共识,所以,2月22日我在下院

---

① 十二武士,也叫圣堂武士、圣战士、圣武士等,指的是当年跟随查理曼大帝东征西讨的十二位战士。——译注

发言时，就意大利的政治局势进行了介绍：

"意大利战争将变成一场持续很长时间的苦战。在我看来，眼下能在意大利建立的一切其他政府都没办法像当前政府这般，让意大利的武装力量俯首听命。在当前的战争中，我们若如我坚信的那般获胜，并且开进罗马，我们就能自由探讨意大利的整个政局，并且那时将具备很多目前尚未具备的有利条件。想要组建一个基础更广的意大利政府，唯有在罗马这个地方最合适。不过我无法推测的是，对盟国而言，如此组建的政府是不是能像当前机构那般有益。当然，为了提升自身在意大利民众中的威望，这种政府或许会在自己胆量可以承受的范围内尽可能地抵制它收到的有助于盟军的要求。可是我确实不愿意在战斗打得正激烈、尚未决出胜负的时候，发起左摇右摆的改革。当你手里拿着一把很烫的咖啡壶时，除非你有信心找到一把一样能用的，或者起码有块抹布在手边，否则，最好别将壶把弄断。

"两周前在巴里聚会的意大利众党自然满心期待组建意大利政府。选举没有赐予他们权利，宪法自然更没有赐予他们权利。对于眼下和我们共同战斗的意大利军，他们有一点合法的权限吗？这点也极难弄清。他们快被贫穷灾祸的重担压死了。粮食匮乏，而运送粮食的船只，仅仅是因为我们武装行动的持续增加就被征得一干二净。我推断，盟国那边今年已经将船只增加了一千二百万吨，不过运输船还是觉得不够，仍旧难以用来运送粮食，因为所有调过来的船只都被征用，用于重大的武装行动。

"意大利的这种政治基础或者政治力量能像在这样的国家里一般——在没吃败仗的国家里，或者不曾被战争损害的国家里，或者长时间被法西斯的统治压迫的国家里——完善地起作用，要是这么想，就错了。除非我们夺取了这一首都，否则，我们是没办法更清晰地看见这种形势该如何应对的，与此同时，还能学会更多的随机应变之道。所以，暂时来说，英王陛下政府和美国政府议定的策略是，设法打赢罗马之战，而之后的步骤，等夺取此地再说。"

*   *   *

对卡西诺发起的第二次大举进攻始于 2 月 15 日对修道院的轰击。修道院所在的那处高地是德军整条阵线的核心，俯视着拉皮多和利里两条河的交汇点。这是一个防守严密，难以夺取的障碍，这点已经得到了证实。那座有名的建筑位于峭壁两边满是炮火痕迹的顶部，在以往年代的战争中，它多次遭到劫掠和破坏，之后又被重新修建。眼下在是否应当使其再次遭到毁坏上，存在很大分歧。德军虽然没在修道院驻兵，可是他们的据点却和修道院自身的建筑连在一起。修道院掌控着整个战场。弗雷伯格将军作为军长在那里指挥战斗，他自然想先让空军轰炸，之后再让步兵攻击。集团军司令马克·克拉克将军勉为其难地去向亚历山大将军请求批准，得到批准后，亚历山大将军将对此事负责。因此，2 月 15 日，在对僧侣进行过充分示警后，四百五十多吨炸弹被扔了下去，这个修道院因此严重受损。外边宏伟的城墙和大门仍旧巍峨耸立。轰击并没有带来好的结果。现在，德军可以尽可能用各种各样的理由来使用残骸上的残垣断壁了，于是，相比建筑完好时，他们甚至得到了更佳的防守之机。

近日修道院的北面山脊担负起了原本美国第四印度师的攻击工作。为了攻占位于己方战线和修道院高地中间的小山，它们顽强地打了两天两夜，但以失败告终。2 月 18 日晚，发起第三次攻击。战斗非常凶猛，我们攻上小山的战士无一生还。当天深夜，一个旅从小路绕过小山直取修道院，最后发现走进的山谷满是地雷，而且距离敌人机枪的控制区非常近。这个旅严重受损，无奈停止前进。当这场激战在新西兰师前方的山地进行时，这个师顺利穿越了卡西诺镇下边的拉皮多河；不过还没等它们建好桥头阵地，德国坦克就发起反扑，它们又被打了回去。从正面攻打卡西诺，宣告失败。

因为天气的原因，战争在 3 月初暂时中止。路途泥泞，这是拿破仑失败的第五个理由，裹住了双方的脚。我们无法冲进卡西诺的主要战地，德军也没办法将我们自安齐奥赶到海里。两方战斗兵力相当。截至目前，在意大利，我们有二十个师，不过美国和法国的部队均遭受了重创。敌人在罗马南边有十八或者十九个师，五个以上的师在意大利北边，不过他们也一样是强弩之末。

当前，我们已经不可能突破安齐奥滩头阵地，继续朝前进发了，而且除非越过敌军在卡西诺的阵地，否则，我们两支独立的军队也不可能提前会合。所以，让滩头阵地切实地坚实起来，整顿军队且派遣援军，储备物资，以抵御事实上的围困且为最终反击积攒实力，是我们的当务之急。时间并不充裕，因为在本月中旬，很多登陆艇都将必须调给"霸王"战斗计划使用。登陆艇的调集已经延迟了一段时间，无法继续拖延了。海军已经尽其所能，并获得了值得称颂的战果。之前船舰日均靠岸吨数为三千吨；3月上旬，这个数字又增长一倍有余。此种进展得到了我的密切关注。

3月12日，我发问说："眼下到底有多少人在滩头阵地上等待口粮供应？从最开始登陆那天起算，有多少辆车上岸？储备的粮食和弹药能用多久？统计的基础是什么？"

亚历山大将军回答说，等口粮供应的人数有：美国将士九万零二百人，英国将士三万五千五百人。已经上岸的各类车辆大概是两万五千辆。他又罗列了粮食、弹药和汽油供应量的具体数值。储备没多少，不过情况正在好转。

维苏威火山数日后猛烈喷发。那不勒斯机场外除部分的运输中止了几天，港口的运输还在继续。3月24日，海军总司令收到汇报："那不勒斯那里所有港口一年的运输量虽然有一千三百万吨，可是维苏威火山每日喷出的岩浆就有大概三千万吨。对于上帝的此种做法，称颂是我们唯一可做之事。"

*　　*　　*

在我讲述的战争正在展开时，巴多格里奥遭遇了众多的政治攻击。因为舆论哗然，罗斯福被迫支持意大利政府的巨大变革。他提议在舆论压力下，我们可以做出妥协。

我给他发电报说：

首相致罗斯福总统　　　　　　　　　　　　　　1944 年 3 月 8 日

来信让我十分忧虑。你在 2 月 11 日已经认同了我的主张，可是来信谈及的各条却和它截然相反；在后一封电文里，你曾经言之凿凿地再次承诺，说"事情已经议定"。我已经按照那时的这种承诺，对议会进行了说明。

我左思右想，始终不觉得现在已经出现了任何新的关键性问题，或者盟军在自己占领的"意大利无条件投降"的地区中，已经失去了维稳的能力。如果对于局部的煽动表示让步，尤其是对那些醉心权势的政治团体插进来进行的威胁让步，就大错特错了。在那种背景下，我们在意大利建立的政府，有很大机会是这样的：武装力量不听从它的命令，可为了尽量赢得意大利民众的信任，它却能和盟国平起平坐。实际上，我们将遭遇另外一个戴高乐委员会式的政府，而且这个更难掌控。与此同时，我们在发起一场动人心魄的激战时，肯定会扔下想方设法想戴罪立功的意大利国王和巴多格里奥的可用政府，它们眼下正尽量帮助我们。

你提议的策略会更讨人喜欢，起码暂时能获得成功，这我并不否认，可是我坚信，获胜的统治者如同这般被一些落败的民众逼着行事，并不是什么好事。不仅如此，你和我之间，还有你国政府和我国政府之间出现显著且公开的矛盾，也不是什么好事。在达尔朗问题上，我曾经忠实而强劲地支援了你和国务院。考虑到我们眼下正在展开的及将要来临的各种重大的战役，我们两国政府现在更应当步调一致。

当天，他的回电让我相信，我们的想法是一样的。"我最大的心愿是，"他说，"你和我在这件事上，就像在所有其他事情上一样，也绝对和谐地继续合作。我们或许在时间方面有些不同看法，可是这种问题是能够解决的。在重大目标上，比如自决问题方面，我们的看法绝对相同。"

可是，舆论压力没什么变化。和六个反对党派讨论的主张，赢得了阿尔及尔那边最高总部的赞成，威尔逊将军发电报将此种主张告知了华盛顿和伦敦的联合参谋长委员会。他有权这样做，因为他为两个国家工作。可是，我并没有改变自己的看法；战时内阁里的同事们在弄清事情的原委之后，大致认可了我的看法。

首相致罗斯福总统   1944 年 3 月 13 日

我们要是在现在这个时候将意大利国王和巴多格里奥赶走，我怕军队的工作会更难做。据我所知，苏联那边也是这个意思。他们当然非常现实，他们以打造一个共产主义的意大利为目标，可是，除非所有采取过激处理方案的条件都已具备，否则，用一用意大利国王和巴多格里奥，或许并不影响他们的利益。坦白告诉你，这种危险我不是没想过。我仍认为我们应当建一个基础广泛的政府，与此同时也要顾及民主的意大利北面的人的想法，并在那边找到代言人。当然，如果我们无法在数个月内夺取罗马，我们肯定得早些采取措施，不过提早行动就失去了我们在夺取意大利都城之后将拥有的良好条件。只有攻占了罗马，我们才能得到更有代表性的基础。

罗斯福总统的回电让我感到沮丧。

罗斯福总统致首相　　　　　　　　　　　　　1944 年 3 月 13 日

　　之前的电报若没解释清楚，那非常抱歉。我从没想同你说，我答应除非夺取罗马，否则暂时不做任何政治决定。自上一次交换过电文之后，意大利政局发展得非常快，可武装局势却并没有与之相协。罗马不知道要多久才能拿下，现在一定要启动重要的政治决议。

　　除非理由充足，否则，我不想把严苛的措施用在我们的意大利朋友身上。在当前的状况下，总司令和他的英美政治参谋建议我们当即赞成六个反对党的计划。如此，我们在政治、军事事宜上，此次的观点正好一模一样。

　　我们只要告知行政会议，我们赞成他们的计划，并且在需要的时候，问清意大利国王个人的意愿，我们不用问任何其他问题。意大利人会把处理办法呈送意大利国王，并且自动执行此次计划。

　　我无论如何都弄不明白，这一策略如此合乎我们一致的军事、政治目标，为什么迟迟不能答应。我们对维克多·伊曼纽尔持续的容忍和提供的明显的扶持，这绝非美国舆论能够理解的。

　　苏联人现在没和我们商量，就派了正式的使节去巴多格里奥政府，事情因此变得更加复杂。

首相致罗斯福总统　　　　　　　　　　　　　1944 年 3 月 14 日

　　名义上，我们和当前的意大利政府还处在战争之中，苏联人已经声明派全权代表去了这个政府。在我看来，谈及的六个政党的计划，还没经过深思熟虑就表示认同，并马上让意大利国王退位，让克罗齐勋爵统摄政权，并不是明智做法。可是，对于你所说的"一种重大的政治决定"——这种叫法恰如其分——我会呈交战时内阁，询问他们的意见。我们从 1940 年 6 月开始和意大利一直打到现在，英国战士的死伤数字已经高达二十三万两千人，除此，还有船舰的损毁。我坚信，在这件事上，你会顾及我的看法。我们应当尽量采取一样的措施。别忘了，我已经对民众许诺过，必定将所有不同意见告知民众。

在战时内阁研究过这些电文之后，我将讨论结果告知罗斯福总统：

1944 年 3 月 15 日

今天早上，我已就这一提议——英国和美国政府应当果断地答应六个政党的计划，咨询过战时内阁的看法了。战时内阁让我向你确切说明，他们绝对赞成你想在意大利构建一个基础更加广泛的政府的心愿；至于意大利人民将来采取哪种政府模式，则只能按照自决原则处理。需要对时机之事进行协商这点，他们也认可。在这件事上，他们坚信，最好等我们夺取罗马，再让意大利国王同巴多格里奥断绝往来，因为没有罗马做基石，是没办法比当前更能构建一个代表性更强的、基础更坚实的政府的。他们认为，对我们一致的利益和意大利的将来而言，最糟糕的办法就是建立一个懦弱且终将崩溃的民主政府。等北部各省和对我们有益且在民主处理方案里关系重大的大型工业中心，比如米兰和都灵等地区，得到解放之后，会重新议定解决方案，所以就算在罗马实现的解决方案，也成不了最终结论。现在这个意大利政府正因为我们的利益而忠实、有力地努力着，那六个政党真能代替它吗？或者那六个政党真有作为意大利民主政治和意大利民族代表的属性吗？他们并不这么看。

在得出这些结论时，战时内阁自然参考了盟军总司令威尔逊将军发来的电文，可是并不赞成他的看法。与此同时，外交大臣提交给国务院的意见，我们应该尽快予以协商。自然，我们也清楚，如果夺取罗马时间拖延得太久，比如拖了三个月，那就得重新探讨时机之事了。

最后，他们让我着重说明，不让外人知道我们两国政府之间存在的一切不同看法非常重要。这点在苏联不和其他盟国协商就单独行事，直接同巴多格里奥政府建交的时候，尤其重要。三国政府几个月之后可能采取一致行动，在这个时候，如果议会和报纸就我们各自的不同见解进行讨论，那是非常糟糕的。

到这里，此事暂时宣告结束。

* * *

尽管安齐奥现在已经让人放下心来，可是意大利的整个战争仍处在延误状态里。我们原本希望德军此时已经被赶到罗马以北，而且为支援横渡英吉利海峡的主力战，我们已经能将精锐部队抽调出来，开赴里维埃拉海岸进行大规模的登陆战了。上述战事被叫作"铁砧"战斗计划，原则上，已经在德黑兰议定。没多久，它就成了我们和美国友军间的一个矛盾。意大利之战在这个矛盾出现之前明显已经持续了不短的时间，可当前最要紧的事，却是将卡西诺战线的僵局打开。2月的进攻失败没多久，对卡西诺发起第三次进攻的计划就开始了。可是恶劣的天气使得攻击直到3月15日才开始。

此战的主要目标是卡西诺镇。第一步是展开激烈的轰炸和炮击，用了将近一千吨的炸弹和一千二百吨的炮弹。之后，我们的步兵发起攻击。亚历山大说："这样激烈的轰炸持续了八小时，在这种情况下，要是仍有军队平安无事，我实在无法想象。"可是的确有军队没被消灭。德国陆军里，最坚韧的作战军队或许就是德国第一伞兵师了，它们占据了一处布满碎砖烂瓦的地方，同新西兰军和印度军激战到最后。我们的军队在天黑之前已经夺取了这个镇的大多数地区；而自北向南推进的第四印度师一样收获不小，第二天，已到达修道院山三分之二高度的地区。随后，战场遇到不利局面。轰炸的弹坑很深，我们的坦克开不过去，无法紧跟步兵突进的脚步。

坦克几乎两天之后才起效。敌人稍微派了些援兵。天气忽然发生变化，风雨交加。我方军队渐渐控制了局势，不过像之前那样的成功就得不到了，也没能在激烈的战斗中压制住对手。

在两次战斗之后，敌人所在阵地已被证实是坚实难以夺取的，那我们为什么不在侧面发动攻击，将敌人赶出阵地呢？我无法理解。

首相致亚历山大将军　　　　　　　　　　　　　1944 年 3 月 20 日

请你告诉我，在卡西诺、修道院山等地形成的那个通道，总共大概两三英里的战线区，怎么就成了你一定要重复发起攻击的、仅有的目标。为了攻击这些关键地区，已经耗尽了大概五六个师的兵力的所有力气。当然，我不知道地形，也不了解作战情况，可是从远处看，如果能在这儿牵制住敌军，那我们应该可以对其两侧发动攻击啊，这让我十分困惑。与此同时，好像也弄不明白，除了这个防御最为坚实的要塞，我们难道就没有别的路前进了？假如（从军事角度上讲）这个要塞已经饱和了，那就没有一个能取得进展的侧面吗？对你，我信心十足，而且不管情况有多艰难，我都会支持你，可是我希望你告诉我为什么不能从侧面进行攻击。

他的回答清晰并且令人信服，对军事学家和历史学家而言，用当时写的话来阐述局势，或许很有帮助。

亚历山大将军致首相　　　　　　　　　　　　　1944 年 3 月 20 日

你于 3 月 20 日发来的电文，以此作为答复。沿着亚得里亚海到南部海岸的所有主要阵地，直接通往罗马的只有利里河河谷，而且这个地方也有利于展现我方炮队和装甲兵团的优势。除骡马车道外，从我们所在的这个山谷横穿拉皮多河抵达利里河河谷的大路只有一条，也就是第六号公路。此处通往平原的出口被卡西诺山堵塞和控制着，那座修道院就矗立在山顶。我们曾数次想自北边围攻修道山两侧，可是这一切攻击都没成功，之所以如此，是因为这里的深谷和悬崖限制了武装行动，仅限于人数较少的步兵小队。它们的物资只能让人挑过去，少部分靠骡子驮。为了打通这些骡马道，我们做出了极大的努力。

修道院近乎被一个险峻的峡谷自北彻底切断，现已经探明这个峡谷是过不去的。如果以更广阔的区域来施行迂回行动，难度甚至会更高，因为肯定得越过凯罗山，这座高山除了陡峭外，还覆盖着厚重的白雪。美军想从南边越过拉皮多河对卡西诺棱堡侧面进行攻击，可是就像你知道的，此次攻击也没成功，第三十四师和第三十六师受到重创。自卡西诺南边穿越拉皮多河有很多难题：这个时段每年都会发大水，遍布淤泥的沼泽引发桥梁搭建问题，可建桥的材料连运送的路都没有，在远处的岸边，还有敌方战线抵制。另外，从卡西诺南边渡过拉皮多河，更是遭到了位于卡西诺的、离此最近的后方，或者西面山脚，还有利里河河谷南侧山脚下的小山里潜藏的德国炮兵战线的大炮的猛攻，这是已经被证实了的。

弗雷伯格制定的攻击方案是直接攻击这个棱堡，靠敌人始料不及的攻击和占据绝对上风的火力来瓦解敌人的反抗以赢得胜利。计划是对卡西诺镇发动突然袭击，之后迅速冲向修道院山南坡和东坡，并在敌人对我方行动影响有限的地点对这一棱堡发动攻击。这一方案的初期阶段近乎得偿所愿，我们没什么损失。我们已经占领了，并且直到现在仍控制着拉皮多河上的两座桥：一座位于第六号公路上，一座位于铁路桥上。两座桥都能让坦克通行。廓尔喀大军已经夺取且占领着修道院周围两三百码的地方。以下是我们之所以没能在最开始的四十八小时内顺利夺取目标的总体原因：

在卡西诺，由于轰炸对于道路和行军造成严重破坏，因此使用坦克和其他作战车辆已大受妨碍。德国的伞兵非常坚韧，他们曾经遭遇了全地中海空军的轰击，还承受了八百架大炮里的较为出众的大炮的猛攻，此次攻击持续了六个小时之久，聚集了史无前例的最强火力。我认为世界上再没有其他军队能在承受了这种攻击以后，继续英勇地战斗了。明天，我将与弗雷伯格及陆军的众位司令见面，就当前的局势进行讨论。

如果我们不再继续进攻，我们会在这两座桥上坚守，并且调整我方战线，以维持已经赢得的有利堡垒。经过重新改编，第八集团军将开始执行大规模开赴利里河河谷的计划。按照这一计划，势必朝更辽阔的战线发动攻击，至于需要的军力，得超过弗雷伯格在此次战事中统领的兵力。山上的积雪很快就会融化，河水低落，地表会变得坚实一点，如此，军队就能在当前走不过去的地方前进了。

首相致亚历山大将军　　　　　　　　　　　　　1944 年 3 月 21 日

非常感激你详尽的说明。你已经走到了这一步，请千万别"停手"。敌人的确已濒于绝境。望你一切顺利。

对于这场战争，我们大家眼下都很担心。

在卡西诺废墟上激烈进行的攻击和反攻直至 23 日才宣告结束。新西兰和印度军队都无力继续战斗了。我们夺取了这个镇的大多数区域，可是最后廓尔喀军无奈撤出了位于修道院山高处的堡垒，因为山势险峻，就算用飞机运物资过去，也收不到。

＊　　　＊　　　＊

应我所求，威尔逊将军汇报了此战新西兰军的死伤情况：第二新西兰师一千零五十人；在第四印度师里，英国士兵四百零一人，印度士兵七百五十九人，一共一千一百六十人；英国第七十八师一百九十人；总数为两千四百人。

所得战果看上去很小，以此来看，上面的数字所代表的牺牲真的是太大了。可是，我们在位于卡西诺地区的拉皮多河上已经建成了滩头阵地，在最终胜利降临的作战中，它和横穿加里利亚诺河下游的纵向突出阵地——由第十军在 1 月所建——都起到了重要作用。在这儿和安齐奥滩头阵地，我们大概将德国的二十个精锐师牵制在了意大利中部，无法抽身，要不然，里面的不少师可能已经被调到法国去了。

我方军队一定要先进行整顿，之后再次对古斯塔夫防线发动攻击，才有可能赢得胜利。必须将第八集团军主力自亚得里亚海方面调过来。两支陆军一定要一起筹备下次战斗，英国第八集团军得在卡西诺战线聚集，而美国第五集团军得在加里利亚诺河下游聚集。亚历山大将军近乎要耗时两个月来调集部队。

这就表示，地中海军队唯有在 6 月初，以在罗马南边的战斗来援助横渡英吉利海峡的战斗。美国三军参谋长仍旧极力要求在法国南边展开一次配合性登陆，至于要给威尔逊将军下达什么指令，我们在此事上争论了好几周。

*　　*　　*

此处介绍一下英国和美国的争论过程，最开始是就"霸王"和"铁砧"这两个战斗计划发生争论，之后是就"铁砧"战斗计划和意大利之战发生争论。读者不妨回忆一下，12 月 31 日，在马拉喀什，我和蒙哥马利谈话的时候，他曾经说，一定要以更多的军力来执行横渡英吉利海峡的最开始的猛烈进攻；我在 1 月 6 日发电报同罗斯福总统说，比德尔·史密斯和蒙哥马利坚信，最妥当的办法是筹备更加健全、更加广泛的"霸王"作战计划，至于"铁砧"战斗计划，就不要扩张了，要将其限制在我们在德黑兰会议之前大概议定的范围内。

1 月 21 日，艾森豪威尔将军来英国没多久就召开会谈，在会谈中，此事引起轩然大波。他个人深信"铁砧"计划至关重要。在他看来，因为要强化"霸王"战斗计划就压制"铁砧"计划，并不正确。他在会谈结束之后，发电报同华盛顿的联合参谋长委员会说：

> 一定要将"霸王"和"铁砧"当作一个整体来看。如果人员、物资足够调用，以五个师的兵力来发动"霸王"的初期进攻，以三个师来发动"铁砧"的初期进攻是最佳方案。不过，如果人员、物资短缺，我只能肯定地说，我们应该用五个师来发动"霸王"的初期进攻，至于"铁砧"的，只能用一个师的军力来发动。暂时来说，"铁砧"仅仅是震慑敌军，等到敌人的实力下降之后，再让这个计划活跃起来。

英国三军参谋长就这份电报对华盛顿阐述了他们自己的看法，第一，无论"铁砧"战斗计划的初期进攻要用多少兵力，"霸王"战斗计划初期进攻的兵力都应该增加到五个师。第二，"铁砧"计划初期进攻的军力应该尽量以两个师，或者超过两个师来完成。第三，要是无法护送这个数量的师参战，务必将地中海的登陆艇减至一次登陆一个师的程度。

此种意见遭到了美国三军参谋长的反对。他们觉得震慑不足以替代切实的武装行动，非要用两个师的军力展开攻击。我曾就这份电报写了以下概括："一次让两个师的军力完成登陆，如此施行'铁砧'计划，明显使'铁砧'计划的优先级别高过了'霸王'计划。这直接背离了艾森豪威尔和蒙哥马利两位将军的主张。"

＊　　＊　　＊

在和我进行过充分协商后，英国三军参谋长于2月4日给他们的美国同事发了封篇幅很长的电文，里面着重说道：最需要筹划的应该是让"霸王"计划成功，而依照最高指挥官的要求来为"霸王"筹备军力，之后再将或许能得到的一切额外人员、物资划拨给地中海那边，是最妥当的处理方案。

考虑到意大利战争的发展情况，他们觉得施行"铁砧"计划或许并不是什么睿智的做法，还说当时在德黑兰会赞成"铁砧"计划，原因是当时推断，德军会撤到罗马北部阵地。可是眼下，德军是想不惜一切代价遏制我们在意大利的攻击，这点毫无疑问，马上就能发现。他们还说，法国南部距离诺曼底海岸大概有五百英里，就像通过罗纳河河谷一样，可以自意大利或者别的阵地发动牵制性攻击。实际上，"铁砧"计划是无法和"霸王"计划彼此策应的，因为它发起的地方太远了。

美国三军参谋长建议将此事交给艾森豪威尔将军，让他作为代表，和英国三军参谋长开会寻求处理办法。对此，我们表示乐于从命，但用了几周时间才达成共识。艾森豪威尔将军还是想推行"铁砧"计划，不过他开始觉得，或许已经无法将那些战斗得筋疲力尽的师团撤出意大利了。3月21日，他向威尔逊将军咨询看法。威尔逊将军回答说，除非已经夺取罗马，否则他绝不赞成自意大利撤兵。他还提议放弃"铁砧"计划，在德军落败之前，我们不应在法国南部登陆。

于是，事情忽然发生变化且势不可挡。英国参谋长委员会发电报告知华盛顿，"铁砧"计划明显无法按既定日期施行，因为将部队从意大利战争中撤回也好，将安齐奥滩头阵地的登陆艇撤走也罢，都无法实现。美国参谋长联席会议觉得确实如此；威尔逊将军预备7月在法国南部登陆，若决心在意大利决出胜负，就得将意大利的德军尽量绊住、消灭掉，对此，他们表示赞成；而且相信6月初肯定已经万事俱备，到时就能确定究竟应该推行哪个计划了。

我个人绝对支持在意大利继续推进，下面的电报可以为证：

首相致马歇尔将军（在华盛顿）　　　　　　　　1944年4月16日

1. 我们刚刚在地中海增加的登陆艇如此珍贵，却要舍弃，我们自然会觉得非常难过。毫无疑问，这些登陆艇是历经千辛万苦才拿到的，你在特定的情形下，才愿意调给我们使用。在长时间的奋斗且遭受了重创后，在即将成功的时候，居然得先答应不再对战争进行供应，或者必须停战，这让我觉得无法容忍。意大利的我方将士，在数量上，并没比敌人多多少。我们的部队有七八个种族，可德军全是德国人。因为雨水丰沛，我们始终无法让炮队、装甲部队以及空军那边发挥十成的效力。亚历山大报告我说，等他的主力越过拉皮多河，将马上自安齐奥滩头阵地朝东北进攻，而非朝东南进攻。如此，我们或许找不到停止推进的时间，或许没办法说："停在这儿，展开防守。所有人上船去参加'铁砧'之战。"与此同时，或许也找不到切实的机会来按照推测先做出这样的决定——为满足"铁砧"计划所需，而将供应给意大利之战的物资切断。一个部队若没有一个统一的目标、左摇右摆，肯定会引发貌合神离的暗流。所有后勤也将被此种情况影响，他们肯定会知道发生了什么。千万别忘了，在最精锐的七个师被调走参加"霸王"之战时，在意大利战斗的部队正在进行重大的浴血奋战。

2. 当然，若意大利战争的局面早就不乐观，我们也无法冲破其他敌军的战线，只能展开防守，在那样的情形下，想将精兵撤走，自然行得通。可滩头阵地供给庞大，仍旧急需我们的登陆艇提供援助。"铁砧"也好，其他两栖战也罢，要是没了你们的太平洋登陆艇，谁都无法让两个师的人同时登陆战斗。

3. 因此，我坚信我们一定要竭尽所能地推进意大利之战，毕竟已有不少英美战士为它而死，且将其视为同"霸王"战役一样的决定胜负的一战。很多眼下还看不见的事，等到 5 月 31 日，我们有很大机会将看见。我为我们只能舍弃这个良好机会而感到惋惜。

4. 蒂尔同我说，你在德黑兰提起"铁砧"计划时，我非常认可，所以你原本期望我能更热烈的赞成这一计划。请你静下心来，回忆一下，局势已经截然不同了。我们 11 月时曾经指望 1 月夺取罗马，那时有不少迹象表明，敌人打算朝意大利半岛北部撤退。可实际情况却完全不一样，虽然我们发起了大规模的长途两栖战，可是我们仍旧被遏制在原本的地方无法前进，敌人调集了八个师的机动部队来打这场罗马南边的战斗，这八个师正是我们原本指望"铁砧"战役彻底启动时将会吸引的那八个。所以，此事在振奋人心的同时，也让人非常遗憾。

5. 坦克登陆艇的极度短缺是这个难题出现的全部原因。历史学家肯定弄不明白，英国和美国这样的两个大国，它们的计划居然因为缺一两百艘此种类型的船舰而受困，无法施行到底。美国政府甚至不想竭尽所能地生产坦克登陆艇来满足我们的需要；我们要是能得到足够的物资，就能在和日本的战争中支援你们。这种情形让我十分担心。这种特殊类型的船舰的短缺，将使你们左侧的我方的整体战斗力受损；我怕我们会受到指责，说我们不尽心，这种指责并不公允，事实上，我们是想竭尽所能的。

威尔逊收到了反映我的观点的指示。4月24日，我在发给罗斯福总统的电报里，如此说：

对于发生在意大利的情形，让我十分高兴。在我看来，我们两方已经顺利实现了追求的目标。眼下唯一的不足就是尚未取胜。亚历山大来这儿讨论了几天，我和他进行过若干次长谈。他竭尽所能替自己已经进行的行动和未曾进行的行动辩解，说他的队伍并没有多出很多人；队伍成分不一，德军全都是德国人，可它的战士居然有七种以上国籍。气候恶劣，地理环境又非常糟糕。他最晚会在5月14日发起攻击，并将竭尽所能朝前推进。此战若是取胜，或者仅仅是战斗激烈，也能和其他计划彼此配合得不错。

* * *

意大利南部的政治状况再次严峻起来。根据宪法制定的妥协方案已经达成，议定意大利国王将他的权力移交给自己的儿子——翁伯托王储，由王储统领政务。等赢得最终胜利之后，由民众投票确定君主制的指令。4月12日，王族谕令已经下达，等盟军开进罗马后正式生效。巴多格里奥在这个月月末对他的政府进行了重组，招募了南部的重要政治人士，其中克罗齐和斯福尔札最有名望。

＊　　＊　　＊

威尔逊将军在我方军队预备发起攻击时，将他指挥的所有空军调了过来，滋扰、袭击敌人，而敌人也像我们那样，正利用喘息机会来进行休整补充，为下次战斗做准备。为了能频繁地切断敌军的地面运输，强悍的盟国空军也一起进行了轰击，敌人最终因为供应不足无奈撤离。这一武装行动，我们积极地将其命名为"绞杀"，它以切断通向意大利北面的三条铁路线为目标，桥梁、高架桥和其他铁路交叉点是主要目标。盟国空军试图让德军山穷水尽，撤离意大利中部。

这种努力持续了六周多，造成了极大破坏。铁路交通在距离罗马北部极远的地方频繁中断，可是我们所有期望并没有因为此次努力而变成现实。敌人将自己的海岸运输运转到极致，再将给养交由汽车运送，而且为获得给养，妥善地利用了夜色的保护。可是敌人无法为长时间的激战储备足够的供应品，他们在5月末的陆地战中，受到了极大打击。我方各个独立战队汇合的速度，还有夺取罗马的速度，远比我们料想得快。德国空军因为妄想守住它的运输线，受到重创。至5月初，它面对我方的一千架飞机时，能调集的战斗机仅有七百架。

意大利战场的情况已经逐渐成熟，到这里，我们可以将其放下，讲讲那个最关键的横渡英吉利海峡的战斗了。

第十二章　日益增强的空中攻势

在增加轰炸机上，我们取得的进展——我们前期轰炸，精确性不足——雷达在搜寻目标上的效果——德国无奈转为制造战斗机——美国于1943年参与对欧洲轴心国控制区的轰炸——卡萨布兰卡大会的指令——英国空军趁夜轰击鲁尔区——汉堡的空战——猛袭柏林——10月14日，在施韦因富特，美国空军严重受创以及由此引发的结果——在攻打纽伦堡上，英国空军的损失——美国空中壁垒总算得到了远程战斗机的保护——英国炸弹威力变强——彻韦尔勋爵的调查——铝化炸药——德国战时经济因为我们的空袭而受到的破坏——在"霸王"作战计划里，盟国空军发挥的效用——法国人民伤亡巨大，英国战时内阁对此非常担心——罗斯福总统的决议得到了我们的赞成——英美轰炸机机组人员的勇敢和牺牲精神

　　轰炸机指挥部在我们全部的战斗计划里所起的作用越来越大，最终为胜利提供了关键性的帮助。这章将讲述一些它的行动。

　　直至1943年，我们才具备充足且好用的飞机，以发起凶猛的持续性轰炸，美国第八空军总队在这年加入了我们的空军战略进攻。我自1940年开始，就始终鼓励强化我们的轰炸机力量。难题非常多。制造比预估得慢；其他战场和反潜艇战都对飞机的需求量要求很高；美国加入战斗之后，

它制造的飞机当然以它自身需求为优先。我们新型的四引擎飞机尽管增长量很低，可它运载炸弹的重量却增长得非常大。1942 年前几个月，一架飞机的平均运载量为两千八百磅；当年年末，是四千四百磅；1943 年，增加到七千五百磅。

大战初期，我们和德国方面都已意识到，轰炸机就算队列非常密，也无法在白天、在不遭受重创的情况下，冲破强大的战斗机阵线。正如敌人那样，我们只能改成晚上轰炸。一开始我们太过相信自己轰炸的准确性，可是 1940 年到 1941 年冬，在我们试图对关键但目标微小的德国炼油厂进行轰炸时，遭遇了失败。1941 年春，轰炸机指挥部奉命投身大西洋之战，再次对德国发动攻击时已经到了 7 月。此时工业城市和铁路核心区，尤其是鲁尔和汉堡、不来梅、汉诺威、法兰克福以及斯图加特成了被选定的目标。但是，我们的飞行员、飞机和战斗技巧都无法满足需求。我方的损失每天都在增多，在冬天的月份中只能减少空军的活动。之前已经说过的名叫"前进"的新型位置探测器[①]，于 1942 年 2 月开始投入使用，我们于是仰仗它的效果，将鲁尔作为主要目标。经哈利斯空军中将的全力调度，轰炸取得了辉煌的战果。他的战斗安排是：对吕贝克和罗斯托克进行火攻，5 月中旬，以一千架次的轰炸机轰击科隆，并在白天对奥格斯堡的潜艇内燃机工厂进行轰炸，内特尔顿空军少校因为此次轰炸赢得了维多利亚十字勋章。

导航队始建于 8 月中旬，由贝内特空军准将统领。在航行和搜寻目标上，雷达发挥的作用越来越大；将这种稀少且繁杂的设备交给专家，由他们负责为别人侦察路线，并指明目标，是最好的解决办法。

尽管一直无法实现的精准夜袭，在此种背景下渐渐变成了现实，可是轰炸机在 1942 年发动的攻击，既没有让德国的军工制造减产，也没有让

---

① 在第四卷第十六章里已经就本章提及的几种仪器进行过详细介绍。——原注

民众的斗志变小。太小看德国的经济实力了。在攻占的国家里，德国大力发掘制造力和劳动力，所以实际上，它的军用产品看上去还增多了。救援工作由戈培尔负责，他推行的铁一般的纪律使得普通民众意志坚决，整个国家并没有因为部分地区的灾祸而受到影响。可是德国的领导者们已经非常忧心，被迫在空中展开防守。德国制造飞机时，越来越侧重战斗机的制造，而非轰炸机。德国空军由此开始走上败亡之路，也是以此为拐点。我们在1944年得到了空中的压倒性优势，我们能打赢这场仗，多亏了这种优势。在重要性方面，仅次于对希特勒和他的空军司令们所取得的这种心理上的胜利的，则是在西线对德国建立的这条危险的第三空中战线，它对苏联人和地中海方面我们自己的军队都是有利的。

就这样，我们迈进了1943年。美国人此时也参与到对欧洲的轴心国控制区进行轰炸的行动中。他们和我们在轰炸战略上有着不同的见解。我们的战略是晚上轰炸，这种战略眼下是有效果的。可美国人却坚信，他们的重型飞行壁垒，若能密集排列，就可以在白天，在不用战斗机保护的情况下，开到德国腹地。我觉得这种体系行不通。在上一卷里我曾经说过，在卡萨布兰卡，我将自己的忧虑同美国驻英空军司令埃克将军说了，并且撤回了我的不同看法。[①] 在英国卡萨布兰卡驻守的美国轰炸机队在1943年2月4日接到的命令，指明它们的工作如下：

不间断地对德国的军事、经济和工业等体系进行毁坏、滋扰，并且瓦解德国平民的战斗意志，直至德国彻底失去军事对抗的能力，是你们的主要目标。

在以上总范围内，你们眼下的主要目标按轻重缓急排列如下：1. 德国的潜艇工厂。2. 德国的飞机制造业。3. 运输。4. 炼油厂。5. 敌人在

① 第四卷，第608—609页可见。——原注

战争时期的其他工业上的目标。

这五类目标，美国第八空军总队的埃克将军想采取日间精准轰炸的策略予以打击。他呼吁增援，可还没等增援的军队过来，他就发起了数次勇敢且牺牲极大的轰炸。哈利斯空军中将展开的轰炸均在晚上，对鲁尔区的密集型轰击——始于3月5日到6日晚对守卫森严的埃森展开的轰炸——从1943年3月一直进行到7月。八架蚊式飞机将装备了"欧波"（"双簧管"）盲目轰炸器的目标照明弹投了下去；之后，二十二架导航队的重轰炸机对目标进行更深入的照明，让三百九十二架飞机发起猛攻。在此次大战中，埃森首次遭受重创。轰炸机队的实力和行动的推进，使得戈培尔对轰炸引发的后果越来越沮丧，他在日记中严厉地指责德国空军无法遏制英国轰炸机的攻击。1943年6月，德国最精干的制造部长施佩尔在对纳粹地方负责人讲话的时候，说到了煤铁和机轴制造遭受的重创，还有加倍增强鲁尔区的防空举措和招募十万人从事维修工作等相关决议。

在损毁鲁尔区军工制造业中心上，英国空军终于赢得了胜利，不过美国的飞行壁垒却遭到了德国日间战斗机的顽强抵抗。很快，埃克将军就发现，不先把德国空军打垮，他的计划实现不了。联合参谋长委员会在潜艇战的形势得到极大改善后，同意调整轰击目标的前后次序。卡萨布兰卡会议的决定，在1943年6月10日下达的名为"直截了当"的指令里被修改了，第一侧重就是对德国的战斗机和对德国飞机制造业的攻击。

英国轰炸机于7月24日和25日晚开始激烈轰击汉堡。因汉堡超出了测距范围，所以对装在飞机上的不需要国内信号指引的"硫化氢"盲目轰炸器进行了充分利用。这种设备可以在飞机的屏幕中展示地面主要特征的轮廓，这种屏幕和当下电视机的荧光屏差不多。如果地面有水道分开，像汉堡船坞那样，影像会格外清晰。从1月首次使用盲目轰炸器开始，轰炸机队就有了经验，并且在对汉堡进行轰炸的时候，还首次应用了一个留了很长时间且名叫"窗户"的新发明。这种新发明仅仅是轰炸机投下的金属化的纸条，这在第四卷里已经解释过了。这种满天飞舞的纸条总共只有数磅重，和德国雷达的波长作用到一起，在敌方雷达屏幕上就像出现了一架飞机。所以在夜间，敌人很难引导它们的战斗机同我们的轰炸机对战，或者让高射炮和探照灯来对我方飞机进行瞄准。[①]

汉堡在7月24日到8月3日之间受到了四次轰炸，这样大的城市在如此短的时间，遭受了史无前例的重创。第二次攻击进行了燃烧弹的密集抛掷，还有烈性炸药夹杂其间，整个城市变成一片火海，哀鸿遍野。这场大火是一切人工消防措施都救不了的。很多德国人在描绘汉堡空袭时，称其为"大灾难"。战后，施佩尔说自己曾经推想，德国六个其他主要大城市若是也遭遇了同样的空袭，那德国的战时生产活动早就垮了。德国在1943年之所以免于这种命运，部分原因是：除非目标区域内有明显的水面特征，否则就算是进行区域性轰击，也难以使用"硫化氢"盲目轰炸器；与此同时，英勇凶悍的德国夜间战斗机顽强的抵抗也是原因之一。

对柏林的轰击，是我们在1943年发起的第三次大规模空袭。此次轰击始于1943年11月，到1944年3月结束。这个大型工业区若是能和汉堡一般失去行动能力，德国的战争生产和战斗意志或许会遭受毁灭性的重创。

恐怖的难题摆在轰炸机指挥部面前，以无所畏惧的胆量和果决让空袭尽可能击中敌人的要害。天气非常糟糕，有几次，我们的轰击行动只能依赖"硫化氢"盲目轰炸器的雷达瞄准器。轰炸机在投掷炸弹时拍下的夜间影像，只是一片烟幕。影像探测队日间飞过柏林也一样没什么斩获。德国人自己也说柏林因为轰击严重受损，可是，我们因为无法对每次轰击录像的结果进行比对，所以没办法对十六次轰击的结果进行对照。直到1944

---

① 第四卷，第257—259页可见。——原注

年3月，我们才得到了足够清晰的照片，推断敌方的破坏程度。事实证明，柏林遭受的损坏程度没有汉堡大。

在这期间，美国第八空军总队在依照"直截了当"的命令对敌人的战斗机队和飞机制造业发起进攻时，由于德国飞机迎敌速度越来越快，实力越来越强，所以越来越大地遭到德国日间战斗机的损害。1943年10月14日，战事到达高潮。美国飞机在施韦因富特轰击对德国飞机制造业意义重大的滚珠轴承厂时，在美国二百九十一架大型飞行壁垒中，有六十架飞机被打落。从此，他们才开始接受，日间轰炸机在缺少保护的情况下，无法在德国面前获得空军优势，因此在生产出能力足以保护轰炸机的远程战斗机之前，他们暂时停止了攻击。

英国轰炸机指挥部应不应该以自己的方式对施韦因富特进行轰击，对此，不同看法之间近乎争得不相上下。最后决议，英国空军和美国空军各自在日间和夜间展开进攻。在等了很久的远程战斗机的帮助下，美国第八空军总队总算以二百六十六架轰炸机在1944年2月24日日间发动了轰击，当晚，英国轰炸机指挥部调集七百三十四架飞机过去展开进攻。这是对共同目标展开的名副其实的联合进攻。可惜争论时间过长，使得此次规模巨大的轰击效力受到了极大的影响。美国飞机四个月之前就在日间对施佩尔进行过轰击，施佩尔有了戒心，已将制造业分散开了。

*　　　*　　　*

针对日间或者夜间轰击策略的技术问题，英美空军各执一词，进行了长时间的争论，并将相反的理念应用于现实之中，在此期间，两方凭借强大的牺牲精神和英雄豪情，展开了不计后果的竞赛。此种情况在前一次轰击柏林后到达顶峰。1944年3月30日到31日夜间，英国轰炸机指挥部派出飞机七百九十五架，对纽伦堡进行轰击，有九十四架没能回来。我们在单次空袭中损失最惨重的就是这次，于是轰炸机司令部重新审视了战斗策略，之后才继续对德国内陆展开夜袭。这也证明敌方战斗机队的实力变强了，由于我们的猛攻，他们将最出色的驾驶员从其他重要战场调了过来。可是如此一来，西方盟国就得到了横渡英吉利海峡所需的制空权，因为敌军把力量集中到了对德国内地的守护上。

＊　　＊　　＊

美国在这整个时间段中，专心致志地想让壁垒轰炸机在获得远程战斗机的掩护后，可以在日间行动，但这要求远程战斗机能够在天空搜寻、追踪，并且歼灭敌方战斗机，或者能够持续低空飞行去攻击机场上方的敌方战斗机。在推迟了很长时间后，这种必不可少的关键问题被攻克了。最开始保护轰炸机的是"霹雳"式，之后是"闪电"式，最后是"野马"式日间战斗机。这种战斗机配备了协助油箱，持续飞行的距离增至八百五十英里，原本是四百七十五英里。从 1944 年 2 月 23 日起，对德国飞机制造业展开了为期一周的密集式轰炸。这些美国远程战斗机总算将敌方战斗机遏制住了，与此同时，日间轰炸机也可以在不受到重大影响或者损毁的情况下展开精准轰击。

这是对德空战中的一个转折点。美国第八空军总队自此时开始，可以对德国目标进行非常精准的轰炸，并且活动的自由度也越来越高。失去了日间的空中优势，使得德国无法在我们的战略进攻中守住自己的重要地区。德国夜间战斗机有着最出色的飞行员，直至大战结束，它的力量都不容小觑。但如此就削弱了日间战斗机的效果，有利于美国空军的新进展，因此在 1944 年，我们赢得了日间对德国的空中优势。到了 4 月，英国新的蒙骗敌人的手段和迷惑敌方防御人员的战术投入使用，于是能够再次对德国的城市展开大规模的夜袭。在了解敌人日间战斗机的缺点之后，美国第八空军总队打算以"每天二十四小时"的持续轰炸实现此次进攻。"霸王"战斗计划启动前夜的局势，就是如此。

＊　　＊　　＊

我们和德国对战的优势日渐增强，而随着我们炸弹拥有了新的爆炸威力，这种优势又得到了明显提高。有关新型炸药的问题，是在 1943 年偶然产生的，当时我们正急切地就火箭和飞弹的威胁进行争论。对于我们眼前的危机，那些专家的看法更加消极，在对我们投到德国的炸弹的威力和发射到英国的火箭的推测威力进行对比的时候，他们给出的假设并不乐观。他们说，相比于英国的房屋，德国的更坚实，所以我们能够想象，一吨炸弹给英国带来的损失会比给德国的大一倍。在争论这种情形时，他们忽然说出这种观点，由于德国将铝粉和烈性炸药做了混合，所以敌人炸弹的威力应当比英国炸弹高近一倍。彻韦尔勋爵把这种观点和我说了，我于是命令他带人进行分析。分析结果让所有人都大吃一惊。

首相致制造部大臣   1943 年 10 月 12 日

　　近日，我让彻韦尔勋爵对德军和英军各自使用的烈性炸弹的威力进行对比，并提交报告。他的初级报告显示，德国炸弹的优势是毫无疑问的。

　　三军参谋长强烈要求我们不用等更加确切的实验结果出来，直接换成铝化炸药。这一要求得到了我的认可。下周请交一份报告，告诉我改用此种炸药出现的问题。

　　任由此种情形出现，却不加以修正的理由是什么，此事请在国防大臣的权限内展开查证。请举荐三个人，并对他们的资历进行介绍。整个任务得完全保密。

　　就这样，他们对此事展开了调查。调查结果显示：以前铝处于短缺状态，所以决议将省下来的全部铝粉都用在深水炸弹的生产上，可是眼下，铝的产量已经超过了过去，可这种惯例却没改。我们当即下令，为改进我们的炸弹，提高铝粉的用量——首先用在重磅炸弹上。它们的威力在战争整个后半期内又增强了大概 0.5 倍。这些原本没想到的事，我觉得同事们应该注意，所以在 1944 年 2 月下达了如下文件。

铝化炸药

1944 年 2 月 17 日

1.1943 年 9 月底，在针对德国远程火箭进行争论时，有人把我们烈性炸药的威力和德国烈性炸药的威力做了对比，于是对我们的烈性炸药有了疑虑。主计大臣马上和空军参谋长讨论了此事，后者向参谋长委员会提议，立即行动，查清真相；若英国的炸弹的确比不上德国的，应该让责任部门答疑，并提交修正方案。参谋长委员会非常赞成此项提议。

2. 主计大臣按照参谋长委员会的提议开始调查，10 月 6 日提交报告给参谋长委员会，确切指出，我们的炸药比不上德国的；若用铝化炸药替代当前使用的炸药，那按照不同专家给出的推断，将得到百分之四十到百分之百的改善。彻韦尔勋爵要求不用等深入的实验结果出来，应当尽量以最高应急筹备程序进行改进。我和参谋长委员会都接受了这一提议，而且马上落实了改进措施。

3. 我又让瓦尔特·蒙克顿爵士（主席）、艾伦·巴洛爵士和罗伯特·罗伯逊爵士成立委员会，"对有关我们炸弹威力的报告展开调查，研究在当前的战争期间针对此事进行的实验和推进项目的进程，并报告是否会无法研究成功，或是无法实际应用研究成果，倘若如此，原因何在"。

简单地说，人们是因为 1941 年的一次遗憾的实验结果才有了误会，而那时使用的测量爆炸压力的办法不满足需要是它的主要原因。另外，主事者觉得总归拿不到铝，他们有了这样的想法，所以一直不愿意继续实验，直到 1943 年仲夏以前。就像上面说的，我们直到主计大臣留意到德国炸弹更具优势的传言，才用必不可少的行动将新的试验成果应用起来。

　　4. 和之前用的那种炸药相比，铝化炸药爆炸的威力要大得多，这毫无疑问。在我看来，应当让我的同事们看到主计大臣做出的巨大贡献。他促使人们注意这种令人极不满意的状况。他若是没插手干涉，这种情况或许还得持续一段时间，进而极大地妨碍我们的战斗努力。

　　这个插曲证明，在巨大的组织工作中，时常有人对各个方面的情况进行检查是多么重要。

＊　　　＊　　　＊

　　德国战时经济和武器制造到底被英美联合轰炸机队的攻击破坏到了何种程度，就算到了现在，也没查清楚。1943 年，轰炸机对鲁尔区、汉堡和柏林这三大地区发动的攻击，给整个德国造成了广泛的灾难，而且让德国人，特别是德国的领导人心惊胆战。但是，他们可以让所占国家的工厂和民众工作起来；这些工厂和劳力因为施佩尔的优秀指挥，以极高的速度和效率开动起来。在遭受轰击的城市中，尽管人心浮动，可是这种情形并没有蔓延开来以至引起整个国家的不安。

　　敌人交给希特勒的各类报告显示，1942 年，德国武器产量翻了一番。对此种报告，我们自然不会完全相信。我们只要回想自己在遭受了轻得多的轰击之后，生产方面遭受的重创，就觉得这种论调并不可信。1943 年，生产近乎中断，这是德国人自己说的。这表明轰炸机队的实力越来越强。1944 年春，盟军因为得将战略轰炸机拨给"霸王"战斗计划，所以攻击德国领地的力量自然会降低一些。可我们此时已经成了空中霸主。德国空军因为艰难的战斗所承受的压力大得无法忍受，被迫集结力量生产战斗机，于是失去了对我们进行轰击的一切战略反攻力量。它已经失衡，耗干了所有力量，所以保护不了自己，也保护不了德国，也不能不受我们的沉重打击了。至 1944 年底，我们的空中优势变成了压倒性的空中优势。等美国第八空军总队获得远程战斗机以后，这个总队得享所有功劳。

＊　　　＊　　　＊

随着"霸王"战斗计划越来越近，一个严重的问题摆在我们面前。在此次极其重大的战争里，强悍的空中武器会起到何种作用呢？两国空军部门就相关技术问题争执了很长时间，之后通过了以下计划：登陆法国北部的头三个月，以六万六千吨炸弹对德国在法国、比利时和德国的铁路运输线路进行轰炸，进而让诺曼底德军身处"铁路沙漠"之中。这个计划已经进入了初步阶段。主要目标包括众多通向诺曼底路上的维修站和养护站，还有九十三个铁路主要中心点的机车。这个总计划，由空军战略部队帮忙实施，而且在即将对法国北部发动攻击之前，还有个特殊使命——毁坏桥梁和火车。4月3日我给艾森豪威尔将军写信说：

> 对这么多的法国铁路枢纽进行轰击，想到数以万计的法国民众，不管是男人、女人还是儿童都将因此失去生命或者受伤，内阁今日的确有一种严肃且整体上不太支持的意见。考虑到他们全都是我们的朋友，这种程序，好像应当被视为一种极端重大的举措，盟国空军将因此承受极大的怨恨。我们决定在这周之内，让国防委员会对这一问题进行调查，之后外交部将看法告知美国国务院，而我自己，会发一封私人电报给罗斯福总统。
>
> 以军事视角而言，对这些特殊目标进行密集式轰炸的观点是非常合适的。

4月5日，艾森豪威尔将军发来回电，说：

> 我们必须要记住的是，我们会决定施行"霸王"战斗计划，有一个根本原因——我们会凭借自己战无不胜的空军赢得此战的胜利，若

不是因为这个，打这场仗，就算不被人当成是鲁莽行动，也会被人视为一种过分的冒险……不支持对德国控制区的交通枢纽进行轰炸，压力的确很大。不过，不管是我，还是我的军事参谋都坚信，值此紧要关头，对这些核心区进行轰击，会让我们更有获胜的可能……我自己认为，有关或许引发的伤亡数的推测，过高了。

*　　*　　*

在对铁路展开空袭的进程中，法国、比利时两国的普通民众的伤亡量尽管比之前推测的少，可是英国战时内阁却还是感到忧心和焦躁。

首相致罗斯福总统　　　　　　　　　　　　　　　1944 年 5 月 7 日

1.在之前的三周里，我们对法国铁路枢纽展开空袭所引发的法国人的伤亡数量，始终让战时内阁忧心忡忡。我们和自己的参谋人员开了不少会，我也就此事和艾森豪威尔和比德尔·史密斯两位将军进行过探讨。不管是之前，还是现在，两国空军都对"铁路计划"这个短期手段的效果存在着很大分歧——不是两国空军间的，而是纵横交错的。结果，艾森豪威尔、特德、比德尔·史密斯和波特尔一致表示他们的原则已经变了。在初期阶段如此使用我们的空军最为合适，我自己决不这么看，我仍旧觉得应以德国空军为主要对象……

2.第一次提出这个计划的时候，有消息说，法国普通民众总共有八万人遭难，含受伤的，其中两万人死亡。这个数字无法不让战时内阁觉得吃惊，因为我们的空军显然出现了过分使用的情况，尤其是肯定得承担这种工作的主要环节的皇家空军；与此同时，夜间不精确的轰击也会受到抨击。可是，前期轰炸是七分之三总轰炸量，其结果显示，法国民众的伤亡数量远没有司令们推断得多……

3.空军已经尽量小心，减少对友善民众的杀戮，这让我觉得欣慰。可是在所有这些事出现时，"霸王"计划还要很久的时间才能启动，所以我和战时内阁都怕此种杀戮会让法国民众产生非常不好的变化。美英解放者就要到了，法国民众对他们的感情会因为此种杀戮发生巨变，甚至有可能怨恨英国人和美国人。在开始攻击那天以及之后，法国人很可能出现更多的伤亡，可是在战斗激烈的时候，或许英国部队和美国部队的伤亡甚至更大时，人民心里会出现新的对比。眼下这个过渡期，最让我感到忧虑……

4. 此事，战时内阁希望我呼吁你从最高的政治角度去想，请你把自己的看法告诉我们，当作政府间的意见沟通。我们务必不要忘记，一方面，这种杀戮的对象是没伤害过我们的友善平民，而非罪大恶极的德国敌人；另一方面，我们自然意识到了"霸王"战斗计划的冒险属性，十分急迫地想让它成功。尽管我已经以最委婉谨慎的措辞向你陈述这个事实，但还是应该让你知道，对于杀戮法国人，就算情况比之前轻，战时内阁仍然表示担忧，并且怀疑是否采用其他方法就不可能达到几乎同样有效的军事效果。不管我们之间的事情如何处理，这个责任，我们都极愿意同你们一起承担。

5 月 11 日，罗斯福总统回应我说：

你因为我们的空军筹备"霸王"战斗计划，致使法国平民受到伤害而感到忧虑，我绝对深有同感。

我们为尽量减少普通民众的伤亡，而在当前和日后采取的种种办法，你觉得欣慰，我也一样。我们应该重视一切能让法国人不那么抵触我们的机会，除非它会在这千钧一发的时候，损害我们对敌人的打击力度。

就算空军的筹备工作所引发的普通民众的伤亡再如何让人痛心，我也不会在这么远的地方，干预指挥官的武装行动，完全不会干预。

这些干预或许会让他们觉得影响"霸王"计划的成功，或者增加他们攻打欧洲大陆的盟军的死伤。

总统的答复具有决定性意义。法国人民的伤亡率在这之间持续低于我们所担忧的。诺曼底战场受到了封锁，敌人的援兵无法通过铁路运来，这极有可能是轰炸机给"霸王"战斗计划最直接的贡献。我们付出的代价终于得到了回报。

*　　*　　*

这章大部分都在说技术问题。针对夜间或者日间发动空袭，英国和美国给出的彼此相悖的方案，在讲述它承受重大考验结果的时候，已经介绍过了。在讲述有关我们炸弹的改善，有关雷达和所有跟雷达相关的设备的繁杂性等问题时，我相信我采用了普通读者看得懂的形式。不过，若没向在此种恐怖的空战里战斗和牺牲的将士表达敬意和称颂，这样就结束，那就错了。这种空战，人们没见过，也没听过，甚至也不是能确切地想象得出来的。轰炸机飞行员承受的精神考验，已经到了人类所具有的勇敢和牺牲精神的极限。这种冒险也已达到了超过其他一切冒险的最大限度。飞行员最多只能接连参加三十次空袭，无法更多，这已经成了定律。可是不少人在做最后那十几次激战的时候，就已经觉得越来越难以成功了。在一个普通人和机器一起工作的情况下，谁能参加空战三十次还平安无事？此次大战的前期，伦敦警察厅的侦查警官麦克斯威尼曾经做过我的警卫，后来决定投身轰炸机战斗。我在他培训和战斗的时候，曾经和他见过几次面。一天，他如同平常那般轻松愉悦，但脸上露出沉思的神情，他说："下次将是我的第二十九次了。"但这却是他的最后一次。在我们深刻地感受到这些苦难以后，除了同情、敬佩这些勇敢的人，还极为感动，这种常人无法承受的磨炼，他们是凭借对自己的国家和事业的使命感撑过去的。

以下事实我已经讲述过了，比如"在美国二百九十一架巨型空中壁垒里，有六十架遭到击毁"，以及"英国轰炸机司令部派遣七百九十五架飞机轰炸纽伦堡，其中九十四架未能归来"。美国空中壁垒里，一架飞机有十名飞行员，英国一架夜间轰炸机有七名飞行员。在这件事上，我们每次在一小时中损失六七百名技术高明、受过高度训练的士兵。这的确是火一般的考验。在此次大战中，英美飞机对德国和意大利进行轰炸，死伤的空军战士在十四万以上；在这章讲述的时间段内，英美空军的伤亡人数，超过了横渡英吉利海峡的大战里的伤亡数字。这些英雄英勇无畏，也从未失败。我们能成功多半要归功他们的牺牲精神，让我们向他们致敬。

第十三章 希腊的磨难

希腊人和犹太人的启示——被德军占领的希腊——民族解放阵线与人民解放军的组织——我们派到希腊的使团——史默兹将军的谏言——君主体制的问题——我国大使对局势的看法——楚泽罗斯先生辞职——国王乔治决定返回开罗——在 4 月 7 日和 8 日我给利珀先生的电报——在埃及的希腊海军和希腊旅的叛乱——我们对希腊人的政策——哗变的希腊旅被包围——希腊国王抵达开罗——4 月 16 日，我给罗斯福总统发了电报——他给我的最有帮助的电文——希腊军队哗变的高潮——帕吉特将军的高明举措——希腊叛军的投降——希腊设立新政府，新领袖为帕潘茨罗乌先生——5 月 24 日，我对下院发表声明

世界上再没有哪个民族比希腊人和犹太人更热爱政治了。不管情况多么糟，国家遇到多么沉重的苦难，他们都会分成众多派别，至于领导者们，不少都在展开彼此之间的殊死搏斗。就像大家说的，不管何处，只要有三个犹太人，就会看到里面两个是首相，另外那个是反对派的领导人。另外一个有名的古老种族，它的情况也是这般，为了生存，它展开的猛烈且无休无止的争斗能追溯到人类智慧的起源时期。曾经给世界带来这种痕迹的种族，除了它们，再找不到另外两个。外国侵略者带给这两个民族的无尽

磨难，除了它们自身无休无止的斗争、喧嚣和动乱，什么都比不上；就算这样，它们仍旧显露出自己有能力继续生存。历经数千年，它们的特性毫无变化，它们的悲苦和精力也丝毫未减。无论外界如何损害它们，它们自己又如何伤害自己，它们仍生存下来了，并且全都以不同的立场，为我们留下了充足的且能够展示它们天赋和智慧的遗产。任何其他两个城市都不会对人类做出比雅典和耶路撒冷更大的贡献。它们在宗教、哲学和艺术上的启迪指引着现代的文化。历经外来者数百年的统治和无法描绘的无穷无尽的奴役，在当代世界中，它们这个民族、这份能量，仍然有着旺盛的生命力，内部仍旧吵闹不休，乐在其中。对于这两个民族，我自己始终是支持的，坚信它们有战无不胜的力量，可以走过内战，并抵抗威胁它们性命的世界浪潮而生存下去。

*　　　*　　　*

盟军在 1941 年 4 月撤走之后，轴心国占领了希腊。希腊大军的瓦解，国王及其政府的逃亡，再次引发了希腊政坛的激烈争辩。国内外的希腊人士都严厉地指责希腊的君主体制，因为它容许梅塔克萨斯将军施行独裁统治，从而使希腊自身和眼下已经瓦解的政权直接相连。1941 年 5 月，希腊国王乔治二世离开克里特岛，和他一起走的政府要员是楚泽罗斯先生所带领的保王党分子。国外的希腊人因为他们途经开罗、南非，去往伦敦的长途旅程，获得了足够争论政治问题的时间。希腊宪法在 1936 年就已经停止实施，有关希腊日后，也就是最后解放之后的政权问题，得让身处盟国领地的流亡者们商讨。

这件事的巨大价值，我早就意识到了，曾于 1941 年 10 月写信给希腊首相，对他在伦敦对敌占区的希腊进行首次广播演讲表示恭贺，以及高兴地听到希腊声明自己是君主立宪的民主国家。希腊国王本人向他的国家广播的新年贺词，也表达了同样的意思。若想在此次大战里让希腊实现统一，那首先要做的就应当是，让国外的流亡者和国内的舆论保持联系。

轴心国统治的第一个冬天，希腊遭受了极重的饥荒（红十字会送过去的救援物资稍微缓解了饥荒）和战争创伤，直到希腊大军分崩离析，这场战争才结束。不过投降的时候，他们将武器藏到了山中，打算借助小型零散的形式和敌人抗争。希腊中部城镇有不少人因为饥荒投身这种斗争之中。1942年4月，自称民族解放阵线（希腊文的首字母缩写是E.A.M.）的组织——成立于上一年的秋天——发表声明，建立人民解放军（E.L.A.S.）。次年，尤其是在希腊中部和北部，又多了些小规模的作战部队。同时，在拿破仑·泽尔瓦斯上校的领导下，伊庇鲁斯和希腊西北部山区的残余部队也与当地山区的居民集结在一起。那时，希腊抵抗德国的势力在这两个核心的周围汇聚，但他们都没有直接联系在伦敦的希腊政府，对政府的处境漠不关心。

我们在阿拉曼获胜的前夕，决心对德军取道希腊通向比雷埃夫斯的给养线发动攻击，比雷埃夫斯作为雅典的港口，是德军通向北非路上的一个重要据点。所以，迈尔斯陆军中校带领首个英国军事代表团于1942年秋坐飞机跳伞抵达希腊，和游击队建立了联系，承蒙他们帮忙，毁坏了雅典铁路线上的一座重要的高架桥。与此同时，在比雷埃夫斯，希腊地下工作者为阻碍轴心国的海上运输，展开了优秀且勇敢的怠工运动。这些成功的行动激励了中东总部，派了更多的英国小分队，送了更多的炸药和武器。至此，和敌占区的希腊直接进行往来。

英国代表团在1943年夏天变强了。用这个地方的活动为我们将要在西西里岛展开的武装行动做掩护，是我们对前者进行激励的另一个原因。为了让敌人觉得，盟军在他们在突尼斯失利之后，正打算在希腊领土展开大举登陆，我们付出了极大努力。英国和希腊的联合小分队，将另一座雅典铁路线上的桥梁炸毁了，别的怠工运动也取得了成功。最后，两个原本可能被派去西西里岛战斗的德国师被调来了希腊。可是，希腊游击队在军事上直接有功于大战的情况，再也没发生，这是最后一次，之后的局势全是为夺得战后政权而展开的争斗。

政治斗争影响了游击队的战斗，我们很快发现自己遇到了一个麻烦，而且是骑虎难下的境地。事实显示，那儿有三大派别：人民解放军，此时已有两万人，大体由共产党领导；泽尔瓦斯的军队，名为民族民主军（E.D.E.S.），共五千人；聚集在开罗和伦敦的希腊国王身边的保王党政界人士。希腊国王身为盟国领导人，曾在 1941 年和我们一起战斗过，我们对他有特别的义务。上述几方面人士现在都觉得盟军或许将是此战的胜利者，于是在夺取政权的斗争中，他们更加努力了，这种内战对一致的敌人而言是有好处的。1943 年 3 月，雅典一群有名的政治家签了一份声明，警告希腊国王，除非战后公民进行过投票，否则不能回国。重点是希腊国王应当摆明自己的态度。所以，他在 7 月 4 日通过广播对希腊人民发表了一次和谈式演说，同意国家一旦获得解放，就马上进行普选，与此同时为了建立基础更加广泛的政府，在国外流亡的希腊政府一回到雅典，将即刻卸任，可是希腊境内的舆论却坚持要求用更直接的做法。没过多久，我们调到中东的人数不多的希腊部队发起了一次小型哗变；那时，民族解放阵线的广播在中东非常有名。8 月，从希腊境内的主要抗战组织中选出来的六个领导者所组建的代表团被派去开罗，他们也强烈要求，公民投票应该在国王返国之前举办，并且流亡政府的席位要给希腊境内的政治家三个。这些意见遭到了国王和首相的一致反对。

我在魁北克的时接到了希腊国王乔治二世发来如下电文，里面说到了这些事的进展：

希腊国王（在开罗）致首相和罗斯福总统　　　　　1943 年 8 月 19 日

我已于 7 月 4 日对我国人民发表声明，解放之后，他们将以自由选举的形式确定他们政府的体制。

眼下，一种最怪异的形势忽然出现在我面前，而之所以会如此，是因为据称代表所有游击队的一些人出人意料地自希腊来到了这里；

而且一些老党派的代表试图强迫我声明，除非公民已投票确定了将来政府机构的模式，否则我不能回国……面对这种情况，眼下到底应当采取哪种方针，才能让希腊和同盟国家的事业得到最大收益呢？我十分看重你们的意见。

我尚未离开伦敦时，我们签署的那份协议的方针，就我个人来说，我眼下更想继续执行它。我坚信，虽然我曾为了国家的利益，短时间离开祖国到盟国开展工作，可如果将来事情的发展显示我带兵回国更好，那我会这么做的。

针对这一问题，我写了份备忘录：

首相致外交大臣   1943 年 8 月 19 日

力量强大的英国军队若是参加解放希腊的战斗，希腊国王自当和英国与希腊军队一起回国。这种方法最为可行。可是，希腊人要是凭借自身实力足以将德军驱赶出去，那在这件事上，我们的话语权就小多了。形势若如此，希腊国王则应当接受当前提议的要求——保王党和共和党席位相同。不管怎样，当解放战争开始推进，而进行和平的民主投票的条件尚且不足的时候，希腊国王要是仍答应不回国，那他将追悔莫及。

史默兹密切关注着希腊的命运，也同我说了些有见地的看法：

史默兹将军致首相   1943 年 8 月 20 日

将希腊的爱国人士和其他党派使者带去开罗的英国情报员不支持保王党，大家看上去对此非常赞同。国王乔治素来都是盟国忠实的拥护者，而且为盟国的事业付出良多，所以我们值此关键时刻，不管怎样，都得支持他。在我看来，你应当再次向希腊政府声明，除非希腊人民已经能在全国稳定的情况下，对他们将来的政权进行界定，否则，英国都将认同希腊国王，这才是睿智的方针。盟军占领希腊以后，应该马上进行公民投票或者以大选确定政权吗？不，由于民众此时正义愤填膺，这么做，就算不引发内部战争，引发内部争执的可能也是极大的。除非民众舆论已经稳定，而且已经形成了安定的公共安全环境，否则，应该继续让盟军在武装控制中进行管制。在盟国进行管制的过渡期，为了让盟国的管理得到道义上的支持和权力，希腊国王乔治和王室成员最好回到希腊。

我非常担心，盟军夺取那里后，若不以强硬的措施掌控那里的局势，那么不仅在希腊，而且在其他巴尔干国家中，可能会因群情激昂而发生混乱。要是任由这些民族展开政治行动，不予以制约，那将会导致一片混乱并使分裂主义潮流大规模席卷这些国家。此种威胁，甚至连意大利也无法躲开，至于希腊和巴尔干国家更是在劫难逃，所以，我们应该明确表示，从当前这一时期，一直到形势稳定，可以推行地区民主自决制，我们预备在盟军的武装控制下保持公共秩序和权力。眼下，希腊形势正处在关键时刻，这关乎希腊未来的政策，你最好还是将此事作为重要问题同罗斯福总统商洽。一个四分五裂、断壁残垣的欧洲，的确有分裂的可能。想要预防，必须提供食物和就业机会，以及进行暂时的盟国统治。

* * *

1943 年 9 月，意大利宣布投降，这从整体上打破了希腊各方力量的平衡。希腊人民解放军可以收缴意大利的大多数武器，包括整个师的装备，因此获得了军事上的压倒性优势。9 月 29 日，我将一份备忘录交给三军参谋长：

首相致伊斯梅将军，转参谋长委员会　　　　1943 年 9 月 29 日

　　在这个主要属于政治性质的问题上，我和外交大臣的看法完全一致。如果德军从希腊撤退，我们务必确定可以派五千个英国将士，带着装甲车和轻机枪车，开进雅典。他们用不着运输舰或者大炮。身处埃及的希腊部队会和他们一起去。他们的使命是，在全国的这个中心，对再次掌权的希腊合法政府进行支援。以后会调过来多少部队，希腊人并不清楚。希腊的游击队之间或许会出现一些争执，可是对于英国的部队，希腊人会非常尊敬，尤其是刚解放的前几个月，因为整个国家的饥荒完全依靠我们的努力赈济，所以会更敬重。只要把部队收拢好，就能预防发生在首都的动乱，或者自乡村对首都发起的攻击……只要建立了稳定的政府，我们就应该撤走。

　　刚解放时，我们或许不得不插手希腊内政，相关的初步建议就是如此。

　　由于人民解放军打算在德军刚撤离、革命还没建成立宪政府以前，立即争夺政权的计划有了发展，所以眼下局势加快了发展的速度。他们的敌人在这一年的冬天活动不多。10 月，人民解放军对民族民主军（泽尔瓦斯的部队）发动攻击，驻开罗的英军总部因此彻底停止了对人民解放军的武器供应。这个蒙受战争损害、被侵占的国家已经爆发了内部战争，我们派到那里的所有使团正竭力压制内战的范围，并且希望可以中止内战。

＊　　　＊　　　＊

　　开罗和德黑兰会议的决定，间接使希腊的局势发生了变化。盟军不会在希腊大举登陆，并且在德军撤离后，也不会派大量英国部队前往希腊。因此，一定要考虑采取行动，避免无政府状态的出现。我们心里有个置身于彼此仇视的党争之外的人物——雅典大主教查马斯吉诺斯。在开罗的时候，艾登先生曾经让希腊国王认识到让人摄政的好处。与此同时，为了提高流亡政府的威望，我们想将中东的希腊旅派去意大利战斗；要是有必要，

派忠诚可信的部队去希腊西部也行。

希腊国王不同意让人摄政，而且已经回到了伦敦。民族解放阵线和它的军事组织人民解放军，这时已经在希腊的中北部山区建国，变成了国家里的国家。英国将领于 1944 年 2 月让人民解放军和民族民主军成功签订了一个稳定性不高的停火协议，可是苏联部队这时正在罗马尼亚边境。德军越来越有可能从巴尔干半岛撤兵，所以王国政府也越来越有可能在英军的帮助下返国。民族解放阵线的领导者们推断，这些情况发生的时间或许在 4 月，因此决议展开行动。

民族解放阵线政治委员会于 3 月 26 日在山区建成，而且通过广播把这个消息通报给了世界。这是在直接挑战楚泽罗斯政府未来的权威。就这样，另一个行政机构也随之成立，变成了凝聚希腊所有百姓的核心。这是一个信号，引燃了在中东的希腊军队和在国外的希腊政府工作者间的斗争。一群陆军、海军、空军的将领在 3 月 31 日到开罗和楚泽罗斯见面，要求他辞职。现在，形势发展到关键时刻，可是身处伦敦的希腊国王还没意识到局势的紧张。4 月 6 日，我国派到开罗的驻希腊政府大使利珀先生发了以下电报过来："我认为我必须十分坦率地陈述自己的观点。希腊国王正在玩火。他无法及时弄清形势急速发展的走向，所以不但让王权利益受损，还使自己国家的利益受损……民族解放阵线已经意识到，雅典的政治人物和开罗的希腊政府结成同盟，对自己的危害。他们也明白，两方达成共识，将增加开罗的希腊政府的实力，终结他们在山区建立自由政府的尝试。所以为了攻击希腊政府，他们用这个过渡期煽动希腊部队叛变。他们的煽动已经得到了一些成果，在日后的几天内还将收获更多。""楚泽罗斯先生觉得自己骑虎难下。因为雅典的大主教和政界人士对他表示了认同，楚泽罗斯已经得到了与他的同僚们合作得不错的基础，可是这种协议有个前提，就是能劝国王接受那个委任大主教摄政的立宪条令。眼下已经过去几周了，在此期间，国王尚未给楚泽罗斯先生最终答复，仅仅说出了自己反对的初步意见。为了不引发大的动荡，他没将这一信息告诉给他的同僚们……这种形势原本能够继续下去，可是民族解放阵线近日已经开始在部队中进行煽动了。"

当天黄昏时分，楚泽罗斯先生辞职，并且举荐韦尼泽洛斯先生——在他的内阁中担任海军大臣——接替自己的职务。4月4日，希腊军队发动叛乱，其中包括我希望参加意大利战争的第一旅。4月5日，一百个叛军攻占了开罗的希腊宪兵指挥部；英国部队和埃及警察被迫包围叛军，并且成功用卡车把他们送去了隔离营。希腊海员工会的一个领导人带着他的三十个追随者在亚历山大港自己的住所周围架设防护栅，抗击警察。五艘希腊皇家海军军舰发表声明，支持共和国，让当前政府的各部大臣离职。希腊政府各个大臣均向国王请辞，不过答应在得到批准之前，继续工作。

＊　　　＊　　　＊

由于艾登先生此时没在伦敦，外交部由我负责，所以我直接处理所有外交工作。我将以下电文发给地中海最高盟军司令：

首相致威尔逊将军，并抄送亚历山大将军　　　　　1944年4月5日

我们曾经答应从埃及调一个希腊旅到意大利参加盟军的进攻，若是有需要，不携带战车武器也行，这件事到现在已经过了三个多月。有消息说，抵达意大利的只有一个连队，剩下的会在这个月之内到达。调集的军队如此少，为什么还会一直出现延误和问题？在埃及，他们容易受当地的叛乱分子影响。俗话说，恶魔总会将坏事交给无所事事的人做。现在，请马上把他们从埃及送出，在意大利北边的某个合适的城市集合。在我看来，这件小事有巨大的政治意义，不应该拖延这么长时间。

4月7日，我给楚泽罗斯先生发了以下电文：

听到你辞职的消息，我非常震惊。希腊正处于民族存亡的危急时刻，你的辞职会令这个国家陷入绝境。刚才和国王见面，他说他还未接受你的辞职信。下星期他将去亚历山大港。你务必在那儿等他。

现在，希腊海军和陆军的情形更糟了，韦尼泽洛斯表示自己无法胜任。4月7日，楚泽罗斯先生发电回复，说："听从希腊法律的规定和你的期望，除非眼下的危机得到合法的解决，否则，我会继续工作。这个危机，国王若是想等回到埃及之后再处理，我担心到那时，或许再没有机会处理了。"

4月7日，利珀先生致电外交部：

发生在这里、在希腊人中间的事，丝毫不亚于一场革命。临时性的希腊流亡政府由于它流亡属性所带来的弱点，已经严重受损。在此种情形下，它正想办法挽救形势。它已经彻底落败，可它若想依法改革，必须先得到远在外地的国王的批准，这就更使它困难重重……

可是，我国大使却希望此种形势，在国王不在场的情形下，在开罗得到解决。"希腊国王现在回到这儿，肯定会造成新的矛盾。楚泽罗斯和他的所有同事也全都非常赞成这种看法。国王将发现自己势单力薄，做不了任何事，而且还会让我们处在一种非常尴尬的局面里。"他要求外交部竭尽所能阻止他回国。"以我们当前所处的状况，我希望你们接受当地人的告诫。这里的人对我的建议都表示同情。"

*　　*　　*

那天，我和希腊国王在伦敦一起享用午餐。我将大使的电报拿给他看，什么都没说。他说，他要马上去开罗。我觉得他的想法非常对。

首相致利珀先生　　　　　　　　　　　　　　　1944 年 4 月 7 日

　　这种形势，我已经和国王探讨过了。他决心回开罗，拟定周日晚坐飞机离开这里；虽然你来电（我已经给国王看了）那样要求，可是我认为他应该这么做。如果真的如你所说，发生在开罗的事是一场希腊的革命，那我无法劝他置之不理，任由这种大事，在没有他的情况下得出结果。……与此同时，我们应该对那里的每个希腊政治家和煽动者发出警告：我们会毫不犹豫地采取大量安保措施来防止煽动行为和示威游行，因为这些活动也许会威胁埃及的法律和秩序，以及希腊国王及其政府的地位和权威。……你应当告诉楚泽罗斯先生，除非眼下的危机得到合法处置，否则，我希望他继续留任……

　　这是一个表现你身为英国外交人员所拥有的那种镇定自若、游刃有余的特质的机会。

　　第二天，我又发了一封电报：

首相致利珀先生　　　　　　　　　　　　　　　1944 年 4 月 8 日

　　倘若天气如常，希腊国王将在周日晚上动身出发。在此期间，尽忠职守就是楚泽罗斯先生应该做的。他要是能让索福克莱斯·韦尼泽洛斯先生和他一起留下，自然是再好不过。等希腊国王到了，英国护卫机构一定要确保他的人身安全。他或许需要几天时间来下定决心，千万别催他。我正让军事司令们及早调希腊旅去意大利。他们自然会将叛乱者剿灭。希望舰队指挥官也能以相同的办法让自己统领的一切船舰听命，不过，如果不是必须，一定不要使用武力。

　　这件事对你自身而言，是个难得的好机会。你应当坚持我所指示的方针，不必顾虑后果。你谈到在火山口上生活。在这种时候，除了这儿，你究竟还想去哪里生活？不过，请你注意，要切实地遵守我给你的如下指示：一、必须保证军队的秩序和纪律；二、必须确保希腊国王的人身安全；三、竭尽全力劝楚泽罗斯留任，直到希腊国王回国并有时间视察周遭局势为止；四、想办法让韦尼泽洛斯和楚泽罗斯一起留任；五、以诚挚的、恰当的形式庆祝复活节。

4月8日，一艘希腊驱逐舰违抗命令，拒绝出海，说除非建立一个含有民族解放阵线代表的政府，否则，不肯出海。叛乱的希腊旅在其军营周边构筑了防御战线，估计人员极少的希腊空军里也会出现动乱。我原本想将希腊旅调去意大利，只能放弃了。之后，我给在埃及统领守军的帕吉特将军致电：

首相致帕吉特将军   1944 年 4 月 8 日

一个劫持上级、发动叛乱的旅，自然应当予以包围，并且采取切断所有供给的办法，让它不得不投降。你为什么不停止供水？这么做难道不是可以更快地实现预期目标吗？明显应当将这些部队缴械。我们肯定得舍弃将它们调往意大利的计划，这我承认。请将种种解除武装的方案，持续具体地向我汇报。不管怎样，为了尽可能地减少伤亡，应当以大量英国军队进行震慑。

我又将我们的方针对利珀先生进行了详细说明，让他可以用来应付希腊人。

首相致利珀先生   1944 年 4 月 9 日

我们已经和希腊国王带领的合法组建的希腊政府切实建立联系了。希腊国王是英国的盟友，我们不会舍弃他，去讨好那些狼子野心、四处流窜的小人物短时间膨胀起来的欲望。与此同时，希腊的宪政精神也不会出现在那些游击队身上，在通常情况下，这些游击队和强盗没什么两样，它们伪装成国家的救星，却在欺凌百姓。要是有需要，为了着重说明大不列颠对希腊的喜爱，我会在大庭广众之下对这些人和他们的倾向进行抨击。希腊所受的磨难，我们以前并没有承担多少，眼下我们拥有的武器装备，那时我们是没有的，这是件憾事。我们希望和关注的只有一件事，看见希腊变成地中海东部的一个荣耀、自由的国度，变成获胜国敬重的朋友和盟友。所以，让我们每个人都为这一目标奋勇前进，并且清楚地宣告，一切不轨行为，我们都不会忽视。

为了将希腊旅调去意大利，我始终在全力筹划。它们抵达意大利，仍有机会参加预备今年夏天执行的攻打罗马的战斗。作为希腊第一旅，这个旅代表一个那样的希腊部队——以前曾经打败过意大利入侵者，在德国土匪进行了卑劣而残忍的干预之后，才打了败仗。它以前曾经得到好运，提高了希腊在世界的名誉，这种机会，以后仍然会有。不幸的是，他们居然利用这种机会进行不光荣的甚至卑鄙的行动，在大多数人眼里，他们是因为害怕被派去前线战斗才做下了这种事。

同样，希腊海军——有着不计其数的勇敢水兵，并且在保护国家名誉上做出了极大贡献——也不该忽然图谋干预政治，而且居然敢将一种法律强加到希腊人民身上。在我看来，如果能马上做到英勇指挥，而且有无法战胜的实力做靠山，就能让这两种军队再次彻底知道，什么是国家荣誉感和责任心。

我一直在想办法让希腊在获胜国的各类国际委员会中再次得到显要的地位。试想一下，我们费了多少功夫才让希腊人在意大利咨询委员会里得到席位，而且想方设法想送一个希腊旅去意大利参加一场就要取胜的战斗。在埃及，希腊人会平安无事是因为我们在保护他们，我们为他们提供船舰和武装配备，或者让英国中东总司令来对他们进行军事指挥，这才得以安然无恙；这样的希腊人，要是允许国内斗争，使他们无法对自己生长的祖国践行神圣的使命，那他们将让自己在世界历史中沦落到卑贱可耻的境地。他们因为自私或者鲁莽，轻易就能让希腊置身于，无论是国内还是国外，都黯淡无光的境地，至于他们本人，也会在历史中臭名远扬。

希腊国王是他的百姓的仆从，他没想控制百姓。只要局势稳定下来，他会听从人民的共同决定。他自己及其王室将彻底任由希腊所有公民处置。只要德国入侵者被赶出国境，希腊是走共和国之路，还是走君主国之路，将完全依据人民的意愿。在这种背景下，希腊人怎么就不能将他们对一致的敌人的怨恨维持下去呢？他们已经受到了这个敌人的极大迫害，如果不是伟大盟国的奋斗不止，敌人已经灭掉了作为自由民族的希腊人。

*　　*　　*

现在，帕吉特将军对我报告说，希腊第一旅已经背弃它的长官，而且不肯按照他的特殊指令解除武装，他提议直接动手以实现这一指令。4月9日，我发电报同他说："这种小规模事件正急速蔓延，你眼下采取的措施，我绝对赞成……若是能兵不血刃就抓到这个旅，你就胜利了。不过必须抓到它。你可以相信，我会支持你的。"

现在包围希腊旅的英军拥有更多的兵力。希腊旅有四千五百人，大炮五十余门，均被部署在抵御我方攻击的防守阵地上。4月12日，我对利珀先生和所有其他相关人士再次做出指示："完全不用和叛乱分子进行政治谈判。他们只能无条件返回自己的工作岗位。他们只能无条件解除武装。务必不要做出一切不惩治主谋的承诺……至于从宽处理的问题，将由国王决定。无论展开何种关键行动，都要先将相关的具体方案告诉我。"

我又指示：

首相致利珀先生及所有相关重要人员（在开罗）　　1944 年 4 月 14 日

　　你们一定要等切断军营和港口这两个地方的供给的行动确实起效之后，再付诸武力。你们应该充分使用围困这一武器，并且预防冲出包围的图谋。千万别太在意外界的干扰。别让人感觉你非常想谈判。只要用大炮将它们团团围住，让饥饿起效就可以了。拒绝美国和苏联的所有支援，除非我特地叮嘱过。你们有足够的兵力可以支配，有充足的时间让叛军服从正当的军纪，这远比建立任意一种特别的希腊政府来得重要。我们那时若任由一个旅或者一支小型舰队插手政治事宜，结果只会更糟。

　　按照我近来得到的消息，关于希腊旅的形势已经有了改善的迹象，他们的粮食已经吃完了。这些走向，你们应该充分利用起来，而且持续向我汇报。

第二天：

首相致利珀先生　　　　　　　　　　　　　1944 年 4 月 15 日

　　当地的希腊人或许会对英国不满，请别让这种情绪影响了。这是个恶性事件，若以安抚手段终结，将造成极大的错误。这种手段日后可以让希腊国王和希腊国王的新政府当作宽恕的手段去施行。我们必须让这些人无条件投降，束手就擒，我认为，应该不会出现伤亡。

＊　　　＊　　　＊

　　希腊国王此时已经抵达开罗。4 月 12 日，他发布一份声明，说即将建立一个以希腊境内的希腊人为主体的有代表性的政府。韦尼泽洛斯第二天接替了楚泽罗斯的职位，而且通过种种程序，暗中将希腊都城那边的代表请到了开罗。

　　我现下将整个情况都告诉了罗斯福总统，对于我的看法和希腊国王乔治，他都表示理解。

首相致罗斯福总统   1944 年 4 月 16 日

　　民族解放阵线刚在山区建立了政治委员会，希腊海军就发生了哗变。这些极端分子长期以来一直在扰乱希腊军队，并妨碍他们效忠其合法的国王和政府，如今他们肯定会抓住这个天赐良机，公然展开武力行动。毫无疑问，这些持不同政见的人是支持共和体制、反对国王的，但纵观整场动乱，几乎没直接威胁过国王自身的地位。他们只提了一个确切要求——希腊政府应当以直接有力的程序接受且团结政治委员会。

　　这个危机发生的时间非常不好，因为楚泽罗斯先生已经对雅典的不少持重的政治家发出邀请，让他们尽快来开罗并加入新政府。他对民族解放阵线的代表也发出了邀请。楚泽罗斯将竭尽所能建立一个真正的有代表性的希腊政府。

　　这个计划得到了他的同事们的认可，他们看上去没参加挑拨希腊部队哗变。可他们对楚泽罗斯的身份极其嫉妒，所以借希腊部队里起初小规模的哗变逼他辞职。楚泽罗斯觉得形势已非自己可以控制，于是请辞，并且举荐韦尼泽洛斯接任首相一职。希腊陆军里的动乱快速蔓延至海军，在陆军和海军里，动乱已经到了政体叛乱的地步。开罗的政界人士意识到事情已经超出了个人争抢权力和个人欲望的界限，他们只希望找到一个能被军队中的闹事者认可的人来当这个首相。

　　一个实际由叛军来决定其成员的新政府，希腊国王并不想要。在他看来，不先让军队恢复稳定，那对政府进行的重组，就完全谈不上合法。他的主张，我绝对赞成，曾经对驻希腊政府的我方大使做出指示，让他尽全力劝希腊官员，在国王回到开罗对形势进行讨论之前，继续工作。我可以非常高兴地同你说，对于此事，他们都表示乐于从命。我又对中东的军事部门做出指示，让他们对自己统领的希腊部队里的不守纪状况进行严肃处理。希腊陆军和海军还没彻底稳定下来，不过已经孤立了闹事者；只要抓到主谋，叛乱即可平定。

现在希腊国王已经抵达开罗，在亲自对形势进行过分析后，他已经组建了由韦尼泽洛斯先生统领的政府。

总统回了如下电文给我，极有助益：

罗斯福总统致首相   1944 年 4 月 18 日

收到你发来的有关希腊在参与我们盟国战斗中近来遭受的磨难的资料，非常感谢。

和你一样，我也希望：希腊人能够因为你解决问题的行为准则再次回到盟国的阵营中来，参加对野蛮人的作战，这和希腊历史中的英雄们所建立的传统相同。开诚布公地说，为了希腊的独立，我的家族和我个人加起来已经努力了一百余年，所以对于当前的情况，我非常难过。我希望希腊所有地方的人摒弃偏见，让情感正常起来。让所有希腊人回想荣耀的历史，展现出现在急需的公正无私的精神。如果有必要，你可以按照以上含义，引用我的话。

首相致罗斯福总统   1944 年 4 月 18 日

非常感谢你。我已经告诉我们的人，把你的来信转达给国王和新上任的官员们，与此同时，也可以向叛乱的希腊旅和仍在抵抗的希腊船舰宣读。这或许会有非常好的成效。

                              *   *   *

由于叛乱在亚历山大已经发展到了高潮，我致电海军总司令：

1944 年 4 月 17 日

你应使"阿韦罗夫"号^①的高级长官十分明确地认识到，他的避免使用武力的保证，是得不到我们的回报的。如果有需要，我们会对叛乱的将士发动攻击。希腊海军的将士们绝对无权左右新政府的架构。他们的任务是做希腊政府——伟大盟国所认可的——让他们做的事。

希腊旅里的叛乱形势，正在发展为一种危机。

首相致帕吉特将军　　　　　　　　　　　　　　1944 年 4 月 22 日

　　你若是觉得必须对叛军动武不可，你可以考虑是否先向那些炮口指向你们的炮垒试射几下。如果他们没还击，那暂时停火一段合适的时间，之后再进行更凶猛的轰炸，与此同时，若他们仍未回击，可以告诉他们你们预备以多大的火力进行攻击。我们打算用最大的火力，要是可以，当然是尽量不发生杀戮。建议别让实力微小、岌岌可危的希腊政府担责任，由我们来担。

　　我收到的回复电文如下：

帕吉特将军致首相　　　　　　　　　　　　　　1944 年 4 月 23 日

　　我依照你的命令制定了方案。首先，我们必须拿下希腊部队的两个位于高地的岗哨，以便对他们的军营进行细致的观察。这会在天亮之前，仅由步兵实现。天亮之后，我们会在他们的军营上方放十分钟的烟幕。之后停下，等烟幕散去以后，投掷传单。传单上会讲明，还会放一次长达半个小时的烟幕，一切想离开军营，到我们这边来的人都可以在

---

① 希腊巡洋舰。——原注

烟幕的遮挡下展开行动。如果叛军在这之后仍旧不投降，就朝他们的一个炮台打几炮；然后停火，给他们机会投降。我们会重复使用此种手段，直至炸毁他们所有的大炮。叛军若还是不肯投降，那就只能派遣一支步兵在大炮和坦克的掩护下对军营发动攻击；不过有消息说，叛军反坦克武器充足，所以那些坦克不会开进叛军的营地，只会用来射杀。毫无疑问，他们眼下的食物已经不够用了，但已在当地人手里买到了一些。事实证明，想将叛军的军营死死围住，以防此事，实现不了。

当晚，忠心的希腊水军攻占了发起叛乱的希腊军舰；叛军和五十名伤兵被一起送到了岸上。帕吉特将军眼下想不使用武力，以谈判的方式让希腊旅投降。这件事的处理十分完美，所以，我可以在第二天告诉罗斯福总统，在希腊的叛乱者轻微反抗后，英国部队已经夺取了希腊军营所在山脊上的主要阵地。希腊叛军无一伤亡，不过一名英国军官牺牲了。希腊旅投降缴械，之后被押往俘虏营，在那儿，主谋已经被俘。至于海军叛乱者，二十四小时之前就无条件投降了。

我同帕吉特将军说："你采取的措施，果决而睿智，取得了良好的效果，我向你表示祝贺。"

和我一样，罗斯福总统也觉得满意：

罗斯福总统致首相   1944 年 4 月 26 日

非常开心，你成功平定了希腊海军和陆军的叛乱。我希望你在埃及政治上的努力也一样取得成功。"霸王"战斗计划需要有效的意大利行动作为支援，而等意大利之战有了明确的全力进攻的时间，这个前程会更加绚烂。在意大利赢得切实的胜利，看上去至关重要，毕竟我们暂时搁置了"铁砧"计划。

我在休养地，万事顺心。医生表示我的身体状况已经有了好转。

＊　　　＊　　　＊

这些事的情况，我们曾经发电报告诉过莫洛托夫，或者通过驻开罗的苏联大使馆代转信函的方式，始终没对苏联人隐瞒。对于我们的行动，苏联政府只给予了指责；5月5日，在莫斯科，我们正式邀请苏联和我们一起解决希腊问题。他回答说，苏联不适于参加任何有关希腊政治事宜的公开宣言。

＊　　　＊　　　＊

在叛乱问题解决后，组建希腊政府的事紧迫起来。人们觉得韦尼泽洛斯不适合做这个工作，4月26日，希腊国内选了帕潘茨罗乌——希腊社会民主党领导人——出来，走马上任。第二天，他公布了一份声明；这个声明成了各个党派（包括希腊山区领导人）开会的论题。5月17日，这些代表于黎巴嫩山间旅游胜地举行会议，激烈地讨论了三天，才达成协定：在开罗组建政府，首相由帕潘茨罗乌出任，一切团体均有代表参加政府，至于希腊山区，则由一个一致的武装集团继续同德军战斗。这种部署为将来开创了一个大有可为的远景。

5月24日，公布了希腊新政府的消息。当天，我针对这些问题向下院做了汇报：

黎巴嫩会议在长时间的争论后，总算彻底达成共识；各个党派均有代表参加新政府；新政府应当致力于一个归根结底是唯一值得重视的目标——建立一个国民军，将所有游击队都编进去，并且用这支部队将敌人赶出境，或者能把敌人就地剿灭，就再好不过了。

周一，希腊极左翼党派的领导人们发给我的那封函件，在报纸上发表了。今天，报纸上又把帕潘茨罗乌先生给我的那封信也发表了；这封信显示，他认为政府的前景光明，且感谢我们帮忙平定了这些事件；我管这些事件叫失败病，这种病，希腊现在是有机会彻底治愈的。我认为当前的局势表明，在清除其领土上的外国入侵者的战斗里，希腊将有崭新的开始——我希望也祈祷局势会是这样。所以我告诉下院，希腊的局势已经有了明显的好转，并且这种好转，已经超出了我前一次汇报此事时所谈及的情况。

就这样，这个触目惊心的插曲完美结束。它虽然范围远不如大战行动的规模，可是，却能变成影响我们工作的持续的辩论。因为我对此事负有直接责任，所以有详细记录。我发出的每一封电文，战时内阁都传看过，我的同事们完全没有妨碍我的自由行动。我们部队的司令官们可以以绝对的优势、果决的意志和耐力，将群情激昂的部队里的政治叛乱解决，自然功勋卓著；并且除来复枪旅第二营少校科普兰，这个英国军官外，没有死伤，他没有白白牺牲。

在欧洲和世界的这个中枢点（希腊），摆在我们大家面前的种种难题和斗争，会在这本书的相关章节里再次详细介绍，不过，在我看来，整体来说，叛乱证明我的方针是对的；不但在战争时期是这样，即使在眼下写这本书的时候也是如此。

第十四章　缅甸与缅甸周边

回顾——美国和澳大利亚部队在太平洋进军——盟国在海上、空中的优势——这一年，和日本的战争取得了不俗的成绩——美国穿越"驼峰"的空中运输——我们的不同看法——罗斯福总统在 2 月 25 日发来的电文——1944 年缅甸战争旗开得胜——日军准备进攻印度——温盖特声名赫赫的"远程突破部队"武装行动——他牺牲了——日军开始攻击英帕尔——科希马保卫战——战争的高潮——完全依赖空中运输——史迪威将军决胜密支那——英帕尔周边的战斗——日军准备进攻印度的图谋落空

现在不得不请读者回想一下大概一年之前的形势，好弄清太平洋方面对日作战的总体局势。美国、澳大利亚联邦眼下正将主力用在这场战争上。

到了 1943 年下半年，日军已经丢了新几内亚的东部地区。麦克阿瑟将军想进攻菲律宾群岛，一定要先将新几内亚所有的北海岸夺回来。美国第四十一师的部分军队朝塞路茅尔推进；其他部队 6 月末自海上运抵，在其周边登陆。他们与伍沃过来的第三澳大利亚师会师，开始对塞路茅尔发动攻击。此次攻击是有目的的，为的是让敌人的援军从第二目标（莱城）赶来这里。对莱城的攻击始于 1943 年 9 月 4 日，那时第九澳大利亚师——曾经在阿拉曼立下大功——在此城东边十英里的海滩登陆。美军伞兵兵团

次日在马克汉姆河谷的纳德扎普降落，在澳大利亚先锋队的协助下，迅速搭建一处机场。第七澳大利亚师通过空运抵达，当即向前进发。遭到两面夹击的莱城，9月16日被攻克。几日之前，塞路茅尔已经被攻占，10月2日，芬什哈芬也被占领。所有这些城市都进行了激烈的反抗。自莱城向西北方向的马克汉姆河谷伸展，能建机场的地方非常多。第七澳大利亚师迅速凭借获胜的机会，以一连串的空袭夺取了这一地区。一切武装行动都筹划得非常完备，在施行过程中也游刃有余，与此同时，整个陆海空三军也配合得非常不错。

日军在澳大利亚军夺取芬什哈芬后，展开了激烈反攻，在10月的最后两周中，发生了多次战斗。到了11月中旬，第五澳大利亚师穿过休昂半岛的山脉向前进发，夺取了一连串防守严密的阵地，至于澳大利亚第九师，正在扫荡俯视马克汉姆河谷的各个高地。1944年1月初，部分美国第三十二师在赛多尔发起两栖登陆，第五澳大利亚师于2月11日过来和它会师。扫除休昂半岛的敌军用了五个月的时间。在那里战斗的日军有一万两千人，活下来的不到四千二百人。

4月，麦克阿瑟将军带领军队从海上和空中两路急速向前推进了四百英里。他绕开了在威瓦克岛驻守的五万日军，让美国的一个师在艾塔佩登陆，其他两个师在荷兰迪亚周边登陆。日本空军严重受创，被击毁的飞机有三百八十架。从此，盟军在海军和空军上拥有了压倒性的优势，因此，麦克阿瑟可以将日本那些大规模的袋形阵地放到以后再处理，而选择一切对他有好处的目标。他最后开到了比阿克岛，美国第四十一师和驻守在岛上的近万人的军队展开了激烈的战斗。由十二艘日本战列舰组成的一支护航队试图运兵过来支援，不过因为空军的轰击，不是严重受创，就是被打沉了；美军在1944年6月末之前已经有力地攻占了比阿克岛。这代表着耗时两年的新几内亚战争的终结；因为那里的敌人的殊死反抗、当地环境带来的困难、肆虐的瘟疫以及运输条件的短缺，所以这场战役的难度是历史上罕见的。

新几内亚

哈尔马赫拉岛

比阿克岛

瓦克德岛

荷兰迪亚

艾塔佩

威瓦克

阿德米勒尔提群岛

拉穆河

博加丁

马克汉姆河

马丹

赛多尔

纳德扎布

伍休布

塞城

休昂半岛

莱城

芬什哈芬

萨拉毛阿

阿拉韦

戈纳

布纳

莫尔斯比港

伊米塔

安加和山脉

新科达

弗古森岛

努米亚

加斯马塔

方尼吉拉

卡维恩

新爱尔兰岛

新不列颠岛

布干维尔岛

拉包尔

俾斯麦海

珊 瑚 海

0
100
200
300
400
500
英里

　　　　　　＊　　　＊　　　＊

　　在更加遥远的东方，在 1943 年 7 月初，在麦克阿瑟将军对塞路茅尔
展开攻击的同一时间，哈尔西海军上将发起了对新乔治亚的进攻。历经数
周的激烈战斗，这个岛及其周边岛屿均被攻占。空战再次成为战斗特色，
美国空军优势的关键效用很快就得到了证明。目前日本空军比美国空军损
失严重，比例大概在四比一或者五比一。

　　经过一连串的海战，美军在七八月夺得制海权。日军主要的反抗力量
到 9 月已被瓦解，虽然布干维尔岛和其他岛上还有激战，但 1943 年 12 月
所罗门群岛的战斗已经结束。现在还没夺取的敌方阵地已经被隔离了，眼
下，我们可以彻底绕开它们，任由它们自然衰败。

　　位于新不列颠岛的拉包尔已经成了第二个攻击中心。盟军空军在 11
月和 12 月对此地进行了持续的猛攻；1943 年最后几日，麦克阿瑟将军的
两栖战斗兵团登上了新不列颠岛西面的格洛斯特角。目前准备绕过拉包尔。
所以，还需要一个据点来支持美军向菲律宾推进，而这个据点就是马努斯
岛，它在阿德米勒尔提群岛里面，可以被麦克阿瑟掌控。1944 年 2 月，因
为拿下了拉包尔以东一百二十英里的格林岛，这种围困的第一阶段宣告结
束。随后，又出色地夺取了西边的全部阿德米勒尔提群岛。3 月，哈尔西
海军上将攻占了位于拉包尔北边的埃米劳岛。因此，拉包尔完全陷于孤立。
这样，美军就彻底掌控了环绕此岛的天空和大海。

　　　　　　＊　　　＊　　　＊

　　尼米兹海军上将带领的美国海军主力此时开始聚集，预备越过赤道周
边的所有岛群；这些岛组成了一个守卫着日军舰队的特鲁克岛据点——位
于加罗林群岛内部——的前哨阵地。英军 1941 年失去的最东边的吉尔伯
特群岛，现在被选定为首个攻击目标。1943 年 10 月，曾在中途岛战斗中
赢得了赫赫声名的斯普鲁恩斯海军上将，被委任为太平洋海军司令。11 月，
在哈尔西对布干维尔岛发起攻击时，斯普鲁恩斯开始攻击吉尔伯特群岛里

太平洋战场

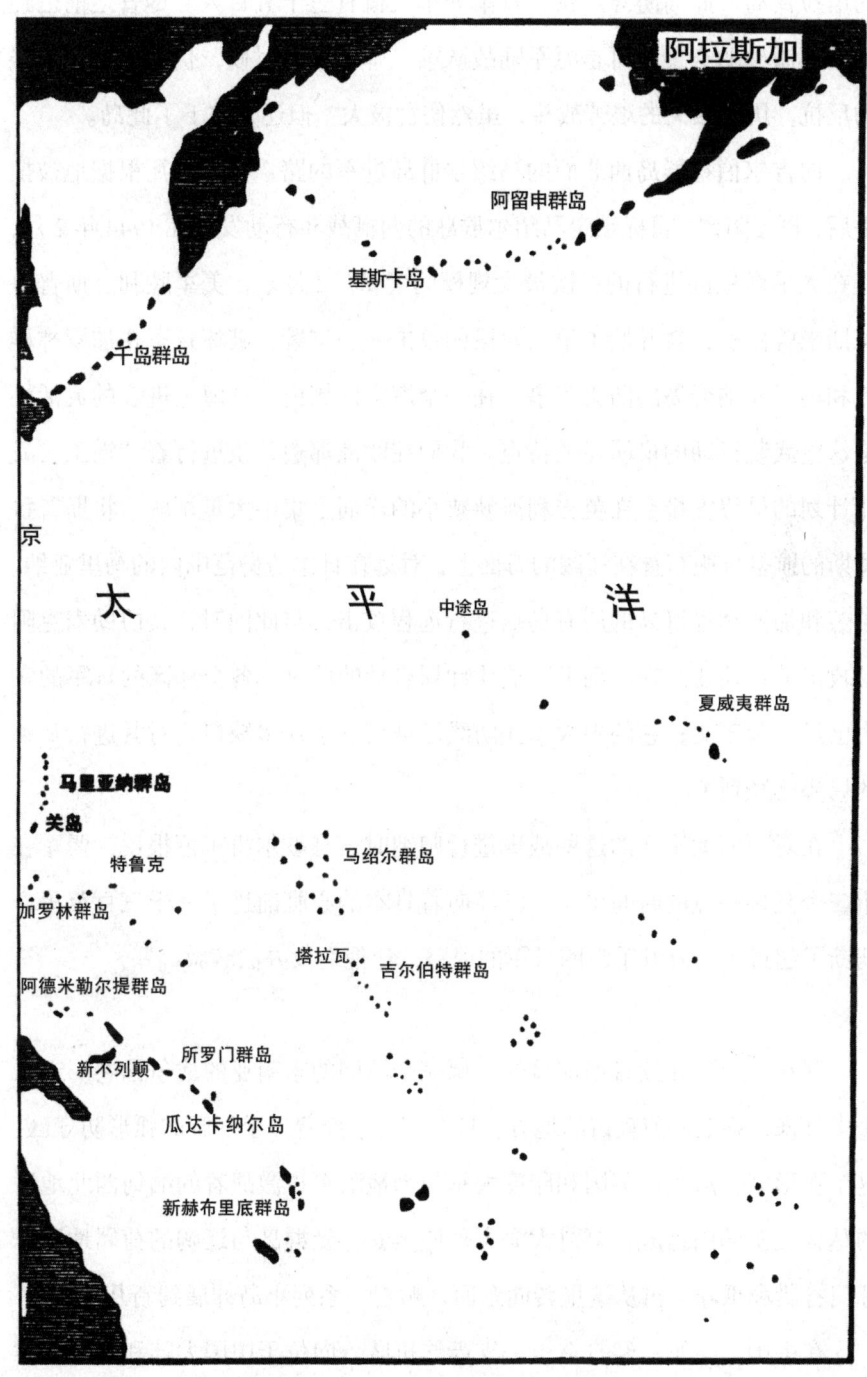

阿拉斯加

阿留申群岛

基斯卡岛

千岛群岛

京

太　　平　　洋

中途岛

夏威夷群岛

马里亚纳群岛

关岛

特鲁克

马绍尔群岛

加罗林群岛

塔拉瓦

吉尔伯特群岛

阿德米勒尔提群岛

所罗门群岛

新不列颠

瓜达卡纳尔岛

新赫布里底群岛

太平洋战场

的塔拉瓦岛。此岛防守严密，日本守军大概有三千五百人。尽管之前已经发动了激烈的空袭，可是海军陆战队第二师登陆的时候，仍旧遭遇了顽强的反抗。历经四天的艰苦战斗，虽然伤亡极大，但还是攻下了此岛。

向吉尔伯特群岛西北面的马绍尔群岛进军的路，在塔拉瓦根据地被摆平后，再无阻碍。目标锁定马绍尔群岛的两栖战斗行动发生在 1944 年 2 月，是在太平洋地区进行的一次最大规模的尝试。2 月末，美军胜利。斯普鲁恩斯未曾停歇，就开始了第二阶段的攻击——空袭，破坏日军在加罗林群岛和马里亚纳群岛的防御工事。在一个海洋区域内，从海上进攻的灵活性是这些武装行动的最明显的特点。我们在欧洲那边，正进行着"霸王"战斗计划的最终安排，在英吉利海峡狭小的洋面上集中大量军队，将斯普鲁恩斯的航空母舰布置在辽阔的海面上，对远在日军防御范围内的马里亚纳、帕劳和加罗林等群岛的所有岛屿进行远程攻击，与此同时，又协助麦克阿瑟攻击荷兰迪亚。在"霸王"战斗计划启动的前夕，各个地区的日军的实力已经一落千丈；它的中太平洋防线已被切开了众多缺口，对其进行瓦解的局势已经到了。

在对西南太平洋的这些战事进行归纳时，马歇尔将军汇报说，盟军在十二个月多一点的时间里，"已经向着日本的心脏前进了一千三百英里，切断了超过十三万五千人的日军的退路，让他们没办法获救。"

＊　　　＊　　　＊

现在一定要在读者面前拉开一幅完全不同的东南亚的战争画卷。十八个多月来，算上从前攻占的地方，日军一直掌控着一个辽阔的弧形防守区。这个弧形区，从我们英国和印度大军与当地敌军正激战着的缅甸西北地区的丛林茂密的山地起，穿过大海，延伸至安达曼群岛与辽阔的荷属地区，苏门答腊和爪哇，再从这里转向东面，顺着一系列小岛伸展到新几内亚。

在中国，美军已经打造了一支轰炸机队，向位于中国大陆和菲律宾群岛中间的敌人的海上运输线展开出色的激烈轰击。美国想对此种空袭进行扩展，在中国设立远程飞机据点，以轰击日本本土。滇缅公路已经被切断了，美国部队正在穿越喜马拉雅山南部支脉——他们称之为"驼峰"——空运他们自身和中国部队需要的所有物资。这个工作难度极高。我素来希望以空中运输支援中国，并且改进航路、守护机场，然而，我希望这种援助可用温盖特式的那种主要依靠空运和空运给养维持的部队来完成，不过应该采取更大的规模。除了以持续增多的空中运输来支援中国，美国还想加上地面运输，所以提了一个不小的要求给英国和英国所控的印度。他们催促从他们在利多的空运起点开始，穿越五百英里的森林和山区，修一条供汽车通行的公路，通到中国境内，并将这件事当作一件最重大、最紧急的工作。从阿萨姆到利多，仅有一条单线的窄轨铁路。为了满足其他方面的需求——包括为在边疆阵地驻守的部队提供物资在内，这条铁路早就处在频繁的使用中了。可美国为了修建通向中国的公路，美方要求我们首先尽快将缅甸北部抢回来。

我们当然不反对让中国继续战斗，并且让空军从中国领地采取行动，但此事需要统筹兼顾。我极不赞成日后在缅甸北部发起大型战事。再没有什么地方比在此地和日本战斗更糟糕的了。自利多修一条公路通向中国这个工作巨大且艰苦，并且等修好了，或许已经不需要了。盟军在太平洋和自澳大利亚朝前紧逼的过程中，会得到距离日本本土更近的飞机场，所以我认为会越来越不需要在中国的美国空军基地，所以综合上述原因，我们争论说，为此消耗大量人员、物资并不值得，不过没能说服他们。美国人的民族思维就是这样：目标越宏伟，就越一心一意、废寝忘食地想要得偿所愿。如果目标没有问题，这种品质就实在让人敬佩。

我们当然希望夺回缅甸，可是我们并不想被逼无奈地以此种方法在脆弱的交通线路上来实现这一目标，即穿过对战斗而言难度无法想象的地区从而进行地面推进。相比于北部，缅甸的南部和南部口岸的仰光，用处更大，可是缅甸全境，不管是南部，还是北部，都离日本太过遥远。我们的军队若是走上这条岔路，陷在里面出不来，那在远东的胜利中，我们就起不到应起的作用了。与之相反，我的想法是把日军拦截在缅甸，突破或穿过作为荷属东印度外侧岛屿所形成的弧形向前进发。如此，我们英国和印度的整条阵线就可以穿过孟加拉湾，依靠在各个阶段使用的两栖战的威势向前进发，和敌人正面战斗。虽然两方都做了诚恳的抑制——开诚布公的协商，并且认真地践行决议，但这种不同看法仍旧存在。在看这一时段的战斗历史时，别忘了考虑这些始终在起着作用的背景：地理环境、人员资源上的不足和政策上的矛盾。

＊　　＊　　＊

罗斯福总统将华盛顿方面的意见清楚地告诉了我。

罗斯福总统致首相　　　　　　　　　　　　　　1944 年 2 月 25 日

　　我们横渡大西洋向前进发的主要中间站是中国海岸—吕宋这一地区，我的三军参谋长们对此一致认可。近日，在吉尔伯特群岛和马绍尔群岛的战事的胜利，证明我们可以增加向西进军的速度。看上去，我们是有机会在 1945 年夏天之前抵达中国海岸—吕宋这一区域的。从我们开进这一关键地区起，直至在这里构建了坚实的阵地结束，中间这段时间，调集当前最大的空军实力对我们的武装行动进行支援，就成了一个至关重要的行动，所以，需要尽可能地提高以中国为据点的空军力量。

　　我一直希望中国能变成一个帮我们在太平洋进军的据点，当前战局发生巨大扭转，战争形势变得更加有益于我们，我们迫切需要从中国获得应有的援助。

　　因此，我们有着无可推卸的尽全力往中国输送更多物资的责任。想做到这点，只有两个办法，要么提高空运的重量，要么修一条穿越缅甸的公路。

　　我们要是能夺取密支那，得到一个空运的中转站，与此同时，提高对航空线路的保护，就能让我们马上提高空运到中国的量。

　　史迪威将军认为，蒙巴顿的第四军若能离开英帕尔夺取瑞蒙和旺莱地区，那不等今年旱季结束，他统领的中美联军就能拿下密支那，并且只要夺取此地，就能守住它。我知道这让人非常为难，不过我相信，蒙巴顿手下的指挥官们在你强劲的鼓舞下，是可以战胜很多势必遭遇的难题的。

　　日军持续提高在缅甸的力量，而为了维持主动，防止他们发起攻击，进而或许穿越边界入侵印度，我们不得不按照我们的实力采取最积极的措施……所以，我最迫切地希望，你以最大的力量来支持即将在缅甸展开的一次猛烈的战役。

＊　　　＊　　　＊

　　这场战事始于 12 月。那时，史迪威将军带领着他亲自在印度组织、训练的两个中国师自利多穿过分水岭，走进了主要山脉下方的林区。他们迎着有名的日本第十八师团的反抗，仍旧平稳地向前推进，到了 1 月初，已经向里推进了四十英里，而修路工还留在后边艰苦地修着路。在南边，自 1 月 19 日起，克里斯蒂森将军指挥的英国第十五军顺着阿拉干海岸向前推进。与此同时，盟国空军更加努力，加上得到了新到的"喷火"式战斗机的支援，已经在一定程度上占有了空中优势，我们很快就会发现，这种优势非常有用。

　　我们的推进在 2 月 4 日忽然遇到拦截。日军也自有打算。他们自 11 月到现在，已经将缅甸的部队自五个师提高到了八个师，他们企图入侵东印度，并且煽动那里的人背叛英国。在阿拉干海滩发起的反攻是他们的第一次进攻，企图占领吉大港，并且将我们的视线和储备部队吸引到那个阵线上去。在海滩正前方，他们拦住我们的第五师，并且让一个师

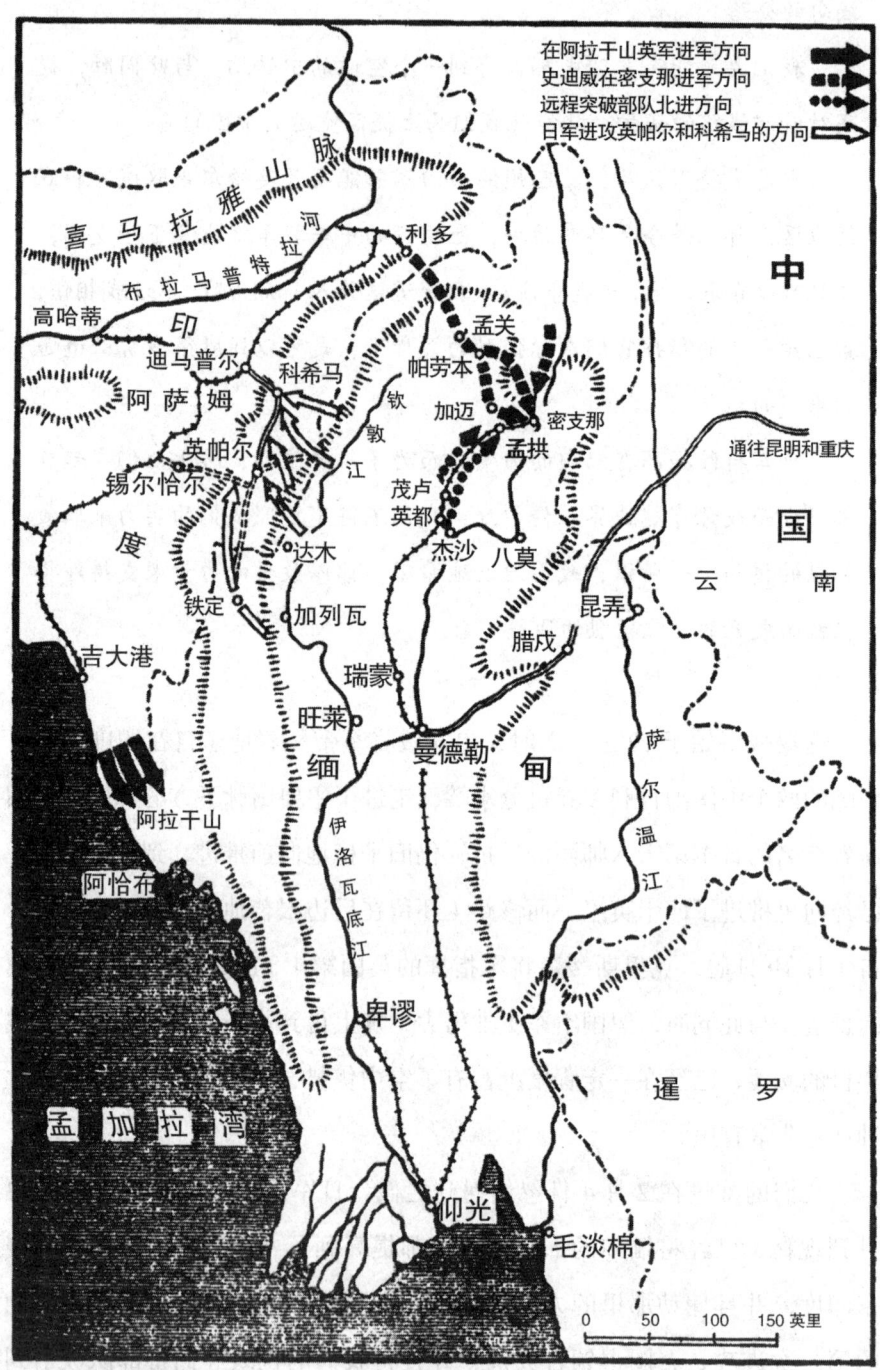

在阿拉干山英军进军方向
史迪威在密支那进军方向
远程突破部队北进方向
日军进攻英帕尔和科希马的方向

喜马拉雅山脉

布拉马普特拉河

高哈蒂
印
迪马普尔
阿萨姆
科希马
钦敦江
帕劳本
加迈
利多
孟关
中
密支那
通往昆明和重庆
英帕尔
锡尔恰尔
度
达木
茂卢英都
杰沙
八莫
孟拱
国
铁定
加列瓦
瑞蒙
腊戍
昆弄
云
南
吉大港
缅
旺莱
萨尔温江
阿拉干山
曼德勒
甸
阿恰布
伊洛瓦底江
孟加拉湾
卑谬
暹罗
仰光
毛淡棉

0   50   100   150 英里

缅甸

的主要力量越过林区，对远在内地的第七师侧翼进行包围。第七师不出几日就被包围了，敌人切断了第五师海岸沿线的退路。他们一心觉得这两个师会后撤，却忽略了一件事——空运物资。第七师布置军力，建立袋形阵地，顽强抵抗，殊死反击。食物、水和弹药，在两周的时间里，都如天上掉落的甘霖一般空投给了他们。这种方便，敌人却没有；他们只带了十天的储备。可第七师的英勇作战又让他们无法得到更多的物资。因为无法战胜我们前进的军队，北边又遭受了我们自后备军里调来的第二十六师的猛烈进攻，于是他们化整为零，变成小队，穿越林区，一边打一边退，留下了五千具尸体。

第十五军继续推进。他们破除了日军在林区战无不胜的传说，他们为这一成绩感到自豪。

首相致蒙巴顿海军上将　　　　　　　　　　　　　1944 年 3 月 1 日

今日，我已公开发表电文，就阿拉干战役表示恭贺。此战赢得这样的胜利，让我十分开心。这代表着你们部队的新精神，我还坚信这会让所有战士对敌军追赶得更紧。按照我在这里看到的地图，我认为你势必会顺着海岸向阿恰布港方向继续进军，没道理不这么做。

＊　　　＊　　　＊

2 月，种种迹象明确显示，敌人为了先下手为强，阻碍我们朝钦敦江推进的计划，正打算从中路阵线攻击英帕尔。眼下已经声名显赫的"钦迪特"①战斗计划是我们攻击方案的一环。尽管先发动攻击的明显会是日本，可是我们决定让温盖特旅团继续自己的行动。这一行动大体是切断英都周边的敌人运输线，进而干扰敌军，尤其是正和史迪威战斗的日本第十八师的供应体系。而且敌人将不得不抽出兵力解决后方遭遇的危险。2 月 5 日，

---

① 温盖特远程突破部队的一般叫法。——原注

一支"钦迪特"旅，也就是英国第十六旅，已经自利多启程。它越过了四百五十英里的山区和林地向前进发，需要的物资全靠空投。

英国和廓尔喀人的联合大军第七十七和第一百一十一两旅，从 3 月 5 日起，在有二百五十架飞机的美国"空中突击队"的帮助下，被运往战场。这些军队在会合地点集合后，就开始执行命令，切断了英都北边的铁路。

我详尽地告知了罗斯福总统一切情况。

1944 年 3 月 14 日

当你听说这个消息——已经有两个旅的温盖特的远程突破部队被空运到了战场，我猜你会欣喜的。飞机降落地选自两个地区；这两个旅可以自这两个地区向西进军，主要目标是切断日军的运输线，进而对美、中两国部队在更远的北方的战斗进行支援。这些飞机降落的地方，深入敌人控制区一百英里的地方，离运输基地二百六十英里。

起初让滑翔机着陆，滑翔机降落之后，就为运输机的着陆准备跑道。自 3 月 6 日起，到 11 日结束，总共有七千五百人带着他们的所有装备和骡子平安降落。只有一些滑翔机受损，不过有一部分还能修好。现在这些突击旅已经向前进发了，不过留了少量守军保护跑道，等待一支"喷火"式战斗机小队和一支"旋风"式战斗轰炸机中队抵达，这些空军开到这里的目的是保护据点，并且提供空中援助。

第一天晚上，出了件重大意外，也只是出了这一件。日军堵住了北边的一条跑道，而剩下的跑道，其路表的状况也远比预期的严重。由此引发飞机事故，跑道被残骸堵住了，飞机因此无法在那天晚上继续着陆。少量滑翔机不得不在空中返航，没能到我们这儿来。马上又在这儿修了另一条跑道，预备两天之后用。牺牲和失踪的人总计最多为一百四十五人。

日军好像完全没想到这个武装行动。敌人没派空军过来轰击北方的跑道，敌人来轰击南方的跑道时已是 3 月 10 日，我们都走了。事实表明，敌人自身有个计划——将飞机聚集在曼德勒地区的机场。最后，我们集中调过来为着陆提供掩护的强悍的空军获得了辉煌的战绩，在两天内击毁敌机六十一架，而我们自己只损失了三架。

我们都非常开心，温盖特军的大胆尝试得到了这样好的开局，而空运大军到前线战斗的举措的成功又成了前路的好兆头。不管是在运送中队上，还是在支援空战上，你们的人都发挥了重要作用。

次日，罗斯福回答说："听说在温盖特的指挥下，我们的军队赢得了胜利，我感到非常激动。你若是发电报给温盖特，请将我诚挚的祝贺转达给他。这种出色的行动，期望可以继续。这一英雄功绩属于空降兵团，可也得记得骡子的功劳。"

温盖特的生命居然如此短暂，没能看见此次胜利收获果实。3 月 24 日，他死在了飞行中，这让我极为痛心。那天，他坚持起飞。真相尚未查明，可能是因为厚重的云层混淆了驾驶员的方向感。飞机撞上了高山（过了很长时间才被发现），绚烂的火焰与他一同熄灭。

*　　　*　　　*

三个日军师在 3 月 8 日对我方中路阵线发起攻击，这并未超出预料。为了将兵力聚集在自己选好的地点战斗，斯库恩斯将军把他的第四军撤到了英帕尔高地，这个军的兵力也是三个师。敌人要是将通向迪马普尔后方据点的公路切断，那在战斗胜利之前，斯库恩斯就只能依靠空运供给了。日军在阿拉干战事中落败的那种战术，他们又再三地使用起来。他们想将我们放在英帕尔的储备抢走，给自己用。他们不但想切断我们通向迪马普尔的公路，还想切断铁路，进而切断维系史迪威部队和美国空运援华的运输线。因此，此事十分危急。

空运才是核心。蒙巴顿的储备虽然非常多，但还远远不算充足。他从

"驼峰"运输线借了二十架美国飞机，想留着继续用，除此还想再借七十架。这个要求，不仅张不开嘴提，也很难实现。我在之后的让人心焦的几周里，全力支持他。我告诉他说，"我和三军参谋长们正想方设法地帮助你。我已经发电报给罗斯福总统，同他说了。在我看来，战斗高于一切。一定能得偿所愿。"最终，地中海战区暂时借了七十九架飞机给蒙巴顿，因此他的需要大体上得到了满足。

到了3月末，日军已经切断了通向迪马普尔的公路，而英帕尔平原的边缘则遭到了来自三个方向的攻击。通过空运，英帕尔迎来了从战争已经结束的阿拉干海岸调来的第五印度师，而迪马普尔则迎来了第七印度师。另外，斯托普福德将军统领的第三十三军本部、英国第二师、一支印度独立旅，以及温盖特部队剩余的最后一个旅，则都通过铁路到了迪马普尔。

日军在北边的攻击，被拦截在一个山路边名为科希马的小村落。驻守在那儿的有皇家希肯特军的一个营、一个尼泊尔营、阿萨姆来复枪兵团的一个营和所有拿得起武器的人，里面甚至还有刚出院的病人。4月4日，他们受到了日本第三十一师的攻击，被迫逐步撤到日益缩小的地区，最后撤到了山里。他们唯一能拿到的物资，就是空投过来的物资。他们四面八方全都受袭，不过因为空军的轰击和大炮的援助，始终在坚守阵地，直至20日，得到了从迪马普尔打过来的印度一百六十一旅和英国第二师的救援。日军有四千人被射杀。顽强的科希马保卫战是在极为恶劣的条件下展开的，是个值得称颂的事迹。

* * *

我们赢得了制空权，可是我们身后要有足够的运输机才行。5月，出现了一个最紧急的事情。在英帕尔平原的圆形区域中，有六万人的英国和印度部队，以及他们所有的现代化武器被包围。我认为，这比其他事更加紧急。按照"战争高于一切"的原则，我使用了我的权限。

首相致蒙巴顿海军上将（在东南亚）　　　　　　1944 年 5 月 4 日

在此次战斗中，以胜利为目标的你的所有需求均应达成。我不接受任何方面的拒绝。我决定全力支持你。

首相致伊斯梅将军，转参谋长委员会　　　　　　1944 年 5 月 9 日

就算付出所有代价，也得将这个缺口补上，办法是：要么过段时间再将那七十九架运输机送去地中海，要么留二十架，再从"驼峰"借五十九架，要么既延期又借用。不管怎样，此战我们必须赢。我非常愿意给罗斯福总统发电报，向他指出，牺牲这次战役对他本人支援中国的计划所带来的不幸后果。

首相致伊斯梅将军和霍利斯将军，转参谋长委员会　1944 年 5 月 14 日

不管怎样，在美国或者"驼峰"抽调出合适的飞机，将蒙巴顿海军上将手里那七十九架飞机换下来之前，蒙巴顿海军上将都没必要将它们调去地中海。我认为，他的观点看上去无可辩驳。

这些飞机若是推迟了抵达地中海的时间，就会危害到亚历山大将军的战事，足以证明这点的理由，我一条都没听到。在空军上，威尔逊将军的优势是压倒性的，可这些飞机，在战争胜利之后，在展开两栖战时，才更有用处，在眼下的战争中，就没那么需要了，而在另一边，它们对正发生在缅甸的战斗，却必不可少。

因此，霍利斯将军应当简要地为我写份备忘录，我会在今天午夜进行讨论。与此同时，也应当把这份备忘录给三军参谋长看看。我已经决定了，没道理让蒙巴顿的战事因为那种傻事——把一百五十架飞机调去了另一边、五千英里之外的地方而落败；倘若在满足这种需要方面不能使我满意，我明天应该会请罗斯福总统帮忙。

*　　　*　　　*

在此期间，身处北方前线的史迪威正迎着日军第十八师的顽强反抗急速向孟拱—密支那一线进发。由于沿着中国边境分布的敌方第五十六师，或许会对他发起攻击，因此他担心东翼战线。罗斯福总统劝南京国民政府另派一个中国师增援史迪威将军，但这个大元帅直至 4 月 21 日才命令其驻扎在云南的部队开赴缅甸。5 月 10 日，四个中国师在昆弄和昆弄上部跨过萨尔温江，进而对日军侧翼造成干扰。

正活跃在敌方运输线上的"钦迪特"，4 月初又得到了两个旅的支援，因此，现在战斗兵力总共是五个旅。他们顺着铁路线向北进军，沿途拦截敌方援兵，并攻击军用物资的临时库房。虽然他们带来的损害极大，可是日军完全没从英帕尔战线撤兵，仅仅从史迪威的战场撤了一个营出来。为了脱困，他们从暹罗调来了第五十三师，不过没能成功，有五千四百多人被射杀。

5 月 17 日，不管是日军，还是我们，都被史迪威吓了一大跳，因为梅里尔将军带领的美国旅急速前进夺取了密支那机场。因此，空运援兵对此城予以打击，可是日军殊死抗争，战事直到 8 月初才结束。"钦迪特"旅的精兵，也就是第七十七旅在 5 月末困住了孟拱——这是史迪威的另一个主要目标，并最终在 6 月 26 日攻占此地。这些战斗之所以能取胜，史迪威的领导能力、胆量和坚忍不拔的毅力功不可没，不过他的军队因为战斗得过于勇猛，耗干了所有力气，不少队伍只能撤离。

* * *

英帕尔周边的局势仍旧非常危险。我们的空军虽然有压倒一切的优势，但雨季阻碍着我们空运赖以获得胜利的给养。我们的四个师逐渐地全部冲出了重围。为了会师，我们的援军和被困的部队顺着科希马的公路自两边相向激战。这是在和时间赛跑。我们以紧张的心情注视着它们的进展。

首相致蒙巴顿海军上将（在东南亚）　　　　　1944 年 6 月 22 日

　　三军参谋长们担心英帕尔的局势，尤其是物资和弹药储备方面。你完全有权利要求为维系战局而需要的所有飞机，不管是从"驼峰"那边调，还是从一切其他方面调，都没什么不行的。务必将"驼峰"的飞机作为现在的隐藏实力，要是有需要，应该予以征调。我们的部队因为美国彪悍的战绩，抵达了密支那，不过若是无法从"驼峰"得到力量，密支那也好，英帕尔也罢，都很难守住。如果你不及时说出自己的需求，并且在需要的时候从我们这儿得到支援，那等日后打输了仗，再来埋怨也是无益。这件事一定要坚持，我认为它重大且紧急。愿你成功。

　　在收到已获圆满成功的消息时，这封电报还没到。以下是我引用的蒙巴顿海军上将的汇报：

　　6 月第三个星期，局势非常紧急。我们前两个月的不懈努力，使得第四军的资源可能在 7 月初就要消耗殆尽，可是英国第二师和第五印度师提前了一周半，于 6 月 22 日在英帕尔以北二十九英里的一个地方会合，不仅如此，还将通向平原的路打通了。护航队也于同一天开始抵达。

　　蒙巴顿有充分的理由补充下面几句话："事实上，日军入侵印度的图谋已经落空，我们眼前呈现的景象是，英国将在缅甸取得首次大捷。"

第十五章　和日本战斗的策略

摆在我们面前的选择——1944 年 1 月 24 日，我写的备忘录——英国迎来了蒙巴顿海军上将派来的使团——新计划——美国的不同看法——一支彪悍的日本舰队开赴新加坡——它影响了两栖战斗计划——我们失去了当地的海军优势——3 月 10 日，我致电罗斯福总统——罗斯福总统的回复电文——3 月 20 日，我对英国参谋长委员会下达的一个决定——"中间战略"

前一章讲的陆空大战的生死之战正在缅甸和太平洋激烈进行的时候，我们在伦敦、美国人在华盛顿以及华盛顿与伦敦之间，正就日后战斗的整体方针，进行着激烈的争论。我之前曾经谈及，联合参谋长委员会在开罗会谈中曾针对太平洋战争的长期战略做过报告，谈及英国在此战中的任务，谈及我和罗斯福总统虽然在报告上签了字，可因为太忙，还没对它做过研究，也没一块儿探讨，或者同我们的参谋们一块儿探讨过它。之后，在马拉喀什，我接到一个要求，让我针对这一问题给各自治领发电报，我这时才知道英国参谋长委员会的想法已经发生了极大的改变。我马上意识到自己并不赞成他们的看法，如此，我和战时内阁中与我信任的军事上的同事间，出现了严重的分歧，这也是仅有的一次。

简而言之，在我们面前摆着如下选择：我们是否应该以澳大利亚为基地，派遣我们的海军和我们能够抽调或运送的陆军或者空军，配合美国在西南太平洋的部队的左翼联合作战？我们的参谋长们觉得我们应当这么做，在开罗会议中，他们已轻易地同他们的美国同事们就此事签订了协议。不过在另一边，我和我的同事们却认为，我们应当以印度为据点，向东进军去马来亚半岛和荷属群岛。参谋长们觉得，既然蒙巴顿在德国战败之后的六个月内都无法发起大规模的两栖战，那么，我们是可以早些推行支援太平洋的计划的，因为他们觉得这个计划，我们也有责任。

我刚一回国，就召集国防委员会开会，会上，我们首次就所有问题展开了认真的分析和充分的讨论。

几天以后，我写了如下备忘录：

首相致伊斯梅将军，转参谋长委员会　　　　　　　1944 年 1 月 24 日

1. 19 日的会议，当和我谈起计划的人就计划进行详细介绍时，参会的所有我的内阁同事们全都发表了强烈的反对意见。这些计划，我自己也不赞成。这件事一定要在两国之间展开讨论。此外，有一点需要注意，麦克阿瑟将军的参谋长曾就计划的情况对我们进行过说明，但和这个计划差别极大，所以就连美国人自己的意见也存在着极大的分歧，这是显而易见的。

2. 派少量舰艇同美国舰队一同参加他们或许计划在 6 月启动的一起战事，任何人都不会反对，并且我们自然应当无时无刻不准备着建一支太平洋舰队。可是，任何一个和太平洋战场有关的战斗计划想让我们觉得可行，都有一个前提，就是在 1944 到 1945 年间，在我们战胜希特勒之前，要让我们驻扎在印度和孟加拉湾一域的大量的陆军、空军能够一显身手。

3. 对于这些军队而言，能进行有力战斗的地点只有一个，就是苏门答腊（即“长炮”战斗计划）。很早之前我就坚信这个办法极其合

乎实际，因为它能将大批的日本飞机，甚至大量的日本陆军吸引过来；或者，从另一方面讲，它还能夺回重要的领地，并且获得据点，从这些地方出发，我们不管是在新加坡、曼谷、马六甲海峡，还是在日本到缅甸的交通线上，都一样能攻击敌军。我和我的同事全都相信，我们应当将兵力集中到这里，同时，我们还得同美国人说明白，我们若在太平洋支援他们（我们会这么做的），那为了让我们能在 10 月、11 月或者 12 月攻打苏门答腊，希望到时他们能给我们提供一些登陆艇。他们已经生产了大批全新的坦克登陆艇，并且今年全年都会持续生产，因此，这件事他们绝对做得到……

4. 我们必须等蒙巴顿海军上将派的将领抵达，和他们充分探讨此事，起码得等我们有了自己的意见，才能给各自治领发电。

蒙巴顿代表团于 1944 年 2 月中旬抵达，代表团的领头人是蒙巴顿的副参谋长，精干的魏德迈将军。美国想修一条从北阿萨姆直通中国的双行道公路，蒙巴顿认为这个计划在 1946 年 6 月之前实现不了。所以他提议舍弃这一计划，换成替代方案——强化当前的空中航线。这个提议若能被接受，他就不用在缅甸北部攻占大范围地区了。他想将力量省出来，用在冲破敌人控制的马来亚和荷属东印度群岛这片敌占区，并且沿亚洲大陆海岸，一个岛接着一个岛地疾速向东北方前进。如此，就能打通去往中国的更好的海上运输线，与此同时，还能直接支援美国自中太平洋和新几内亚向日本本土的进军。想达成这一目标，就得先将苏门答腊拿下来，他提议说，一旦从西北欧腾出两栖部队，就马上行动。于是，"长炮"战斗计划被再次提上日程。

可是这个战争策略，和联合参谋长委员会在开罗会议中达成共识的协定正好相反。这一战略问题直接且显著地将我们之间在长期策略上的不同看法展现了出来。我原本就赞成苏门答腊计划，所以对蒙巴顿提的新方案非常认可。我仍相信，之前想的苏门答腊计划所需兵力过多，但是如果依照蒙巴顿的提议，在缅甸进行的地面战斗也不需要那么多兵力了。不过，我也不支持派这些军队去麦克阿瑟的战事中承担次要任务。在这件事上，外交部绝对赞成我的看法。他们觉得英国在远东发挥的作用，不应当只是给美国人做陪衬；这种事，英国民众怕也无法认同，并且相比于对自己至关重要的辽阔的地域，太平洋岛屿对亚洲人来说也没什么吸引力。两相对比，东南亚司令部提出的战争策略，不管是在心理层面，还是政治层面，都有直接作用，能加快日本瓦解的速度。

我坚信美国人必定和我们有着不同的见解。所以我看到罗斯福总统在1944年1月25日的电文中说以下这段话，并不感到意外：

> 近来战略上的趋向让我非常担心，这种趋向不是直面我们在缅甸遇到的危急困境，而是提议将来在苏门答腊和马来亚那里展开行动。我弄不明白，苏门答腊和马来亚的战事需要消耗大量的能源和军力，怎么可能在欧洲战争结束之前启动。"长炮"战斗计划如果成功，虽然或许能带来极大好处，可是，我们若将现在手里的所有资源都用在对缅甸北部发起的全面进攻上，似乎会有更大斩获；如此，我们就能建立在中国的空中势力，确保我们在向西面的中国—吕宋地区进军时，获得必要的援助。

对于魏德迈的任务来说，这种观点可不是什么好兆头。3月，他们和美国参谋长联席会议在华盛顿见面，但他们并不是首批过来打交道的人。蒙巴顿海军上将的计划得到了他下面的总司令们的一致认可，可是他的副手，美国的史迪威将军却不这么想。这不难理解，因为史迪威的职务并不是只有这个，还有其他几个职务，尤其是他还兼任蒋介石的参谋长。美国人这么布置并不是非常合适，可是那时我们也只能接受。任何行动只要看上去好像对中国有利，史迪威就不会反对，而且他觉得，实现陆地供给的时间或许比东南亚指挥部推断得要早一点。他个人的意见，他有权力催促蒙巴顿海军上将答应，若没被答应，只要蒙巴顿不反对，他就能交给自己在华盛顿的上级，并且他已经瞒着蒙巴顿派了一个代表团去华盛顿，就自己的理由进行说明了。

近来，美国参谋长联席会议已经做出决定：尽管麦克阿瑟将军应当继续攻打菲律宾，可是尼米兹海军上将却应该自中太平洋对台湾方面发起主要的攻势。所以他们相信，在战略上，解放马来亚和荷属东印度用处有限，并且会持续很长时间。他们觉得用不着攻打苏门答腊。他们仍然全心全意想要穿过"驼峰"，空运更多供应品给中国，并修建滇缅公路。他们还有一个新计划——在中国建造攻打日本的远程轰炸机基地，如此就要供应比之前的吨数更多的资源。对于蒙巴顿的提议，魏德迈给出的辩解非常睿智，可是既没能说服他的听众，也没能说服他的上级。

＊　　　＊　　　＊

可是，一个至关重要的意外事件忽然在此时发生了。一支强悍的日本舰队，有七艘战列舰，自中太平洋出发，开向新加坡，可没人清楚它这么做的用意。我们直到现在才知道，它那时一方面是想暂时避过美国的空袭，另一方面是想离它们荷属东印度的石油供给站更近一些。虽然这样，可是它们或许还会冲进孟加拉湾，也正是因为这种可能的存在，就暂时放下了"长炮"或预备在印度洋展开的其他两栖战斗计划。我们甚至没保住海军在那儿的优势。我当即看到了这个让人烦闷的真相。

首相致伊斯梅将军，转参谋长委员会　　　　　　　1944 年 3 月 7 日

1. 苏门答腊计划拟定的依据，是如下假设：日本主体舰队不会抽出力量强劲的小舰队。当然，这种假定完全是按照敌人如何做才合情合理而得出的，不过没人可以担保敌人不会做情理之外的事。然而拟

订计划时，通常认为日本人的关注点在：不让美国攻打特鲁克、拉包尔以及其他前哨基地，并且让自己在任何时候都可以展开舰队战斗。倘若他们之前这样想过，那现在他们已经舍弃这种想法；他们自所有前哨基地撤离，现在已经布置好了舰队的防守阵地，停泊在新加坡的强悍的船舰也在其中。除非这支舰队离开这儿，否则我们明显无法攻打苏门答腊，或者采取其他类似的措施，要不然，我们就得将我们自身的海军实力增加到我们可以期待一次舰队战的程度。日军被吸引到新加坡，对美国极有好处。日本在那儿停留的时间越长，尼米兹海军上将就越能自由行动，与此同时，也越能快速向前挺进。而美国向前挺进的状况则决定了日本舰队在新加坡逗留的时间。看上去，日本人必定会重新集合他们的舰队，之后，为了保护菲律宾或者离本国更近，他们会想再一次发起大型战斗。日本若撤出新加坡，那他们能不能再回到那儿，就得看那时的状况了。我们将日本牵制在新加坡越久，对美国的帮助就越大。想达成此事，需要继续筹备，以便能在日本舰队在美国主力的攻击下，被逼向太平洋撤退时，发起大型的两栖进攻。

2. 这份备忘录，一定要呈送联合计划处。

*   *   *

在同一时间，我们和我们的参谋长们展开了长时间的，甚至是激烈的争论。支援麦克阿瑟将军或者尼米兹海军上将的策略能不能施行，取决于在澳大利亚基地我们能驻扎多少军力，还有驻扎的地方到底是东海岸还是西北海岸。我们情报不足，看上去需要深入调查。推行这一策略明显会给我们的航运带来不小的负担。3月，我们自己内部好像出现了僵局。三军参谋长们觉得，美国人正等着我们派舰队去太平洋，参加他们或许会在6月发起的战事。所以，我认为需要和罗斯福总统说明此事，并且让他知道整体局势。

首相致罗斯福总统　　　　　　　　　　　1944 年 3 月 10 日

　　1. 在开罗会谈的最终汇报中，联合参谋长委员会表示他们"原则上接受了"一个战胜日本的整体方案，觉得可以按照这一方案展开"深入研究和筹备"。这个方案准备将一支英国舰队的分舰队派去太平洋，参加计划在 1944 年 6 月执行的战斗。尽管我们两个都在这个汇报上签字了，可是我们因为忙着做更加紧急的事情，所以还没找到时间亲自研究过这些问题。自报告出来之后，战时内阁和参谋长委员会始终在"调查分析"，可是我们始终没能达成共识。在此期间，日本舰队开到了新加坡，我认为这件新发生的事，关系重大。

　　2. 从意大利舰队在 1943 年 9 月投降起，我就期望可以及早派一支我们舰队的分舰队去太平洋，可是，在我将这一主张透露给金海军上将时，他告诉我说，美国海军在这一海域远比日本海军强悍。那时我的感觉是，我们对他来说用处不大。这种感觉，在我见到驻华盛顿的我方海军代表发过来的几封电文后，变得更加确定了。另一方面，我又听闻金海军上将曾经告诉第一海务大臣，说他非常期待我方舰队的分舰队，但是，要等到 8 月或者 9 月，后勤那边的需求才比较容易满足，所以我们最好等 8 月或者 9 月之后再到。结果，弄得我很怀疑，到底今年之内是否真的需要我们。

　　3. 因此，我恳请你告诉我，美国有没有这样的打算：在 1944 年年末之前，或者在 1945 年夏天之前，在太平洋发起某种攻势，而这种攻势，如果没有英国舰队分舰队参加，是否就会被影响到或者施行不了。

　　4. 另一方面，日本舰队移动到新加坡的时机，正好是（当然，同别的状况也有凑巧）他们知道了我们的战列舰开赴印度洋的时候，这好像表示他们在安达曼群岛、尼科巴群岛和苏门答腊方面有了些戒备。我们若能在孟加拉湾继续摆出威胁的姿态，进而将日本舰队或者大多数日本舰队牵制在新加坡，帮你们把太平洋的战场打扫干净，让你们能够以最快的速度向前推进及迂回推进，这当然有利于你们。

5. 蒙巴顿有关印度战场和孟加拉湾的全盘计划，魏德迈将军可以讲得十分明白。看上去，这些计划必定和蒋介石的条件十分切合，你们认同这些条件，可是我们因为地中海和"霸王"之战，没办法在雨季来临以前，达成这些条件。就我本身来说，我仍旧觉得在将来十八个月的和日本的战争中，渡过孟加拉湾的两栖战能让我们在印度的全部军队和设备发挥最大效力。我们正认真审查我方后勤的状况。我们如果不是将交通线延伸大概九千英里，绕过澳大利亚南面，自太平洋启程，在你们的南侧战斗，而是进攻孟加拉湾前方的岛屿，之后再攻击马来亚半岛，那初步推断，我们的攻击力能翻两三番。再者，将我们的舰队和实力打散，放到太平洋和印度洋两个地方，也有不同看法；如此，我们自加尔各答到锡兰，还有远在苏伊士运河区的不少当前的基地就断开了。

6. 不过，在我心里对此事有最终决断之前，我非常想知道，我对上边第三阶段给出的问题——倘若起码现在，在日本舰队仍未离开新加坡的时候，我们将自己的主力维持在印度洋和孟加拉湾，并且准备只要得到资源，就在那儿展开两栖战，你们的太平洋战斗会受到损害吗？——你的答案是什么。

针对我的问题，罗斯福总统的回答清楚而直接。

罗斯福总统致首相   1944 年 3 月 13 日

（1）在 1944 年，在太平洋上，不会有什么特别的战事因为英国舰队的分舰队没来参战就受到损害。（2）现阶段没办法非常准确地推算出太平洋局势的未来发展，因此，也无法说 1945 年肯定不用英国舰队的分舰队来这儿参战，不过，以当前的局势而言，这种支援在

1945 年夏天之前是不需要的。

　　考虑到敌人近来的布置，我个人认为，只要我们没在太平洋遭遇突发的不幸，你们的海军留在印度洋对我们的并肩战斗用处更大。

　　以上所有看法都是按照现在的情况进行的推断，因此，这些看法会随着情况的改变而发生变化。

＊　　＊　　＊

　　如此，在解决我和我的内阁同三军参谋长间的让人苦恼的争执时，我就得到了有力的支持；我认为我有做出决断的责任。此次，我给所有参谋长都写了一封信——不是将他们视为一个委员会给他们整体写的，而是给每个人。

首相致第一海务大臣、帝国总参谋长和空军参谋长　1944 年 3 月 20 日
　　我已将所附备忘录分别送交各位参谋长。

　　1. 不管是我提出的问题，还是罗斯福给出的回答，都是专门针对此事的，就是……我们对美国政府是不是担负着某种必须在 1945 年夏天之前，派一支英国舰队的分舰队去太平洋的责任，还有我们若是没参战，他们的战事会受到影响吗？现在我们知道了，我们没有这种责任，他们的战斗也不会被影响到。除此，在 1945 年夏天之前（只要没发生严重的突发情况），他们也不需要我们的帮助。所以，这件事，我们绝对可以毫无约束地完全从英国的利益出发，进行考虑……

　　2. 因为担心美国人发现他们和我以及我的内阁同事看法不一致，三军参谋长们就不愿意和他们的美国同事开会，这种状况让我觉得眼下的局势非常危险。国防委员会的大臣们坚信，并且我也真的觉得，问题若呈送战时内阁，他们会赞成这点：不管怎样，在以后的十二个月里执行"孟加拉湾战略"，是符合英国的利益的。因此，我作为首相兼国防大臣，有责任给出如下决定：

（1）如无意外，从现在开始，一直到1945年夏天之前，大不列颠和英帝国都将以印度战场和孟加拉湾作为和日本战斗的中心区。

（2）为穿越孟加拉湾，对马来亚半岛和守护此半岛的所有前哨岛屿发起两栖战斗，并最终夺回新加坡，做好所有筹备工作。

（3）召集一支以锡兰、阿杜岛和东印度群岛的口岸为据点的彪悍的英国舰队，让强大的从岸上起飞的飞机给予掩护。这支东方舰队的协助舰艇一定要及早准备好，不过这一筹备工作一定不能影响到"霸王"战斗计划和地中海之战的需要，也不能妨碍依照当前定量对本国粮食的基础供给。

（4）分析、修正、完善东南亚指挥部有关越过孟加拉湾的两栖战斗计划，以便及早和敌军真刀真枪地交火。

（5）派往澳大利亚的调查团，等我审批过它的人员名单后，马上启程。他们应当及早对澳大利亚的当前设备和它北面已经收复的岛屿的状况进行汇报，并且给出详细方案，以便我们随时都能依照自己的意愿，将东方舰队和它的协助舰艇及需要的所有后备船舰，驶入西南太平洋，并且停靠在澳大利亚的港口。

3. 因为不想我们和美国朋友讨论时，心里还不知道我们将走什么路线，所以上述决定，我极想和三军参谋长们展开讨论。与此同时，等处理好这些关于长期计划的不同意见，我们就能一心一意地做那些重要且紧急的工作了，现在这些工作已经迫在眉睫，我们得有诚挚的同志关系，并且完全信赖彼此才行。

可是之后的形势发展得非常快，因此，我觉得还是不给出最终决定比较好。所以我们继续讨论其他计划。由于日本舰队可能会对我们越过孟加拉湾的攻击进行拦截，而且我们无法在打败德国的六个月内，在东方发起大型两栖战，因此，想了一种中间路线（我们这群人称之为"中间战略"）——

自澳大利亚向北挺进，协助麦克阿瑟将军解放婆罗洲，之后再对新加坡、马来亚或者中国沿海地区发动攻击。详细措施是组建一支英澳大军，让麦克阿瑟手下的一位澳大利亚指挥官指挥。

这个战略明显有不少坏处。对美国人在中太平洋的战事而言，"中间战略"用处不大。除非他们的计划受到阻碍，否则，等我们抵达婆罗洲，已经来不及一起攻打香港了，所以，我们有很大机会无法参与太平洋的核心战役，可我们原本是决定参加此战的。澳大利亚人十分期待帝国司令部的设立，如此，就能削弱美国人在全部区域中的压倒性优势了，可是美国人已经占据了澳大利亚东海岸的所有据点。若改动据点来实现英国的需求，或许会造成混乱。另外，去澳大利亚的航线远比去印度的长，这会给我们的航运带来极大的负担。

这些难题那时大多数都没得到解答，不过 5 月 1 日在伦敦举办的自治领总理会议上，曾经将这些大议题拿出来过。澳大利亚和新西兰的总理坚信我们不愿意让他们的国家为战争出更多力，他们宣布支持"中间战略"。他们还答应集结兵力和大多数飞机。这个计划为自治领提供了贡献力量的好机会，可是最终，这些计划都落空了。形势发展的速度极快，举行开罗会议时的局势或者会后几个月的局势，或者那个阶段可以推断的局势，彻底发生了变化；人们在对抗日战争终结的状况和时间进行探讨时，绝对想不到会是那样的。

第十六章 "霸王"战斗计划的筹备工作

艰难的过去——横渡英吉利海峡的计划——司令官们——攻势加强——"桑葚"人工港——空降部队的进攻方案——各种车辆的"防水设备"——海军的火力轰炸计划——我3月11日给马歇尔将军发电——两栖作战部队的训练——攻击日和突击时刻——最终部署和第一目标——海军的使命——空中反攻——诱敌行动——德军上当——英国南部军队集结为大本营

源自切实经验产生的想法，或许是一种桎梏，又或许是一份灵感。看过以上各卷，读者们就会知道，尽管我始终期望能和美国一起横渡海峡直接对德军在法国的海防阵地发起攻击，可是我却不觉得想要夺取胜利，只有这一条路可走，与此同时，我也清楚这种攻击会是一个极其困难，并且危险的试验。为了进行大规模的进攻，第一次世界大战时，我们曾为那一次次的猛攻抛头颅、洒热血，付出的惨痛代价成为我心头难以磨灭的伤痛。在索姆河和帕桑达勒的战斗，我们对德军发起的众多小型的正面攻击，这些回忆随着时间的流逝就消失了吗？或者因为检讨过了就忘记了吗？没有。25年过去了，我仍旧相信不借助及时的突袭，或者迂回前进绕到敌人侧面，或者动用某种新型机械化武器，例如坦克，是没办法将那些具备现代化杀伤力且到处都是经过严格训练、英勇无畏的战士的钢筋混凝土工事

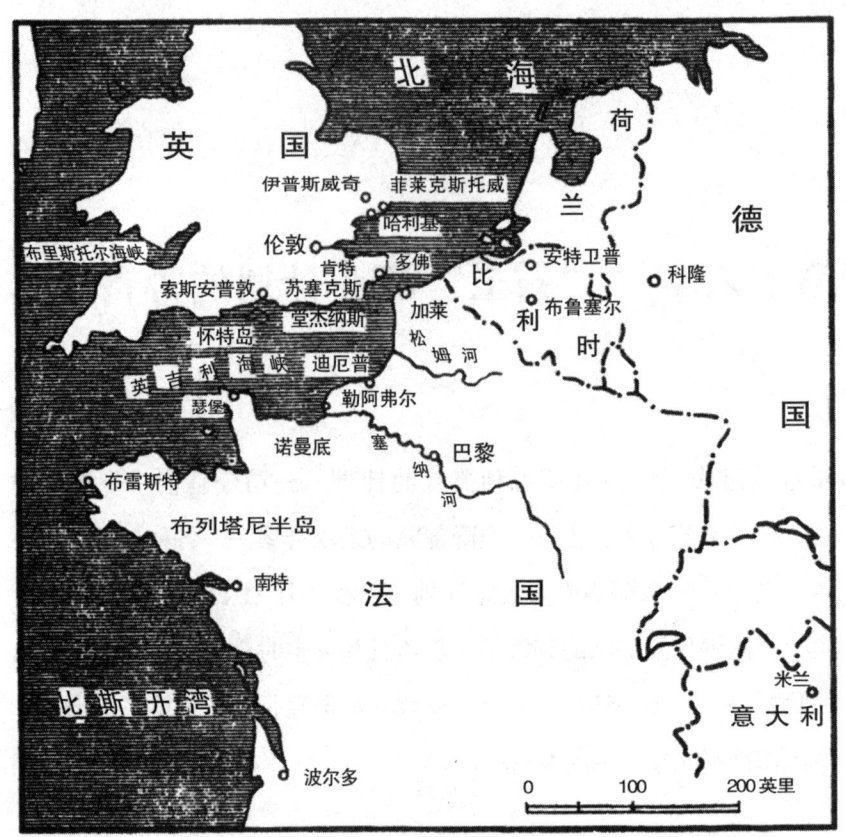

北海

英国

荷兰

德

伊普斯威奇

菲莱克斯托威

哈利基

伦敦

多佛

安特卫普

科隆

肯特

布里斯托尔海峡

苏塞克斯

加莱

比

布鲁塞尔

索斯安普敦

堂杰纳斯

利

时

国

怀特岛

英吉利海峡

迪厄普

松姆河

瑟堡

勒阿弗尔

诺曼底

塞纳河

巴黎

布雷斯特

布列塔尼半岛

南特

法

国

比斯开湾

米兰

意大利

波尔多

0   100   200 英里

欧洲西北部海岸

打下来的。轰炸的力量就算再恐怖，终究无法最终决断战局。守军在第一条防线后边再设置一条防线的难度不大，可炮兵能够掌控的中间区域，却会因为布满炮火打出的深坑变得无法通行。在 1915 年到 1917 年之间，法国人和英国人以极大的牺牲换来真知灼见。

从那时开始到现在，又有了新因素出现，可是这些因素显露的问题是有区别的。防守方的攻击力得到了极大的提高。地面和海洋的布雷区发展迅猛。另一边，我们身为攻击方却掌握了制空权，可以在敌人防线的后边投放大批伞兵军队，特别是，可以将敌人用来调动援兵展开反攻的运输线堵住或者切断。

1943 年夏天，摩根将军及其盟军联络参谋部为该计划煞费苦心。在之前的一章中，我曾经介绍过，我去魁北克参加"四分仪"大会的路上接到这一计划的情形。计划那时基本通过了，只是其中有一点需要讨论。能用的登陆艇的数量肯定会影响到在诺曼底海岸发起最初进攻的规模和范围。摩根将军的指令是，准备先派三个师发动突袭，之后马上派两个师趁势跟进。所以他建议这三个师的登陆地点为卡昂和卡朗坦中间的海岸。他原本想抽出一些人马在卡朗坦北边离瑟堡更近的地方登陆，可是之后他觉得兵力本来就少，分兵并非明智之举。卡朗坦边上的维尔河河口是一处沼泽地，所以攻击部队的两侧肯定难以保持联系。他的看法无疑是对的。我当然希望能在更广阔的战线发起更猛烈的攻击，可是那时——开始攻击的头十个月，我们不知道自己能不能拿到充足的登陆艇。

因为这片海滩缺少大型口岸，蒙巴顿的参谋部只能建议修建人工港。魁北克会议的决定不仅批准了这种需求，并安排了相关事宜。我始终关注着这个计划的进展。积极推动这一计划的，是由一个专家和各个兵种代表组成的委员会，它的发起者是陆军部的布鲁斯·怀特准将——他还是个出色的土木工程师。人工港的修建工程浩大，其顺利竣工归功于众人的齐心协力，尤其是陆军少将哈罗德·沃纳爵士，更是功勋卓著，他的工作是协调处理多方面的工作。

值得一提的是，"冥王"号潜水艇输油管将石油从怀特岛运到诺曼底，之后又从邓杰内斯运到加来。这一系列想法都出自蒙巴顿海军上将的参谋部。我们有很多奇思妙想以破除敌军守护海岸的强大的障碍和雷区，可是受篇幅所限，就不一一介绍了。有些设施配备在我们的坦克上保护操作者，有些设施则用到了登陆艇上。就我个人来说，这一切事情都让我觉得有趣，并且在看上去有必要的时候，我还会亲自予以干涉。

*　　　*　　　*

魁北克会议通过了摩根将军和他的参谋部的建议，这让他们觉得非常高兴。现在可以着手训练军队，同时，也能动手研制他们的专用装备了。

至此，摩根将军便能行使更大的权力，这远远超过了一个普通参谋长所能行使的权力。

有关委任艾森豪威尔将军做最高指挥官，委任蒙哥马利将军统领远征军的辩论，之前已经讲述过了。艾森豪威尔的副指挥是特德空军上将。统领空军的是利马洛里空军中将，统领海军的是拉姆齐海军上将。和艾森豪威尔将军一起来的是比德尔·史密斯将军，他被委任为参谋长，至于摩根将军，他受命成了副参谋长。

艾森豪威尔和蒙哥马利对于计划的一个关键特征并不认同。为了能够尽快拿下大型桥头堡，之后在这个桥头堡里调动军队展开冲击，他们提出要在更广阔的战线上，以更多的军力发动突袭。还有一个重要事项——夺取瑟堡一众港口的时间要早于原计划。他们提出用五个师发动初期攻击，而非三个师。当然，这是完全正确的。摩根将军自己曾经要求增加初期登陆的规模，可是没拿到足够的人员和物资。但是眼下能从哪里调更多的登陆艇过来呢？东南亚战场的登陆艇已经全都被调走了。地中海那边的登陆艇够运两个师，可是这些登陆艇得留给"铁砧"战斗计划——从海上对法国南部发起攻击，为了从北方将德军引到这边，这个攻击会和"霸王"战斗计划同时启动。倘若减少"铁砧"战斗计划的人员、物资，那这场战事就发挥不了吸引敌军的作用。直到3月，艾森豪威尔和英国三军参谋长们开会才做出最终决定。美国的三军参谋长们曾答应由艾森豪威尔代他们发言。他刚刚才从地中海那边过来，所以非常清楚"铁砧"战斗计划，眼下他又是"霸王"战斗计划的最高指挥官，当然最有资格衡量两场战事的需求。于是大会议定，从"铁砧"战斗计划中调出一批能运一个师的兵力的舰艇给"霸王"。而运另一个师的舰艇如何解决呢？就是将"霸王"的执行时间延迟到6月满月之时。那个月制造出的新的登陆艇将弥补这一空缺。而另外需要的军队，则由美国和英国分别拿出一个师，使总数够五个师。美国还答应让海军为自己另外提供的那个师提供援助。如此，为此战配备的海军军力，总体来说，英国占百分之八十，美国占百分之二十。现在，部署工作就在这个经过修订和大大改进的基础上积极进行。

*   *   *

从马拉喀什回来之后，我就马上投身筹备"霸王"计划的众多技术性工作中。在英吉利海峡对面，整条战线都摆满了障碍物，敌人已经建好了防御工事，而且布置了大量兵力。敌人正等着我们，可是他们知道我们在哪儿，在什么时候，怎么进攻吗？起码在我们战斗机能够提供空中保护的区域内，敌人完全没有能让我方部队发动迂回攻击的侧翼。由于他们能用雷达瞄准，所以和过去相比，我们的船舰更容易受到敌人海滩炮兵的射击。并且在我们的军队登陆之后，除了供给绝对不能断之外，还必须将敌人空军和坦克的反扑压制下去。为了解决摆在我们面前的各种危险，我一直在想方设法解决。

首相致伊斯梅将军和爱德华·布瑞奇斯爵士   1944 年 1 月 23 日

考虑到"霸王"之战的筹备工作将影响到我们生活的多个方面，与此同时，也为了能时常了解到整体事项的进展，我提议建立一个组委会，一周开一次会，由我本人亲自主持。反潜艇战争委员会将被这个组委会取代，前者目前可以改成两个月开一次会。

有关这个新建的组委会的人员之事，你们有什么想法，望告知。

*   *   *

1 月 24 日，我开了一次会，因为，我此时听闻"桑葚"人工港计划遇上了麻烦。按计划，每个师的攻击地区都会设一道防波堤（"醋栗"计划）。这表示眼下总共要建五道防波堤，时机合适的时候，其中的两个将并入"桑葚"计划里。"桑葚"计划的战斗事宜归坦南特海军上将负责。按照他的提议，每道防波堤都用沉船组成，这意味着要用更多的船舰。只用自身的动力行进，这些舰船就能迅速抵达目的地，在合适的地方下沉，进而几乎是马上有了相当数量的掩体。不出四五天，这些沉船就能部署好。建造"桑葚"人工港要用"凤凰"混凝土潜水箱，而将这些潜水箱一批批拖过海峡，起码得用十四天。拖轮的数量严重不足，我下令展开调查。海军部需要长达八千码的沉船。几乎所有沉船使用的是七十艘旧商船和四艘废弃战舰。由于英国承担了修建"桑葚"人工港的大多数工作，我觉得在提供沉船上，我们请美国帮忙合情合理。他们接受了我的建议，最终提供了将近一半的沉船。而其他事项，"鲸鱼"计划要求布置二十三个浮动码头，筹备工作正顺利展开，不过"喇叭"（钢制的外防波堤）的事，遇到了技术难题，此事只能交给海军部解决。

*　　*　　*

在我看来，应当尤其重视和支持空降部队的攻击计划。

首相致伊斯梅将军，转参谋长委员会　　　　　　　1944 年 1 月 28 日

1. 按照当前计划制订的，有关为"霸王"战斗计划护送空降部队的条令，让我非常不满。现在能调用的伞兵师有四个，可是听闻飞机短缺，只能运一个师。这不是由于生产不足，而是因为所有事宜必须准备妥当的时间已经定好了，在 3 月 15 日。从 3 月 15 日到 5 月 15 日，这之间能制造"斯特林"式和"阿尔比马尔"式飞机的数量是一百一十架，其中七十架"斯特林"式飞机，四十架"阿尔比马尔"式飞机。全部这些飞机都能拿来战斗。我曾经让你调查空军海防总队有多少飞机能用。在我看来，有件事是非常明白的，就是只要足够努力，我们肯定能为艾森豪威尔将军提供更多飞机。

2. 应该向艾森豪威尔将军问清楚，"霸王"战斗计划开始时，他最多希望多少空降军队参战。与此同时，我想让你写份报告交给我，告诉我根据当前计划，我们将为他提供的飞机数量。下周我会召集一次会议，探讨局势，同时研究我们要怎么做才能满足艾森豪威尔将军的要求。

　　　　　　　　　*　　　*　　　*

　　有关各个指挥官的委任，产生了新的动力。已经在地中海战场成功使用过的、可以浮水上岸的双层甲板坦克，眼下肯定又能派上用场了。另外，为了能让带履带和车轮的常规交通工具靠自身动力，穿过几英尺深的海水上岸，还得为它们安装"防水"装备。不过和通常的情形没什么不同，陆军列出的各类车辆的需求量，看上去明显偏高。

首相致制造部大臣和军需大臣　　　　　　　　　1944 年 1 月 25 日

　　1. 请马上报告，双层甲板坦克在 4 月末能否制造出三百辆。

　　2. 防水装置材料的情况怎样？

　　3. 据我所知，蒙哥马利将军已经向军需部递交了一份标明自己希望率先获得的物资清单。这份清单，请拿给我看看，并加上你们的意见，说明是否可能满足他的愿望。

首相致蒙哥马利将军　　　　　　　　　　　　　1944 年 1 月 31 日

　　1. 你和我说起了有关防水装置材料的事，目前，正为了必备的出产量而竭尽所能。当然，这些车并未全部都配防水装置，二十万辆车，类型有一百个品种，每个品种都是一个独立的工程。这些车的绝大多数，要等登陆已经启动三四个月之后才能拿到，我们期望到了那个时候，大军不用淌水上岸了，所以，在推进"霸王"战斗计划的各种筹备工作时，一定要善于选择，精益求精。我相信，这点你是不会忘记的。

　　2. 我最关心的是，只要有机会，就一定要让你得到足够空运两个师的运输飞机，给你的空降大军用。能明确一个固定的时间是有益的。空军部和飞机制造部已经规定了实现目标的时间，比如 3 月 15 日是提供某种飞机（例如"阿尔比马尔"式飞机）的日期，等等，到时能交付的飞机是一百八十架。然而，如果在上述任务不受影响的前提下，再确定一个两个月之后的期限，如此就是 5 月 15 日，光是这个批次的飞机就能有二百七十架，而非一百八十架。在很多其他必需物资上，也能得到类似的发展，这我完全相信。有关训练事宜的各种要求，我再明白不过，可是需要训练的是飞机吗？是飞行员啊。若能得到非常老练的飞行员（比如抽调海军航空兵部队里的），可以让他们用当前库存里的飞机练手；如此，直至发起攻击时，剩下的空军官兵可以用持续制造出的飞机进行操练。这方面的情形，请在我们见面时告诉我。

我最感兴趣的是开始进行轰炸时所用的火力的方案，尤其是海军那边的火力。

首相致第一海务大臣　　　　　　　　　　　　　1944 年 2 月 20 日

1. 你应该不会忘记，在给三军参谋长的备忘录里，我曾经数次对在"霸王"之战里派一支开炮轰击的舰队分舰队或者舰队有多重要进行过着重说明。只要确定了空中掩护，战舰的作战能力就能彻底显露出来。高速大炮尤其适合瓦解混凝土堡垒。你已经同我说了，你们正在展开部署，我觉得一定要尽全力继续推进。

2. 昨天，我和（美国海军的）库克海军上将谈过话，他拿攻打马绍尔群岛里的卡佳林岛的照片给我看。他也着重说明了短距离（例如两千码）的炮击。我认为这种方法和当前摆在我们面前的海岸并不相谐。不过可以进行炮击的破坏力越大，就会越有斩获。现在让"拉米尔斯"级巡洋舰登场的时候到了；并且正像我说的，为在切实登陆时执行炮击任务，这些军舰需要的人，可以从其他船舰上调。事情做完，即可返回。

3. 我建议 2 月 28 日，下周一，召开国防委员会会议，就"霸王"

作战计划中与此相关的事宜展开讨论。与此同时，我希望你可以交一份报告给我。

最后，海军炮击军队包含战列舰六艘、大型铁甲舰两艘和巡洋舰二十二艘，另外，还有大批驱逐舰和小型舰艇。在以上舰艇规模上，英国占了三分之二。

＊　　　＊　　　＊

我迫切希望马歇尔将军明白，为了支援他期待了很长时间的计划，我正进行着种种努力。于是，我发出以下电文：

首相致马歇尔将军（在华盛顿）　　　　　　　　1944年3月11日

　　自马拉喀什返国之后，我曾经就"霸王"战役的以下几方面的状况进行了详细调查：

　　1."桑葚"人工港计划及其一切有关方面。

　　2.空降突袭兵团的运输工具，包括用滑翔机发动攻击的办法。

　　3.在沿海地区展开炮击的各分舰队。

　　4.空军指挥部的部署。

　　我已经主持了一系列会谈，艾克或者比德尔都曾分别出席。一切顺利，让我欣慰。艾克和比德尔可能会同你说，他们也非常满意。随着时间的临近，我对这场战事的心态也逐渐坚定了，就算我们在莫斯科确定的那些限制条件没全部达到，我也想在人力所及的范围内发起攻击。[①] 我希望我们很快就有机会展开讨论。献上美好的祝愿。

＊　　　＊　　　＊

只要决定了远征军的规模，就能马上进行严苛的训练了。一个非常大

---

① 　重点号是作者后来加的。——原注

的难题摆在我们面前，即要找到充足的训练场地。英国部队和美国部队的军营基本不在一起，英国部队在英国的东南部驻扎，美国部队在西南部驻扎。在各种不适面前，沿海一带的民众表现得非常不错。在苏格兰的莫里湾，英军的一个师和对应海军已经做了所有初期训练。冬天的风暴磨炼了他们，使他们能够克服从开始进攻那天起将遇到的顽强的抗争。

联合作战参谋部——之前由蒙巴顿海军上将统领，之后由莱科克将军统领——很早之前就创设了两栖战的理论和实践。现在，一定要让所有相关人员学会它们，还要进行现代化战争必不可少的严苛的整体训练。当然，长时间以来，在英美两国部队的各种大大小小的实战演习里，这一切已经进行过了。不少将士第一次参战，可是他们整体表现得像是久经沙场的部队一般。

在之前的大型演习里——当然也少不了从我们在迪厄普的惨痛的经历里——得到的种种经验教训，已经全部应用到海陆空三军最终的整体演习中。5月初，此次整体演习宣告结束。这一切举动都瞒不过敌人。不过我们愿意这样，并且还想方设法让加来海峡的敌军瞭望岗哨察觉，因为我们想让德国人以为，用不了多久，我们会从加来海峡过去。

在关于敌人的新消息传来的过程中，我们不得不对计划进行修正，以便符合新的局势。敌方军队及其主要防御工事的整体部署情况，还有海滩的炮台、堡垒和战壕，我们已经知道了。可是1月的后半个月，在隆美尔接手指挥权之后，有迹象显示他开始对原本的防御工作进行重大的增加和改进。我们必须特别勘察可能设置的任何新障碍，以便找出解决的办法。

经常不断的空中侦察让我们知道了英吉利海峡另一侧的活动状况。当然，这并不是仅有的探察敌情的手段。为了弄清疑点、察看临近海岸的海水深度、探察新的障碍物或者测量海滩的坡度和地质，我们派工作组坐小型船舰出行了很多次。这一切行动都在晚上，悄悄地靠近目标地点，暗中察探，并且要及时返回。

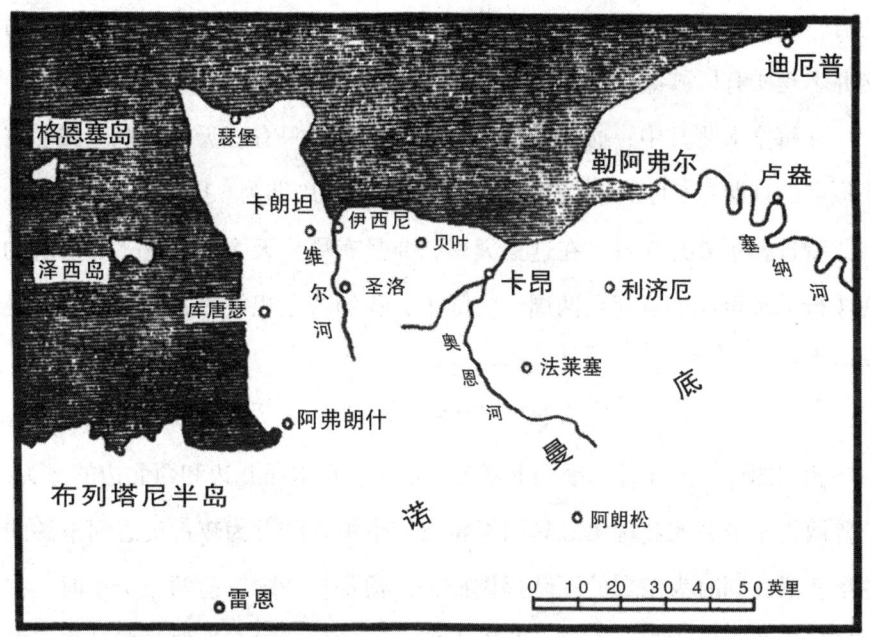

诺曼底

* * *

有个错综复杂的问题需要解决，即确定攻击日期和攻击时刻。舰艇的先锋部队在这个时刻一定要刚好抵达滩头。不少其他行动的时机都得依照这个时刻重新布置。因为在月色下向敌方海岸推进对我们的船舰和空降兵团有利，所以我们全都支持这么做。在天明之后和预定攻击时刻之前的这段时间，要稍微留些时间，便于告诉小型船舰怎样分散以及怎样发起精确的掩护性轰炸。不过，天明之后和攻击时刻中间的时间要是太长，敌人将有机会得到更多的时间从遇袭的恐慌里平复过来，攻击我们正登陆的部队。

其次是潮水问题。我们若是在涨潮的时候登陆，水下的绊脚石会妨碍前进；若是在落潮的时候登陆，军队想穿过一览无余的海岸，又必须走一段极长的路才行。还有很多其他要素，也必须考虑。最终选定的登陆时间是，大概涨潮前三小时。不过这并不是所有的问题。东海岸的滩头和西海岸的滩头潮水涨落的时间差了四十分钟，而且在英国军队登陆的海岸区域内，还有一处水下暗礁。所有海岸区域都得分别确定自己的攻击时刻，这个时刻并不是所有区域都一样，相差最多的有八十五分钟。

在每个太阴月中，必要条件绝对达成的日子只有三天。艾森豪威尔将军拟定的日期是 5 月 31 日，这之后的首个三天的周期为 6 月 5 日、6 日、7 日。因此就选择了 6 月 5 日。在这三天里，要是有哪一天天气合适，那所有的战斗行动都得往后延起码两周，实际上，我们若是想等月圆，那就只能延期一个整月。

＊　　　＊　　　＊

我们的计划到 4 月几乎马上就要达成了。在卡昂北边和西北边的滩头，登普西将军统领的英国第二集团军将有三个师登陆。为攻占奥恩河下游的各个桥梁，同时为东翼的军队提供掩护，预备在登陆以前两三个小时，在卡昂的东北方向空降一个师。英军右翼，在维尔河口东海岸，奥马尔·布雷德利将军统领的美国第一集团军将有一个师登陆，而在这个登陆点的北面，也将有一个师同时登陆。后边的这个师将得到事先在内陆几英里的地方空降的两个师的支援。所有集团军在舰艇上都有一个师在等候指令，以便展开紧急支援。

首次攻击目标有卡昂、贝叶、伊西尼和卡郎坦。在攻克这些目标后，美国将穿过科汤坦半岛向前进军，并在同一时间向北发起猛烈进攻，以便夺取瑟堡。英军将保护美军的侧翼，让敌人无法自东面对其展开反攻，与此同时，还要扩展自己在卡昂南面和东南面的阵地，我们在这一区域可以修建机场并使用装甲兵团。我们想在登陆后的三周之内抵达法莱塞—阿弗朗什一域，而且将和到时已经上岸的庞大的援兵一起，向东突进攻打巴黎，向东北突击进攻塞纳河一域，而且向西挺进夺取布列塔尼半岛的各个港口。

这些计划得看我们是否能一直在所有滩头地区持续让部队快速集结。在朴次茅斯的最高指挥部专门组建了一个机构，来管理这些纵横交错的船舰，这个机构在大军登船启程的所有口岸，设立了下属的三军联络部门。

如此一来，远在海边的指挥官们就能掌控不断运到他们所在滩头的供应品了。通过空运送过去的供应品也有类似的部门负责管理。为法国滩头的大量军队提供充足的供给，并进行扩张，成了一个主要特征。用不了多久，这些滩头就会变得十分忙碌，就像是一个重要港口一样。

海军的任务是护送陆军平安渡过英吉利海峡，且用所有能用的措施，为登陆提供支援；之后的任务是迎击大海和敌人给予的所有危险，确保援兵和供应品的及时运抵。拉姆齐海军上将统领的特种舰队有两支，一支是英国的，另一支是美国的。维安海军上将统领东路特种舰队，这支舰队将控制英军登陆区域里的所有海军的战斗活动。为支援美国第一集团军，美国海军的柯克海军上将承担着一样的战斗任务。这两支特种舰队指挥部下属的突击舰队一共有五支，一支舰队护送战斗兵力为一个师，与此同时，为了给登陆大军提供周密的支援，它们都分别配有专用的舰艇。这是攻击力量的中流砥柱。强悍的盟国空军和海军在这些突击部队周围提供保护。

自东边的费利克斯托，一直向西延伸到布里斯托尔湾都是大军登船起航的港口，船舰自这些口岸出发，顺海岸航行，驶往怀特岛附近的一处集合地点。浩大的舰队从这里驶往诺曼底。因为我国南方各口岸拥堵的情况太严重，同时，也是想让我们的计划更有欺骗性，海军的重型炮击舰的集合地点设在了克莱德湾和贝尔法斯特港。

在逼近敌方海岸的过程中，我们尤其关注扫雷工作，因为尽管潜艇和海上的轻型舰艇也有危险，可主要危险来自水雷。我们驶向海岸的航线被敌军的一条布雷区贯穿，并且到了最后关头，不知道敌人还会在我方冲锋区里怎样布设更多的障碍。为了让冲锋的舰队过去，必须对穿过布雷区的十条独立航线进行扫雷，之后，还得在全部海域内进行搜索。已经集结了二十九个扫雷艇队，这样舰艇的总数共达三百五十艘左右。

在本卷前面的一章里已经说过了，轰炸机指挥部的工作是执行大规模的攻势；眼下它们的攻势行动已经持续好几周了。利马洛里空军上将统领的盟军战术空军，除了对破坏敌方运输线和独立战斗区域的重轰炸机予以支援，还必须在地面战斗开始之前，战胜敌方空军。在攻击起始日之前连续三个星期，德国的机场和各种设备，遭到了日益凶猛的轰炸。与此同时，我们派出战斗机引诱不愿意战斗的敌方飞机出来战斗。就突袭本身而言，空军的基本任务是对我方海军舰只和船队进行掩护，不让它们遭受来自海上和空中的攻击，再者，是让敌军雷达无法发挥效用；而且在参与共同轰炸计划的同时，还得派战斗机保护舰只停靠地和滩头。一定要在夜色的掩护下将三个空降师和一些特遣队平安送到目标地点，特遣队的任务是煽动和鼓励正在蓬勃发展的抵抗运动。

*　　*　　*

轰炸的一个主要目的就是为首批登陆提供掩护。为蒙骗敌军，在攻击起始日之前对敌军海岸炮台展开的初级轰炸，除了那些控制着预备发起攻击的滩头地区的炮台，还有法国整个沿海地区的炮台。攻击起始日前夜，英国的大量轰炸机将对有机会妨碍登陆的十个最关键的炮台发起攻击。次日清晨，中型轰炸机和船舰的炮火会在落弹观测机的引导下接替它们展开轰炸。美国重型和中型轰炸机将在天亮后大概半个小时倾尽全力对敌方防御工事发起猛烈轰炸。而这种越来越凶猛的火力还会因海军冲锋舰上的大批各类大炮、火箭的加入变得更强。

*　　*　　*

当然，我们要谋划的不只是我们将切实展开的行动。因为敌人肯定会知道一个大规模的攻击正在筹备之中，所以攻击的时间和地点，我们必须严守机密，让敌人觉得我们将在其他地点和其他时间登陆。仅仅这一方面就牵扯大量的筹备工作和切实行动。严禁游客到沿海区域游玩；强化检查体系；在固定的时间点之后，禁止传递邮件；严禁各国使馆发送电报，就连它们的外交信函也得推迟发送。

假装我们从多佛尔海峡登陆发起攻击，是我们蒙骗敌人的主要策略。

那时用以蒙骗敌人的种种手段，就算到了今天，也不适合予以陈述，不过，我们采取的一些较为明显的手段是：让军队装模作样地在肯特和苏塞克斯集结；让假船舰组成的船队在五港口集结；在临近这些港口的海岸展开登陆演习；增加接收、发送无线电报的行动等。相比于我们切实想去的地方，我们在那些我们不想去的地方做了更多的空中侦察。最终成效是十分出色的。对于我们特意做给它们看的各种迹象，德国最高指挥部深信不疑。德国西部战线总指挥伦德施泰特也坚信我们的目标是加来海峡。

＊　　　＊　　　＊

集结十七万六千名战士，两万辆车，还有数万吨物资的突袭军力，这个任务自身就是个大难题，因为一定要在登陆之后的两天内将它们送过去。此项工作基本由陆军部和铁路当局完成，他们做得非常好。部队自英国各个地区的常驻军营开拔，去往南方各郡，屯兵于自伊普斯威奇伸展到康沃尔和布里斯托尔海峡的这片区域。预定在海上突袭之前空降到诺曼底的三个空降师集结在一些机场周边，它们将从那儿起航。按定好的上船顺序，各军从各自在后方的集合地被送到了海滩集合区里的军营中。在各自集合的军营里，这些军队依照各个船舰能够运送的人数被分成一些小分队。这里的所有战士都会接到各自的命令。只要接到命令，每个人都得待在营地。所有营地都离上船的地方不远。这些地方不是港口，就是"硬地"——也就是为方便军队登上小型船舰，经过混凝土固化处理的滩头地区。它们将在这儿和海军船舰会合。

看起来，这一切的海上和地上的行动是瞒不过敌人的眼睛的。我们有不少目标可以引诱敌方飞机过来攻击，所以做了充足的防御工作。我们有近七千门大炮和火箭，还有一千多个防空气球，为大量战士和船舰提供保护，不过根本就没见到德国空军。这种情况和四年前相比，简直天壤之别。为了能做一点有价值的事情，这些年英国国民自卫军一直静候时机，现在他们终于如愿以偿了。他们不但充实了防空和防海的各个机构，还接手了

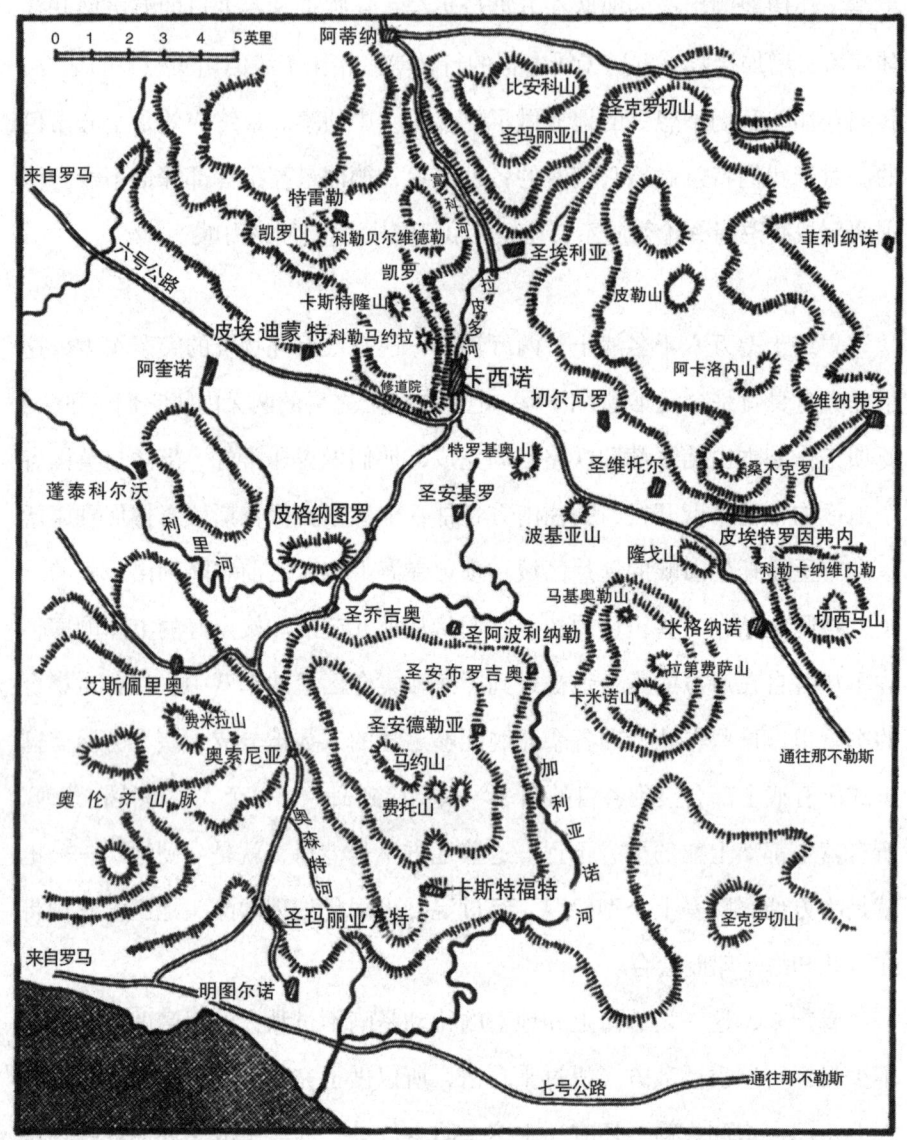

阿蒂纳

比安科山

圣克罗切山

圣玛丽亚山

0 1 2 3 4 5英里

来自罗马

六号公路

特雷勒

凯罗山

科勒贝尔维德勒

凯罗

卡斯特隆山

皮埃迪蒙特

科勒马约拉

修道院

卡西诺

圣埃利亚

皮勒山

菲利纳诺

阿卡洛内山

维纳弗罗

切尔瓦罗

桑木克罗山

阿奎诺

特罗基奥山

圣维托尔

圣安基罗

波基亚山

隆戈山

皮埃特罗因弗内

科勒卡纳维内勒

切西马山

蓬泰科尔沃

利里河

皮格纳图罗

圣乔吉奥

圣阿波利纳勒

马基奥勒山

米格纳诺

拉第费萨山

艾斯佩里奥

费米拉山

奥索尼亚

圣安布罗吉奥

卡米诺山

奥伦齐山脉

奥森特河

圣安德勒亚

马约山

费托山

加利亚诺河

通往那不勒斯

来自罗马

圣玛丽亚菲特

卡斯特福特

圣克罗切山

明图尔诺

七号公路

通往那不勒斯

卡西诺

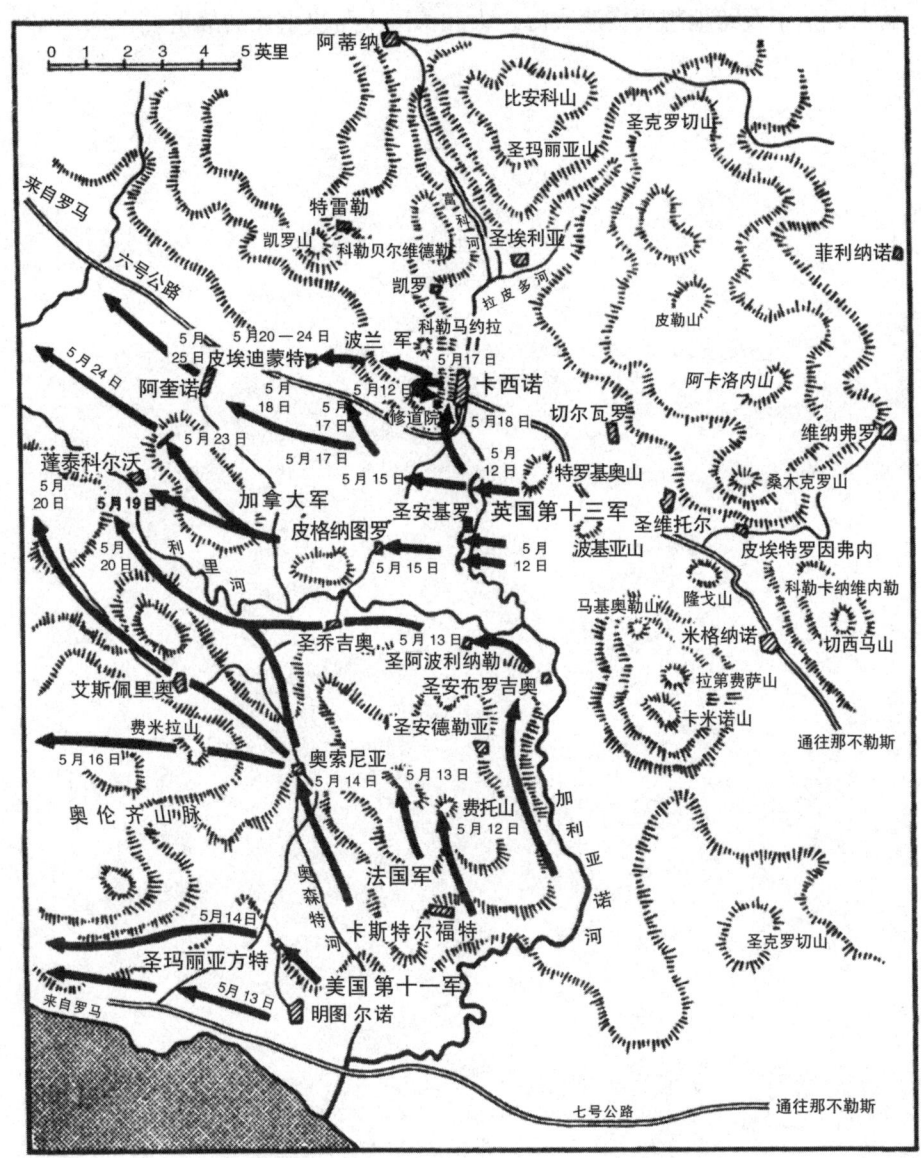

卡西诺：5月11日—5月25日

众多常规工作和公安工作，进而将其他士兵解放出来参战。

如此，整个英国南部变成了一个巨大的军营，充满了训练有素、肩负使命、迫不及待地想要横渡大海，去和德国人一决生死的战士。

第十七章　罗马

5 月 11 日—6 月 9 日

盟军整编——5 月 11 日亚历山大发起大举进攻——朱安将军夺取奥索尼亚——波兰部队占领卡西诺修道院——盟军全面向前挺进——5 月 17 日我给亚历山大发电报及其回复——威尔逊将军的汇报——高潮将至——在利里河谷的加拿大部队——夺取奇斯泰尔纳——亚历山大 5 月 24 日的报告——特拉斯科特将军指挥的安齐奥部队抵达阿尔本山，不过没能攻占瓦尔蒙托内——5 月 28 日我致电亚历山大——德国部队的顽强抵抗——亚历山大 5 月 30 日发来的电报和我的回复——美军于 6 月 2 日占领瓦尔蒙托内——盟军 6 月 5 日进入罗马——战时内阁发电向全军道贺——我将盟军大捷的好消息告诉斯大林——苏联部队的辉煌战绩——希特勒在三个战场上面临即将崩溃的命运

　　在非常机密的情况下，驻意大利的我方部队进行了整编。为防止敌人知道我方部队的调动，同时，也为了蒙骗敌军，我们动用了所有可行的手段。在彻底完成整编以后，克拉克将军指挥的第五集团军所在的这条自沿海到利里河阵线所拥有的军力，超过了七个师，其中，法国师有四个；此时，利斯将军指挥的第八集团军拥有大概十二个师的军力，继续在从卡西诺直至丘陵地区的阵线驻扎。集结在安齐奥滩头阵线的六个师打算选一个最佳

时机发起突袭；与此同时，留在亚得里亚海一域的兵力相当于三个师的。盟军召集的所有兵力超过了二十八个师。

和我们的部队对战的德国部队，其兵力是二十三个师，不过凯塞林已经彻底被我们的骗敌手段——预备在罗马契维塔韦基亚海港发起登陆的威胁也在其中——蒙蔽了，这使得敌人的军队极为分散。我们的攻击重点是卡西诺和海滩的中间区域，敌人只在这儿部署了四个师的兵力，而且后备军不仅分散，离得还远。我方部队突然发起攻击。英国战线前方的德军此时正在轮岗，它的一个集团军的指挥官正准备休假。

我和亚历山大在 5 月 11 日清晨互通了电文。

首相致亚历山大将军   1944 年 5 月 11 日

我坚信此战是一场关键性的战役，你身上承载着我们的所有主张和希望。此战肯定要打到最后，目标是瓦解和剿灭罗马南面的敌军。

亚历山大将军致首相   1944 年 5 月 11 日

现在，我们做好了所有计划和筹备，种种布置已经妥当。在达成我们剿灭罗马南面之敌的目标上，我们信心十足，意志坚定。我们料到了会进行非常猛烈且艰辛的战斗，也已经准备好了。开始攻击时，我会用我们之间的密码向你汇报。

强力的进攻在当天晚上 11 点开始。我们两支部队的炮兵，用两千门大炮发起猛烈的轰炸，战术空军在清晨竭尽全力提供援助。波兰部队在卡西诺北边极力围攻山脊上的修道院。之前我们在攻击这里的时候，失败了很多次，此次波兰部队又被敌人打退。以英国第四师和第八印度师为先头部队，英国第十三军成功在拉皮多河的另一侧建立了几个小规模的桥头堡，不过，想要守住它们，不经过一番苦战是做不到的。第五集团军的前方阵地，法军迅速逼近费托山，不过位于临海侧翼的美国第二军遭遇激烈反抗，进行了毫不退缩的战斗。在激战了三十六个小时之后，敌军开始露出疲态，法军夺取了马约山，朱安将军让他的摩托化师顺着加里利亚诺河疾速向上游挺进，攻克了圣安布罗吉奥和圣阿波利纳勒，进而把这条河西岸的所有敌人都剿灭了。第十三军渡过拉皮多河，对着敌人防守严密的区域更深地插了进去，5月14日，第十三军与过来支援的第七十八师会合后，开始取得良好的进展。法军再次向前挺进，冲进奥森特河谷，夺取了奥索尼亚，朱安将军派他指挥的哥姆团①从没有道路的奥索尼亚山林向西挺进。为了攻占圣玛丽亚因范特，美国第二军苦战了很长时间，最终成功。因为要挡住第五集团军的六个师的攻击，在此地侧翼进行防守的两个德国师伤亡惨重，所以利里河南边的整个德军右翼已经处在瓦解之中了。

利里河北边的敌人，无视自己临海侧翼的瓦解，仍借助古斯塔夫防线剩余的守军负隅顽抗。可是慢慢地，他们也扛不住了。15日，第十三军逼近卡西诺—皮格纳图罗公路，利斯将军为得到更多的成果，带着加拿大部队也开了过来。次日，第七十八师在向西北方向发起的一次攻击中，冲破敌方防线，开到了第六号公路；17日，波兰军对修道院北边发起攻击。此次他们成功夺取了修道院西北侧的山脊，此处位居高地，能够掌控公路。

5月18日清晨，英国第四师最终剿灭了卡西诺城的敌人，波兰部队此时也在修道院的废墟上成功挂上了红白色国旗。在意大利的第一次重要的战役里，他们打得非常棒。之后，他们在安德斯将军——他侥幸从苏联的监牢里逃脱，是个极有胆量的人——的指挥下，在向波河的长途进军中，

---

① 哥姆团是一支由摩洛哥当地人组成的部队，由法国将领和军官指挥，出了名的擅长山地战斗。这个团的战士大概有一万两千人。——原注

收获了很多荣耀。第十三军又顺着整条战线向前进发，抵达阿奎诺郊区，在同一时间，加拿大部队也到了他们的南边。在利里河的另一面，法国部队已经抵达艾斯佩里奥，并疾速向皮科挺进。美国部队已经夺取了福尔米阿，他们也赢得了辉煌的战绩。凯塞林曾经把他可以召集的所有部队都派过来支援，可是他们稀稀落落地抵达这里之后，只能连忙迎战盟军持续加强的攻势。第八集团军还必须突破阿道夫·希特勒防线，这条防线从蓬泰科尔沃延伸到阿奎诺，然后到皮埃迪蒙特，但是这时形势已经十分明显，德军很快地就要被迫全面后退了。

因此，我方指挥官们的所有考虑，都以如下两点为核心：攻克安齐奥阵线的时间和方向；德军将公路沿线的阿尔本山和瓦尔蒙托内作为据点，最后在罗马南面坚守的可能性。

＊　　　＊　　　＊

首相致亚历山大将军　　　　　　　　　　　1944 年 5 月 17 日

我衷心地祝贺你全线推进，取得了良好的成绩。

此间，有人觉得安齐奥不适合放在前期进攻。不过我和帝国总参谋长觉得你的看法是对的，也就是在现阶段，为了维持对敌人的威胁，我们最好不要停止对其施压。你的意见如何，望告知。

今天早上收到了你发来的电报，你说为了调集炮兵，预备暂时停止进攻。这将需要几天，还是更久？在我看来，对敌人进行追击，非常重要。一支溃散的队伍，往往是不能在后方为他们挖好的战壕上站住脚的，除非有另一支兵力相当雄厚的部队已经守住了这道防线。

这场战事，从开始到现在，你们的伤亡状况怎样？为了不对正式计划造成影响，请不要提出一切有关增兵的要求。我估计你在整条战线上消耗的兵力差不多有七八千人。请告诉我你的意见，这个数字是多了，还是少了。

向你和你的战士们致以最美好的祝愿。

亚历山大第二天的回复如下：

亚历山大将军致首相   1944 年 5 月 18 日

　　1.非常感谢你的祝贺，对此，我们全军都十分珍惜。

　　2.我认真地比较了发起安齐奥之战的支持和反对两方面意见，在众多因素里，有两个因素对我影响最大：第一，敌人在这一地区有第九十师和第二十六师，储备的力量非常强，我得把这两个师吸引到其他地方。如你所知，第九十师已经被吸引到主要的战斗地区，第二十六师也被调走了一些部队。第二，德军推测我们的主要攻击目标是安齐奥，我已经用出乎敌人预料的举措来声东击西了。我已经下令，让美军第三十六师今天晚上进驻桥头堡阵地。为了不被敌人察觉，我正想办法让他们分批进去。美军只要找到合适的机会就会冲出去，把敌人通向罗马的交通线切断。若能成功，这个行动很可能产生决定性的作用。

　　3.我们希望，在主要战场上，不但要维持当前的压力，还要予以增强。我已经下令，让第八集团军在德军还没有时间站稳脚跟之前，要用最强的兵力对利里河谷的阿道夫·希特勒防线发起进攻。为了从北边绕过这一防线，我还下令让波兰部队马上向皮埃迪蒙特挺进。与此同时，我又命令法国部队，在抵达皮科之后，应当改变方向，向北插入同第八集团军对战的敌人的后方。这些调遣若全部顺利达成，对瓦解德国第十集团军的右翼是极为有益的。我方部队若在阿道夫·希特勒防线前方受阻，而且无法自北边或者南边迂回，那么，为了冲破这条防线，就只能发起全面的大举进攻了。在此种情形下，必须把重炮兵团调去前方阵地，如此，就需要好几天。不过，请你放心，

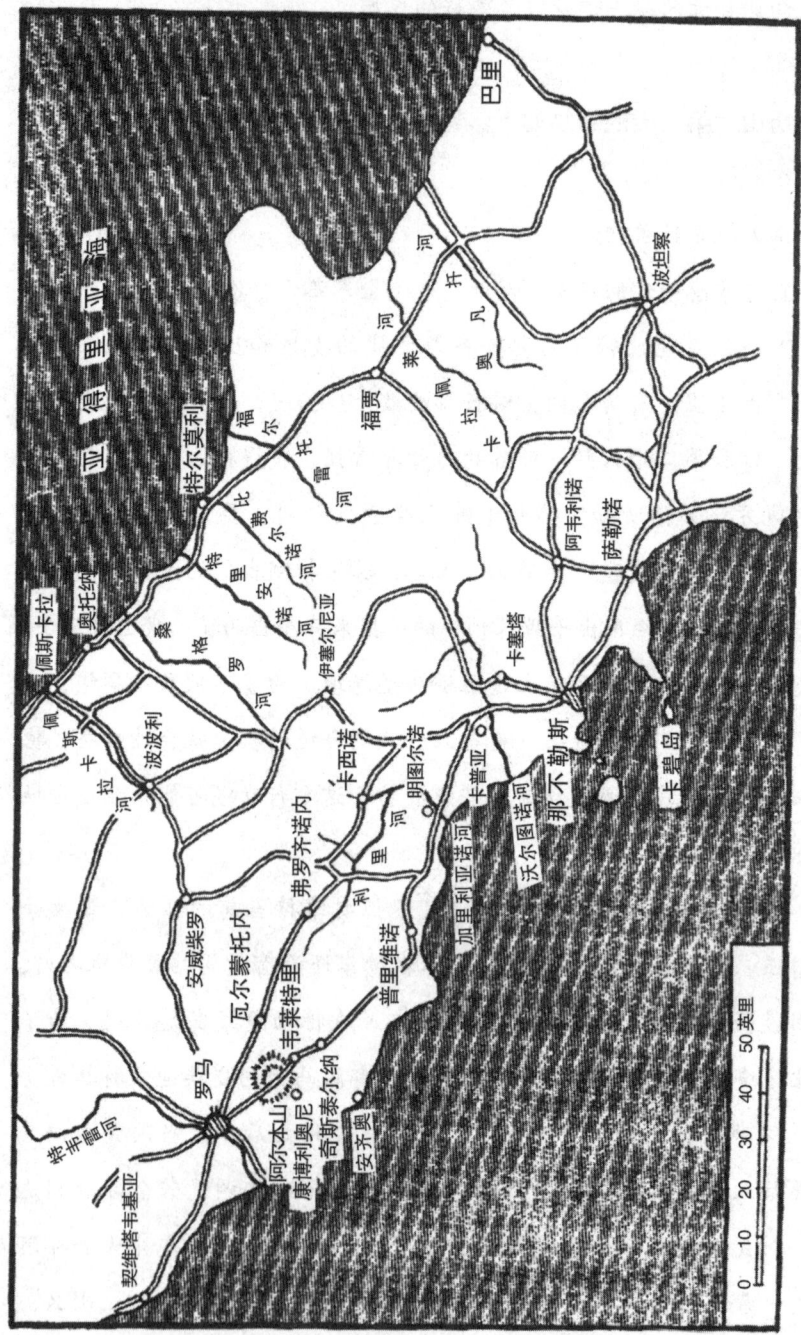

意大利中部

我们决不会允许任何不必要的拖延。德军想极其迅速地恢复它的平衡，但我决心不让它得逞。

4.有关死伤数字，以下是我得到的最新消息：第八集团军，六千人；第五集团军，七千人；总计，一万三千人。

5.不管是对我，还是对我指挥的两支部队，夺取卡西诺都至关重要。除了有利于外交部的工作以外，看来还有重大的宣传价值。

威尔逊将军已经离开阿尔及尔，去了前线，他也交了报告给我：

威尔逊将军致首相　　　　　　　　　　　　　　1944 年 5 月 18 日

1.战事仍在顺利推进中。我今天巡视了波兰部队。他们为在卡西诺山艰苦战斗所赢得的成绩而感到骄傲，那里的战斗确实十分猛烈。

2.第八集团军和美军的力量都足以继续追击敌军。不过，以眼下的伤亡率来看，再经过八天以上的艰苦战斗，朱安部队的力量还够不够用，就不好说了。今天，我和戴高乐曾在朱安的指挥部讨论过这件事。他已经答应马上自北非调一个装甲团和一个步兵团过来，而且等部队进行过美式武器的训练后，会马上接着调更多援兵过来。

* 　　　* 　　　*

在利里河谷，第八集团军对阿道夫·希特勒防线进行了多次尝试性攻击，都没什么收获，因为德国守军尽管仓皇迎战，可所有战士都非常勇猛，而且就防御工事自身而言，也非常坚实。必须进行分段切割式攻击，可是5 月 23 之前，是不能发动此种攻击的。不过此时法军在一次激战之后已经拿下了皮科，而美国第二军也进驻了丰迪。这样，德国对它南面的侧翼当然感到忧心忡忡了。

首相致亚历山大将军　　　　　　　　　　　　1944 年 5 月 23 日

　　看上去，你们的战斗正渐入佳境，此间，所有人都关注着你们的成果。因为敌人左翼后撤，报纸上头条的地方自然都是法国和美国部队向前逼近的消息。波兰部队确实应该受到称赞，你给他们发的表扬电文让他们得到了好名声。

　　昨天在内阁会议上曾提出一些质疑，即英国部队所起的作用是否已受到适当的注意。英国的部队始终攻击的这条防线最难打，也是最难取得进展的那部分。我们不想刊登任何假消息，但是大家看过这几天的报纸之后，势必会觉得我们的部队没做出什么功绩。事实如何，我自然是清楚的，可是民众会觉得困惑，因此，等你觉得我军进展值得一提的时候，能在公报里稍微多地提到他们吗？

　　于是，加拿大兵团承担了利里河谷的主攻任务。这支部队到 24 日中午实现了全面突破，与此同时，它的装甲师已经向切普拉诺推进。次日，德军全线败退，在第八集团军的整条战线上遭到猛烈的追击。

＊　　　＊　　　＊

　　亚历山大将军拟定，在同一时间既从安齐奥滩头阵地发起突袭，又让第八集团军展开进攻。此时，美国特拉斯科特将军正让他指挥的集团军（仍被叫作第六军）的两个师攻打奇斯泰尔纳。25 日，历经两天的激战，夺取了奇斯泰尔纳，也是这一天，滩头阵地的军队联系上了美国第二军的先锋军，这支先锋军前进时，已经夺取了特拉契纳。历经长时间的战斗，我们所有的军队总算会合了，就这样，我们去年冬天在安齐奥的辛苦耕耘开始结出了累累硕果。

亚历山大将军致首相　　　　　　　　　　　　1944 年 5 月 24 日

　　谨将一些值得关注且让人满意的事实奉告。我每日向帝国总参谋长提出的例行报告随后会依正规程序递送。

古斯塔夫防线，敌人曾经准备了整整一个冬天，还有拉皮多河作为防护，可是，在此次的初步突击中，我们的两支部队就穿过了这一防线，并且在战争开始的第一周里，敌人就被赶出了防线。卡西诺这个要塞近乎是夺取不了的，可是我们的部队在一次出众的钳形运动战里，对其进行了侧翼包围，最终使它和战场分离，陷入重围。而被吹捧的天花乱坠的阿道夫·希特勒防线，尽管布满了铁丝网、地雷，以及钢筋水泥的碉堡，却毁在了第八集团军的推进中。

滩头阵地的存在，使得我军得以在德军后方布置庞大的部队，为了实现另外一个规模更大的钳形攻击，这支部队正进行着战斗活动。截至目前，突入敌方阵地最深的是直线距离三十八英里。

在安齐奥地区，美军已经越过敌人准备了很久的固定防御工事，向前推进了四千码，并已对奇斯泰尔纳实行了包围。

我们大概已经抓住了一万多个俘虏，而且斩杀了大量敌人，这方面的相关数字还没统计好。作战区域的扩张和进军增速，使得俘获物资的数量还没统计清楚，不过各式大炮起码一百门以上，还有大量武器及其他装备。我们的空军已经炸毁和炸坏了很多机械化的交通工具，空军表示今天炸毁的车辆少说有一百辆。

在与我军交战的德国各师中，第七十一步兵师和第九十四步兵师已经被打垮，无法再作为军队参战。第一伞兵师、第九十装甲近卫师和第十五装甲近卫师能够发挥的战斗力，已多半失效。第二十六装甲师、第二十九装甲近卫师、第七一五和第三六二步兵师也全都严重受损。第五七六团、第三〇五和第一三一团、第四十四师，事实上也已被剿灭。包括传闻中曾经在罗马西北部驻守的一个师在内，敌人已经投入了全部的后备部队，并且种种迹象清楚显示，为了压制住我军的进攻，海尔曼·戈林师，也就是德军最高指挥部的后备部队，正向南边过来。截至目前，还没办法证明这个师参战了，所以此事还不适合公之于众。

我们的两支部队之间、盟军的空军之间配合得非常默契。英国、美国、法国、加拿大、新西兰、印度以及波兰等国家的部队，从始至终都参与了作战。英国部队在所有艰辛的战斗中都曾发挥重要作用，尤其是越过拉皮多河，以及从南边围困卡西诺的时候。我会在公报里让他们得到应得的荣耀。英国和美国的空军曾经携手，一起为我们的两支部队提供近距离和远距离的援助。在炮击敌军以及海运军队和物资上，盟国海军都展开了合作。不管从哪个层面上讲，这都是一场盟国联手展开的战斗，并且以后也会是。

结果，不出两个星期，我们就从德国侵略者的手里将五百平方英里的意大利土地解放出来。

*　　*　　*

特拉斯科特将军马上把自己在奇斯泰尔纳打开的缺口用了起来。他奉克拉克将军之命，往韦莱特里和阿尔本山派了三个师（里面有个师是装甲师）；不过派往瓦尔蒙托内的，却只有美国第三师——派兵去那儿是为了将更南边的敌人最关键的退路切断。因为这个指令的主要目标是瓦尔蒙托内，所以和亚历山大的命令并不相谐。

首相致亚历山大将军　　　　　　　　　　　　1944 年 5 月 28 日

收到你们获胜的消息，我们大家都非常开心。在眼下这个时候，和一切其他行动相比，最重要的就是切断敌人的后路。我毫不怀疑，你已经严密地想到，应当派更多的装甲兵团顺着阿皮昂大路为直指瓦尔蒙托内—弗罗齐诺内公路的最北边先锋军提供援助。追击敌人远比夺取罗马重要，不管怎样，追击敌人的最终结果肯定是夺取罗马。决定性的问题只有一个，就是追击。

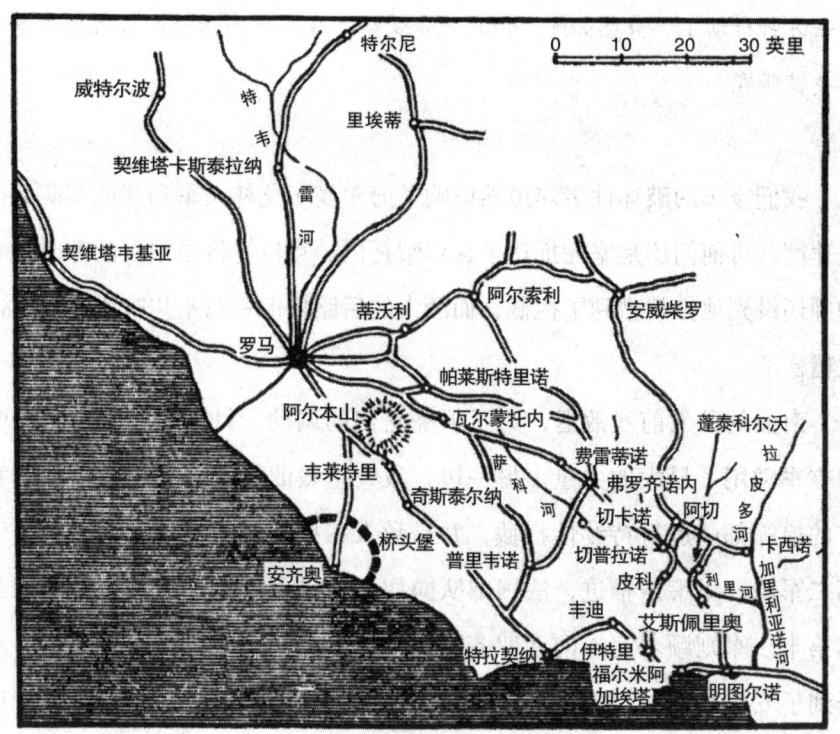

通向罗马的路

首相致亚历山大将军　　　　　　　　　　　1944 年 5 月 28 日

　　在前电（即以上电报）讲述的情形之外，对于我们从各种不同渠道得到的坦克数量，我已经看过了。帝国总参谋长交给我的数量显示，你那里能够战斗的坦克，起码有两千五百辆。为了进行一次镰刀形的迂回行动，切断敌人的退路，我们可以将里面一半的数量全部用掉，这毫无疑问。

　　我会在两三天之内给你和你的手下各军写一封公开信，并且不管出现任何情况，都必定支持你，但是我意识到，基于同志之情，我必须同你说：尽管此战已经获得了不小的荣誉，可是以后要评价它，标准并不是夺取罗马或者和桥头阵地的会师，是按照德国被切断后路的德国师的数量。我坚信，这一切情况你心里已经认真想过了，或许已经依照这一方针行动了。虽然如此，但我还是觉得，我应当同你说：追击敌军是关键所在。

我们空军的破坏性轰炸虽然影响了海尔曼·戈林大军和其他部队的行进速度，可他们还是率先抵达了瓦尔蒙托内。克拉克将军派去的那个仅有的师还没到地方就遭到了拦截，而敌人的后路仍旧一马平川毫无阻碍。这太糟糕了。

南面的敌人前线败退，为了阻挠它们的调动，打散聚拢的敌人，盟国空军动用了最大的力量。另一边，敌人坚毅的后方警戒部队时常对我方的追踪部队进行持续性拦截，并且敌人在撤退时还保持着秩序。美国第二军向普里韦诺推进，法国部队向切卡诺进军，至于加拿大军团和英国第十三军则顺着河谷向弗罗齐诺内前进，与此同时，第十军顺着公路开到了安威柴罗。三个美国师从安齐奥前线的缺口冲进来，朝韦莱特里和阿尔本山进发，之后又有一个师，也就是第三十六师过来支援。可是它们遭遇了顽强的反抗，接连三天，一无所获。它们准备好再次攻打瓦尔蒙托内，可凯塞林已经将他能调来的所有还能战斗的军队都调到了这个地方，不过，凯塞林肯定已经被美国第三十六师发起的那次优异的突袭弄得手忙脚乱了。在阿尔本山的西南角，第三十六师曾历经苦战。5月30日晚，他们找到了一处德军留的，并且没派兵坚守的高地。于是，第三十六师的步兵用紧密的纵队向前推进，夺取了所有要塞。第三十六师整个师不出二十四小时就建造了坚实的防线，而德军在罗马南边的最后一道防线总算被攻破了。

亚历山大将军致首相　　　　　　　　　　　　1944 年 5 月 30 日

多谢你的来电。

我们大概有两千辆坦克可以用来战斗。

从我的战斗指令里，你会发现，我的目标是将战场上的德国部队剿灭。

战斗部队要使用穿过罗马的路，但不能进城。另外，我正在想我写的军事公报，是不是最好只说夺取罗马的事，别说我们的部队在推进中每日夺取的一些生活区的事。你要是能在这些事上给我些建议，我会非常感激。

你肯定已经听说敌人有新部队正向这里开来的消息了。为了不影响我军借助当前的有利局势摘获所有胜利果实，我期望我们别跟过去似的，很早就不提供支援了。

首相致亚历山大将军　　　　　　　　　　　　　　1944 年 5 月 31 日

你的战斗目标我绝对赞成，并且坚信你会付诸行动。

夺取罗马是件重要的世界性大事，不能轻视。我期望英国和美国部队能够同时进驻这座城市。我不想让它和当天夺取的其他城市被同等对待。可是你说得对，我们之所以能夺取罗马和其他城市，是因为我们在这个战场剿灭了德国陆军。

美国三军参谋长希望你们在这场战事中，不要有太多表现，我们拒绝了这些朋友的建议，真是万幸，我们这么做了。你们为了赢得此次辉煌战绩而需要的所有人员、物资，我都势必会帮助你们优先获得。我坚信此时美国三军参谋长们肯定觉得采取以下措施不合适：从这个战场上抽调军队或采取任何其他形式使这个战场的兵力受损，以满足其他即将在我们心里更占优势的两栖属性的战役。

祝你们一切顺利。

* * *

美国第三十六师的成功没有马上产生效果。阿尔本山和瓦尔蒙托内两地的敌人还在拼命顽抗，但此时它们的大多数部队都转去了北边，退往安威柴罗和阿尔索利。而英国第十军、第十三军和战术空军的飞机却对这两个地方的敌人展开了追击。可惜我们的装甲兵团没办法在山岭地区发挥出强劲的实力，要不然，就能一显身手了。

美国第二军于6月2日夺取了瓦尔蒙托内，并且向西进军。当天晚上，德军的反抗崩溃。次日，美国第六军已经抵达阿尔本山，与它左翼的英国第一师和第五师向罗马挺进。行进中的美国第二军比他们稍微靠前。他们发现大部分桥梁未曾破坏，第二军第八十八师的先锋军于6月4日下午7点15分开进罗马城的威尼斯广场。

战时内阁的道贺电文和我自己给亚历山大的如下电文，6月9日，我发给了所有相关人员：

请允许我在这些祝词之外，再大胆地加上自己的祝贺。我们的想法始终一样，觉得剿灭敌人的战斗力量是主要目标。你指挥的部队目前夺取的阵地和他们在空军和装甲兵团上占据的优势，让我们得到了非常好的机会：凯塞林已经溃败的部队，在你们更深入的疾速行动下，将受到更大的损失，在敌人从北面逃走时，或许不得不做出极大的牺牲，这点看上去是毫无疑问了。

美国、英国、加拿大、新西兰、南非、印度、法国、波兰以及意大利的将士在整条战线上都表现得十分优秀，我们愉快地请你向他们转达我们的祝贺。

和你一样，我们也希望日后在坚定地追击溃败之敌和切断他们的后路上，继续有所斩获。

*　　*　　*

我曾经即时将以上战斗行动的进展毫无保留地告诉了斯大林，6月5日，在其他事情也在一起推进的时候，我将我们大捷的消息同他说了。

首相致斯大林主帅　　　　　　　　　　　　　1944年6月5日

　　1. 听到盟军打进罗马的消息，你肯定会感到高兴。我们始终相信，尽量切断敌方部队的更多退路更为关键。现在，亚历山大将军正在给强悍的装甲兵团下令，让他们向北攻打特尔尼，如此，就能大体实现切断希特勒派来罗马南边战斗的所有部队的退路。尽管登陆安齐奥和内图诺的两栖行动，没有直接带来我制订计划时期望的结果，可是这个战略行动是对的，并且最终带来了报酬。第一，这些两栖登陆引来了以下地方的十个敌师：从法国过来一个，从匈牙利过来一个，从南斯拉夫和伊斯特利亚半岛过来四个、从丹麦过来一个、从意大利北部过来三个。第二，我们因为这些行动展开了一场防御战，虽然在此次战斗中我们损失了大概两万五千人，可是却战胜了德军，并且瓦解了它的大多数部队的作战能力，损失了大概三万人。第三，先前计划的这种行动因为安齐奥登陆变成了现实，不过规模却大多了。现在，亚历山大将军正努力集合所有部队将罗马南边的敌人一网打尽。几支部队已经撤到了山里，留下了很多武器，不过我们想要俘获大量战俘和物资。等这些战事结束，我们将确定如何最有效地利用我们在意大利的部队去支援主要的军事冒险行动。波兰、英国、自由法国和美国的部队，在同德军正面交锋的时候，都曾打败或者打垮过他们。另外，还有各种重要的选择机会，一定要抓紧考虑。

　　2. 在艾森豪威尔的指挥部，我逗留了两天，考察大军登船（驶往诺曼底），刚刚才回来。想要等到合适的天气状况，难度极大，更何况我们还得结合潮水、海浪、云雾的情况决定如何最为合适地利用空军、海军和陆军。因为不得不延迟一个晚上，艾森豪威尔将军抱着极其遗憾的心情，被迫延期一个夜晚。不过天气情况已经有了十分有利的转变，所以我们的行动将在今天晚上开始。我们用了五千艘船，还有一万一千架装备齐全的飞机。

热情洋溢的贺电从五湖四海发来。连苏联也向我示好。

斯大林元帅致首相　　　　　　　　　　　　　　　1944 年 6 月 5 日

　　请接受我对英美联军夺取罗马这一伟大战果的恭贺。在苏联，听说这个消息，大家全都非常高兴。

＊　　　＊　　　＊

　　斯大林没遇到任何麻烦，当然应该高兴。我之前讲述的所有战事都没有苏联人的战事规模大，但毫无疑问，它也奠定了一个基石，英美大军在这个基石上，即将达到战争的高潮。苏联人没有给在 1943 年早冬遭受重创的德军留下任何恢复时间。1 月中旬，从伊尔门湖到列宁格勒，他们在这条一百二十英里长的战线上对敌人发起进攻，并且冲破了列宁格勒前方的敌军战线。在更南边，到了 2 月末，德军已经被赶到了楚德湖滨。列宁格勒总算完全突围。并且苏军已经开到波罗的海国家的边界上。

　　苏军在基辅西边的胜仗，使得德军被迫撤往波兰的旧边界。战火席卷了南方的整条战线，德军战线有不少地方被打开了很深的缺口。在克尔森，德军被困在一个非常大的袋形包围圈里，近乎全军覆没。

　　在整个 3 月间，苏军沿着整个战线并且在空中乘胜紧追敌军。从戈麦尔到黑海，德国侵略者全面败退，直到他们被迫渡过德涅斯特河并退到罗马尼亚和波兰境内为止。接着，由于春季的冰雪融化，他们获得了一个短暂的喘息机会。然而在克里米亚半岛，战斗仍然可以进行。4 月 11 日，经过了三天的战斗，苏军突破了彼列科普地峡，与在刻赤越过海峡的其他部队会师，并着手消灭德国第十七集团军，同时收复了塞瓦斯托波尔。

5月末,希特勒的部队已经陷入绝境。等苏军声势浩大的进攻再次扑来,他在东线的两百个师将全无还手之力。他四处面临着迫在眉睫的灾难。眼下这个时候,他要决断的是:怎么重新整编部队,要撤向哪里,又要在哪里固守。可是他没这么做,恰恰相反,他居然下令,所有部队坚守阵地,战斗到最后一刻。不论何处的德军都不允许后退。如此,德军就注定要在三个战场上彻底溃败。

第十八章　前夜

国王 5 月 15 日召开最终会议——供应大批车辆给远征军——和蒙哥马利将军共进晚餐——勒克莱尔师团需要的车辆——进攻开始日的紧张氛围持续升温——我打算坐军舰视察海军的炮轰——国王愿意一起去——5 月 31 日陛下给我的信——在地图室的讨论——6 月 2 日陛下来信——我的回复——总体评价——天气状况开始让人忧心——在朴次茅斯和索伦特湾，我和贝文先生、史默兹考察大军上船——天气预报更糟糕——史默兹元帅的回忆——6 月 4 日清晨四点十五分，艾森豪威尔决定推迟二十四小时——罗斯福总统发来的信函——6 月 4 日我的回信——艾登先生和戴高乐将军的到来——戴高乐将军的愤怒之情——6 月 5 日清晨四点，艾森豪威尔做了最终决定：不成功便成仁——恶劣的天气蒙蔽了德军——庞大的舰队出海——战争的最高潮

　　5 月 15 日，周一，距开始进攻的期限还有三周，这时，在蒙哥马利设立于伦敦圣保罗学校的指挥部，我们在召开最终会议。国王、史默兹元帅、英国三军参谋长、远征军的指挥官和他们的众多主要顾问全部参会。一幅诺曼底海岸及其周边陆地的地图，为了让人们能够看清，地图放在一个斜面上。地图的构造十分精巧，解说战斗计划的高级将领可以在上边行走，并指明所有界标。

致开幕词的是艾森豪威尔将军，上午的会议最后由国王陛下致辞，之后就休会了。在会议上，我也发了言，其中有一句话是这么说的："我对这次战役的态度正在坚定起来。"这句话，艾森豪威尔将军在他写的一本书[1]里解读成之前我是反对横渡英吉利海峡的战役的，可事实并非如此。读者若是回头看看本卷第三十三章，会看见这句话在我写给马歇尔将军的信里也说过，并解释说，我的意思是："就算我们在莫斯科确定的那些限制条件没全部达到，我也想在人力所及的范围内发起进攻。"[2]

蒙哥马利上台发言，动人心弦。几名海军、陆军和空军的指挥官以及首席后勤将领在他之后也登台发言，这位后勤将领详细地介绍了对大军登陆之后的后勤进行的完善的筹备工作。军队配备的种种设施和工具数量着实庞大得让人惊异。这让我想起安德鲁·坎宁安海军上将的一个故事："火炬"之战时，首批空军到可尔及尔的物资甚至包括牙科的手术椅。举个例子，这次有人同我说，预备派两千战士和工作人员到海峡对岸做记录工作，还拿了下面的一份表格给我，表上写着在登陆后二十天，岸上每477个人就必须备一辆车。每辆车都得配一名驾驶员和必备的维修人员。

	美国		英国		总计	
	车辆	人员	车辆	人员	车辆	人员
登陆后 20 天	96,000	452,000	93,000	450,000	189,000	902,000
登陆后 60 天	197,000	903,000	168,000	800,000	365,000	1,703,000

除此，还有死伤士兵的补充人员。

尽管炮车、装甲车和坦克车等战斗车辆也包含在这些数字之中，可是我还清楚地记得安齐奥滩头堡的拥挤状况。经过再三考虑，我让伊斯梅给

---

① 《欧洲十字军》，第 269 页。——原注

② 本卷第 521 页可见。——原注

蒙哥马利写信，告诉他我觉得各类摩托车和非战斗车辆的数目太大，让我心生关切。伊斯梅奉命而行，因此我准备在 5 月 19 日（周五），当我巡视蒙哥马利将军指挥部时，谈谈这件事。报道扭曲了此次见面的实情。传言蒙哥马利曾将我带去他的书房，告诫我别和他的参谋们讲话；他威胁我说，我若是在最终环节还非要改变运输计划，他就辞职不干了；传言我已经妥协，还同他手下的将领们说，蒙哥马利不准我和他们讲话就走了。由于这个原因，我最好还是讲述一下实情。

在我过去用餐的时候，蒙哥马利提出要同我私聊，我就去了他的房间。详细的谈话内容我不记得了，不过，他的确谈到在当前这个时候，也就是离开始攻击只有十七天这个时间段上，想改动运输的规模并不容易。可是，我非常确定，不管是在此次讲话中，还是在整个战争时期我和他进行的多次谈话中，他从未用辞职威胁过我，并且也绝对没发生过和他的顾问们对峙的情形。何况我根本不会接受此种行为。我们谈过之后，一起去享用晚餐，随同的只有八九个人，基本都是蒙哥马利将军的私人顾问。整个过程洋溢着友善的氛围。当天晚上，蒙哥马利将军邀我给他个人的著作题词，就像我在其他重大战事开始之前做的那样，写了以下几句话，这一题词在其他地方已经刊载过了：

在本书提及的最伟大的冒险将要开始时，我在这里记录下我的决心：所有事都将非常顺利，而且全军的组织有序、装备精良，定能无愧于其足智多谋的将领和英勇善战的士兵。

然而，我不妨补充一句：我至今仍然认为，在横渡英吉利海峡攻击的初期，交通工具和战斗士兵的比值太高。并且此战不管是在承担的风险上，还是在切实推行的进程中，都因此受到了损失。

＊　　　＊　　　＊

这时，我心里还想着另一个计划。我们想要解放法国，所以在此次战事中，及早让一个法国师登陆，好让法国民众知道，他们军队又再次在法国的土地上战斗起来了，这是应有之义。长时间以来，勒克莱尔将军统领的法国第二装甲师在北非立下了不少功劳，并且我早在3月10日就和戴高乐说过，我期望他们在主要战事中同我们携手战斗。参谋长委员会自那时起，一直在慎重分析此事。艾森豪威尔不反对让这个师参战，而威尔逊将军的意思是，不准备让这个师攻打里维埃拉。关键是怎么调它回英国，并且及时地进行装备。调动军队难度不大，难的是返回英国的船舰舱位不够，装不下他们的装备和车辆。等英美三军参谋长委员会和在阿尔及尔的盟军指挥部经过通信联络以后，自地中海返回英国的登陆艇已经运回了大多数装备和车辆。可是英国参谋长委员会4月4日汇报说，他们大概还少两千辆车；要是把英军的车辆调给它们，艾森豪威尔的供给就会变得非常麻烦。数日之后，艾森豪威尔的指挥部表示，英国国内和美国国内都调不出美国车辆。这代表法国装甲师登陆之后想要参战，不得不等很长时间，而原因就只是车辆不够，可这些车辆和将要投入战场的大批车辆比，微不足道。这让我和艾登先生都觉得沮丧。5月2日，我亲自给艾森豪威尔将军写信提出请求。

1944年5月2日

你能在你们拥有的大批交通工具里稍微拨出一点，满足勒克莱尔师团的需要吗？这对法军再次踏进法国意义重大。想想安齐奥之战的数字吧，居然给十二万五千人配备了两万三千辆车。为了运这些军队和车辆，在登陆时非常吃力，可军队和车辆只不过推进了十二英里。

很抱歉对你提出这个请求，我相信你即使不同意，也肯定是经过认真思考和仔细研究过的。

艾森豪威尔的回信让人放心。

1944 年 5 月 10 日

勒克莱尔师团的运输状况，我认真地研究过了，我的顾问们也和勒克莱尔将军就此事进行了讨论。

我已经探明，这个师已经运到此处的和 5 月 15 日之前运到此处的车辆大概是一千八百辆，其中包括几乎所有的履带和装甲车辆。另外，等候运输的车辆，还有大概两千四百辆。以当前的计划计算，除了其中的四百辆，这些车均将于 6 月 12 日之前运抵英国，剩下的，6 月 22 日之前也将送到。勒克莱尔将军表示，他现在不缺训练物资，与此同时，因为他分属美国第三集团军，所以得到了此军的支援。这个师的常规供给没什么问题，等他们的车辆抵达之后，算上供应物资，若还有少量短缺，美国那边会进行处理。我认为，给此师拟定的运输和配备方案，能确保他们在参战前得到适当的供应。

所有事已准备妥当。此次挺进始于乍得湖，途径巴黎，最终直奔贝希特斯加登。

*　　　*　　　*

随着攻击开始日的临近，紧张的氛围也持续增长。此时，所有迹象都表明，敌人还没识破我们的秘密。敌人在 4 月末曾经小有斩获，打沉了两艘正在参加演习的美国坦克登陆艇，不过敌人明显没从此事联想到我们的攻击计划。5 月，在瑟堡和勒阿弗尔，我们发觉敌人提高了轻型海军船舰的数量，并且英吉利海峡的布雷活动有了一些增长，不过整体而言，敌人比较冷静，对于我们的企图在等待着明确的动向。

现在，形势开始迅疾而稳定地向高潮发展。国王陛下在 5 月 15 日的那次会谈之后，曾经去大军聚集的港口，对所有突袭部队进行了巡视。5

月28日，所有下属指挥官收到指令：6月5日发动攻击。所有参与突袭的人，从这时开始，不是被"隔离"在自己的舰艇里，就是被"隔离"在岸上的军营或者集合点。所有邮件终止传递，而且严禁各式个人通信，除非有个人的紧急情况。6月1日，拉姆齐海军上将开始指挥英吉利海峡的战斗行动，当地所有港口的海军指挥官都听他的命令行事。

我觉得，我坐我方巡洋舰队里的一艘军舰去看这场历史性战斗开战之前展开的轰炸，合情合理，所以我让拉姆齐海军上将拟订方案。他让我在开始进攻的前一天黄昏，踏上英国"贝尔法斯特"号军舰。这艘军舰会从克莱德湾出发，路上停泊在维茂斯湾，之后为赶上它的舰队，将全速前进。这艘军舰是炮击军舰，归属于中路英国海军。为了在天亮的时候视察攻击，我会在这艘军舰上住一宿。之后我会乘该舰视察滩头地区，此时对于没经过彻底扫雷的水域，自然要非常谨慎，之后，再换一艘驱逐舰返国。这艘驱逐舰已经做完了自己的炮击工作，将返回英国装运炮弹。

可是，对于这个正在发酵的计划，拉姆齐海军上将觉得他有将其告诉最高指挥官的责任。艾森豪威尔坚决不肯让我冒险。身为最高指挥官，他负不起这个责任。就像他在自己的著作里写的，我曾经同他说：尽管我们同意他当参加此战的英军的最高指挥官，可是考虑到英国海军和美国海军的比例是四比一，所以我们绝对相信他无权过问英国皇家海军船舰有多少人参战。他认可了这个无可争议的实情，不过重申这肯定会增加他的担忧。不管是从事情展开的规模上看，还是从我们之间的关系上看，好像都不应该出现这种情况。可是，我有自己的责任，并且我如何行事，我觉得我应当自己判断。因此，此事就这样确定了。

可是，此时出现了一件麻烦事，国王陛下已经同意让我翔实地记录在此处。5月30日（周二）国王在我出席一周举办一次的午宴时问我，攻击开始那天，我预备在哪里待着。我回答说，我准备坐我们巡洋舰队的一艘军舰去现场看炮击的情况。国王马上说他也想要去看。自日德兰之战起，除了遭到空袭以外，他就再没亲自去过战场，所以他非常渴望能够追忆一下年轻时的经历。我慎重地考虑过这件事，也愿意将其呈送内阁。内阁全都觉得应当先和拉姆齐海军上将商量。

就在这个时候，国王已经得出了我和他都不该去的结论。他觉得十分沮丧，还写了以下信件给我：

白金汉宫

1944 年 5 月 31 日

亲爱的温斯顿：

我们昨日所言，我经过再三思考之后，现在已经得出如下结论——在开始攻击那天，我们两个不应该去我们昨天说要去的地方。我猜在眼下这个紧要关头，你若是因为一枚炸弹、鱼雷，甚至水雷碰巧击中而亡故，对我个人，对整个盟国事业会造成多大的损失，并不用我多说；同样地，在眼下这个时候，一国君主的变化，对我们国家和整个帝国而言，也不是什么小事。我很清楚，我们两个都非常希望亲自去现场看看，可是我十分郑重地请你改变你的计划。我认为，我们若是亲自到场，那就算我们再如何表态，负责指挥我们所乘的那艘军舰或者那几艘军舰作战的海军军官一定会觉得棘手。

所以，就像上面说的，尽管非常不愿意，可我还是得出这一结论——最高机关在此种情形下通常采取的举措，即待在家里等消息，才是正确做法。在对待此事上，我非常希望你也能采取同样的观点来看待这个问题。只要我一想，在其他所有事情之外，我还可能会失去你的支持和引导，就算这种可能再小，将要到来的这一时期让我生出的担忧也肯定会高出很多。

你最忠诚的国王乔治

之后又收到一封信：

白金汉宫

1944 年 5 月 31 日

亲爱的温斯顿：

希望你还没给我回信，因为我明天下午会和你面谈，到时你可以告诉我你对我的来信有什么看法，我们随后再会见拉姆齐。

你最忠诚的国王乔治

6 月 1 日下午三点一刻，国王在艾伦·拉塞尔斯爵士的陪同下到了首相府从属建筑中的地图室，我和拉姆齐海军上将此时已经在那里等候了。那时，拉姆齐海军上将还不知道国王为何到此，就对开始攻击的那天早上，军舰"贝尔法斯特"号将展开的活动进行了介绍。从他讲述的情形来看，坐这艘军舰明显很不安全，同时，也看不见多少战斗实况。这时，我让拉姆齐海军上将暂时回避几分钟，在这短暂的时间里，我们商量好问他，国王陛下也坐"贝尔法斯特"号战舰到海上去合不合适，看他有何意见。拉姆齐海军上将立即明确答复，他反对这么做。那时我说，我觉得应当问问内阁的看法，并且打算将拉姆齐海军上将讲述的危险告知内阁。我说，我敢说内阁一定建议陛下不要去。此时拉姆齐离开了。国王说，既然他不应当去，那我也不该去。我回答道，我是国防大臣，我去是履行职责。艾伦·拉塞尔斯爵士就像国王形容的，"端着一张不满意的脸"说："陛下若是听说他的首相葬身英吉利海峡的海底，肯定更焦躁。"我回道，万事俱备，并且在我看来，没冒多大险。艾伦爵士说，他素来认为，除非得到国王批准，否则国王的所有大臣，都只能待在国内。我回道，我将要乘坐的军舰是陛下的，所以这点并不适用。拉塞尔斯说，军舰会开出很远，可能会开出本国海域。之后，国王就回了白金汉宫。

6月2日，周五清晨，我乘专列去了艾森豪威尔指挥部边上的铁路侧线——位于朴次茅斯近郊，史默兹元帅、欧内斯特·贝文先生、伊斯梅将军以及我的随行人员，同我一起去的那儿。就在我们出发之前，我又收到了一封国王的来信。

白金汉宫

1944 年 6 月 2 日

亲爱的温斯顿：

我再次请你别在开始进攻那天坐军舰出海。请你想想我的情况。

首先，我年纪比你小，是个水兵，而且身为国王，我还是三军领袖。去大海上航行是我最开心的事，可是我却答应待在家中；如此，我自己想做却做不了的事，你去做了，这公平吗？昨天下午，你说最好国王能像之前的年代那般，亲自带兵攻城略地；可是，国王若是无法这么办，那我觉得他的首相是不应该代他这么做的。

其次，你也应该想想你自己的身份。你看不到多少实战；你要承担极大的风险；在必须下重要决定的紧要关头，你不能和属下见面；并且就算你竭力不给别人增加负担，但除非你不在船上，否则，舰队指挥和船长身上的责任肯定会增加很多。就像我上一封信里说的，你坐船出海给我本人带来了无法估计的焦虑，并且你没问过内阁同事的看法就坐船出海，会让他们陷入十分为难的窘境，他们理当会觉得恼火。

我真诚地向你呼吁，请重新考虑所有问题。你个人的意愿我十分明白，可是你身上肩负着崇高的国家使命，这种意愿不应该让你脱离这种使命。

你最忠诚的朋友国王乔治

我的专列当时正在索斯安普顿郊外停着，很快就打通了艾森豪威尔指挥部的电话。那天下午，我去拜访了他。他的帐篷和篷车高明地隐藏在临近的一个森林里。因为没有收到我的回信，国王陛下非常重视。上午十一点半，为了回答与此相关的问题，我用专线拨通了在温莎堡的拉塞尔斯的电话，告诉他如陛下所愿我决定放弃自己的计划了。第二天凌晨，我写了如下信函，并且当即让通信员火速送去温莎堡。

1944 年 6 月 3 日

国王：

我没有尽快回复陛下发来的信函，对此，我必须为自己求得原谅。我收到信的时候，正准备坐火车启程，而且从那时起，我始终在路上。现在，为了能在今天晚上将这封信交到陛下手里，我已经叫了一位通信员等着了。

陛下，我还不能真正地认识到，你的来信第一段中所述已充分地考虑了下列事实：按照英国的宪法，君主和臣民是绝对不能相提并论的。陛下要是因为自己的意愿，想要搭乘参与炮轰行动的战舰出海，之前一定要得到内阁的批准；我很倾向于认为，并已将这种看法告诉陛下：内阁必然会极力劝告陛下不要前去。

我既是首相，也是国防大臣，某个地方，我觉得为了践行自己的职责应当去，就应该被批准，并且我认为内阁无权限制我的行动自由。从众多大事件中走过的经历带给我的判断力，让我清楚地知道一个肩负着我这种责任的人可以承担的风险有多大，适当的界限在哪儿。我不得不以诚挚的心向陛下呼吁，为了能让我可以在我认为需要去探明情况的时候，到战场上去，请不要树立一切影响我行动自由的准则。此次，陛下这样殷切地挂心我的安危，我非常感激，所以我一定要如陛下所愿，事实上，是陛下所命。在我知道陛下是因为希望我能继续为陛下工作，才有的这种心愿或者命令时，我觉得心怀大慰。尽管不能去看炮击现场，让我觉得沮丧，可是陛下的心意也让我十分感激，因为陛下对这个卑微而忠诚的臣仆的关心，正是出于此种心意。

温斯顿·丘吉尔

我不妨再补充一点，如我所料，相关巡洋舰分舰队并没遇上非常重大的危险。实际上，这个分舰队所有将士都平安无事。我本不应谈及此事，但艾森豪威尔将军却已公之于众，他虽出于好意，但无意中却又失准。

在此，我或许可以介绍一下，这么多年以来，我在这种事情上得出的结论。谁要是想对战争里的重大和关键决议产生有力的影响，并且负最大的责任，他或许就得以冒险的方式让人振作奋发。他或许还想获得一种这样的慰藉——在他派很多其他人去牺牲时，他自己也能稍微承担一点他们遭受的危险。直接触及事情进展会让他的兴趣范畴，还有因兴趣产生的行动力，受到激励。由于我在第一次世界大战中所见所闻的结果，我认为将领们和其他高级指挥官应当无时无刻不想办法让自己亲赴战场探明切实的情况和局势。我看见很多悲惨的谬误是因为这么一种荒唐的理论发生的，就是觉得不应该让关键人物遇险。对于我个人的安危，还有人比我更看重吗？可是我相信，我对战争的看法和观念非常重要，且极富权威，所以在这个个人问题上，我以什么方式来践行自己的职责，我认为我完全可以自己判断。

*　　　*　　　*

这时，天气情况开始让人担心。在晴了几天以后，天气变得不可捉摸。自6月1日起，为了分析天气预报，一天开两次指挥官会议。第一次会议给出的推测是，开始攻击那天天气恶劣，云层压得极低。这对空军非常重要，因为轰炸和空降部队降落都会受到影响。第二天黄昏，首批战舰自克莱德湾出海，与此同时，还有两艘小型潜艇自朴次茅斯起航，它们要做的是去攻击地区观察天气状况。6月3日，天气仍无令人鼓舞的迹象。西风越来越急，平静的海面掀起波澜；满天都是乌云，云层越压越低。天气预报表明6月5日是阴天。

我、贝文先生和史默兹元帅于6月3日下午开车去朴次茅斯，看见首批部队正在登上开往诺曼底的船。我们上了第五十师指挥部所在船舰，之后坐汽艇沿索伦特湾而下，逐个踏上所有船舰巡视。

在回来的路上，我们在艾森豪威尔将军的营帐待了一会儿，祝他一路顺风。返回车上的时候，我们正赶上吃晚餐——这顿饭开得可真晚。比德尔·史密斯的电话在用餐时打了过来，接电话的是伊斯梅，据说天气越来越糟，战斗活动有很大可能不得不推迟二十四个小时，艾森豪威尔将军要等到6月4日凌晨才能做出确切的决定。同时，巨型舰队的所有小单元，将按照原计划继续起航。

伊斯梅回来说了这个让人失望的消息。去索伦特湾见过舰队阵势的人都很清楚，就像雪崩一样，这个战斗行动是遏制不了的。如果天气继续变糟，延迟到6月7日还解决不了，那月亮和潮水匹配的必要条件，起码在之后的两周内是得不到了，这种情况让我们十分焦躁。另一边，命令已经传达给了所有军队。明显不能一直把他们关在狭小拥挤的船舰里，可是为防消息泄露，不这样还能怎样。

然而，这种存在于所有人心里的焦躁，并没有在火车的餐桌上被清晰地显露出来。史默兹元帅兴致高昂，谈笑风生。他讲故事给大家听，是布尔族人1902年在弗雷尼欣投降的事——他怎样再三向他的同事们重申，他们只能求得英国人的原谅，继续战斗毫无作用。他的朋友们说他是胆小鬼，是失败主义者，那段时间是他人生中的低谷。可是他总算让大家答应一块儿去弗雷尼欣，并得到了和平。然后，史默兹元帅又说起第二次世界大战爆发时发生在他自己身上的事，那时他所在的执政党首相，想在战争中维持中立，他只得在议会里和反对党一起来反对首相。

大概晚上一点半，我们上床休息。伊斯梅告诉我，他要等早上开的会议得出结果再睡。我告诉他，到时候不用为了告诉我结果而叫我起来，因为这件事我帮不上忙。早上四点十五分，艾森豪威尔和他的指挥官们再次开会，听取气象专家的糟糕的预报：天上布满乌云，云层非常低，西南风强劲，有雨，海浪较小。天气预报表示 5 日甚至比这还糟。被逼无奈，他只得下令将攻击时间推迟二十四个小时，而巨型舰队的整体阵仗，则依照完善布置的方案后撤。一切出海舰队全部转身返回，至于小型舰艇，则在附近寻找隐蔽的地方停靠。仅有一支舰队没收到指令，不过已经有军舰过去通知这支拥有一百三十八艘小型舰艇的舰队了，它们立即返航，并且没引起敌人的怀疑。海岸一域全是登陆艇，里面关着数以万计的战士，这一天真的不好过。美军起航的地方是西部港口，距离最远，所以受的苦最大。

比德尔·史密斯在那天早上大概五点的时候，又给伊斯梅打了电话，肯定了推迟的消息，直到这时，伊斯梅才躺下休息。我半个小时之后醒了，将他找了来。他将这个消息同我说了。按照他的记述，那时，我什么都没说。

＊　　　＊　　　＊

早班信差给我送来了一封罗斯福总统给我的信，这封信两周前就写了，不过，直到这个决定生死的关头才送来。后来这封信却不见了踪影，真是遗憾。富·德·罗（斯福）用最亲切的词语，表达了自己对我们两国之间的共同拼搏和同志之情怀有的感情，而且期待并祝愿我们取得胜利。我复电表达谢意，不过内容却比较散漫。

首相致罗斯福总统　　　　　　　　　　　　　　　　1944 年 6 月 4 日

你 5 月 20 日发来的那封感人的信，我已收到，十分高兴。这场惨痛的战争，形势越来越复杂，我们的友情是我面对这种形势时最大的靠山。艾夫里尔同我说，你的身体情况不错，同时，我从许多方面证实了这种印象，即在政治上，你的健康情况也有很大进展。我现在在火车上，离艾克指挥部不远。眼下，天气是他最关心的事。停靠在这里的舰艇有数千艘，一眼望去，的确十分壮观。

戴高乐的委员会以绝大多数的票数决定，他应当接受我的邀请前来这里。他有些迟疑，不过马西格里和其他一些人以自己的辞职作为要挟，让他一定过来。我们估计他抵达的时间应该是开始攻击那天的前一天。他若是来了，艾森豪威尔将军准备用半个小时的时间和他见面，只介绍战争局势。我会在开始进攻那天当晚，返回伦敦。我没想着能和戴高乐处理很多事，不过我还是希望也许能证明"领导权"——这个赫尔在演讲里用的，传闻得到你首肯的词，可以用。我没抱着我们能从滩头地区向前挺进几英里以上的想法，并且我们夺取的区域，有很大机会是洋溢着战场氛围的、人烟稀少的地方。等戴高乐来了，我会就这点同他认真地说明。我会把你的那封邀请他去美国访问的、洋溢着友善之情的电报给他的。我会时常和你联系。

我在下院说到的西班牙的状况，我看见你们的某些报纸极为愤慨。这并不公平，因为我说的所有话，仅仅是在复述我发表于1940年10月的声明。我为什么会提到佛朗哥的名字，原因只有一个，就是采用漫画的形式来证明西班牙和他或者他和西班牙成为一体，这是多么愚蠢。我不关心佛朗哥，可是我也不愿意看到战后伊比利亚半岛敌视英国人。我还不清楚，要依赖戴高乐的法国得怎么做。我们一定要以主要力量镇压德国，与此同时，我们还要和苏联做二十年的盟友。你千万记得，现在，我们已经离所有这些让人欣慰的前景非常近了。

此间我们不赞成只是因为我们自己不赞成集权主义政治体制，就对那些推行此种体制，但没伤害过我们的国家发起进攻。相比于佛朗哥的西班牙，斯大林的苏联更自由吗？我是不知道。我没想和它们之中的任何一个国家闹矛盾。

等过了开始攻击那天，我们用不用给斯大林发一封简洁的能够公开的电报呢？或许应该等我们已经切实在海峡对岸夺取了阵地之后再这么做。

这个月，我们在反潜艇战里赢得了前所未有的最好成绩——全部同盟国家的船舰，被打沉的仅有四艘，吨位总计两万吨左右。另外，敌人被我们打沉的舰艇和我们被打沉的舰艇的比例是四比一，与此同时，还有大量的敌方船舰沉在了我们自己的联合舰队手里。

亚历山大证明了你对他的认可和看法的正确性，我非常开心。你们的军队打得太棒了！听说在那儿，我们两国的部队，自上到下都相处得非常融洽；而在这里，互相之间已经彻底是兄弟情了。我正期待很快能和你们的三军参谋长们见面。听说哈里日益强健，我非常高兴。我真心期望这种情形能持续下去。你不能在那个十分遥远的时间（10月）之前来这儿，我觉得非常可惜。我若进行一次出游，是否对事情有益，盼告之。

没过多久，艾登先生和戴高乐将军同时抵达，戴高乐刚刚才从阿尔及尔飞来英国。我同戴高乐说，因为这场战事就要开始了，所以我才请他过来。我不能通过电报告诉他，并且我觉得，我们两国历史的原因，使得我们必须先告诉法国，然后，英国和美国才能开始解放法国。我原本准备距进攻起始日不久的时候请他过来，可是因为天气原因，我们被迫将进攻日期延迟了二十四小时，甚至更长时间。这的确是个重大的实情。三十五个师和四千艘船聚集在一干营房和口岸，还有十五万大军已经上船，参加第一轮攻击行动。大部分军队必须待在狭小的船舰中，承受着巨大的煎熬。目前已经备好的飞机有一万一千架，若是天气不错，里面有八千架将参加战斗。然后我补充说，对法国铁路线的轰炸，害死了不少法国人，我们对此深感惋惜，可是我们的步兵没有德国的多，所以为了在我们设立前方阵地时，让敌人无法调集占有绝对优势的援兵过来，我们只能这么做。

戴高乐将军火冒三丈。他提出要求，要拥有完全的自由，能够用自己的密码发电报给阿尔及尔那边。他说，身为一个庞大国家的领导人，他不能失去自由通信的权利。我让他承诺，除了那些切实参加我们这次见面的人，对他的所有同事隐瞒即将发起攻击的一切军事讯息。戴高乐说，关于意大利之战，他必须有绝对的自由保持和阿尔及尔那边的联系。我解释说，我说的仅仅是"霸王之战"。之后，我将我们的计划告诉了他。我的说明得到了他的感激，之后我问他，等巨型舰队切实起航以后，他愿意马上发一份公开的布告给法国民众吗？这种做法得到了荷兰的威廉明娜女王、挪威的哈康国王，还有敌人预计我们会对其国土发起攻击的其他国家的统治者，都答应了，我希望他也能这么做。他表示同意。

艾登先生此时加入了谈话，他说，现在我们已经把所有的心思都放在了重要战事上，可是等战斗打响之后，就一些政治问题展开讨论，或许是有好处的。我说，我和罗斯福总统已经通过函件沟通了很长时间，他起初想让戴高乐将军去美国访问，不过现在他对这件事好像没那么心急了。这或许是因为吉罗将军受到的待遇造成的。罗斯福总统曾就法国部队的装备事宜同吉罗将军讨论过，可现在吉罗将军却被免职了。对于此事，戴高乐表示，他觉得自己此时最好别去华盛顿，待在英国。我示意他说，可能在很长的时间里"已经解放的法国"仅仅由为数不多的参战者组成，我和艾登一起竭力催他及早去拜访罗斯福先生。戴高乐表示，他极愿意过去，而且和罗斯福总统也是这么说的，不过他在意的是"已经解放的法国"到底由谁统治。早在去年9月，这件事就应该已经决定好了的。

我因为这种论调坦率地说出了自己的看法。英国和美国甘愿为了解放法国，让数十万人用生命去冒险。而戴高乐去不去华盛顿，是他自己的事，可是法兰西民族解放委员会若是和美国决裂，我们肯定和美国同一阵线。至于谁来掌控已经解放了的法国，戴高乐将军若是想让我们跟罗斯福总统说将法国的所有管理权都交给他，答案是"不行"。他若是想让我们跟罗斯福总统说，让这个委员会作为他和罗斯福总统交往的法国主要机构，那答案是"可以"。戴高乐回复说，他完全理解这一点，也就是美国要是和法国发生争执，英国会和美国同一战线。这句不快的话，就是这次见面的结尾。

没过多久，我将他带去了艾森豪威尔设立在森林里的指挥部，他在那里得到了盛大的欢迎。艾克和比德尔·史密斯争着向他问好。不一会儿，艾克带他去了他们的配有地图的营帐，用二十分钟把将要发生的事都和他说了。之后，我们一起回到了我的火车上。我原本期待戴高乐能和我们一起享用晚餐，然后一起坐火车返回伦敦，因为这条路最快捷，也最方便，可是他却摆出一副有尊严的样子悻悻地说，他宁可自己和他的法国大臣们坐汽车走。

*　　*　　*

时间在缓慢流逝。直到6月4日晚九点十五分，艾森豪威尔的战斗指挥部才再次举行关键性的会议。天气严酷，与其说它是6月的天气，不如说它更像12月的天气，可是在一定程度上，气象专家承诺6日早上，天气会暂时变好。他们推断，在这之后会再次出现暴风雨，并且不知道会进行多长时间。到底是马上兵行险招，还是推迟起码两个星期再发动攻击？艾森豪威尔将军面前摆着这两个关乎生死的选择。听过指挥官们的意见，他大胆地选择了继续展开战斗行动——事实表明，这个选择极其明智——不过，最后决断要等第二天早上再做。6月5日早上四点，他做了一个不成功便成仁的决断：6月6日发起攻击。

回想这一决定，的确让人敬佩。它的正确性，随着事情的发展得到了充分证明，我们能打敌人一个措手不及，并取得胜利，它是一个很大的原因。我们现在知道了，管天气预报的德国官员那时告诉他们的最高指挥部，我们是不会在6月5日或者6日发动攻击的，因为有暴风雨，并且这种天气或许会持续若干天。盟国空军付出的努力和骗敌计划得到的辉煌战绩，明显是我们得以完成一系列如此错综复杂的频繁的调度，却没让高度警惕的和决一死战的敌人察觉的重要原因。

*　　*　　*

护送攻击先头部队的舰队 6 月 5 日全天都在怀特岛南边的集合点聚集。我们海岸的一支最庞大的舰队，史无前例地从那里开了出来，声势浩大、接连不断地直逼法国海岸，扫雷艇在它前边，在辽阔的大海中为它开道，而它的周围，有强悍的盟国海军和空军为它提供保护。对于将要参战的军队来说，艰辛的航海历程是一种严酷的磨砺，这种情况对乘小型舰艇承受巨大煎熬的军队而言，就更是这样了。全部难题也没能挡住这次规模浩大的行动的顺利进行，就像一次阅兵似的。尽管不是完全没有损失，可是切实出现的一点伤亡和意外延迟，基本是因为较小的拖船导致的。对整体行动影响不大。

我们整个沿海地区的防御体系，都处于高度战备状态。国内舰队警醒地关注着德国海面船舰的所有行动，与此同时，空军巡逻机对挪威到英吉利海峡一域的敌军海岸地区进行着监控。在遥远的海上，在我国西面的海口处和比斯开湾一域，在驱逐舰队的援助下，空军海防总队的大量飞机对敌人许会做出的反应进行着严密的监控。我们的情报机构汇报说，五十多艘敌方潜艇正在法国比斯开湾的一众港口聚集，预备到时进行拦截。现在，决战一触即发。

*　　*　　*

此时，我们已经迎来了西方大国眼中的——也确实是——战争最高潮。尽管前方还有非常漫长且艰辛的路要走，可是我们将赢得关键性的胜利，这毋庸置疑。非洲的敌人已经消灭殆尽。印度已准备好防止敌军进攻。日本耗干所有力量，陷入绝望，正退往本国国土。澳大利亚和新西兰已经彻底安全了。意大利正同我们携手战斗。苏联的部队已经把德国入侵者赶出了自己的国土。希特勒三年前以那样高的效率从苏联抢走的所有东西，已全部失去，不仅如此，还受到了军力和配备上的致命的攻击。克里米亚半岛已将敌军剿灭干净。苏联部队已经打到了波兰边界。罗马尼亚和保加利亚正想方设法让东方的胜利者别找自己报仇。苏军预备即将发动新进攻，以策应我们在欧洲大陆的登陆。接到已夺取罗马这个让人热血沸腾的消息时，我们正在首相府衙附属建筑的地图室的椅子上坐着。横渡英吉利海峡去解放法国的宏伟大业已经启动。每一艘船舰都开到了海上。我们已经赢得了制海权和制空权。希特勒独裁统治的瓦解已成定局。

写到这里，我们或许可以暂时搁笔，用满满的感激之情，祝愿所有战场和海陆空都大获全胜，祝久经磨难的人类可以获得一个和平、美好的明天。

苏联战场形势：1944年1月—6月

附　录

一、缩略语

A.A.guns　　　高射炮

A.D.G.B.　　　英国防空委员会

A.F.V.s　　　　装甲战车

A.G.R.M.　　　皇家海军陆战队高级副官

A.R.P.　　　　空袭警备处

A.T.rifles　　　反坦克步枪

A.T.S.　　　　（女子）地方支援队

C.A.S.　　　　空军参谋长

C.I.G.S.　　　帝国总参谋长

C.-in-C.　　　总司令

Controller.　　第三海务大臣兼军需署长

C.O.S.　　　　参谋长

D.N.C.　　　　海军建设局局长

F.O.　　　　　外交部

G.H.Q.　　　　总部

G.O.C.　　　　总指挥官

H.F.　　　　　本土部队

H.M.G.	英王陛下政府
M.A.P.	飞机制造部
M.E.W.	经济作战部
M.of I.	信息部
M.of L.	劳工部
M.of S.	军需部
P.M.	首相
U.P.	非旋转炮弹——火箭的代号
V.C.A.S.	空军副参谋长
V.C.I.G.S.	帝国副总参谋长
V.C.N.S.	海军副参谋长
W.A.A.F.	空军女子辅助工作队
W.R.N.S.	皇家海军女子服务队

二、密码代号

武士爵位授予式：爱琴海战斗计划

Q 海军上将：罗斯福总统

安纳吉姆：收复缅甸战斗计划

铁砧：1944 年盟军登陆法国南部的战斗计划

雪崩：以两栖战夺取那不勒斯（萨勒诺）的战斗计划

湾城：横渡墨西拿海峡发起攻击的战斗计划

喇叭：人工港中用的钢制外防波堤

海盗：攻打安达曼群岛的战斗计划

开罗三：1943 年德黑兰会议

哈里发：为支援"霸王"对法国南部和中部发起攻击的战斗计划

沃顿上校：丘吉尔首相

长炮：攻打苏门答腊北部的战斗计划

尤里卡：1943 年德黑兰会议

前进：为轰炸机锁定目标的方位探测器

醋栗：人工港中用的防波堤

哈巴卡克：用冰制成的漂浮飞机场

赫尔克里士：夺取罗得岛的战斗计划

哈斯基：夺取西西里的战斗计划

朱庇特：在挪威北部的战斗计划

利洛：人工港中用的防波堤

桑葚：人工港

欧波：无目标轰炸

霸王：1944 年解放法国的战斗计划

忏悔：攻占达尔马提亚海岸的战斗计划

不死鸟：人工港中用的混凝土潜水箱

猎野猪：自日军在缅甸阿拉干沿岸梅宇半岛南部阵地的后方登陆的战
　　　　斗计划

耕种部队：特种联合战斗部队

冥王：从英吉利海峡穿过的海底石油管

直截了当：针对改进卡萨布兰卡会议决议，联合参谋长委员会下达的
　　　　训令

四分仪：1943 年魁北克会议

围剿：1943 年解放法国计划

土星：1943 年在土耳其召集一支盟军

六分仪：1943 年开罗会议

海滨沙石：在罗马南部安齐奥的两栖战斗计划

痛击：1942 年夺取布雷斯特或者瑟堡的战斗计划

绞杀：对意大利北边的铁路运输线发动空袭

触角：主要用混凝土建造的漂浮飞机场

火炬：1942 年盟军攻打法属北非的战斗计划

三叉戟：1943 年华盛顿会议

合金管：原子弹的研制工作

鲸鱼：人工港中用的浮动码头

窗户：用以扰乱德国雷达而散发的锡箔片

齐普：总司令发的开战信号

三、首相以个人名义发出的备忘录和电报

1943 年 6 月—1944 年 5 月

6 月

首相致军事运输大臣和第一海务大臣　　　　　　　1943 年 6 月 6 日

　　请将途经地中海的各式运输舰队的船舰、货物 种类，还有帮英国红十字会送去苏联的货物清单提交给我，非常感谢。

　　请将日后的计划也一并发给我。

首相致空军大臣和国内安全大臣　　　　　　　　　1943 年 6 月 8 日

　　近日，我们袭击了德国的莫内水坝，我们正在采取哪些措施防止我们的水库遭到德军的反击？请就该问题向我做一份报告。

首相致彻韦尔勋爵　　　　　　　　　　1943 年 6 月 10 日

战后民航事宜的初步见解

1. 在构想战后民航事宜时，我所依据的准则是"平等公正"。世界性的机场应当对一切国家（除有罪国家之外）敞开大门，这些国家只要交纳过一定养护和服务费，就能和它建立直接的航空联系。可是，一切国家都不能在其他国家的土地上运营航空公司，不管是国营的，还是私营的。如果可能的话，一切政府都不能为飞机场提供经费。经营航空运输若没有收益，那应当根据相关国家认可的条例提供相应的扶持，其中一部分可以按照航空邮政合同进行。一切国营或者私营企业，只要接受以上准则，就可以经营全球性贸易活动。

2. 按照建议，战后应当设立一个世界性机构来维护世界和平。民航带来的空中力量，或许只能交给这个机构负责。世界委员会的小组委员会或者各州的小组委员会（如果存在这种机构的话）可以调停纠纷，并对准武装力量的走向和与之相关的事宜进行监控或管理。若所有国家都能服从这一准则，它们就会得到激励，进而为民航提供所有便利，让其达到安全、舒适和高速的最高服务标准，民航是能够做到这点的。

3. 现阶段，想在自治领之间达成协议并不容易，可是等和它们讨论过以后，这种难题就可以解决，不会对我们拟定英国政策造成阻碍。与此同时，切实探明美国的主张和意愿，是非常关键的，也是非常迫切的。若能和美国达成共识，那所有事都会容易很多……

首相致莫顿少校　　　　　　　　　　　1943 年 6 月 11 日

我们俘获的那些敌方高级军官，听说一些组织要求将其带去我们的某些教育中心，以及全国各地去参观考察，真实情况到底是怎么样的？比如，有人觉得应当让（意大利的）杰西将军去伊顿学院考察。这些异想天开的主张，我是不会同意的。这些军官只能待在各自的看守所，谁要出去，都得先向我报告。

首相致爱德华·布瑞奇斯爵士　　　　　　　　　　　1943 年 6 月 13 日

　　1. 请帮我起草一份训令，进一步提醒所有大臣、高级官员、议会私人秘书等人，在和来英国的外国（中立国）外交人员谈话时，要非常小心，勿多开口。尽管这些人总是表现得非常友善，而且真心期待我们打赢这场仗，可是为了提高自身在其政府里的地位，他们但凡听见一点消息，都会立即告知他们的政府，而他们的政府为了获得其他信息，则会将这些消息告诉我们的敌人。能和他们，或者在他们跟前谈论战争事宜的人，只能是那些有权力、有责任发消息（不管是普通的，还是特定的消息）的人。

　　2. 这些外国人通过和知情人来往，就能对报纸上的消息做出判断，所以就算是报刊上的普通作战问题和战斗新闻，也不能谈论。除了正式场合，尽量别和这种外交代表一起享用午餐、晚餐。他们要是遇见了什么特殊事宜，应当向你请示，我会赋予你给他们下达指令的权力。应当和外国人的私交减到最少。

首相致海军大臣　　　　　　　　　　　　　　　　1943 年 6 月 13 日

　　坎宁安海军上将告诉我，他认为，摩托鱼雷艇的引擎的可靠性若是更好的话，那么在地中海，我们的轻型海军船艇会有更多斩获。针对这一问题，请交一份报告给我，告诉我：这到底是关于这些船艇维护的一个局部问题，还是存在于设计上的本质缺陷。

首相致外交大臣和新闻大臣　　　　　　　　　　1943 年 6 月 13 日

　　有关在突尼斯的德军斗志的汇报，我已经看过了。这份报告将德国战士的作战素养吹捧到了极点。尽管报告用了"野蛮"一类的词语，可是完全没有削弱它给人们造成德军可怕的印象。报告里说他们"非常蠢笨"，当然也不是指他们在武器运用或者战斗机操作方面非常蠢笨。

首相致伊斯梅将军和爱德华·布瑞奇斯爵士　　　　1943 年 6 月 15 日

　　请在一切英国官方文件中使用如下术语：

　　用"aircraft"一词，而非"aeroplane"；用"airfield"或者"airport"这个词，而非"aerodrome"。"aidrome"一词，我们应当弃用。

　　语言要有规范，并严格遵守规范，这样做是有益的。

首相致飞机制造大臣（斯塔福德·克里普斯爵士）

　　　　　　　　　　　　　　　　　　　　　　1943 年 6 月 15 日

　　获悉你正在切实推进你的计划，非常高兴。对于浮夸的害处，你说得半分不差。承诺若是无法实现，不但会对空军的操练、建筑等事宜带来人员、物资上的过度浪费，对你们自己的工厂更是损害不小。

　　你们劳动力的状况，我不是非常了解。我发现你们如今获得的劳动力远比不上之前分配给你们的。你们制订计划的时候，是不是没要求那么多的劳动力？若不是这样，难道是你们的效率意外地增加了很多，因此你们可以完成任务？考虑到劳动力只高不低，这一切问题都必须认真分析。看上去，截至目前，的确是任意一个其他部门都比你们获得的劳动力多。

　　你提交的飞机名录具有特殊优先地位，我赞成。在生产这种类型的飞机上，一切能让计划提早实现的措施都有特殊效力，你完全没说错。

获悉你正竭力推动生产新型战斗机，我非常高兴。那天你给我看过模型的喷气推动式飞机，我非常感兴趣。请即时将进展汇报给我，并且让我知道这些飞机什么时候能投入使用。

首相致军事情报局局长　　　　　　　　　　　　　1943 年 6 月 15 日

你目前对于西西里的军力的最详尽的估计数字是多少？首先是德军那边：我们清楚他们正在筹建的那个师的实际兵力。这个师的人数不到七千。那里零散的军队（算上空军地勤人员）还有多少？已经抵达那里或者正在路上的援兵有多少？

其次，交一份有关西西里意大利部队的研究报告给我。以前听说有八十四个营——也有推测说，数量是七八个师——在海岸防守。它们是如何分布的？班泰雷尼亚岛上那一万五千人和兰佩杜塞岛上那四五千人没费什么劲儿就投降了。这些意大利人是什么秉性，想想就知道了。

首相致空军参谋长　　　　　　　　　　　　　　　1943 年 6 月 16 日

在埃及等地驻守的空军的确规模庞大。请告诉我，它们在今后几个月中，预备如何发挥效力。它们眼下好像无事可做。支援土耳其的计划进展如何？支援西西里战斗的人员中，来自埃及等地的空军，占了多大比例？我们要让所有空军都有事可做。

首相致伊斯梅将军　　　　　　　　　　　　　　　1943 年 6 月 17 日

我们在上次大战中给伤患派发负伤袖章，我强烈要求我们这次也这么办。请让有关三军关注此事。陆军部当然是主要部门。我打算周一向国王请示。以前必定考虑过这个问题。请帮我把相关资料找出来。由于美军正在给他们的战士分发"紫心章",并且他们因没给我们的战士发而感到不安,所以这件事必须马上办。

在海外每服役一年就获得一枚臂章的事,我想,战士们对此也是十分期待的。

首相致伊斯梅将军,转参谋长委员会　　　　　　1943 年 6 月 17 日

1. 昨晚,我要求得到一份关于西西里战斗的骗敌方案的专门报告,因为我对此非常关注。好像每份报纸都把视线投向了西西里,并且按照这里(我猜美国那边肯定也一样)众多机关刊物上刊载的地图和漫画看,我们的战斗目的几乎等于是已经公布了,成了所有人都知道的信息。

2. 安全的办法是增加目标,并且难辨真假。今早某些报纸的说法看上去是对的,他们说,我们的兵力足以同时对数个目标发起攻击。应当着重说明这点。今天下午,布雷肯先生会招待记者。除此,希腊的形势当然也该强调一下。

首相致伊斯梅将军,转参谋长委员会　　　　　　1943 年 6 月 18 日

为什么我们不抽出部分斐济岛的突袭部队,去策应缅甸或者其他地方的战事呢?

首相致空军参谋长　　　　　　　　　　　　　　1943 年 6 月 19 日

塔科拉迪的航线,会因为途经卡萨布兰卡的新航线和地中海航线的通航得到缓解,这我非常明白。眼下考虑对塔科拉迪航线进行裁员的时机的确已经到了,对于此事,你的看法如何,望告知。

首相致印度事务大臣   1943 年 6 月 20 日

　　副首相认为应当提高印度部队的军饷，我绝对赞成。总体来说，我觉得可以削减百分之二十五的人，将省下的钱，用在提高所剩人员的军饷上。

首相致枢密院长   1943 年 6 月 20 日

　　请告诉工程和建筑大臣以强制权收缴土地，盖三千幢房屋（给农业工人），而且要将这项工作和修飞机场或者战时工厂同等对待，尽量协调好它们和必需的战争需要的关系，并将它们置于合理的优先地位上，这么做，你觉得合适吗？这件事我们要是把它交给地方来做，因为不具备必需的强制权，他们免不了要因为这么一小批房子与所有开展战事工作的机构交换文件，白白浪费许多精力。我认为目前人们似乎已经被惊扰了，并且我们的信用正因为这么点儿小事受到损害。总之，我认为：要么就做好，要么就放弃。

首相致雅各布旅长   1943 年 6 月 22 日

　　请就的黎波里的海岸防御装备制表，比较一下战前推断的情况和现在装备的实际情况。在战事的推进过程中，我们因为接触频繁，对于的黎波里防御设施的情况，自然知道得更清楚。可是眼下我们正打算对一些新的且我们没接触过的地方进行攻击，战前的夸大或许会坏事。我想了解的重点就是这个。

首相致帝国总参谋长   1943 年 6 月 25 日

　　大家在提高每个步兵营的步枪数量上，有什么想法吗？之前大家已经答应的是增加三十六支，不过我的意思是增加七十二支。

首相致陆军大臣   1943 年 6 月 26 日

听说 7 月末可能有大批 0.300 英寸口径的子弹交货，我非常开心。按照这种情况，再加上当前的库存情况，我们可以再多给国民自卫军发一些子弹，马上进行操练，如此，今年夏天剩下的几个月，就能利用起来了。

首相致参谋长委员会   1943 年 6 月 30 日

我看到 5 月给北非之外战场的陆军和皇家空军送去的车辆，有百分之九十五都装在箱子里。这让人十分欣慰，对战斗努力也很有好处。

我深信，在其他战场上，你也会力争达到此种高标准。每个月让一定的装配厂动工，是真正的节省。

首相致制造大臣和贸易大臣   1943 年 6 月 30 日

皮革的供给情况，仍旧让我忧心。等新的供应启动后，商店若没再次爆发抢购热潮，你就安心了吧？维修皮鞋的状况，有什么措施能予以缓解吗？

考虑到民用那边情况危急，为了予以缓解，能从军用这边调一些皮鞋或者皮革过去吗？我留意到，一千四百万的平民皮鞋储备量还比不上二百五十万的陆军的。

你有长久之计吗？能不能和美国那边协商一下将来（比如十二个月）的全球供应情况？

首相致帝国总参谋长   1943 年 6 月 30 日

据我所知，今年冬天要动用七十五艘货轮把在北非的英军装备运回来。这或许表示他们将运回大多数的车辆。

考虑我们还得送大批车辆到北非，那么，如果撤回的师团将大多数车辆留在非洲，在英国取得新的车辆的话，我们是不是就不用在路上来回运送了？

7月

首相致伊斯梅将军，转参谋长委员会   1943 年 7 月 2 日

1. 和以往相比，北非各指挥部的忧虑消极之情好像更加浓重。计划参谋处要注意分析精神层面可能出现的状况，好在人事方面的状况比这好办一点。

2. 我们要先打响亚历山大和蒙哥马利所指挥的战事。战事的进展若非常顺利（或者一塌糊涂），接下来怎么做就能看得清清楚楚了。如果不这么做，我们就没办法在西西里赢得胜利，就更不用谈接下来如何了。

3. 我们不能被美国人影响，要让我们强悍的部队物尽其用。他们的参谋们为了向撒丁岛（的计划）靠拢，好像正竭力舍弃这一计划。我们一定要让他们坚定果敢，严禁露出胆怯之态。我坚信，为了让他们放弃这种躲闪怯懦的态度，三军参谋长将再次找联合参谋长委员会帮忙。

4. 总而言之，只要我们探明了西西里的状况，就一定要确保自己可以全权判断形势、发起攻击。

5. 这件事，我想在今天下午三点和你讨论。我不满意现在人们所持的态度。一定要果断地予以引导。

首相致彻韦尔勋爵   1943 年 7 月 3 日

人力问题

这个问题，请按对人力有需求的主要部门来划分，列出陆军、海军、

空军、飞机制造部等七八栏。它们原本的人数是多少，在1月交的总结里，想要的人数是多少？已经给了它们多少，目前总计多少？还需要多少？

我要拿到这个表格才能给出工作建议。

请于今晚将表格上交。

首相致枢密院长和爱德华·布瑞奇斯爵士　　　　　1943年7月3日

给农业工人盖房这件事，现在到底怎么样了？由谁主管建造，什么时候开工？工程和建筑大臣说，这件事眼下由他全权负责，情况是这样的吗？

首相致枢密院长　　　　　　　　　　　　　　　1943年7月5日

我在去年12月有关短期患病数量上升的备忘录，你或许还有印象，这个数字我是在政府保险统计师的统计报表里看见的。

这种上升的趋向在去年冬天一直不曾减退，让我有些担心。这个统计表显示，在我们所有的劳动力中，除了正常患病缺席外，还有不少缺席是多出来的；多出来的大部分缺席不是因为真的生病，而是因为厌战，那一样会对战争产生损害。

首相致陆军大臣　　　　　　　　　　　　　　　1943年7月5日

听说相比于1942年，你们对生橡胶的需求量变少了，与此同时，陆军在节省主要原料上也表现不俗，我非常高兴。由于陆军今年需要的车辆会更多，所以你们的成果让人欣慰。

首相致空军大臣和空军参谋长　　　　　　　　　1943年7月5日

鉴于敌方飞机轰炸的力度确实已经有所下降，我认为，以工厂开夜班来说，目前是时候再次考虑灯火管制之事了。

为了加快执行飞机制造计划，我们需要在所有层面节省劳动力，所以绝对应该让晚班脱离灯火管制的制约。

我希望空军部承诺，不在这种影响生产的举措上坚持己见。

首相致经济作战大臣　　　　　　　　　　　　1943 年 7 月 5 日

对于法国的局势，我和你有着不同的看法，你建议的出发点过于狭隘，由此得出的终结性概况我也不赞成。（法国）解放委员会的行为若能得到英美政府的信赖，我们当然可以把为法国抵抗运动提供经费的工作交给委员会来做。我们来往的对象应该是委员会，而非戴高乐将军。现在我们正尽量扶持委员会的整体实力，而不是个人实力，并且尽量让文职工作者有更大的影响力。

首相致爱德华·布瑞奇斯爵士　　　　　　　　1943 年 7 月 11 日

1. 对于基本英语①之事，我非常关心。对我们来说，基本英语的大面积使用是有益的，和夺取几个大省相比，这种益处更加深远、更加长久。传播基本英语，让这种语言变成英语国家更强大的武器，这也符合我希望同美国建立更紧密的关系的想法。

2. 我预备明天将这个问题提交给战时内阁，好建立一个由大臣们组成的委员会发起讨论，若反响不错，我打算针对怎样展开工作一事给出建议。新闻大臣、殖民地事务大臣、教育大臣或者代表外交部的劳先生好像都适合。

3. 我预备让英国广播电台把基本英语教学加进自己每日的宣传工

---

① 基本英语，一种人造语言，始于英语的一种简化版，创造者是查尔斯·凯·奥格登。——译注

作中，并对这种交流思想的方法予以广泛的大力推广。

4.对于这个委员会，你有什么看法，请将此事放到明天的会议议程里。

首相致外交大臣   1943 年 7 月 11 日

1.在彼得国王结婚这件事上，我们应当回想一下那些最原始的准则。尚武的欧洲，其所有习俗都趋向"战争的婚礼"，即最妥当的就是年轻的国王和一位十分相配的公主在战争的前夜成婚。如此，他或许就能让他的王国代代相传，并且不管怎样，也有机会来实现最卑贱的人也有权实现的那些原始的本能。

2.还有一种论调和这个方针相悖，我认为它不是出自崇尚武力的欧洲民族。按照这种论调，不管是谁，塞尔维亚人的规范都反对在战争时期成婚。这种话乍一听是想饶恕男女苟合。还有一群被赶出南斯拉夫的官员，因为想要获得流亡政府里徒有虚名的官位而彼此排挤。一部分官员支持结婚，一部分不支持。国王和公主态度坚定，愿意结婚，在我看来，在这场争执里，除了他们二人，任何人的意见我们都不必关注。

3.外交部应当开门见山地阐述看法，而不是抱着十八世纪的政治。让我们来告诉国王和他的大臣们，我们认为应当举办婚礼，并且国王若能不辜负他摇摇欲坠的王位，我们可以将剩余的所有权力都给他。

4.再多说一句：为了上述这些准则，我打算在下院，在大不列颠，或者在美国一切民主的讲台前，行动起来；在我看来，战时内阁或许能陈述自己的看法。我们可以摆脱二十世纪卑下放纵的生活，回到路易十四时期的文明生活里。我们正在为自由和民主奋战，不是吗？你若是想让我和国王见面，我会劝他去最近的办事处登记。那又有什么不可以呢？

拨给澳大利亚的飞机

在守卫澳大利亚和太平洋战争上，我们是应当发挥效力的，这对英国自治领和英帝国的将来都有极为深远的意义。从这个论点来说，我们派去的那支皇家空军中队所发挥的效力远远超过了这个作战单元应有的程度。澳大利亚派到我们这儿的八千一百名飞行员，包含了他们最出色的飞行员，并且在帝国培训计划中做出了极大的贡献。上述这些实情显示，在空军上，他们帮了我们很大的忙。

2. 这只是单纯的"喷火"式战斗机或者其他战斗机的问题吗？不，还涉及英国空军中队能不能将皇家空军气魄完全展现出来。所以今年我打算派三个"喷火"式战斗机中队去澳大利亚，并且说服美国人将他们原计划送去澳大利亚的战斗机送来我们这儿。我认为，这些事我是能够完美地对罗斯福总统解说明白的。不过请你注意，我没打算让澳大利亚的飞行员操作英国的飞机，我是要将完全由英国人组成的空军作战单元派过去。你们前一次的表格告诉我，相比于能够服役的战斗机，你们的战斗机飞行员的实际人数多了九百四十五人，所以我预备在这些飞行员里抽四五十人出来，应该没问题吧？我有责任让帝国和辽阔的澳洲大陆——有六百万来自相同种族，说着同种语言的人在那里生活——保持良好的关系。

3. 你的看法和建议如何，望告知。

（即日办理）

1. 现在是时候将波兰部队从波斯调去地中海战场了。从政治意义上讲，这极其妥当。因为战斗能让这些人在一定程度上忘记自己的惨事，所以他们愿意参战。应该把整支部队从波斯调去塞得港和亚历山大港。我的目的是将他们用在意大利战场。

2. 在调集一切力量和意大利战斗上，我们有五个月的时间可用。请制作一份英国指挥的（盟国的）、能够调动的部队名录。——这些部队一定是还没在西西里承担战斗任务，又能切实进行战斗的部队。

首相致第一海务大臣 1943 年 7 月 13 日

获悉"约克公爵夫人"运输舰队被消灭，我非常吃惊。大概十天前，地中海总司令发了一份警报过来，让我们小心这条离西班牙海岸过近的航线，航线上的空袭险情"无法承受"（如果我没记错，他用的是这个词），请把这份报告拿给我。战斗伤亡的数字已经填满了我们的月报表，而这些大型船舰的覆没，又给这个报表增加了让人心惊的内容。我想知道，要躲开此种空袭，以后应当采取什么措施。当然，免不了要让舰队避开"福克乌尔夫"式轰炸机的航行范围。

2. 我听说"费里港"号在圣文森特角西边遇袭。飞机从哪儿飞过来的？这艘船驶离港口多远？倘若敌方飞机能够追上它，那在直布罗陀驻守的空军为什么保护不了它？

首相致爱德华·布瑞奇斯爵士 1943 年 7 月 14 日

近期不少负责公共关系的大臣被爆出丑闻，需要对整个机构进行彻查，并大刀阔斧地进行整改。对于如何展开，你有什么建议。看上去应该建立一个小型的内阁小组委员会，并赋予相应的权限，以解决此事。

（即日办理）

首相致陆军大臣和帝国总参谋长　　　　　　　　1943 年 7 月 16 日

　　1.帝国总参谋长同我说，我们的一支素质出众、阅历丰富并历经数年磨炼的第一装甲师正在看押战俘，这让我非常忧心。倘若只是一种应急行为（比如，一个月的时间），那还能够接受。现在，请马上终止此种情况。看押战俘的工作，应该交给从我国或者尼罗河三角洲调去北非的、没在师的体制内的一些（起码有一万人的）步枪部队去做。莱瑟斯勋爵应当把运送这种部队出国当作有很高优先地位的任务。

　　2.必须尽快再次将第一装甲师及其车辆整顿好，让它有足够的实力。为了重塑它的战斗力，要及早对其进行应有的训练。请制订好计划和进度表交给我。据我所知，艾森豪威尔将军已经接到了帝国总参谋长的抗议。请告诉我，事件的过程和回复到底怎样。

　　3.相近的情形，还有哪些部队遇到了？有关西北非、中东的各个师和独立旅的情况，请交一份名录给我，介绍每支队伍当前的状况和它负责的工作。南非师状况如何？第二百零一警卫旅情形怎样？第七装甲师在何处？第四印度师在哪儿？新西兰师已经按原计划整编了吗？波兰师开赴叙利亚的事，走到哪一步了？这些师的完整程度如何？装备情况怎样？

首相致空军参谋长　　　　　　　　　　　　　　1943 年 7 月 16 日

　　一千七百三十二架应战的飞机，或者说，总计一千九百六十六架初步编组的飞机，（战斗机司令部）为什么给它们配两千九百四十六名作战人员，我还是无法理解。

　　看看轰炸机指挥部的数字吧，差别多大：它担负的工作远比战斗机指挥部繁重，可是一千零七十二架初步编组的飞机，它准备的飞行员只有一千三百五十三人，而一千零三十九架作战飞机，它准备的作战人员，只有一千零九十五人。

轰炸机指挥部受到的冲击远比战斗机指挥部大，可是后者却剩了那么多飞行员。在地勤人员中，这种人员多余的情况又是怎样的？

首相致枢密院长　　　　　　　　　　　　　　　1943 年 7 月 17 日

我之前和温特顿勋爵说，针对给农业工人盖房之事，我会再写一封信给他。可是现在，我认为，一封信或许说不明白，最好能更细致地跟他解释一下这件事，所以，最好你能亲自过去和温特顿勋爵聊聊。①

（即日办理）

首相致帝国总参谋长　　　　　　　　　　　　　1943 年 7 月 19 日

1. 周六我考察了驻守在多佛尔的部队，对于它的实力，我有点儿担心。驻扎在多佛尔的兵力只有一个营，另一个营在圣玛格丽特驻守。这两个营能在若干小时之内得到一个旅的支援。当然，还有不少部队在其身后更远一点儿的地方。

2. 德国人入侵这种事，当然可能性不大。可是，我曾经问斯韦恩将军，要是哪天晚上，三四千和我们的突击队类似的纳粹前锋队越过海峡，冲过来，要如何应对。他那时给我的答案，并不能让我十分安心。他说，他们当然可以登陆，可是很快就会遭到驱逐。他还着重声明，接到警报需要的时间极短。这并不能让人感到满意。多佛尔离敌人太近，等收到雷达信号，敌人最晚不过半个小时就会有行动。在我看来，

---

① 7 月 3 日发给枢密院长的备忘录可见。——原注

敌人未必就没有试一试的胆量，只要他们切实攻占了部分多佛尔，就算只有三四个小时，也是一大战果。这给公共舆论带来的影响会比"沙恩霍斯特"号和"格奈森诺"号事件带来的糟糕十倍。

3.就算是多佛尔这种沿海防御重地，我也极不赞成布置太多部队在那儿，可是我觉得我们已经走过头了，到了另外一个极端，把自己放在了极容易陷入最大窘迫的受辱之地。在多佛尔海岸的防御工事或者堡垒中驻守的兵力，我以为应该起码再加一个旅，只要德国试图登陆，就马上发起攻击。我们用的军队若是太少，以致敌人将那些珍贵的大炮炸掉几门，我们这些人看上去不就太没用了吗？

这件事，请再研究一下。

首相致陆军大臣及新闻大臣　　　　　　　　　　　　1943 年 7 月 19 日

1.遇上关于军人调职的某些难题时，务必谨记不要损害或者放松相关制度。不过，对于那些对公事有利的转业，相关大臣可以借助职权，权宜行事，把那些做文官或许比做武将对我们的战斗更有用的高级将领，当作个别情况处理。在相关大臣动用职权权宜行事时，他务必想到此种情况：在陆军中只有很少的人是切实参战的，在通常情况下，将文官调任为武将，所代表的只不过是从一个非战斗人员变成另一个非战斗人员。

2.这种事情，相关的各个大臣要通过个人的部署予以解决，别让事情从小事发展到那种地步——引发部和部矛盾，或者我不插手就解决不了。

首相致新闻大臣　　　　　　　　　　　　　　　　1943 年 7 月 19 日

1.《分化与征服》和《不列颠战役》这两部美国陆军电影，昨天我又看了一遍。在我看来，我国可见的宣传品中，再没有比这更出色的了。另外，从这两部电影中，人们可以知道1940年发生了什么事，那时对这些事知之甚详的人不多，并且人们也已经慢慢地忘了这些事。我以为这两部电影应该尽可能多放映几次。让我们的电影院放这些电影难度大吗？你大概想和他们做出哪些协定？要是有人图谋垄断电影界，坚持不肯放映，你马上同我说。如果有需要，我将诉诸法律。

2. 眼下，另外四部电影在哪儿呢？四部电影，有两部电影的名字之前一定已经说过。我想看这些电影，怎么这么久都看不到？电影公司在私下阻挠吗？告诉我，后两部电影情形如何。是什么影响了它们的发行？

3. 你或许清楚，我是极愿意做一个简洁的演讲，一方面对这几部电影进行介绍，另一方面称颂美国人的态度。不过，我打算先看一下另外两部电影。我非常关注这件事，望你尽快处理。

首相致空军参谋长   1943年7月21日

石油大臣的这个建议，我准备接受。我非常重视建立充足的、专门针对大雾天气的机场。这件事，我期望可以完全做到。

首相致海军大臣   1943年7月23日

海军航空兵部队里的四万五千名将士（军官四千多名），在4月30日之前的三个月中，只有三十人牺牲、失踪或者被抓，这个实情发人深省。我自然为他们的伤亡少而感到高兴，可是这个实情，也清晰地显露出他们和敌人交火的次数很少，由此引发了海军航空兵部队整体规模之事。海军航空兵部队跟我们要了这么多的人和飞机，我就必须详细追问它在同敌人的战斗中发挥的切实效果如何，尽管这个工作不讨喜。我清楚，航空兵部队士兵得到的战斗机会少，这怪不得他们，并且上边说的那段时间或许是特殊情况。可是，只说和敌人切实交锋这一点，这么多最有战斗力的精英，我们必须让他们人尽其用。

以上问题，请你认真想想，很快我会再次追问这件事。

首相致伊斯梅将军，转参谋长委员会　　　　　　　　1943 年 7 月 24 日

1. 不妨看看缅甸战场的难题是怎么越变越多，又要消耗多大的力量才能赢得这些不实用的战利品吧。在陈述自己的需求和必须解决的难题时，这个战场上的指挥官好像一个比一个夸张。

2. 这一切情况证明，我们急需选定一个指挥官。我仍旧相信，要找一个果断而精干的将领来担任这个指挥官，他要精力旺盛，且拥有最新的战斗经验。我相信奥利维尔·利斯将军就是这种人。等西西里的仗打完，应当让他马上回国商议这件事。我觉得应该把在缅甸战斗的部队交给温盖特统领。此人有天赋、有胆量，每个人都能一眼看出他非同一般。"缅甸的科莱弗"这个名号已广为人知。没用和涣散是印度战场的特征，现在这个战场正处于混乱之中，毫无疑问，这个人的胆识和成绩能让他脱颖而出，至于我们，怎么能让一个真正的勇者因为资历问题而无法在战争中赢得本该为他所有的地位呢？他也应该尽快回国参与协商。

首相致伊斯梅将军，转参谋长委员会　　　　　　　　1943 年 7 月 23 日

请看看我们的人在苏联北方受到迫害的那些电报。想解决这种事情，方法只有一个：不和苏联当局说长道短，大张旗鼓地筹备，摆出撤离我们所有人员的架势。请针对这点，制定一个方案。那里的苏联人见我们要走，会马上通知莫斯科，并且他们自然会意识到，我方人员撤走代表着北极运输舰队的终结。不这样做，他们是不会清醒的。他们要是仍未清醒，这件事只会造成争端，所以我们还是尽早离开的好。经验证明，和苏联人争辩是不值得的。我们只要把新的状况摆在

他们眼前，看他们怎么应对就行了。

首相致帝国总参谋长　　　　　　　　　　　　　　1943 年 7 月 25 日

　　非常感谢你对多佛尔守军的再次审查。你说的重要部队，我之前
没算入其中。你确定这一切军力，尤其是皇家海军和空军已经全都部
署好，可以在收到通知后以最高的效力展开行动吗？当然，敌人只会
在晚上发起攻击。

　　我料想的情形是：或许会让两千名冲锋兵骑摩托或坐快艇渡过海
峡，发动攻击和抢劫兼顾的突袭。你若是确定这种事不会发生，觉得
悬崖无法攀越，能够登陆的地方和要塞均有重兵把守，我就安心了。[①]

首相致伊斯梅将军，转参谋长委员会　　　　　　　1943 年 7 月 26 日

　　1. 让一个年富力强、受过战争磨炼的军人来出任缅甸战场的最高
统帅，并对这条阵线的全部战斗事宜进行重新审核，好提高作战的斗
志和胆量，确实是一件重要且紧迫的事。

　　2. 我想参谋长委员会已经完全了解了，以当前的情形看，采取以
下行动是多么愚蠢：从地中海战场寻觅宝贵的人员、物资，来攻打阿
恰布港这个在全部缅甸战场中小得不值一提地方；何况敌军正将这个
口岸布置成直布罗陀一样的堡垒，能调来一个整师的日本援兵。想要
达成这个目标，以及现在总算放弃了想要随后攻打仰光的目标，1944
年全年我们都必然得占用我们在孟加拉湾能够调用的所有两栖兵团。
就算攻向兰里岛，也得等到 1944 年雨季之后才有希望。一个国家在海
军、空军上拥有绝对优势，却用这种办法战斗，实在太愚蠢了。如此
挥霍精力，特别是挥霍时间的行为，我自然不会接受。

---

　　①　7 月 19 日发给帝国总参谋长的备忘录可见。——原注

3. 在 1944 年，正确的战斗方针应该是：

（1）尽可能地为中国提供空军支援；完善航线、守卫机场。

（2）为了让日军承受最大压力，发起温盖特将军在阿萨姆施行的那种战斗，并在一切能和日军在陆地战斗的（其他）地方交战。

（3）在雨季不会对战事造成影响而我们的海军又能完全发挥效力的地方，大规模推进目前被叫作"第二安纳吉姆"战斗计划的两栖战。现在参谋们应当专心致志、当机立断、细致入微地对此事展开讨论。

4. 为了在魁北克会议开会以前，弄清他们到底是怎么想的，现在必须将这件事提交国防委员会。

首相致贸易大臣　　　　　　　　　　　　　　　　1943 年 7 月 26 日

听闻虽然已从民用中抽了一部分纸牌出来作为支援，可是眼下供应给军队和产业工人的纸牌还是不够用。在军队空闲时，还有在偏僻的地方长时间等候命令而觉得无聊时，在水兵们一连几个月待在战舰上时，最重要的事就是给他们提供娱乐用品；而纸牌则是所有娱乐用品中，最方便、最易携带，也最耐用的一种。

针对这件事，请交一份报告给我，告诉我你准备怎么解决这种不足。生产十几万副纸牌对我们所耗费的人员、物资而言，根本是九牛一毛。

首相致陆军大臣（已阅）及帝国总参谋长　　　　1943 年 7 月 26 日

1. 为了不让艾森豪威尔觉得，我是因为你们的催促才这么做的，我觉得我还是不要以个人的名义给他发电报说第一装甲师的状况了。不过，由于我坚持要让这支精兵拥有最强的战斗效力和最好的装备，所以你们若是马上坚决地行动起来，我不反对给他发私人电报。倘若我们想及早夺取意大利辽阔的土地，特别是我们若想把我们的战线拓宽到意大利北部和波河流域，这支部队对我们就更有用了。

2. 因此，我希望你们和艾森豪威尔将军说，我非常重视这件事，想和他尽快将此事处理好。

3. 另外，请就如何重新武装此师，写一份方案给我，之后，每两周交一份报告，告诉我让这个师在所有层面都适合作战的工作的进度。[①]

首相致农业大臣　　　　　　　　　　　　　　　　1943 年 7 月 30 日

请交一份简洁的报告给我，说明草料和谷物的收获情况。

首相致普赖斯上校　　　　　　　　　　　　　　　1943 年 7 月 31 日

在我看来，现在将1948年设想成和日本战斗终结的年份并不合适。我们可以在魁北克会议上，或许去魁北克的路上就此事展开讨论……在我们得出此种结论前，我们很明显必须得先看看海军部拟定的长期战斗计划。

首相致飞机制造大臣　　　　　　　　　　　　　　1943 年 7 月 31 日

你觉得我们在较短的时间内制造出喷气式飞机的希望非常渺茫，这让我感到忧心。据我所知，力量不集中的情况非常严重，就算飞机外壳，这种完全不应该有难度的配件，都没办法及时完成。

检查一下那些好像正在进行研究的种类繁多的引擎，把力量聚焦在有机会马上投产的两三种类型上，不是很好吗？目前关于德国喷气式飞机情况的报告有不少，我们千万不能落后。

---

① 参见 7 月 16 日致陆军大臣的备忘录。——原注

8月

首相致贸易大臣 1943 年 8 月 1 日

1. 你有关纸牌短缺之事的来信①，已经收到，非常感谢。在以往的十二个月里卖出去的一百三十万副之外，其余的一百九十五万副是怎么处理的？

2. 以将来的十二个月算，需求量好像离二百万副还有很远的距离，按照这个需求量，你提议生产二百二十五万副。多生产一百万副纸牌要多用二十名工人，多用几百吨纸，我非常愿意帮你拿到它们，可是在这之前我首先得知道，剩下的那一百九十五万副纸牌在之前的十二个月里是怎么处理的。其次，你觉得"放在手里以备不时之需"应该储备多少合适？要让大家在用纸牌时，马上就能买到，这非常重要，尽管应当优先给士兵提供，可是普通工人也一样要用。

首相致第一海务大臣 1943 年 8 月 1 日

1. 我已经同罗斯福总统提议，在魁北克开会期间，我们的反潜艇战的月报从海德公园公布。这表示发布时间是 13 日到 14 日，而非 10 日。

2. 此次，我非常希望对德国人的期望予以重创。我准备劝总统答应如下各点：

（1）船舰损失率，1942 年上半年为 1.6；1942 年下半年为 0.8；1943 年上半年为 0.4。

（2）据说德国潜艇在 5 月、6 月、7 月三个月的九十二天里，除了有许多被击坏的以外，被击沉的有八十七艘（或其他数字）。

（3）相比于 6 月，7 月盟国损失了更多的商船，这个月创造了最高纪录。不过若是和 1942 年 1 月到 1943 年 6 月末的平均数字相比，或者

---

① 参见 7 月 16 日致贸易大臣的备忘录。——原注

和 1943 年 1 月到 1943 年 6 月末的平均数字相比（随便哪个都行），损失数量就小很多了。在夺取西西里岛的战事中，损失大体在七万吨以下。

（4）美国、英国和加拿大今年（截至 7 月末）新生产的船舰，比盟国船舰的总耗失量多（比如说）三百万吨以上——在多出来的真实数量后取那个最接近的百万数字。

为了能让我和罗斯福总统就整体问题展开讨论，这几点，请一定在我们动身前予以考虑。

另外，英国打沉了多少德国潜艇？

首相致伊斯梅将军　　　　　　　　　　　　　　　　1943 年 8 月 2 日
所有密码代号一定要先经我过目后才能批准。

首相致帝国总参谋长　　　　　　　　　　　　　　　1943 年 8 月 2 日
艾森豪威尔将军发来的有关解除第一装甲师防守工作的电报，已经收到。

1. 对于看押战俘的人的进一步需求，你打算怎么满足，望告知（关于船舰之事，可以和莱瑟斯勋爵协商）。[①]

2. 参加"哈斯基"战斗计划的装甲部队总共也没多少，为了供应它，就必须调走中东地区所有其他装甲部队的装备，为什么，我理解不了。我希望知道在非洲驻守的各个军队到底有多少坦克，此外，我要是没记错，在上次的坦克汇报里，曾经写明中东指挥部有近三千辆坦克。

3. 为了及早让第一装甲师再次装备起来，我们应该当机立断地从国内抽调"谢尔曼"式坦克，马上派专门的船舰运过去。

4. 另外，请交一份统计表给我，对大不列颠现存的坦克数目、可

---

① 参见 7 月 16 日和 26 日的备忘录。——原注

望从美国得到的坦克数目，还有能够在未来三个月的供给中得到的坦克数目进行说明。

首相致帝国总参谋长 　　　　　　　　　　　　　　1943 年 8 月 2 日

　　我们陆军中这几支一流的部队，我希望你可以担保它们不会在不了解内情的人们的调遣下，成为不值一提的部队；为了组建这几支部队，我们费了很大的力气。

　　我们在中东搜罗了大批一应俱全的坦克，人员也是东拼西凑出来的，可之前驻守在那儿的，却是组织完备、阅历丰富的装甲师和装甲旅。

　　应该克服所有难题，将这些部队重新组织起来。

首相致枢密院长 　　　　　　　　　　　　　　　　1943 年 8 月 2 日

　　对于你付出的所有努力，我非常感激，也期待你深入调查陆军时事报道局。

　　应当竭尽所能不让这种行为花掉太多的时间、金钱和武装人员。这种行动本身固然非常不错，可是整个武装机器的运转，不能因为它们受到不良影响，非战斗人员原本就多，不能因为它们变得更多。最关键的是：一切适合战斗的人都不能加入这个组织，而且要将戒心提到最高，及时矫正这种组织自动扩张和增加人员的倾向。

首相致飞机制造大臣 　　　　　　　　　　　　　　1943 年 8 月 3 日

　　发动机产量的下降，让人忧心。这是由于这个季节正好是假期，这我非常明白，可是，和去年相比，今年新产品的出产量的下降幅度好像更大一些。

首相致副首相　　　　　　　　　　　　　　　1943 年 8 月 6 日

　　1.战斗机中队飞行员数量远比战斗飞机多这件事，的确应该让你负责的空军编制委员会调查一下。[①] 在这些战斗机中队里，他们给一千七百二十五架飞机准备了三千零三十八名飞行员。给出的理由是：飞行员一定要时常处在听命状态中，没有一时一刻不是准备飞行的，可是这种理由只有在某些地方、某种情形下才成立。战斗机从不列颠战役到现在，从未受到重创。我认为，这里好像能省出不少人。人们忍不住会问，这种浪费是不是存在于所有方面。轰炸机指挥部打的仗更多，战斗更加凶猛紧张，可是他们却没多出那么多人。空军海防总队所拥有的额外的飞行员尤其多。可是巡逻线这么长，的确要有大批飞机才行，而没有双倍的飞行员，或许真的无法达成需求。我再说一次，这种情况在战斗机上并不适用。

　　2.还有一点值得讨论，即"旋风"式和"喷火"式飞机储存在塔科拉迪的事。按照最新统计——这个地方 7 月 30 日有飞机一百八十三架，其中"喷火"式飞机四十三架。考虑当前途经地中海的一条还算不错的航线已经打通，而这条航线又有暂时停用的趋势，我们应当认真考察这条航线的人员配备，并认真检查除了中东的所有坦克的储备外，塔科拉迪还保存着大量珍贵的飞机的这种习惯性行为。

首相致外交大臣　　　　　　　　　　　　　　1943 年 8 月 6 日

　　1.在我看来，土耳其眼下重整军备的尺度完全没到让苏联忧心的程度。苏联的力量过于强大，我们在土耳其部队里进行的不值一提的改善，还不至于（我认为也不会）让他们担心。

　　2.毫无疑问，土耳其使巴尔干局势恶化，又完全不在帮苏联战胜

---

　　①　参见 7 月 16 日发给空军参谋长的备忘录。——原注

德国上出力，才是苏联烦恼的问题。

3. 可是，达达尼尔海峡和博斯普鲁斯海峡目前的情况，明显不会让苏联人满足，并且我相信他们还记得，在前一次大战刚开始时提议将君士坦丁堡交给他们的人，是我们。土耳其想获得最稳妥的安全保障办法只有一个，即积极地与联合国家建立关系。为了轰炸普洛耶什蒂，并渐渐在达达尼尔海峡、博斯普鲁斯海峡和黑海掌握主动权，我们或许很快就会对土耳其提出要求：由我们的空军中队和一些其他部队为他们提供保护。我们要先弄清土耳其会如何应对，才能获得不错的和苏联认真探讨土耳其问题的基础。

首相致伊斯梅将军   1943 年 8 月 8 日

1. 附件上有很多名称不合适，被我划掉了。不应该给那些或许会牺牲很多人的战斗计划，起那种带有感情色彩——装腔作势或者自以为是——的名字，比如"凯旋"，或是相反，特意用那些让战斗计划带有忧郁消沉意味的词，比如"灾祸""杀戮""失序""磨难""动荡""脆弱""凄惨"和"黄疸"等。那种轻浮的名词也不适合做代号，比如"拥抱舞""混账话""开胃药"和"大吹大擂"等。经常在其他地方出现的一般词汇也要避免使用，比如"洪水""平坦""突然""顶级""全力""全速"等。不要用还在世的大臣或者指挥官这样的活人的名字做代号，比如"布雷肯"。

2. 总而言之，世界如此辽阔，而聪慧的头脑能够迅速想出很多威风的名字，不仅不会提示战斗性质，也完全没有贬低的含义，除此，还不会让某些寡妇或者母亲说：她的丈夫或儿子牺牲于一场名为"拥抱舞"或"大吹大擂"的战争。

3. 用专有名词做代号没什么问题。只要不违反上述原则，古代英雄、希腊和罗马神话里的人、星座和星星的名字、著名的赛马、英国和美国战斗英雄的名字都能用。当然，其他方面的主题也可以考虑。

4. 此事从头到尾都该谨小慎微。一个政府办事效力如何，能不能有成绩，除了在大事上能够体现出来，在小事上也能体现。[①]

首相致伊斯梅将军，转参谋长委员会　　　　　　　　　1943 年 8 月 10 日

请参看这份电报[②]。我们觉得使用突击队没什么问题。事实上，突击队是最精锐的正规军，而且除了这支军队，我们今年也无法派其他军队去巴尔干半岛了。敌人若是请求投降，谈判当然可以让派过去的英国将领和外交官陪同突击队一起出席。要让中东战区各指挥官放弃因循守旧的心态。

首相致制造大臣及军需大臣　　　　　　　　　　　　　1943 年 8 月 11 日

在 7 月 31 日前的一周里，居然只生产出三十九辆坦克，产量低到这种地步，实在让人震惊。我认为把暑假当作理由，理由是不充分的，我希望你能交一份详尽的报告给我。和预期的数量比，这个数量是什么情况？达到你们的预期了吗？尤其是新型坦克。这件事会对我们接受美国坦克的决定造成严重影响，所以我必定追查到底。

首相致外交大臣　　　　　　　　　　　　　　　　　　1943 年 8 月 14 日

所有这些事都是真的，不过最好始终按兵不动。里宾特洛甫被巴本之取代这件事意义重大，或许会导致纳粹组织的进一步瓦解。我们用不着一直强调"无条件投降"，这会妨碍此种进程。在我们切实表

---

① 参见 8 月 2 日发给伊斯梅将军的备忘录。——原注

② 指中东防务委员会发来的电报，由于德国和意大利部队向他们投降的可能性很小，所以不赞成在多德卡尼斯群岛等地使用突击队。——原注

明会和哪位新人或者新政府建立联系之前，我们将明显处于优势地位。我们若是能做到，当然不会让他们抱在一起，变成一个坚实的、打到最后的组织，当然，就算真有这么一个组织，也于事无补。我猜你肯定赞成我的主张：德国渐渐支离破碎，当然代表着他们反抗力量的降低，如此，就能保住几十万英国人和美国人的性命。

首相致第一海务大臣   1943 年 8 月 15 日

希望你考虑一下，为了遏制好望角临近海域的海上联系，你能不能将你的船舰开去西蒙斯敦和基林蒂尼附近海域。直至反潜艇支援船舰（已经在路上了）抵达为止。我已经让莱瑟斯勋爵将覆没船舰和所有海上船舰的比例同我说了。再怎么讲，在一条控制严密、来往船只不多的航线上，损失十九艘船舰，都过于惨重了。

9 月

首相（在华盛顿）致罗纳德·坎贝尔爵士   1943 年 9 月 13 日

我已经根据你的意思拟定了如下电文，预备发给我国驻中东的众位大使。

不过在发电前，你可以私下问问哈里·霍普金斯先生，这件事由我插手是否合适。

"驻中东的英国众位领事应该告诉所有中东人，这些国家对战争付出的巨大努力，我们英国人是非常敬佩和珍视的，尽管这些国家所在的内地和大海有着遥远的距离，可是它们的力量我们所有的战线都感觉到了，并且它们正加快正义事业的进度。

"我真心期望我能去中东的某些大城市亲自告诉他们，对于大家正给予的巨大付出，我们英国人的感激是多么诚挚。"

首相致罗斯福总统　　　　　　　　　1943 年 9 月 13 日

民航问题

1.我曾经同你说，我们计划在伦敦或者加拿大举办联邦预备大会这件事，我已经向我们的政府报备过了。这个会议的目标仅仅是为了将来和美国政府协商，而对我们英联邦自己的看法进行概括，并指明已得到了你的同意。

2.我说，我们建议举办的国际会谈，你觉得可以等即将召开的英、美、苏三国会议协商后，再来确定。

3.我说，你的最初建议包含如下各条：

（1）应该认可私人所有权。

（2）可以以互惠互利为基础，让世界共用关键地区。

（3）应该让内陆公司经营内陆航线。

（4）对于一些无法盈利的航线，或许得让政府按照国际协定提供扶持。

首相致枢密院长　　　　　　　　　　1943 年 9 月 16 日

1. 7 月 29 日艾森豪威尔将军在广播里罗列的条例，并没有成为意大利人行事的准则，如此一来，我倒觉得我们可以放开手脚了。之前有关扩大押运意大利战俘的计划，我们应该继续施行，我们俘虏的大批敌人眼下在哪儿？仅韦维尔将军俘获的战俘就有二十五万多人。想把停战之后抓获的战俘运到英国，难度较大，在不少场合，这些人曾经帮助过我们，或者投降之前完全没进行过反抗。但是，我们能够调动的人更多了，而相比于在印度或者南非的任务，在英国本土的任务更关键。目前应该有些船舰要从印度回国了吧？陆军部应该告诉我们一切由我们负责的意大利俘虏所处的具体地址（不论他们所在何处）。

2. 由于我们能在很多地方帮到巴多格里奥政府，所以有关深入为我们供应意大利劳动力的事，我们无疑能和它进行部署。等意大利政府同意为我们提供更多劳动力之后，我觉得我们在当前的基础上提高在大不列颠的意大利俘虏的地位，改为"民间工兵队中的在押人员"一类的身份，没有任何问题。我的确想在1944年再运送十万意大利人到英国做劳工。

首相致海军大臣及海军副参谋长　　　　　　　　　1943 年 9 月 26 日

为了能让被敌方反潜艇舰攻击的我方水下的潜艇自保，我们正在给我方的潜艇装备音响，以引爆鱼雷，这件事进度如何了？

首相致粮食大臣及军事运输大臣　　　　　　　　　1943 年 9 月 27 日

自北非返航船舶的船舱是空的，我认为我们的确应当加以利用，将地中海地区的橘子和柠檬运回国内。你们协商过后，请写信把目前的进度和日后的可能性告诉我。

首相致海军大臣　　　　　　　　　　　　　　　　1943 年 9 月 27 日

为了让彻韦尔勋爵能将各个方面的进展及时告诉我，请想办法及时将德国滑翔炸弹和混淆设备的进展情况告诉他。

首相致军事运输大臣　　　　　　　　　　　　　　1943 年 9 月 29 日

务必要减少排队等公共汽车的现象，为工人回家提供较为方便的交通环境，尤其是伦敦。想要做到此事难度应该不大，毕竟燃油供给的情况已经得到了极大的改善。一定要就在冬天到来之前及时采取紧急行动提出建言。你应当尽量把晚上的车辆上调百分之二十五。如果人们在回到家以前就耗尽了所有力气，那还有什么战时效率可谈呢。

首相致帝国总参谋长　　　　　　　　　　　　　　1943 年 9 月 30 日

　　请向我提交塞浦路斯岛现有驻军的人数简表。我们要想兵不血刃地进驻希腊，这个岛应该凑够七八千守军。我们的目标只是在政治上支持重掌大权的合法政府，而非夺取希腊。

首相致贸易大臣及粮食大臣　　　　　　　　　　　1943 年 9 月 30 日

　　看上去非常明显，等欧洲解放，不少关键性的食物都会在全球范围内出现短缺。我怕还没等内阁就整件事展开讨论，就必须担负起计算救援数量的任务，我们自己的供给将受到对外救助的影响。

　　针对这件事，请及早交一份报告给我。

10 月

首相致蒙巴顿海军上将及伊斯梅将军，转参谋长委员会

　　　　　　　　　　　　　　　　　　　　　1943 年 10 月 2 日

　　在我看来，这份特殊命令的草稿，蒙巴顿海军上将在去自己的军队考察时，将其作为讲话内容非常合适，不过，我认为现阶段将这份文件公之于众就不合适了。这么做只会给这个战场吸引更多日军进来。起码在三个月内，严禁传播有关这个战场的一切信息这点，我相信再怎么强调也不为过。若想把这个训令通报给军队的任意一个部分，那必须对新闻进行最严格的审查，以防它出现在印度报纸，或者全球任意其他报纸上。下次我在下院发言时，我会用这种言论来讨论东南亚战场：

　　"天气状况、饥饿和水灾已经严重影响了这个战场的一切可能性。新的总指挥得去现场考察全局，并考察他负责的广阔地区的众多地方。要拿出更多的时间进行军队训练。若是觉得任命了新的总指挥，又对

指挥部进行了全面整顿，就能发起大型进攻了，那未免过于鲁钝。"

这的确是最好的度过未来三四个月的办法。不过这绝对不应该影响到蒙巴顿海军上将以考察指挥部设立在各处的基地的形式来振奋军心，或者以将要来临的神圣的日子去鼓舞将士，然而，给整个世界和敌人的感觉，却应该是正好相反的。

> 种田人，播种忙，
>
> 种子悄悄土里藏，
>
> 忍而不发几个月，
>
> 就见芽儿叶子长。

首相致印度事务大臣　　　　　　　　　　　　1943 年 10 月 3 日

基本英语

回国之后，有件事让我十分吃惊，就是我发现 1943 年 7 月 12 日组建的内阁委员会一次会都没开过。这份工作是你自己揽过去的，我也的确认为非常适合你。截至目前，工作进度如何，请你写份报告给我。

奥格登先生写信给我，提议派一个专门的调查员过去，他将用一周时间将有关基本英语的所有知识都交给这个人。我认为这个邀请我们应该接受，如此，你们的委员会就能尽快有个整体掌握基本英语的参谋了。由于斯大林元帅也对基本英语产生了兴趣，所以这件事已经成为极重要的事情。你若是觉得忙不过来，这个委员会我可以亲自负责，不过，我仍旧希望交给你办。[①]

---

① 参见 7 月 11 日致爱德华·布瑞奇斯爵士的备忘录。——原注

首相致海军大臣   1943 年 10 月 4 日

　　因为彻韦尔勋爵能够以非常简明的语言对我进行说明，所以请你
交代他就感音自动追踪鱼雷写一份简洁的报告给我。

首相致军事运输大臣   1943 年 10 月 4 日

　　这艘两万四千吨的船（意大利商船"萨图尼亚"号），我们当然
应该扣下来，并且尽快让它航行于大西洋航线上，供"霸王"战斗计
划集结人力、物力之用。

首相致劳工与兵役大臣   1943 年 10 月 6 日

　　8 月，你不仅想办法适当提高了为飞机制造部工作的其他工厂的
工作量，还想办法给这个部门的工人队伍添加了一万七千八百名新人，
看到这个情况，我非常欣慰。你若能维持这个出色的成绩，我们就能
在年终完成 7 月 23 日所定的指标了。

首相致空军参谋长   1943 年 10 月 6 日

　　最近有迹象表明，德国人正在抓紧研发喷气式飞机，我们由此意
识到，为推进我们在这方面的工作进度，应该有必要施加最大压力。

首相致外交大臣   1943 年 10 月 6 日

　　我们应该记得，我们为什么用二十年协定来代替这个有关苏联西
部边界事宜的协定的签署，因为我们极为清楚地看见，在这件事上，
下院肯定有重大的意见分歧。我认为，这种不同见解，还会重新被提起，
甚至以更激烈的方式被提起。为了让自己的见解占上风，反对者将援
引一些重要准则来同我们进行对抗。

　　1. 若是在和会上提出这个问题，我们就能衡量全局，并且可以通

过对另一方面的修正来均衡这方面的变动。因此，应该将领土问题留到全面解决之后。美国的态度更是这样，尤其是选举年的时候。因此，如果我们打算在签署二十年协定以前把新的态度摆出来，那让美国先切实地摆明立场，就最好不过了。

2.我认为，我们应该竭尽全力劝波兰在东部边界上接受苏联的条件，作为交换，它将在东普鲁士和西里西亚那边得到好处。我们自然能答应苏联，我们是能在这件事上发挥一些作用的。

首相致空军参谋长   1943 年 10 月 7 日

驱 雾

彻韦尔勋爵同我说，他在格拉夫利曾经看见使用驱雾设施的情况。当时虽然不是在雾中，却也引起他极大的注意。尽管这种装备一分钟要烧掉几吨汽油，可是这点或许能够改善。以前，我们的飞机不敢晚上行动，因为担心遇上雾；要是有了这种装置，我们甚至完全不用开启喷燃器就能在晚上行动，这对我们的益处是非常大的。我们的轰炸机若不会在下雾天遭受损失，损耗几吨汽油也是值得的（好在目前我们有大量汽油储备）。

这种装置，我期望它可以按原本的速度继续推进，让八架驱雾机都能在 12 月投入使用。

首相致外交大臣及军事运输大臣   1943 年 10 月 7 日

今天报纸广泛引用了华盛顿方面发的有关盟国航运状况的报道，说起码有二百五十万美国人能在圣诞节前运到英国，攻击欧洲大陆的计划起码能提前六个月，为什么？据说，这种流言蜚语是美国参议院战争动员小组委员会散布的。

肯定有人会在下院开会时针对这件事向我发问。

首相致陆军大臣及帝国总参谋长　　　　　　　　1943 年 10 月 11 日

1. 以"师"为单位来统计盟国和敌国力量，造成了混乱。"师"是没有统一标准的。比如德国一个标准师的体系为两万人。在苏联战场上的德国师，人数的平均水准大致在七千或八千以内。几天前，我们曾经遇到过此种情况：一个德国师不到一千八百名步兵，且该师只有十八门大炮。和他们对战的苏联师的体系和力量又是什么样？请交一份罗马南边的德国师的统计表给我，罗列他们实际战斗的人数。你估计在意大利和北非的所有英国师，它的人力和大炮（算上反坦克炮和高射炮）的战斗实力如何？在意大利和非洲的美国师的力量，普遍被认为有多大？英国远征军一个师的力量——也就是切实派去海外每个作战单元的人数——有多少？

据说，一个英国师加上它的特种兵和运输线一共有四万两千人，可是，在派去国外时，多说大致也就一万五千人。听闻美国因为"霸王"战斗计划编成的师，一个师共计五万一千人，可是切实派到海外的师，一个师到底有多少人？

2. 应该就西方各个国家师团的战斗力量写一份报告，这种统计报告，我还期望它可以按照最可信的情报和推测，按月及时将情况反映出来。

3. 请你们尽全力针对英国在意大利驻守的部队写一份准确的分析报告给我，指明师的数量和每个师切实参战的人数，另外，再单独标明眼下在为多少在意大利登陆的英国军队提供给养。

首相致军事运输大臣　　　　　　　　　　　　1943 年 10 月 11 日

请就伦敦和其他大城市排队等公交的情况，写一份报告给我，并告诉我为了减少排队的情况，你预备采取哪些行动。[1]

---

① 参见 9 月 29 日和 10 月 16 日的备忘录。——原注

首相致制造大臣   1943 年 10 月 12 日

近日，针对英国军队和德国军队使用的高级炸药的性能，我让彻韦尔勋爵做了一个调查，并进行了对照。这里随电报附上他的初步报告。

参谋长委员会强烈要求我们不必等深入的实验结果，应当马上改为铝化炸药。我支持这个主张。请在下周告诉我这个改动将涉及哪些问题。

为什么我们的炸药问题会走到这一步，国防大臣应当按照自己的职责和权力展开调查。请举荐三名委员，并写清他们的资历。这件事的整个情况必须绝对保密。

首相致外交部、枢密院长及财政大臣   1943 年 10 月 13 日

史默兹元帅同我说，他在南非大概有意大利俘虏八万人，他非常愿意将他们中的很大一部分拨到英国来服务，按照他的说法可以拨过来四万人。

我认为此事非常重要，值得考虑。[①]

首相致雅各布准将   1943 年 10 月 16 日

针对埃及那二十四万一千名基地大军，请你写一份尽量详细的分析报告，务必不要拖延。眼下战役已经从中东移去了其他地方，大多数军队仍将西北非作为基地，那以上军队到底是谁的基地部队？我认为，需要非常认真地核查这二十四万一千人（其中十一万六千人是英国人），所以我建议针对此事建立一个特别委员会；不过，在这之前，请马上把眼下可以确定的事实报告给我。

---

① 参见 9 月 16 日致枢密院长的备忘录。——原注

首相致军事运输大臣   1943 年 10 月 16 日

排队等公共汽车的问题

我非常高兴，你正采取行动改进目前的状况。在伦敦旅客运输局辖区内，每天各路公交车一共行驶大概五百五十万次。仅就这一辖区来说，要是每天每次行驶慢一分钟，就表示一天有一万人的工作时间是九小时。[1]

过渡时期的计划   1943 年 10 月 23 日

1. 战时内阁在 10 月 21 日的大会上基本认可了我在 10 月 19 日的备忘录里提的原则，于是我开始发表另一份备忘录，指明应当依从哪些步骤，才能拟定好过渡时期的各项方案。

2. 第一步是逐条罗列一切必须采取的措施、必须制订的计划，还有应该预先计划和组建的行政上的部署。如此，在和德国结束对战时，整个国家都会看见，我们已经推测出了将会遇到的新的紧急情况，而且已经启动了必要的初步行动。

3. 为了这个目标，各部应当在 11 月 10 日前交一份报告给战时内阁秘书，列明：第一，在我们和德国结束对战行为之后的最近的一段时间里，预备采取什么行动，还有哪些必不可少的举措；第二，在过渡时期的剩余时间里，按照我们可以估计到的状况，预备采取什么行动，还有哪些必不可少的举措，而这些行动和举措要在我们战胜德国之后的两年里，有机会成为我们展开工作的基础。

4. 报告中要包含各部负责的各种重要事项。不过，也有不少事项涉及很多部，并且已经呈送专门机构或者委员会审核了。与这种事项相关的报告，则应当由各相关机构的负责人或者委员会的主席呈送战

---

① 参见 9 月 29 日和 10 月 11 日的备忘录。——原注

时内阁。

5. 报告应当对如下各条做出解释：

（1）各个计划的拟定情况，也就是计划部署好了没有，或者还要多久才能筹备妥当。

（2）在深入展开工作之前，一定要将原则先明确下来。

（3）用不用援引条令、枢密院通过的条令或者国防条令，这种条令准备好了吗？用不用在战胜德国以前发布这种条令。

6. 这个方案的一个重要环节就是认真审核所有条令（包括国防条令和别的附属条令），更好确定过渡时期必须留下哪种战时权限，而哪种权限又是能够停止使用的。此项审核工作，克劳德·舒斯特爵士负责的应急条令委员会目前已经着手做了。

7. 第二步的任务是画出一个整体轮廓，从这个轮廓中能够看出过渡时期筹备工作的整体面貌。在这一时期，我们一定要让计划的所有环节彼此相连或者没有对立。这个工作我会亲自主持。

8. 从和平向战争过渡，与从战争向和平过渡，不同的地方非常多，战时行动原则又不完全适合，所以为了帮各部弄清自己的筹备工作和整体方案是否相谐，以上总体轮廓各部都应该有一份，如此，或许更方便了。

各部应当任命一个高级官员来亲自监控本部重点负责的筹备工作方案，让它能够时常和形势的发展相匹配。

9. 第三步是保证整个计划处于万事俱备的状态。一开始或许会发现，因为一些原则还没确定，一些事项的筹备工作一直无法展开。我预备在整体方案制定好之后，亲自主持一系列会议，会议将对整体方案的各个环节进行核查，之后，让战时内阁针对影响筹备工作进度的事予以决断。

首相致内政大臣   1943 年 10 月 24 日

　　只要我们确实有了一个针对希特勒瓦解后的关于粮食、就业和住房的计划，那么，要改进这项计划就容易了。

首相致霍利斯准将，转参谋长委员会   1943 年 10 月 24 日

　　这份发给各个最高指挥官的训令，看着倒一清二楚，而且和美国人的思维也相谐。可是，政府给一个将领下达攻敌的命令之后，就只看他打得怎么样，这种行为未免过于不足了。和这个相比，事情要麻烦多了。这个使命很可能超过了这个将领的能力范围，这种情形是非常常见的。参谋们和政府最高部门应当在一定范围内进行引导和监控。在英国人的观念里，没有引导和监控是说不通的。

首相致海军大臣   1943 年 10 月 24

　　将这四十艘战舰从护卫队和船队驱逐舰力量中抹去，在我看来，你是不具备这种权力的。你若是不反对，这四十艘战舰暂时当成储备物资，不配备人员，除非遇到非常危急的情况，否则不投入使用。

　　不让自己的物资物尽其用，一门心思将我们国家大批的战时实力放到这样宏大的新的舰艇制造计划里，这怎么行？你们目前正在研制的驱逐舰没有两年都完成不了，所以我们一定要考虑这些旧舰艇是不是修好并付诸使用。德国海军和意大利舰队既然几乎被消灭殆尽，你们就应该趁这个时候修缮老旧的船舰，而不是要求大批航空母舰，这种情形让我非常担心。我和战时内阁会对将来的海军计划进行非常严密的审查。

首相致霍利斯准将   1943 年 10 月 27 日

　　决定舍弃橡皮防波堤的原因是什么？请交一份十字形防波堤的照片过来，并告诉我它是如何实现预期目标的。我觉得，计划似乎完全

改变了。

和一般的防波堤相比，这种钢筋混凝土的防波堤有什么不同？要用多久能安装好？运送的船舶需要多少？……

一个大有可为的计划，若是因为需要太多人力和物资而受到影响，就太可惜了。

首相致兰开斯特公爵郡大臣   1943 年 10 月 27 日

除非不这样就无法顺利展开工作，否则我不支持给任命的文官或者准文官的非战斗人员赋予高阶军衔，或者让他们穿军装。所以请针对以上问题咨询安全事务处，在公开官员职位和穿军装上有什么原则需要遵从。请交一份简洁的报告给我。

首相致霍利斯准将   1943 年 10 月 31 日

请就为"霸王"战斗计划调集的英国军队的现状写一份报告交给我；除以上军队，请再写一份说明驻守在本国的军队的情况报告。

11 月

首相致帝国总参谋长   1943 年 11 月 1 日

1. 多谢你将情况报告给我，不过对于其中的一些问题，我还是摸不着头脑。我完全同意我们应当有一个"尺度"，这正是我所寻求的东西。有了"尺度"，就有统一的标准了。可是正因为我想要一个共同的标准，"师"这个词才完全不适用。因为"师"可以指德国师那两万人，也可以指苏联师那一万五千人，又可以指英国和美国师那四万两千人。

2. 请让情报局针对一个完整的英国师和一个完整的德国师以最高的准确度做一份分析报告给我，讲明哪些兵种组成了一个英国师比一

个德国师多出来的那两万两千人······①

4. 让我们以最近开赴意大利的英国第五步兵师为例。这个师有一万八千四百八十人。剩下的两万三千多人去哪儿了？他们何时开赴意大利？这两万三千人，其中早晚要参战的作战部队有多少？

5. 在意大利的军和集团军的组成清单，能再额外发一份给我吗？另外，请把需要供应的人的数量加在上面。这些大概数量或许无法将最新的情况准确地透露给我，这我自然十分清楚。

6. 波兰装甲师在英国远征军中负责的工作有哪些？据我了解，这个装甲师有超过四百辆的坦克。它好像既不属于第二十一集团军群，也不属于在当地的野战军。还有其他情况相近的军队吗？全部那些陆军坦克旅都布置到哪儿了（我最新接到的统计表显示有八个旅）？对于这些事，我应该有自己的意见，绝对有这个必要。

7. 我的感觉是，一个总计两万人的德国师，切实参战的人是一万两千人；而我们人数为四万两千人的师，参战的人数是一万五千人或一万六千人。若真是这样，那情况就太让人担心了，因为德军的战斗能力起码和我军是不相上下的，而且他们长途急行军的速度还非常快。不过在另一边，相比于德军，英国的军和集团军司令拥有的炮兵、工兵和信号兵等，比例更高，所以能够按照形势所需给他们统领的军队提供更大的支援。

8. 在给我写汇报的时候，请尽量把供应人数、营的数量、坦克数量和大炮数量都罗列出来。看见我们后勤和非战斗人员的附属部队持续攀升，我觉得情况危险。以"霸王"这种战斗计划为例，所有人都要在船里有席位，登岸之后还得获得供应，所以为了推进这一计划，就得严密审核后勤工作，尤其是初级阶段。针对这件事，我希望近几

---

① 参见10月11日致陆军大臣的备忘录。——原注

天能安排个时间，在国防委员会或者参谋长会议中展开详细讨论。

首相致海军大臣　　　　　　　　　　　　　　　1943 年 11 月 1 日

1. 我的最初看法是：绝对赞成你有关轻型输送舰的主张，并且期待这周能抽出时间与你、第一海务大臣和军需署长就此事展开讨论。在我看来，这么大的数量，在 1945 年和 1946 年是用不上的。

2. 可是，眼下必须得谈一谈有关我们的海军人力的这个问题。海军部提出，1944 年，舰队添加二十八万八千人，造舰厂添加七万一千人，总共大概三十六万人。我们正因为人员短缺不得不大量减少全国各类战斗行动的时候，海军部就提了这么一个要求。为什么海军部 1944 年需要的人力会比 1943 年多，毕竟最近出现了如下状况啊！

（1）空军的支援起了关键作用，德国潜艇已经被我们决定性地击败了。

（2）意大利舰队已经投降。

（3）"黎歇留"号，还有众多小型的法国舰队已经参战。

（4）在太平洋，美国调集的军队比日本多一倍。

（5）"提尔皮茨"号——敌人在西方仅有的主力舰——在以后的很多个月里都无法行动（除非德国有新航空母舰完工）。

3. 这才是以后的情况：按照以上这些实际情况，就算是对当前的海军，也能进行大规模裁撤；新的船舰建好，旧的船舰将马上停止工作，进行养护。而用不用制订一个大型计划，让旧船舰不再服役，让已经处于建造之中，但短期内无法建好的船舰，降低建造速度或者不再建造，则需要交给内阁定夺。这一切情况都能成为这种问题的答案：敌人的实力已经严重降低，盟国的实力已经极大提高，为什么你还要添这么多人？在当前这个紧要关头，海军部若是让任何一艘无法在对敌时发挥作用的船舰继续服役，它都无法给国家以最大的贡献。

4. 有关让四十多艘驱逐舰不再服役的事，我认为对它们进行改装后，全都养护起来，是最佳解决方案，至于两年后才能建好的远航驱逐舰，则可以推迟或者暂时停建。

5. 请马上列一份清单给我，列明你提议在1944年留下继续服役的所有战舰，并将它们和我们与德国、意大利开战时（比如1941年1月1日），我方服役的战舰和在舰上工作人数，进行对照。驱逐舰和小型船舰可以单独列明，而船上人，只写总数就行。请写明现在估算的1941年1月1日的数量和你对1945年1月1日预估的数量，请将出海和未出海的情况分别写明，海军航空兵部队也要算在其中。

6. 我留意到，为了推动登陆艇，美国的确已经减少了反潜艇舰的制造计划。迄今为止，造船厂的船台只要闲下来，我就会敦促不间断地生产反潜艇舰。可是随着这种船舰数量的持续增加，而且很多迹象说明，敌人产量下滑、水兵斗志低迷，所以，我们应该重新对这方面的状况展开整体调查了。

首相致飞机制造大臣　　　　　　　　　　　　　　1943年11月6日

你于10月27日发的备忘录显示，改善战斗飞机要用很长时间，这个时间这么长，以致给我留下了极深的印象。我希望改善飞机有个限制，就是对增强我们飞机的战斗力意义重大。

看到附在你备忘录上的表格，我发现一个让人忧心的事实：我们发展的是伪重型轰炸机。事实上，改善之后的"兰开斯特"式轰炸机（将于明年年末进行生产）没比卫克氏"温莎"式轰炸机大多少，虽然我们觉得它的性能更好。就在这时，美国"波音B29"式飞机已经投产，总重十二万磅，据说能装九吨炸弹，航程三千英里。据我了解，他们还设计了一种"B36"式六引擎飞机，全重二十五万多磅，载重量超过三十吨，航程四千六百英里。我们是否也应该想办法研制一些功能相近的飞机呢？

首相致陆军大臣及帝国总参谋长　　　　　　　1943 年 11 月 6 日

　　1. 据我所知，按计划在攻击起始日，美国将给"霸王"战斗计划提供十五个师，我们提供十二个师。我们无法和他们提供同样多的师，或者比他们多提供一个师，让我觉得非常可惜。这与"师"这个字的解释关系极大。[①] 我多想同他们（美国人）说，"在前线，有一个你们的人，就会有一个我们的人，有一门你们的大炮，就会有一门我们的大炮"，并同他们说，为了这个，我们曾经付出了更多的努力。如此，我们才能在一些影响极大的战斗行动里，继续捍卫自己的权益。

　　2. 为了实现以上目标，我或许要在保护本国上冒很大的风险。如果有需要，在全部正规军离开国内的时候，可以大规模组织国民自卫军，至于由此造成的武器产量下滑，也只能是听之任之了。

　　3. 近来有关意大利之战的争端，因为我们说我们在意大利战场兵力更多，而得到了彻底的解决。在另外这场决定性作战行动中，我们的军力起码要和美国一样才行。另外，我们若是声明，我们已经上调了（也就是增加了）我们提供的兵力，我们正在展开的所有协商都会变得更加顺遂，而且有很大机会能让对方答应一切需要的延期。这点请你考虑后面谈。

首相致枢密院长　　　　　　　　　　　　　1943 年 11 月 11 日

　　我想让你从目前富裕的粮食中，想办法再给养鸡户拨一些过去。这些养鸡户一般能弄到些散碎的食物，填补短缺的粮食，所以相比于养鸡场，把等量的谷物给养鸡户将给我们带来更多鸡蛋。养鸡用不了多少人，而多出来的鸡蛋，也算得上是养鸡者的劳作所应得的回报。另外，还能让他们对此更感兴趣，为他们平时的谈话增加话题。眼下，

---

　　① 参见 10 月 11 日和 11 月 1 日的备忘录。——原注

一张供应证配给的饲料太少，小户人家靠这个饲养少得可怜的家禽，还不够搭鸡窝等成本的支出。在我看来，若是提高饲料供应量，肯定会有不少人养鸡下蛋给自己吃，如此就降低了运输和人力的消耗。

首相致教育大臣   1943 年 11 月 11 日

1. 你 9 月 16 日有关通过电影学习的报告，我已经收到了，非常感谢。我觉得这份报告非常有意思，又听说你正在亲自主持此事，非常欣喜。

2. 学习要是只有读书写字，没有这种直观的教学手段进行辅助，肯定有很多孩子的才能得不到发展，或者至少可以说得不到充分的发展。另外，真正好的影片应该对每个孩子都有帮助。影片录制或许可以分成两类：

（1）目的在于配合或说明正规课程的影片。

（2）向孩子介绍我们绚烂的历史遗产的影片，现在，他们是历史遗产的承接者，未来，他们将是历史遗产的捍卫者。

3. 在经济上为你提供帮助，这你不用想了。你在自己的政务报告的附录里要求的有关教育提案的附加费用，实在是一笔巨款。毫无疑问，播放影片的资金和你计划里的其他所有环节都应该算在一起。不过，我发现在德国，通常租影片和放映机的钱由孩子的父母缴纳。我不知道如何才能把这种措施放到你的提案里，尤其是若将电影当作正规课程的一环，所有孩子都得看，就更难办了；但是，若一些电影的观看变成自愿行为，或许能以一定的模式收费。针对这个问题，请你想一个较为具体的措施。

首相致伊斯梅将军，转参谋长委员会   1943 年 11 月 16 日

我们按照某些重大情况，在福克兰群岛驻有较为强悍的守军。请告诉我，在上边没下达指令减少守军之前，如何按照事情的变化更改守

军的人数。要是过来了一艘日本巡洋舰夺取了这些岛屿和岛上我们尚未配备人员新建的防御工事，就太可惜了。这种意外未必会有，可也不是完全没有可能。那一千五百人，你预备怎么用？他们归哪个团所有？

首相致第一海务大臣及伊斯梅将军转参谋长委员会

1943 年 11 月 21 日

1. 眼下我重点考虑的问题是：1 月初占领罗马，1 月末占领罗得岛。前者已经万事俱备，后者还差两个必备条件：一、让土耳其宣战，使用它的据点；二、要有足够运送一个师的登陆艇，因为计划先让一个优秀的英国师登陆，之后再让第十印度师予以支援，且继续登陆。这些师的行进距离有限，八千名德军又将被死死压制在主要据点上，所以不用全给他们配车。需要登陆艇的总量是多少？从哪能拿到这些登陆艇？第一海务大臣的设想是，目前归东南亚司令部掌握的某些登陆艇，派出一部分开赴地中海执行这个任务，之后及时返回东南亚，完成"长炮"战斗计划（夺取苏门答腊）或者此地的其他战斗计划。

2. 蒙巴顿海军上将若是确实已经舍弃"长炮"战斗计划，那就不用如此紧张了。相比于夺取罗得岛，夺取安达曼群岛这个战利品实在不值一提，并且今年后半年什么时候去拿下这个岛都行。在夺取罗得岛和随后夺取的所有岛屿之外，我们还能剿灭八九千名德军，或者使其投降，迄今为止，我们在意大利抓到的德国俘虏的数量不过是这个数的三分之一。

12 月

首相致陆军大臣 1943 年 12 月 13 日

1. 我在中东时，第四轻骑兵团曾提醒我留心军事参议院 9 月 26

日发布的有关不按规定佩戴军帽事宜的第1408号指令。按照这个指令，皇家装甲兵团所有战斗单位（除了第十一轻骑兵团）的正规军帽为"黑色贝雷帽，只要身穿战斗服装和军服，就要戴这种软帽"，不过，在需要换其他种类的军帽之前，军官要是有军便帽，戴军便帽也行。

2. 第四轻骑兵团担心这个指令会一直延伸到战后，那样，他们将和坦克部队一样，没其他军帽可戴，只有黑色贝雷帽了。

3. 我若是这个团的团长，我会要求得到承诺——不管别人，只说第四轻骑兵团，这种举措仅局限于战争时期；等供应充足后，他们仍旧可以购买、佩戴军便帽。

4. 我希望你们可以做此承诺。请提出你的看法。

1944年1月

首相（在马拉喀什）致陆军大臣　　　　　　　　　　1944年1月7日

我们一定要尽可能地想办法削减国民自卫军的担子，与一切其他民防组织相比，他们的任务更重。眼下大多数人都已经熟练了，所以只是因为要凑够一个月四十八小时的任务就强迫他们训练，并不应该。不管有没有警报，国民防空自卫队只要看守一晚，都按值勤十二小时算。不过，一般国民自卫军的训练时间是夜间和每个周末。其中不少人都三年多没什么私人时间了，而且成员必须参加训练，要是不参加，就扣钱，甚至拘留，这种强迫性的体制常常给厂矿企业带来极大的动荡。

在战争的这个阶段，国民自卫军的值勤时间，不该让一个机构的负责人随意确定，而该由政府出面予以缩减。应当将值勤工作和繁忙的训练强度降到最低，至于已经拿到熟练队员徽章的人，训练则应当只局限于武器养护。

首相致海军大臣及第一海务大臣　　　　　　　1944 年 1 月 10 日

无线电控制的近炸引信

1. 今年入春之后，美国海军就能获得大批的引信管供给，这种引信管甚至连四英寸口径的大炮都能安装，可如此好用的设施，我们在整个战争阶段都用不上，这种情况你们觉得满意吗？在我看来，此事非常严重，海军部应该想办法予以解决。

2. 能让美国拨一些引信管给我们吗？不然，你们觉得我们的办法已经挺好了？

首相致伊斯梅将军，转参谋长委员会　　　　　1944 年 1 月 17 日

1. 我之前持有的意见——日本攻打印度的危险已经消失——得到了这份报告（联合情报参谋处有关日本在东南亚地区的图谋的报告）的印证。在以后的数个月内，东方舰队即将组成，而由于日本海军已经全神贯注于太平洋分身乏术，所以用不了多久它的实力将提高到能够打败任何一支日本觉得有派遣价值的分舰队。除此，印度的空中防御力量也已经非常强悍了。

2. 上述所有情况让我再次得出如下结论：当前存在于印度的大批质素低下的军队，一定要予以裁减。不算在印度和印度边境驻守的英军，还有近两百万人由我们来发放军饷和物资。应该给印度总督和奥金莱克将军下令，本年以内起码要裁掉五十万人。当然，精简任务针对的重点是徒耗粮饷，但应特别注意改进未经精简的部队的质量，与此同时，要尽可能依靠当地尚武的部族。要尽量让印度部队重获战争之前的高效和水准。要将各营原本的将领和技术人员集结起来，放到这些部队中，以扩充军官主力，尤其是白人军官主力。各地招募新兵的时候，一定要严格按照标准，只招能够切实战斗的新兵。

3.同时，让印度事务部交一份财务报表给我，指明印度部队（英国部队不在统计之中）一年花费如何，还有年均用人情况。

首相致伊斯梅将军　　　　　　　　　　　　　1944 年 1 月 19 日

关于发表演讲的通令，之前曾经给将领和高级指挥官发过，看上去，现在还得再发一次。请将这份通令拿过来看看。将领们最近发表的演讲和接待的访客看上去挺多啊。

首相致伊斯梅将军，转参谋长委员会　　　　　1944 年 1 月 19 日

占领达尔马提亚海岸，我们应该绝对能做到。我们的空军在意大利掌握制空权，飞去该海岸不是什么难事。在海军上，我们也很占优势。等打完安齐奥一战，我们应当组建一支含有大概两千名突击队员和十二三辆轻坦克的搜查队，去德军控制过的每个岛屿搜查和清剿，将各个岛上的所有驻军俘获或者斩杀。为了这一目标，应该拟定一个方案，方案由我们想，之后交最高指挥部审核。

这一工作请务必马上启动。敌人既没有制空权，也没有制海权，我们却任由它阻断我们和整个达尔马提亚海岸的接触。我们要是集中兵力发起攻击，这些岛屿，他们还有力量守住吗？

首相致自治领事务大臣　　　　　　　　　　　1944 年 1 月 23 日

我之所以一直想让新西兰师参加罗马一战，主要并不是因为我们找不到其他部队，而是想将其变成一种标志。现在，他们有很大机会参战。他们若离开欧洲战场，那就可惜了。

我可以任由这个师减员，直至它的规模只有一个旅。就算如此，它也还可以叫师，还能将其他旅并入这个师中。我希望他们参加此战，将来，他们会因为参加了战斗而感到骄傲的。

我不希望弗雷泽先生因为某些人回国的事而太过烦心。

首相致伊斯梅将军   1944 年 1 月 25 日

蒙哥马利将军说，他要求参与"霸王"战斗计划的突击队是十个，可是只到了七个。我想知道，他的需要能得到满足吗？有关将第二特别空军团的专员调回，担任教练这件事，已经做了哪些部署？我没想调回这个团，不过，我已经答应将一些专员调回任命为教练了。

首相致伊斯梅将军，转参谋长委员会   1944 年 1 月 22 日

我已阅读"英国在中东各国的战略需求"一文。参谋长委员会好像觉得，犹太人会因为分治（巴勒斯坦）而心生不满。实际情况正好相反，让犹太人心生不满的是政府报告里的方针。抵制分治的是阿拉伯人，而犹太人会对抗阿拉伯人的一切武装行动。韦维尔勋爵曾经说过，若对他们放任自流，阿拉伯人不是犹太人的对手，这句话，我们该记住。因此，我们若是和犹太人合作，一起推动内阁报告里有关分治的草案，好像不会有什么大危险。我绝不认同表里罗列的有关维持内部稳定所必需的条件，因为这些条件的假定前提是犹太人和阿拉伯人将会联手对抗我们。我们明显不会推行任何犹太人反对的分治方案。

首相致自治领事务大臣   1944 年 1 月 25 日

在我看来，以 1944 年战胜希特勒为基础拟定计划，极其不明智。我们无法保证他不会在法国获胜。战争是一件风险极大的事。敌人的机动部队能够极为迅速地自一个基地调往另一个基地。我从德国国内得到的消息显示，德国仍处在希特勒及其政府的绝对控制之下，在受到轰炸之后，德国也不曾出现动乱的迹象。德军的素质、纪律和战斗力，

在我们和德军的一切接触中，比如在意大利和德军的交锋，清晰地呈现在我们眼前。

首相致陆军大臣及帝国总参谋长　　　　　　　　1944 年 1 月 25 日

1. 我反对以"盟国中地中海军事力量"为名称，并且不该在没和我商议以前就公布这个名称。

2. 将一支由二十多个师构成的部队称为"军事力量"并不合适。这支部队的活动区域和地中海地区也有区别。比如，地中海地区是包括马耳他岛和突尼斯的，科西嘉岛和撒丁岛也属于这一地区。另外，南斯拉夫是特地为最高指挥官留的，也没分给亚历山大将军（除非完全因为战斗原因）。所以，这个名称从各个层面看都不合适。

3. "驻意大利盟军司令"是我委任给亚历山大将军的军衔，他也认可了。这是按照上一次大战的先例，那时"英国远征军"因人数增加发展成"驻法国和弗兰德的英国部队"的时候，便更换了名称。因此这次也应当更换名称，而等罗马战役决出胜负时，若是结果让人满意，那合适的时机就到了。

首相致蒙哥马利将军　　　　　　　　　　　　1944 年 1 月 27 日

1. 附上制造大臣有关双层甲板坦克的临时回应。这种坦克看上去还行。

2. 用不了多久，我还会看到一份有关防水材料的报告。将二十万辆车配给一支三十个师的部队，好像是太多了，这支三十个师的部队，按照一个师两万人算，总共不过六十万人，而切实参战的只有不到四分之三。一辆车起码要一个半人操作、管理，这就得用三十万人。这一大批车辆，为了不让它们落到敌人手里，有人要求派装备充足的携带步枪和刺刀的步兵予以保护。

首相致霍利斯少将　　　　　　　　　　　　　　1944 年 1 月 28 日

　　将地中海地区的主要指挥部安置在意大利并不妥当。威尔逊将军的辖区包含整条北非战线，不该将他束缚在哪个特定的区域里。亚历山大将军指挥的是意大利战场，因为最高指挥部设立在意大利就影响到他，并不合适。在我看来，大家并没有为将这些指挥部移去突尼斯地区而竭尽所能。研究过马耳他岛吗？阿尔及尔集中了太多的将领，要是没有其他妥当的地点，等对其进行过精简以后，他可以继续留在那里。

首相致内政大臣　　　　　　　　　　　　　　　1944 年 1 月 30 日

　　你在 1 月 24 日交于我的备忘录中，谈到了政府机密工作中的用人问题。

　　严禁设立陪审团之事外泄，我赞成。在这个问题上，应当专门叮嘱每个陪审员。而对于是否采取行动，这件事应该由任用他的部做最后决定，要知道，这个部的部长是要对议会负责的。

　　此事涉及三种不同层面的责任。

　　军事情报局第五处对陪审团拿到的证据负责。陪审团对证据审核，决定用不用联络相关部门负责，而这个部门对如有必要采取哪些措施负责。

　　陪审团里应该有一个擅长人事问题的财政部高级代表，这我同意，可是逼迫陪审团接受事件部门派来的代表就不应该了。某个案子，陪审团若是不受理，可这个犯罪嫌疑人所在部门的代表还妄图弄清之前起诉的情况，就不合适了。陪审团主席有按照情况给相关部门一个代表席位的权力。

首相致外交大臣   1944 年 1 月 30 日

　　对于卡廷森林的调查，我认为应该在极为秘密的情况下问一下欧文·奥马利爵士的看法。按照坟墓上桦树的生长时间进行的辩解，符合这种新论调吗？那些桦树，有人去查吗？

首相致海军大臣及第一海务大臣   1944 年 1 月 31 日

　　1. 我赞成在海军部造舰计划里加入那四艘已完成改造的快速运输舰，不过我认为，前两艘开始修建的时间应该远早于后两艘。如此，就能妥善使用修建过程中的所有改进。再有，"雄狮"号、"冲锋"号、"征服者"号和"雷神"号，这四艘战列舰已在议会获批，不过在战争期间没有动手修建，也不应该剔除到海军造舰计划之外，但须说明，目前只进行设计工作。务必想办法让"先锋"号在 1945 年夏天完工。请告诉我哪些问题会妨碍这一工作的完成。

　　2. 我不清楚，和我们在战争期间可以生产出来的战列舰相比，你们目前要求的出货量是不是多得多。你们 1943 年的订货量是排水量八十万八千吨，这中间只有四十万两千吨完成建造，完工的有三十三万七千吨。如此，船舰的建造速度要没能远高于 1943 年的，光是完成去年的订货，就得用两年零三个月。截至目前，我们一年起码有两个造舰计划，如此一来，你们手里获批的船舰建造量的数目已经庞大到你们绝对完不成或者绝对消化不了的地步。让喜欢说三道四的人看见这种情况，海军就有的受了。毫无疑问，以上情况还会让整个新造舰计划受到影响。在我看来，应该将订单里一切影响相近船舰完工的船舰，或者它自身无法在 1944 年（或者 1944—1945 财政年度）动工的船舰从造舰计划中剔除。

　　3. 我们经常会谈及将在 1945 年和日本战斗的主力舰队。我认为应该用八艘战列舰——其中四艘为"英王乔治五世"号级战列舰、"声威"号、"纳尔逊"号、"伊丽莎白女王"号和"沃斯派特"号——配上一切能够调集到的装甲航空母舰和辅助运输舰，再按照需要，以巡洋舰队和小型舰队进行援助。你们应当针对逐渐推进辅助舰队[①]拟订一份计划。我希望"先锋"号于秋天能加入这一主力舰队。再有，还应当对意大利的"李特利奥"式战舰进行改装，让其加入这次服役。我希望知道需要的时间、劳动力和资金数目。

4. 你们已经组织好的分遣队，美国若是需要，我答应我们在 1944 年 6 月将其交给美国。最要紧的是，我们务必小心别损害到"长炮"战斗计划（苏门答腊），想让我们孟加拉湾地区的大量陆军、空军能在 1944 年到 1945 年对敌人发起有力攻击，只有这一个办法。若能解决"长炮"战斗计划的其他困难，又不引起突发状况，那我们在布置孟加拉湾和太平洋之间的舰队时，着眼点务必放在推进"长炮"战斗计划上。

5. 为了满足在 11 月或 12 月启动"长炮"战斗计划的需要，我们一定要和美国参谋长联席会议要求，借合适数目的登陆艇给我们。又鉴于我们派了舰队去支援他们，所以他们多半会同意我们的要求，不过，此事得等蒙巴顿海军上将派来的将领到了之后再谈。

6. 至于战后舰队，我们应当努力以如下船舰构成：四艘经战火洗礼的"英王乔治五世"号级战列舰里尚在的船舰，现代化的"纳尔逊"号一艘，"先锋"号一艘，配备 16 英寸口径大炮的战列舰四艘（在我们的造舰清单中加上这四艘战列舰，一有机会就动手建造），再有，我们应当要两艘"李特利奥"式战舰，一共大概是十二艘战列舰。当然，这得看战列舰是否因为新的发明而变得陈旧而定。就

---

① 辅助舰队是为舰队提供燃料、物资等的机构。——原注

当前的情况而言，还不至于发生这种事。恰恰相反，战列舰已经能应对大多数由潜艇引发的危机了，至于由飞机引发的危险，目前的应对情况也远好过之前所有时期。由于我们在地中海贡献更大，且为满足紧迫的战争需求而放弃了新的重型船舰的制造，所以我坚信我们完全有理由提出获得"李特利奥"式战舰。我希望你们能按照以上标准，将我们战后舰队的轮廓描画出来，例如1947年的轮廓，如此，整件事我就能考虑得更加周全了。

7. 我同意让"沃斯派特"号加入"霸王"的炮击舰队，而且我希望"罗德尼"号也能加入。另外，为了这一目标，你们还能调来哪些船舰？我猜你们应该正为提供合适的舰上炮手、最新的培训方法和必备的落弹观察员而竭尽所能；武器，攻击人的也好，瓦解混凝土防御工事的也罢，应该都是充足的。炮轰舰队应当能在空军的保护下发挥极大的效力。

8. 随后我会附上我对你们就人力问题的提议的看法。我认为目前你们在培训机构、港口、据点的人员以及流动人员等，起码有十万。在以后两年中，你们可以先从这批人里调，之后再启用我们为数不多的人员储备。这就需要在培训机构和工厂方面进行相当大的精简。

2月

首相致伊斯梅将军，转参谋长委员会   1944年2月2日

1. 经验显示，每次发起大举进攻，战线上没受影响的其他环节就表现得黯淡而筹备不足。战场聚集了所有目光，因此，有时候可以用很小的代价，或者不付出任何代价就能在其他地方取得非常珍贵的收获。

2. 在严守机密的情况下，请研究：

（1）把英国第一装甲师、第六装甲师和南非第六装甲师在3、4、5这三个月里，调去摩洛哥。可以用局势动荡做借口，或者，要是没有其他借口，以支援"霸王"战斗计划的名义也行。

（2）在"进攻发起日"之后大概第二十天或者第三十天，在派出了所有兵力之后，先用突袭拿下波尔多，之后将这些师用非常稀少的登陆艇送往此地。由于敌方空军已经被全部引去了北边，所以这件事应该能够做到。将这么一支部队送到法国中部和南部去行动，将马上引发大范围的起义，这对主要战事的好处，不可限量。

3. 另外，请分析一下，通过陆路暗中将这些部队送去摩洛哥，之后极为隐秘地上船，从海路绕个大圈抵达攻击地点，是否可行。

4. 在推进"铁砧"战斗计划时，原本就用不上这些军队，所以上述行动并不会损害到该计划。

5. 这个计划（可以叫"哈里发"战斗计划）若是成功，随后，美国就能直接让步兵师横渡大西洋登陆新据点。

6. 由以上情况引发的几个问题为：那三个装甲师，要用多少艘船舰来运？例如，要送五千个突击队员去波尔多（这些师团预想的登陆地点自然是正规码头）得用多少登陆艇？如何才能找到需要的船舰，而且还得在不太引人注目的情况下将它们开去卡萨布兰卡？上船、行进，若是一切顺利的话，再加上下船，总共要用多长时间？为了掩护登陆，可能要预备一支航空母舰舰队，不过那时我们若已经建立了北部海岸据点，按理说达成此事难度不大。我们总是这么因循守旧，死抓着一个地方不放，而大有可为的其他好地方不知有多少，却轻易就舍弃了，这太蠢了。

首相致自治领事务大臣　　　　　　　　　　　1944 年 2 月 2 日

1. 若有必要，我可以在周五召集一次内阁特别会议，就轴心国外交代表团进驻柏林的问题展开讨论。不然，在周一的内阁全体会议上提请讨论也行。

2. 让人知道英美运兵舰队的活动当然有危险，可是我们的"霸王"战斗计划的筹备情况势必会经某个途径泄露，不是更危险吗？德国和日本大使若继续在柏林停驻，那，从军事角度看，在最近的几个月里，或许需要断绝爱尔兰和欧洲大陆间的所有来往。现在，所有人都能坐爱尔兰的船去往西班牙，将他在英国听到的与英美最近筹备状况相关的消息传出去。即使彻底截断海路，我们也遏制不了德国大使借助无线电送出我们行动起始时间的通知，尽管这是他能发出的最后一次电报。

3. 我正打算致电罗斯福总统，让他留心一些在我看来十分重大的险情；除此，我还会请他将这件事提交参谋长联席会议研究。

首相致外交大臣　　　　　　　　　　　　　　　　1944 年 2 月 5 日

你有关将一些公使馆升级成大使馆的备忘录，我看了。

在我看来，古巴这颗"安的列斯群岛中的明珠"，和其他那些地方一样，也应该享有这种权利。若其他地方的公使馆都已经提升了级别，却就是没给这个辽阔、丰饶、美丽，又盛产烟草的岛国升级，是对它的一种极大的侮辱。古巴自然远比委内瑞拉更有资历。对它漠不关心会让我们和它产生不小的仇怨，可过一阵子，仍要让它和其他国家获得一样的对待。

首相致伊斯梅将军　　　　　　　　　　　　　　　1944 年 2 月 7 日

"哈里发"战斗计划的报告写好了吗？计划的制订者们若是尚未写好，请你同他们说，为了支援英国装甲兵团登陆"哈里发"，我们打算起码向摩洛哥的集结地点派三个法国师。①

---

① 参见 2 月 2 日致伊斯梅的备忘录。——原注

首相致爱德华·布瑞奇斯爵士　　　　　　　　　　1944 年 2 月 12 日

我不想搬离内阁作战间，除非我们起码遭受过和之前截然不同的闪电式轰炸。在我看来，新型轰炸也不过这样。掌玺大臣，你可以为他准备一个合适的住处。其他大臣就不用换住处了。

首相致爱德华·布瑞奇斯爵士　　　　　　　　　　1944 年 2 月 19 日

塞尔伯恩勋爵信里介绍的有关战后过渡时期住房事宜的准则，我认为并不可行。不顾货币价格的变化，直接将土地价格固定在 1939 年的标准上，那等于是针对某一阶级的财产的没收法令。颁布法令的时候，一定要明确这么一条：应该等同于 1939 年的价值——就是说，实际价值相同。

首相致伊斯梅将军，转参谋长委员会　　　　　　　1944 年 2 月 19 日

1. 雪季时在挪威战斗是"耕种部队"的使命，这种战斗基本靠飞机送过去的较小的坦克进行。战士靠空运的坦克战斗、行动，在一定程度上，还靠它们躲避风雪。之后，"耕种部队"成了完成普通任务的突击队的代名词。这种空运坦克的措施进展如何？有多少支"耕种部队"？眼下在意大利的"耕种部队"到底在哪儿？它完成任务的情况怎样？

2. 在我看来，把"朱庇特"战斗计划从此次战争中抹去并不是明智之举。当然，我们本应当在 1943 年解放挪威，不过这种战略我们的美国盟友当时或许不会答应，而在国内，那时怕也难以赢得相应的支持。我们若是没能很好地贯彻"霸王"战斗计划，或者在"霸王"战场上，希特勒聚集的兵力实在太强，以至于我们难以对抗，那在 1944—1945年冬，我们或许得在挪威、土耳其和爱琴海从侧翼展开围攻。我之所

以想留着这支队伍，就是因为有可能出现此种意外。此外，这支队伍当然还能用在剿灭驻守巴尔干半岛或者达尔马提亚海岸之外的岛屿上的德军。

3. 针对以上各条，你的看法如何？

首相致内政大臣　　　　　　　　　　　　　　　　1944 年 2 月 22 日

给"霸王"战斗计划指定一个国家祈福日简直大错特错。在我看来，眼下不需要再制定一个祈福或者感恩日。

首相致外交大臣　　　　　　　　　　　　　　　　1944 年 2 月 25 日

1. 我们"攻打"我们的对战国。

2. 我们"进驻"那些我们要"解放"的被敌人侵占的盟国的土地。

3. 至于说像意大利这样的国家，我们已经和它签署了停战协议。之前我们是"攻打"，不过之后由于意大利站到了我们这边，因此我们继续在意大利推进就有了"解放"之意。

首相致外交大臣　　　　　　　　　　　　　　　　1944 年 2 月 27 日

1. 我们马上对民间同美军提出的，超过五千美元限度的赔偿进行给付，我们绝对赞成，这件事，美国那边明显没法儿依照宪法予以解决。

2. 莽撞驾驶已经引发了不少问题，想要解决，得让我和艾森豪威尔将军谈谈。我认为若将这个问题同他讲了，他肯定会用自己的权力予以控制。不管怎么样，我们得先和他谈谈再说。

3. 的确不值得在议会里做一个如此长的报告。我认为，若是这么做了，会激起美国的强烈不满，并且我认为你并不会因为此事而在下院承受重大的压力。我更趋向于让艾森豪威尔多加约束，看看成效再说；与此同时，在跟下院汇报时，你只需说到此种程度：超过五千美元的那个赔偿，将由我们承担，随后英王陛下政府会和美国政府进行深入探讨。

首相致伊斯梅将军及派尔将军　　　　　　　　　　1944 年 2 月 28 日

　　毫无疑问，德国最近研发的炸弹已经具有了更强的爆炸力。在此种情形下（当然在通常情况下，也应该这样），在敌人发动空袭时，没值勤的空防人员是不是也应该有掩蔽壕，有抵御爆炸气流、弹片的掩体呢？因为敌人使用"窗户"装置，一次空袭所持续的时间或许极短，所以应该下令，让空袭时没有担负其他任务的防空人员（多数由妇女组成）使用掩蔽壕。若是材料充足，高射炮队可以亲自修建大部分掩蔽壕。若需要外界帮忙，那可以尽可能率先在最容易被发现的地方修建掩蔽壕。

3 月

首相致飞机制造大臣　　　　　　　　　　　　　　1944 年 3 月 1 日

　　2 月，飞机完成的制造量超过了预定产量，对此，我向你表示祝贺。请代我向每个完成任务或者超额完成任务的人表示诚挚的谢意。

首相致罗斯福总统　　　　　　　　　　　　　　　1944 年 3 月 2 日

　　在制定反潜艇战月报表的时候，我建议你将如下内容加进去（除非有关 1944 年 2 月船舰损失的汇报中的数目出现大幅增多，否则，均如此处理）：

　　"1944 年 2 月是从美国参加战争到现在成绩最好的月份。盟国在该月被敌人击毁的船舰总量与 1943 年 2 月被击毁的总量比，不到五分之一，而与 1942 年 2 月被击毁的总量比，还不到九分之一。"

　　英国这边记载的数量：1944 年 2 月是七万吨，1943 年 2 月是三十七万八千吨，而 1942 年 2 月则是六十五万九千五百吨，我们还击毁了大批德国潜艇。

首相致国内安全大臣　　　　　　　　　　　　　　1944 年 3 月 2 日

　　你针对民用防毒面具调研报告所做的分析，我读过了，非常感谢。我看到大概九成的人都有了防毒面具用。目前，我们投向德国的炸弹吨数是投向我们的炸弹吨数的三十多倍，为防敌人发起毒气战，此时拥有这些面具似乎是个有力的保护措施。

首相致艾伦·拉塞尔斯爵士　　　　　　　　　　　　1944 年 3 月 4 日

　　内政大臣有关为"霸王"战斗计划指定全国祈福日的备忘录，你应当看看。在我看来这样非常危险，会让人留意到我们将要发起攻击，尤其在尚无人清楚到底何时发动的时候。我们务必尤其小心保持我军斗志。[①]

首相致飞机制造大臣　　　　　　　　　　　　　　1944 年 3 月 5 日

　　听闻目前美国制造飞机不再喷漆。这样不仅节省时间和材料，还能让某些型号的飞机时速提高二十英里。我想知道，英国的飞机是否也打算照此办理。

首相致军需大臣　　　　　　　　　　　　　　　　1944 年 3 月 7 日

　　在阿默舍姆和阿克斯布里奇之间的大道旁，有个地方名叫查尔方特－圣贾尔斯，那里有个垃圾堆或者废品站，三年来一直在工作。每次我去契克斯，都会从那里路过。这些年垃圾堆里攒了不少罐头盒和金属制品，现在是不是正在回收呢？是不是正在挑拣或者把它们铺

_____

① 参见 2 月 22 日的备忘录。——原注

开？我从那儿经过的时候看不清。能够看得出来的是，这项工作总是没完没了，而且明显没什么进展。

首相致波特尔勋爵　　　　　　　　　　　　　　1944 年 3 月 7 日

一个残破不堪、向外掉着沙子的口袋；还有一个用沙堆垒成的街垒和其他障碍物，就摆在外交部楼下、圣詹姆斯公园的湖对岸的草地上。这些东西是以前这里的国民自卫军训练所用。这个练兵场好像早就停用了。除非真的有用而又找不到其他方法替代，否则真不该把一个如此惹人注目的地方弄得这样杂乱无章。

首相致财政大臣、海军大臣、陆军大臣及空军大臣　1944 年 3 月 7 日

听闻你们正在寻找最妥当的给三军将士稍微涨一些薪水的方法。在基础薪水的改动上，我的看法没变。但是，眼下战争已经持续了很长时间，又有大量福利较好的美国军人到了我们这里，的确应当给我们自己的队伍一些补助。这件事我还没仔细研究过，但是我相信，若是每年为了发这些补助而多支出两千万镑，并不怎么合理。另外，我认为应该对已婚人士格外关照，特别是其中薪水最少的那部分人。

你们在提出建议的时候，请参考一下以上意见，提案拟定完之后，请务必交我批阅。

首相致陆军大臣（送军事运输大臣审阅）　　　　1944 年 3 月 8 日

如果不是为了在敌军前方登陆，我们是没办法将完全装备好的车辆用船送过去的。

据我所知，12 月 31 日大概有二十万辆各式军用车辆在地中海战场，而 1 月将再从联合王国和北美运大概一千辆过去。按 11—12 月份的损

耗情况看，送去的这些车辆够用四个月吗？

因为其他方面的需求，舱位在以后的三四个月里非常紧张，既然这个战场已有不少车辆，那暂时是不是可以不运车辆去那儿了？

首相致罗斯福总统　　　　　　　　　　　　　1944年3月9日

关于在美国的英国黄金和美元储备事宜。

1. 12月8日，在开罗，我们曾经就美元收支状况和我曾经给哈里·霍普金斯发的一份备忘录进行过讨论，你应当还有印象。我的确这样理解：你觉得在这些事情上，我们得到的对待并不应该比不上法国或者苏联。法国的储备少说有二十亿，还没有会对其造成影响的外债。苏联也是这样。你在电报中暗示这些富余的美元是我们存在美国的一笔特殊的财富，事实上并非如此，这是我们所有的储备。和这笔存款相对照的另一边是，为了共同事业，我们欠下的起码一百亿美元的债务。

2. 我们谈过之后，哈利法克斯勋爵曾于1月8日和赫尔先生、摩根索先生相见，就你来函第一段提及的需要回应的问题进行了讨论。哈利法克斯勋爵告诉我们，摩根索先生曾经同他说，眼下完全没打算减少英国的美元余额。他个人是如此对哈利法克斯勋爵承诺的，因为相信这一承诺，于是我们答应将某些在政治上有难度的项目从租借物资中抹去。

3. 美元盈余是我们仅有的流动储备金，现在提议将其减至十亿，不仅与盟国一视同仁的准则不符，也与同等承担损失或者同等提供资源的理论不符，我这么说，对吗？并非我们不愿意承担责任或者想悠闲度日。在这场战争中，我们近乎耗尽了我们在国外能够卖掉的所有资产。在同盟国中，还有哪个国家像我们似的，在战争结束时还欠外国一大笔钱？这笔流动储备金是我们为应急准备的最后一笔钱，要是用掉了，我都不知道会遇到什么事。我不知道，我在议会中谈及此事的时候，要怎么做才能让民众的情感不受伤害，特别是眼看着美国人和英国人就要在战场上洒下一样多的血了，此时战争就是少打一个月，省下来的粮饷都会远比这笔储备金多。

4.我会对你谈起这些意见，是因为我希望你们能对我们的状况有所了解，因为我非常信任你个人与美国民众的正义感。

5.请看我接着发来的另一封电文。

首相致罗斯福总统　　　　　　　　　　　　　　　1944 年 3 月 9 日

1.接上封电文。我们美元的收支状况我已经全都告诉你了，可是我总是觉得，你或许只是想让我们找一些办法，将我们美元的部分收支情况换个不那么显眼的地方。若当真如此，你若是不反对，那我们可以等斯退丁纽斯来了之后，和他认真讨论一下。

2.在接到你的电报之前，我们一直不知道，克劳利先生已于 3 月 8 日同意美国国会，对我们目前和战争开始时美元的收支数目进行汇报。这造成了极大的危险。我坚信，若能把事情的经过解释明白，就会发现我们的立场并无问题，这件事若是被弄得无人不知，我们自然只能对我们自身正确的立场予以公开申明。除了美国，我们还欠其他国家如此巨大的债务，这个消息一旦泄露出去，肯定会让英镑的地位受到极为恶劣的影响，进而危害到此时盟国的整体实力。所以，这个数字，我们希望你们不会泄露出去，若不得不说，那也要严守机密，并向听到此种情况的人阐明问题的实质。

首相致军需大臣　　　　　　　　　　　　　　　1944 年 3 月 9 日

获悉迫切需要新杀虫剂滴滴涕，且需求量也日益增大。我想知道，我们的产量能有多少，够不够用。若是不够，能想办法扩大生产，并提高生产的速度吗？应该及早大规模供应，这非常重要，尤其是对东南亚指挥部来说。

请想办法大规模提高滴滴涕的产量。

首相致罗斯福总统　　　　　　　　　　　　　　　1944 年 3 月 10 日

我为哈里·霍普金斯战死沙场的儿子写了份碑文，今天我让邮差送过去了。请将它送去哈里的疗养地。他做完手术，情况还好吗？

首相致吉罗将军（在阿尔及尔）　　　　　　　　　1944 年 3 月 10 日

对于你女儿的离世，请接受我沉痛的慰问，她曾经在突尼斯被停，还和她的四个子女一起被抓到了德国。

首相致达夫·库伯（在阿尔及尔）　　　　　　　　1944 年 3 月 10 日

让勒克莱尔将军所御部队和我们共同参加此间的主要战斗，你可以暗中同戴高乐将军说，我对此十分赞成。在和艾森豪威尔谈话的时候，他也流露出了此种意向。所以，为了这个目的，我正想办法解决运输等事宜的相关难题，这些难题，我坚信我肯定能处理好。

首相致海军大臣及第一海务大臣　　　　　　　　　1944 年 3 月 11 日

请写一份报告给我，告诉我眼下我们从德国潜艇里抓到的俘虏的性格和素质如何，并与在战争其他重要时期抓获的德军潜艇俘虏进行比较。

首相致外交大臣　　　　　　　　　　　　　　　　1944 年 3 月 11 日

在我看来，在现在这个紧要关头，将马利特从斯德哥尔摩调走，太让人可惜了。我素来不赞成只是因为惯例性的升迁，就将一个已经在工作中积攒了很多专业知识，而且还在执行具体任务的军人，调离当前岗位或者当前所在的指挥部。战争时期，个人事业要服从国家利益。没有充足的时间，一个大使是无法落地生根的。头一年他或许没什么效用。第二年开始有些作用了。等到第三年，他却要调走了。马利特必须留在斯德哥尔摩，解决那里的复杂局面。我极希望最终能参与战斗，我认为这并非没有机会。

首相致帝国总参谋长　　　　　　　　　　　　　　1944 年 3 月 13 日

　　居然有三十个人，因为参与这些激烈的军事演习[1]而死，究竟发生了什么事？这些部队属于哪个部分？相比于让他们死在演习里，的确应该让这些队伍在某些地方参战。共计有多少人参与演习？

首相致枢密院长、卫生大臣、工程与建筑大臣　　　1944 年 3 月 14 日

　　比德尔·史密斯将军昨天同我说，美国将领在此间租的平房和小宅院，房租太高，和勒索差不多。他说，租用一所中等规模的平房，一周要用二十八镑，他租住的那所小宅院，一周要用三十五镑。美国人当然应该为自己的住处付出合理的费用，他们也非常愿意掏这笔钱，可不能接受勒索或者大发横财的行径。

　　我不知道此事由谁负责，不过你们最好查探一下并汇报给我：一、真实情况是怎么样的；二、是否有纠正的方法。

首相致空军参谋长及伊斯梅将军　　　　　　　　　1944 年 3 月 18 日

　　用机枪对意大利街区民众进行低空扫射的命令，是驻意大利的哪

---

　　[1]　指在外约旦举行的一些军事演习。——原注

支空军下达的？对罗马火车货运中转站展开轰炸，我非常理解，可是以上暴行，我坚信不是出自英国飞行员之手。

请专门针对此事，发一份报告给我。

首相致罗斯福总统　　　　　　　　　　　　　　1944 年 3 月 19 日

1. 在爱尔兰，我们始终以格雷的方法为行事准则；现在就对德·瓦莱拉做出承诺，还不到时候。要是有个医生同自己的病人说，刚刚拿给他的医治神经系统疾病的药，只是上了颜色的水，那么这个医生是不够聪明的。在我看来，让他们猜一段时间，最好不过。

2. 我没想中断英国和爱尔兰间必要的经贸活动，或者停止输送物资给爱尔兰。我的确准备在"霸王"之战启动前，严禁船舰自爱尔兰开赴西班牙、葡萄牙和其他外国港口。一艘船出港的时候虽是朝着某个方向开，可是在行进的路上，是能调转方向的。拦下船舶较为容易。以上行动在飞往外国的飞机上，也适用，我们竭尽所能将这些飞机拦下来。之所以这么做，并非想惹恼爱尔兰人，是想保护英国和美国将士的性命，以防德国驻柏林大使从海上或者天空派秘密使者将我们的计划透漏出去。从 1943 年年初到现在，只有十九艘船驶离爱尔兰港口，共计也没航行几次，因此我们采取的行动影响不大。另外，我们还切断了电话线，对通信进行了严密控制，又中断了英国和爱尔兰间的航运。我再说一遍，我们并不是有什么坏心，才采取的这些措施，而是为了自保。

3. 不过，爱尔兰若是为了报复我们，做了什么误人误己的事，比如不再在福恩斯航空港方面提供便利，那我相信我就能以切断爱尔兰横渡英吉利海峡的商业活动作为回敬。他们或许已经在玩新花招了，应该想想经济上的报复手段。我会在我们使用这些手段之前，通知你。

4. 德·瓦莱拉这伙人的忧虑，我认为不仅不应予以缓解，反倒应该使其产生好的作用。通过这种好的作用，我们将在幕后持续强化针对爱尔兰的行动，来防范机密外泄。守密工作截至目前做得是不错的。

5. 以上建议，我猜议会多半不会答应，因为赫尔先生曾经在自己的电报里说："然而，我反倒觉得，起码现在我们不该向报界表态，或者对爱尔兰政府承诺我们没打算进行经济制裁。"我希望你也是这么想的。

首相致伊斯梅将军，转参谋长委员会　　　　　　1944 年 3 月 19 日

战区的参谋长和总司令在表面上看区别很大。可事实上并没有很大区别。

两人均在办公室办公。两人均要按期去前线巡视，两人身边均总是环绕着被敌军空袭的危险。确实，两者相近的状况在多数情形下对集团军群的指挥官，甚至集团军的指挥官身上也是适用的，在使用军事技巧上，现代的条件和以前的已经截然不同了。所以没道理说马歇尔将军不应当拿苏联的勋章。

首相致海军大臣及第一海务大臣　　　　　　　　1944 年 3 月 19 日

这是一场重大灾难。那一千零五十五个溺水身亡的是什么人？是送出去的部队，还是送回来的部队，是英国人，还是美国人？

有这么一支舰队守护，为什么还是死了这么多人？[①]

首相致陆军情报局局长　　　　　　　　　　　　1944 年 3 月 19 日

此间你非要用"intensive（强烈的）"一词？正确的用词应该是

---

① 2月12日，"赫迪夫·伊斯梅尔"号英国运输舰在一支护航舰队的保护下从东非驶往锡兰，在靠近阿杜岛的地方，被一艘日本潜艇发射的鱼雷打中，不到两分钟就沉了。在这艘运输舰上有一千九百四十七人，其中有英军、美军和非洲的军队，以及妇女服务团的成员。英国驱逐舰很快就将这艘潜艇打沉了。——原注

"intense（热烈的）"。建议你看看福勒著的《现代英语用法》这本书里对两个词用法的解释。

首相致外交大臣　　　　　　　　　　　　　　　　1944 年 3 月 19 日

　　照我看，在战争期间，将一个在本职工作中用处极大、积攒了不少知识的人调往一个陌生的、所有事都得从零开始的环境中，是目光短浅的做法。听闻你现在准备调动两位大使。眼下，我们的确正处在我们人生和历史上的紧要关头；在这个紧要关头，我们应该只有一个目标，尽全力为民众提供帮助。

　　那些曾经做出贡献的伟大的大使，没有一个不是在这个职位上做了很多年的。麦斯基在美国已经干了大概十年。我小时候就知道德·斯塔埃尔先生，他的名字早就闻名英国。我记得佐韦莱若（葡萄牙大使）差不多已经出使英国十五年，或者更长时间了。这种例子数不胜数。

　　外交部明显不赞成大使在原本的职位上待太长时间，"布金斯的轮流制"原则确实对这个部产生了不小的影响。由于我们要派一个能力不俗的外交家去意大利驻守，所以让努埃尔·查尔斯离开里约热内卢，我是赞成的。对于此次调动，巴西那边觉得十分可惜，这话是你自己告诉我的。我自然不想大使一职让此次调动弄成"一般职务"，让所有大使都去了他们陌生的环境里。若是如此，那我觉得此种做法让人痛心。这些年的经验告诉我，大使的常规任期应该是六年，只要他没有做出不适合出任这项工作的错误或者违背政府方针，就不应该早早将其调回。

首相致下院领袖及陆军大臣　　　　　　　　　　1944 年 3 月 29 日

　　陆军部正在拟定年度提案，我觉得应当趁此机会对我们当前的措施进行以下改进：

　　1. 应确实规定，为让各军衔的服役军官能被选作选区候选人，应该为他们提供各种方便，只要合乎情理。

2.一切现役军官（除议员以外），无论所属党派为何，都不能参与政治性的示威或者运动。参加集会是可以的，但在他们没停止服役之前，不能上台发言。

3.对于参加补选的军人候选人，应该从他发表竞选演讲那天或者正式参与其他竞选行动那天开始给假，一直到公布选举结果之日结束。在这之后，他身为议员的权利就开始生效了。

4.以后应该将有关严禁正规军官成为选区候选人这一条令的失效期予以延长，直到战争结束为止。除非战争终止，否则正规军官和"只在战时服役"的人员，应当享有同等待遇。

5.隶属军队的议员，不仅能在自己的选区讲演，在其他一切选区都有这种自由。

请你们针对这一问题展开讨论，并和海军部、空军部协商解决，这两个部也必须如此处理。

4 月

首相致石油大臣杰弗里·劳埃德先生　　　　　　　　1944 年 4 月 1 日

听闻驱雾装置于 3 月 18 日在菲斯克汤得到了成功应用，能见距离从二百码提高至一千五百码，在这个装置的帮助下，五架轰炸机顺利降落，所有这些事引起了我浓厚的兴趣。此种装置的性能如此优异，我非常开心。珍贵的性命和装置在你们不懈的努力下得以保存，这是对你和你的部门的最好回报。我绝对赞成你对此种装备进行深入开发。

首相致彻韦尔勋爵　　　　　　　　　　　　　　　1944 年 4 月 1 日

从在意大利本土开战起到现在，我方伤亡人数如何，请告诉我。

要对这个数字进行研究：首先分析投进战区的军队人数，其次分析伤亡和失踪比例。注意，投降和被抓均算"失踪"。失踪人员占比越小，我们的名声就越响。

首相致伊斯梅将军，转三军参谋长及副参谋长　　　　1944 年 4 月 2 日

　　为了支援与"霸王"战斗计划相关的各个港口，请尽全力对必备的联合王国的防空体系进行整顿。与此同时，为其他地方提供合适的安全保证，仍由你负责，当然这些地区的防空力量要削弱一些。不用说也知道，英国民众会尽全力支持我们的一切工作。

首相致伊斯梅将军，转三军参谋长　　　　　　　　　1944 年 4 月 2 日

　　在我看来，眼下毒气供给已十分充足，裁掉这方面百分之四十的相关人员应该问题不大，加上已经裁掉了的百分之十，即再裁百分之三十的人即可。请与军需部协商之后，将你们的结论告诉我。

首相致陆军部长及空军部长　　　　　　　　　　　　1944 年 4 月 2 日

　　听闻新杀虫剂滴滴涕的效果极佳。因为这种杀虫剂还需一段时间才能投产，因此，你们向军需大臣提出的需求量一定要能真正满足你们的全部需要，尤其是亚洲战区的需要。

　　请告诉我眼下情况如何。[1]

首相致副首相　　　　　　　　　　　　　　　　　　1944 年 4 月 2 日

　　在我看来，若不是租金太高，这件事比德尔·史密斯是不会跟我说的。一套中等规模的公寓房间的租金一周要二十八镑，一所小规

---

　　[1]　参见 3 月 9 日致军需大臣的备忘录。——原注

模的宅院的租金一周要三十五镑，这好像并不在正常范围内。或者可以让波特尔勋爵亲自调查这些个别事件。无论如何，只要他去和比德尔·史密斯将军谈了，我们就算尽责了。[1]

首相致粮食大臣   1944 年 4 月 2 日

非常棒。你不受理这种鸡毛蒜皮的举报（举报一个面包商），并且将那些鸡蛋里挑骨头、鸡零狗碎及不可一世的官僚主义条款从规章制度中抹掉，所有这些会让你收获大家的认可。一个声望不俗的大机构最容易受这种官僚主义条款所害。

首相致工程与建筑大臣   1944 年 4 月 2 日

你就我写的"特殊时期住宅事宜"所阐述的看法，我绝对赞成。请根据你的看法对我的稿件进行修改，之后将修正稿付印。

另外，相比于"Prefabricated（预制构件的）"，我们肯定有更合适的词，"ready-made（已做好的）"一词会不会更好？

首相致内政大臣   1944 年 4 月 3 日

现在的法院为什么仍要引用 1735 年的《巫术法案》，请交份报告予以解释。国家得为此次审讯出多少资金？——得从朴次茅斯传唤证人；要保证他在人声鼎沸的伦敦生活两周；法院还得因为这种腐朽愚蠢的事奔走忙碌，进而妨碍法院必须完成的工作。

首相致蒙哥马利将军   1944 年 4 月 4 日

你前天晚上曾经和我说起过第六警卫集团军坦克旅之事。这件事

---

① 参见 3 月 14 日的备忘录。——原注

我曾再三考虑,预备找时间与你和陆军部讨论。与此同时,我已经说了,不打算采取措施解散该旅。

首相致陆军大臣及帝国总参谋长　　　　　　　　　　1944 年 4 月 4 日

　　1. 眼下有个第六警卫集团军坦克旅,配备着最新式的"丘吉尔"坦克。这些人曾因为某个特定的目标共同训练过两年多的时间,我认为,现在解散该旅,将他们分散到一般的军队中,不管是装甲师里,还是步兵警卫队或者常规步兵,都是极大的浪费。任何与此相关的行动都不要做,等我进行过充分的讨论再说。

　　2. 我有个建议,大家可以考虑一下,就是让这三个旅——警卫装甲师里的两个旅和第六警卫集团军坦克旅并肩作战,然后在将士的死伤、车辆的损耗中精简,直至力量减少为一个普通师。如此,我们首先就获得了一支较为强大的力量,它的成员源于从严格受训的精英中挑选,而非使用如下手段获得:白白挥霍掉一些精英,且损坏了辛苦建立的整体性。我深信你肯定会赞成我的这种建议。

首相致陆军大臣及帝国总参谋长　　　　　　　　　　1944 年 4 月 9 日
　　(并请蒙哥马利将军一阅)

　　1. 你问我的那几个问题,我认真地研究了。对于警卫集团军,我们怎么就不能用正规步兵来对其进行填充,却任由它日渐缩水?苏联人就这么做,他们大量设立警卫师。德国人也在强化这块,例如,组建近卫装甲师,事实上这种师用的人没有步兵师多,主体由从飞机场和伞兵里抽出来的勇敢的年轻人组成。他们一定会因为这些特殊的名号生出忠实之心。警卫军的表现确实对得起他们拥有的威信,在这件事上,任何人都不会心存疑虑。

　　2. 所以为充实警卫集团军,我打算从正规步兵中抽取力量,而为了保持当前的警卫集团军，除了用它自身的新兵补充，若有需要，用正规军的新兵补充也行。不过，在意大利的那两个旅，我已经决议要整合了，这一决定并不会因此发生改变。

3.在上面说的从正规步兵中抽取力量充实警卫集团军的方法之外，另外还有几条：

（1）赞成对那六个规模稍小的师进行精简，将剩下的人改成两个主力师。

（2）我反对解散第六警卫集团军坦克旅。[①]

（3）我同意解散第十装甲师的司令部及军队，但保留该师的装甲旅。

（4）应尽量把大批的皇家空军团人员从飞机场调出，合并到陆军的步兵队伍中去。其中一部分可直接补充警卫集团军。应当从皇家空军团中至少抽调两万五千人。

首相致国务大臣及亚历山大·卡多根爵士　　　　　1944 年 4 月 13 日

你不要忘了，我们正在肃清所有敌对分子，因为我们清楚他们并不效忠于我们或我们的事业，而且频繁将秘密泄露给苏联，就算我们和苏联合作时，也并无不同。法国委员会中有两名敌对分子，因此我们在向委员会传达机密时，一定要非常谨慎。

首相致空军大臣及陆军大臣　　　　　　　　　　1944 年 4 月 18 日

1.目前，在组织陆军时，我们遇到了军队人员减少的重大问题，所以我们必须想方设法寻找省人的方法。在我看来，那种专门用来守护机场的特殊队伍，我们已无力维持。皇家空军军团建立时，我们的

---

① 参见 4 月 4 日的备忘录。——原注

国家正承受着敌人入侵威胁，而机场的安危影响着我们的生死存亡。后来这个军团的人数已经慢慢变少。可是，眼下为填充陆军战斗部队，需要考虑是不是得从中抽出大部分人力了。请一起探讨这一建议。应当将皇家空军军团的人尽可能并入陆军正规步兵部队中。在我看来，起码要抽两万五千人。[1]

2. 这件事非常紧急，因此你们有什么切实的看法请及早告诉我。

首相致陆军大臣及帝国总参谋长　　　　　　　　　　1944 年 4 月 19 日

我觉得我们应该帮马特尔[2]想个办法。他是没在苏联有所斩获，可不能因为这个就指责他。他们把我们的人当作狗一样对待。在法国阿尔芒蒂埃尔周边，马特尔曾经指挥他的坦克兵团打了一场胜仗，赢得非常漂亮。在战争开始的前两年，他曾经出访苏联，提出的报告很有见地。我在坦克的问题上，和他有些不同见解，可是他在我眼里，的确是个出色的将领。肯定能找个职务给他吧。请告诉我你准备怎么做。

首相致亚历山大·卡多根爵士　　　　　　　　　　1944 年 4 月 19 日

关于"无条件投降"

我曾经同内阁说，我们预备正式对德国提出要求（若具体列明的话），完全没想过要对他们做出承诺。在德黑兰时，罗斯福总统和斯大林元帅均认为应该将德国划分为比我预想的还要小的小块。斯大林曾表示要大规模处死五万余人的德国参谋官和军事权威。无法确定他是不是在说笑。那时的氛围既轻松又紧张。但是，他的确表示要让四百万的德国男性为重建苏联而永远劳作。我们曾经答应波兰，他们

---

① 参见 4 月 9 日的备忘录。——原注

② 吉法德·马特尔爵士，一位陆军中将。——原注

能从东普鲁士获得弥补，并且他们若想，还能用奥迪河做边界。另外，还拟定了很多条款，以便瓦解德国，让德国永远无法卷土重来变成军事强国……

另一边，他们清楚，对意大利人提出的"无条件投降"，我们是以非常宽大的态度做出解释的；现在我们会看见，若罗马尼亚投降，我们会对他们提出什么条件。

首相致外交大臣及亚历山大·卡多根爵士　　　　　1944 年 4 月 23 日

让苏联及早对日宣战是我们最重大的目标。斯大林在德黑兰发表的声明，你应该还有印象。从这点看，日本和苏联签署的协议，若显示苏联生怕毁坏 1941 年 4 月的苏日中立协定，那这项协定恐怕对我们不会有什么"好处"。日本预备为这一协定做出重大妥协，他们对这个协定的看法，光是从这个事实里就能看出来，也证明他们指望苏联暂时遵守中立协定。从日本的角度看，这理所当然，可是我们却得不到什么"好处"。

首相致外交大臣　　　　　　　　　　　　　　　1944 年 4 月 29 日

1. 我赞成你有关和德国就被占国家的粮食救援事宜展开磋商的备忘录。眼下还影响不到见到敌舰就地击毁的海域一事，海军部因为对战斗有益才慢慢建立这种海域。

2. 不管是与瑞士，还是一切其他政府谈判，我们与之谈判的准则一定是我们所接受的。

3. 需要讲清楚，在救援欧洲时，我们必须让我国民众依照美国已经确定的供给或者粮食制表得到给养。

首相致海军大臣与第一海务大臣　　　　　　　　　1944 年 4 月 29 日

　　詹姆斯·萨默维尔海军上将在日方主力舰在新加坡时，曾经在沙璜发动了一场精彩的进攻，这件事增强了我们的信心。为什么我们要把他调走？

　　照我看，他熟知这一战场，能准确把握这一战场，且有勇于行动的气魄。放弃自己指挥战斗的工作去华盛顿，是他的意思吗？

首相致粮食大臣　　　　　　　　　　　　　　　　1944 年 4 月 29 日

　　你给我的所有报告，都没有提及美国要求了太多肉类的问题。我之所以答应暂时不和罗斯福总统谈，就是因为你说你会说这件事。我认为粮食部采取的原则为：美国若是答应我们的条件，我们就让它提条件给澳大利亚和新西兰。可是美国需要的数，相关政府，也包括我们自身的政府，要真的能拿得出来才行。

　　目前珍贵的肉类正在被浪费。美国人指责澳大利亚和新西兰正将自己的军队撤出战场，澳大利亚人却轻易驳斥说，他们之所以返回，是因为要给美国陆军生产肉制品。

　　你的回答若是不能让我满意，我只能给罗斯福总统致电。几周之前，我本该致电于他。

首相致彻韦尔勋爵　　　　　　　　　　　　　　　1944 年 4 月 30 日

　　海军部的这份文件（有关德国音响引爆鱼雷"蚊虫"）在我审批之前，请告知我，下列想法是否可行：

　　通过深水炸弹发射管，发射某种名为"鸣响器"的装置。这种装置也许是落在哪里就停在哪里（在水面上浮着或者沉入水里），并且有"鸣叫"声传出；为了拦截"蚊虫"，它或许还能活动。若按照对敌人攻击进行的合理推断，在合适的时候射出十五枚或者二十枚此种装备，那应该能将敌人引过来。

或者，在我们的船舰遇险时，让"鸣响器"环绕我们自己的船舰周边。若撞上船舰，它们不会有什么危害，不过或许能有力地守护舰尾。

不知道以上见解，是否有可取之处？

5月

首相致外交大臣与霍利斯将军，转参谋长委员会　　　1944年5月1日

将巴西师及早调去意大利，我非常支持。应当想方设法将该师送去意大利，当然，这得依照战争需求的紧急情况来定。不要认为这支军队只是起到象征的作用。上述方针在空军中队也适用。

首相致外交大臣　　　　　　　　　　　　　　　1944年5月4日

应该为内阁，或许也得为英帝国会议，起草一份文件，对我们和苏联政府因意大利、罗马尼亚、保加利亚、南斯拉夫，特别是希腊而产生的激烈矛盾进行说明，这份文件务必简洁，这非常关键。请尽可能将上述内容整合在一页纸内。

总体来说，分歧的源头在于：我们是否默认巴尔干地区？这件事今天卡廷先生曾经谈到过，不过我的基本意见是：对此事，我们必须给出确切的结论。当然，在这之前，我们得和美国协商。

首相致外交大臣　　　　　　　　　　　　　　　1944年5月4日

若将驻莫斯科的我国大使召回国内进行讨论，妥当吗？请就此研究一下。我们非常希望能和他谈一谈。不过，现在此种行为或许会让我们和苏联人间产生不小的误会。艾夫里尔·哈里曼已经启程回美

国了。

首相致伊斯梅将军　　　　　　　　　　　　　　1944 年 5 月 7 日

　　我不想在一场重要战事的前夕和记者见面，就算所说内容不会发表也是一样。亚历山大将军所持方针，在战事打响的那一刻，就可以反复告知新闻界，那时，新闻记者也能参战。近日，那不勒斯发的一些新闻——有一篇刊载于"柯里尔"杂志上，透露我们很快会发起攻击，这让我十分担心。需要将发起攻击之事，同敌人说吗？当然，他们或许觉得我们这么做太蠢，所以推测这明显是一种烟幕，可是钻这种空子并不稳妥。

首相致霍利斯将军　　　　　　　　　　　　　　1944 年 5 月 7 日

　　因为在直布罗陀开会时听到的某些议论，我确实曾经激烈反对这些派去阿尔及尔的军事代表团。这些人冲进阿尔及尔，在那闲适地生活，可事实上，那里完全用不到他们，这让我非常难过。躲在那儿的人本就不少，再加上他们的涌入，这些人中很大一部分已经彻底离开了战争。为了将这些拿着高额薪水，有着高明的技术和阅历的将领再次召集回来，做一些有用的事，我当然希望此事能得到解决。组建一支含有一千名高级参谋人员的"神圣军团"，让他们在指挥一些非常激烈的攻击上，发挥带头作用，应该是最佳方案。这些军事代表团，无论如何都该解散。

首相致军事情报局局长　　　　　　　　　　　　1944 年 5 月 7 日

　　请以国家（德国也在其中）为区分制作一份尽可能准确的报告，告诉我在意大利牺牲、受伤和被捕的人员数量。另外，报表里要尽量在每个分类中指明：牺牲和失踪的人员比例；牺牲、受伤和失踪的人员比例。因为战死、失踪和被俘，我们大概失去了三万八千人；而我们抓到的俘虏有三万五千人，在这个数目之外，大概还有两万人死在了战场上，这样加起来，德国失踪和战死的总人数大概是五万五千人，而我们损失的人员总数是三万八千人，其中有一万九千人牺牲。上述情况所发生的战场，我们的兵力总体上是远高于敌军的。虽然我们这边战死和失踪的人员数量比，没有美国那边让人满意，不过我认为，最后这次统计所得出的数字或许会让人非常满意。

首相致外交大臣   1944 年 5 月 7 日

    克拉克·科尔大使在莫斯科采取的行事手段，让人无法理解。显而易见，他总是亲自将电报送给莫洛托夫或者斯大林。这两个人，他看见谁就给谁。若这两个掌权人不在或者不肯见他，有时候，就要等上几天。当然，有些电报必须由他当面送交，可其他电文明明找个官员送去就行。我想知道这些事要怎么处理才妥当。例如，我们让人送一封言辞极为激烈的信过去，我觉得我们的人最好别在那里等着，听对方恐吓，有时候听完了恐吓之后，还得道歉，如此我们所说的话，就没那么有分量了。

首相致掌玺大臣   1944 年 5 月 7 日

    等这场仗打完，我们会欠印度一笔巨款，这种非常少见的结果你肯定没考虑过；它得到了我们的守护，可是我们欠它的钱甚至超过了我们在前一次大战结束时欠美国的。这种恐怖的结果，在你的来信中似乎完全没有考虑过。

首相致海军大臣   1944 年 5 月 10 日

    多谢你 4 月 5 日针对"蚊虫"的报告。我认为，若是在合适的时机，用深水炸弹发射管或者其他发射管将十五个或者二十个发声装置（可以叫为"鸣响器"）射到水里，"蚊虫"或许就会被引过来，或者找不准方向。

这种装置非常有用，像"猎狐手"装置必须用牵引器等缺点，它都没有。

听闻你正在对这些事展开分析和研究，非常开心。我希望你能及早将"鸣响器"用到战斗里。[①]

首相致波特尔勋爵　　　　　　　　　　　　　1944 年 5 月 14 日

从我跟你说，请你再建一些预制的样板间到现在，已经过去几个月了。[②] 听说建一栋样板间要用六周的时间；在塔特展览馆展览的样板间之外，又建一个，正运往苏格兰去展览；另外，还有两幢历经种种完善，很快就能建好。虽然所建样品的数量比我期望的少，但听说此种情况，我还是非常开心。你的样板间，应该让劳动妇女和各个阶层的人全都看到。那些正建着的房屋，请你加快建造速度。

首相致空军大臣　　　　　　　　　　　　　　1944 年 5 月 20 日

1. 此前曾经让你自皇家空军军团里抽两万五千人出来。[③] 此团建立的背景和目前截然不同。新的战斗即将打响，急需这些人过来对陆军进行支援。我非常希望能及早和你就此事进行详谈，可是这周三我要在下院发言，所以在这之前都没有时间。另外，我曾经让你在战士中抽两千精英，以补充警卫队。相比于在臃肿不堪的机场

---

① 参见 4 月 30 日致彻韦尔勋爵的备忘录。——原注

② 参见 4 月 2 日致工程和建筑大臣的备忘录。——原注

③ 参见 4 月 9 日的备忘录。——原注

周边游荡，防范已经不再威胁我们的危险，他们在警卫队里会更有用处。这件事请务必完成。否则，为了马上得到结果，就得将此事呈送战时内阁在下周二举办的特别会议了。我必须解释清楚，以调集必要人力为目的，设立的委员会对你提出的更多要求，并不会受此影响。

2. 陆军已经从自己的防空兵团中抽出了大量适合当步兵的人，在战争的这一时期，绝对不该让皇家空军兵团里的众多最出色的人承担毫无希望的工作。

3. 人员调动当然难度不大。去年年末，我们对登陆艇人员有极大的需求时，自陆军和皇家空军兵团抽调兵力给海军，就很好地证明了这一点。不少人都会积极主动地走上新岗位，而且我坚信，最近所有人都已经对此有了足够的认知，即一定要将人放在他们在共同事业中能够发挥最大作用的岗位上。

4. 因此，我有关调集两千人的需求，我想请你帮忙实现，时间有限，所求非常紧急。[①]

首相致帝国总参谋长   1944 年 5 月 21 日

我们得到消息，说因为没有充足的后勤支援，波兰第一装甲师无法战斗，这件事是真的吗？不妨适当地对这个出色的师进行一些整顿，来补充我们欧洲大陆的已经太过脆弱的力量。请向我报告后勤不足的状况。

首相致制造大臣   1944 年 5 月 21 日

对于你 5 月 11 日提交的有关盘尼西林的备忘录，表示感谢。

---

① 1944 年 6 月，完成了这两千人的抽调。——原注

当然要尽量想办法从美国那边得到最多的数量，不过任何事都不能影响我们自身来增加产量。看上去，我们今年仍旧无法大规模生产。

首相致桑兹先生   1944 年 5 月 21 日

请看一下这份报告——奥康纳将军关于"克伦威尔"式坦克的装甲护板和逃脱装置的报告，并在明天把你的看法以书面形式交上来。我有这么一个看法：坦克上层隔断中的火药和汽油若是着火，下方隔断中的人将很难跑出去。我的这个疑虑，或许你能帮我消除。

首相致外交大臣   1944 年 5 月 22 日

1. 对于外交部的备忘录，有些人是这么看的：你若是连着看奇数段和偶数段，你就能彻底弄清所说事项的正面和反面。我们若直接告诉美国和苏联："在这个时候，我们反对让意大利拥有同盟国地位"，有何不可？

2. 这封电报我看过了，它清楚地阐述了所有办法的每个支持和反对的意见，可却得出了这么一个如此让人难以置信且出乎意料的结论："只要条件允许，就马上和意大利签署部分协定。"似乎表示，就算所有政府共同开会协商，等希特勒倒台了，也不会签协议，仅仅是长时间的停战。

3. 我相信，你肯定能发现，简洁清楚地表明我们的态度会更有力，也更易于被顶层领导人知道。请告诉我你是怎么想的，如果你觉得我的看法不对，就更要告诉我了。

首相致外交大臣、军事运输大臣、制造大臣及粮食大臣

1944 年 5 月 23 日

所有这些问题（为了执行"霸王"战斗计划而削减进口量）需由莱瑟斯勋爵和艾森豪威尔将军商议决定，不过我曾经表示，我可以在以后的四个月里，再放弃五十万吨的进口量，不过有个前提，就是在这之后，美国得在两到三个月内将这个数量补上。一年输入两千四百万吨，这个数是我们必不可少的最低标准。

首相致外交大臣　　　　　　　　　　　　　　1944 年 5 月 23 日

我看见一份文件，里面说法国临时政府将得到苏联的承认。你在我的同意下发给克拉克·科尔的电报，斯大林可能还没收到，不过这件事关系重大，因为在这个问题上，我必须和罗斯福总统站在一边，不能让别人觉得我和苏联一起反对他。

我们若是非表态不可，这种行为是非常不妥当的，即还没等苏联询问我们的意思，现在就和美国商议起来。可是就算如此，也好过我们和苏联联系，对抗美国。实际上，我们原本可以不管这件事。苏联没权力在不和自己的两个盟国协商的情况下，就采取这一程序的，毕竟这两个国家正承担着西线的所有作战任务。

首相致伊斯梅将军，转参谋长委员会　　　　　1944 年 5 月 25 日

1. 英帝国无论如何要派军队去已经收复的领地驻守，这显而易见。"师"这个字意义不明，若用它来表达守军数量，事情解决起来会很麻烦。只要将敌人驱逐出去，我们就可以按照相关地区的特殊情况，适当地派营、装甲车连，偶尔派一些大炮和坦克过去，一点儿问题都没有。派出大量印度部队，肯定能完成此项工作。

2. "师"是可以进行顶级武装行动的活动单元。和它相比，为维

持国家稳定而需要的那种固定的或者机动的警察队伍区别极大。这些警察队伍里总是要掺杂一大部分当地人的，并且他们从来不用考虑使用七十门大炮的事。

首相致外交大臣   1944 年 5 月 25 日

我认为，三个或四个大国，是整个组织中使用军事手段防范战争的负责人或者委员会，而有关经济的问题，我认为应该由远比这个大，并且要能真的发挥效力的机构来处理。你应当讲明这么一点，就是我们没准备让三个或四个大国称霸整个世界。恰恰相反，他们的胜利，使他们担负起了防止战争再次爆发这个神圣的服务于整个世界的使命。由（比如）苏联或者美国拟定的经济、财政和货币制度，我们自然不会遵从。

控制世界所有国家，并不是世界最高会议或者执行委员会的目标。它的目标是让各个国家不再彼此杀戮。我相信，我以危及国家主权的视角为出发点，可以有效地维护以上原则。

首相致粮食大臣   1944 年 5 月 27 日

听见你就有关改善粮食供应事宜发表的言论，我非常开心，而且觉得你这么做非常明智。无论是在旅馆、小型商店，或是一般人的私人生活中，因为鸡毛蒜皮的日常小事而引发的麻烦，都是应该消除的。不管做什么事都不应该故意让人难做。我国在粮食供应上做出的伟大努力，曾经让我们信心高涨，曾让民众感觉不到阶级差异，那些琐碎细小又无法执行的规定不应该影响这项伟大的工作。对于这件事，你是什么看法，望告知。

首相致外交大臣   1944 年 5 月 27 日

　　我已经将一封得到我们两个认可的重要电报给斯大林发过去了。这封电报没能及早送出去，的确让人非常遗憾。大使若是觉得这封电报不合适，总能找到机会提醒我们，并且若情况特殊，他还能随机应变。不过，没必要让电报在莫斯科耽误四五天或者六天这么长时间，等待着斯大林的接见，或者等着他从战场回来。让一个穿军装的军官将电报当成信送过去，还会受到刁难不成。

　　有时会发生误会，是因为人们发出电报后，过了很久都没接到回复。可等他们收到回复后，却发现回答让人非常满意，不过，在他拿到回复之前，却始终在朝不好的方向忖度着对方为何沉默不言，所以信件一定要及早送，千万别延误。[①]

首相致帝国总参谋长   1944 年 5 月 27 日

　　务必让波兰师参与作战。这一方面是因为这支军队在战斗上非常优秀，还因为它辉煌的战绩有利于保持波兰国家的生机不灭，以后很多事都得靠这点。请就这个师缺少的后勤种类列一份名录给我，要在上面标明需要多少车辆、军官和人员等数字。

　　除此，比德尔·史密斯将军表示，他可以帮忙自非洲和美洲空运几支小分队过来给这个师。[②]

首相致飞机制造大臣   1944 年 5 月 27 日

　　对于"德·哈维兰"喷气式飞机创下的一小时五百零六英里飞行记录，请接受我诚挚的祝贺。请将我的祝贺转达给相关人员。

---

① 参见 5 月 7 日致外交大臣的备忘录。——原注

② 参见 5 月 21 日致帝国总参谋长的备忘录。——原注

听闻你提议让政府新建立的公司集中展开改进喷气式飞机的工作，这让我觉得有点儿担心。近期有不少针对研究和推进工作的讨论，觉得不该放到一起，应该鼓励各自展开。我非常明白，喷气式飞机的改进在很多方面遭遇的延误，或许使你觉得需要建一个新部门，可是我认为将研制喷气式飞机的工作迁出恩巴勒并非明智之举；据我所知，那里已经做了不少坚实的工作，而且在那儿，引擎和飞机的改进也有利于同时展开。[①]

首相致燃料及动力大臣　　　　　　　　　　　　1944 年 5 月 27 日

此类荒谬事（据《约克郡邮报》刊载，因为跟邻居借煤，一户人家曾经被罚了一镑，又交了两枚金币的煤赀），我希望你能予以制止。最能让一个机构失去人心的，就是这种琐碎的官僚主义的蠢事了，这种蠢事时常发生。我认为，这只是下层官员或者一些委员会做的众多糊涂案中的一个典型罢了。

为了惩一儆百，你应当处理相关人员。

首相致海军大臣及第一海务大臣　　　　　　　　1944 年 5 月 28 日

1. 苏联人要是太蛮横，就完全可以跟他们不客气。相比于切实的言辞，举止上的表态更妥当，因为他们能将前者写进报告；再有，他们的高官若是太过失礼，我们也以故意无礼回应他们。的确应当让他们知道，我们不怕他们。

2. 另一边，在交接船舰时（用英国战舰代替意大利战舰），他们若是想举行某种特殊典礼，那务必郑重其事，给民众留下一个非常好的感觉。我当然不会因为这件事写信给斯大林。对于此事，应

---

① 参见 1943 年 7 月 31 日和 10 月 6 日的备忘录。——原注

当是苏联人对我们表示感谢，而不是我们对他们表示尊敬。应该尽可能让两方下层将士友好相处，他们从未因为交接船舰而对我们表达过谢意，一个字都没有。在他们对船舰的需求上，我们是主要供应国家。一个人若是羞辱了你，你能找到千百种办法让他感受到你对他的怒气。

3. 可是，他们的行为若出现改善，你就得小心，尽可能鼓励他们这种改善。

首相致盟国远征军最高副统帅　　　　　　　　　　1944 年 5 月 29 日

你 5 月 11 日有关梅利 – 勒 – 坎普（德国坦克训练营）的备忘录，非常感谢。毫无疑问，攻击这个集中的靶子是一次大胜。我们强烈要求将此种战斗行动的优先级提到最高，看上去是对的，它不会伤害到法国人，却能直接瓦解德国大军。

你们是不是已经超出了（导致法国平民死伤）一万人的限额？

四、因受敌方攻击，英国、盟国和中立国每月损失的船舰总数

月份	英国		盟国		中立国		共计	
	船数	总吨数	船数	总吨数	船数	总吨数	船数	总吨数
1943 年 1 月	19	98,096	24	143,358	7	19,905	50	261,359
1943 年 2 月	29	166,947	39	232.235	5	3,880	73	403,062
1943 年 3 月	62	384,914	53	303,284	5	5,191	120	693,389
1943 年 4 月	33	194,252	27	137,081	4	13,347	64	344,680

月份	英国		盟国		中立国		共计	
	船数	总吨数	船数	总吨数	船数	总吨数	船数	总吨数
1943 年 5 月	31	146,496	26	151,299	1	1,633	58	299,428
1943 年 6 月	12	44,975	13	75,854	3	2,996	28	123,825
1943 年 7 月	30	187,759	26	166,231	5	11,408	61	365,398
1943 年 8 月	14	62,900	9	56,578	2	323	25	119,801
1943 年 9 月	12	60,541	15	94,010	2	1,868	29	156,419
1943 年 10 月	11	57,565	17	81,631	1	665	29	139,861
1943 年 11 月	15	61,593	12	82,696	2	102	29	144,391
1943 年 12 月	10	55,611	21	112,913	—	—	31	168,524
总计	278	1,521,649	282	1,637,170	37	61,318	597	3,220,137
1944 年 1 月	16	67,112	9	62,115	1	1,408	26	130,635
1944 年 2 月	12	63,411	8	53,244	3	200	23	116,855
1944 年 3 月	10	49,637	14	104,964	1	3,359	25	157,960
1944 年 4 月	3	21,439	10	60,933	—	—	13	82,372
1944 年 5 月	5	27,297	—	—	—	—	5	27,297
总计	46	228,896	41	281,256	5	4,967	92	515,119

五、莫斯利夫妇的释放
宪法问题

　　一个具有重大宪法意义的内政问题，在我们在开罗和德黑兰开会这段时间，发展到了关键时刻。从 10 月初到现在，这个问题始终没能解决。为了不影响正文，我在此处讲述。

首相致内政大臣　　　　　　　　　　　　　　　　　1943 年 10 月 6 日
　　请将军医关于奥斯瓦尔德·莫斯利爵士健康状况报告的内容通知我。我曾经私下收到一些报告，说他病得非常重。
　　莫里森先生的报告证实了我得到的消息。他决定释放奥斯瓦尔德爵士和他的妻子。我知道这肯定会引发争议。

首相致内政大臣　　　　　　　　　　　　　　　　1943 年 11 月 21 日
　　关于释放莫斯利夫妇之事，我猜一些人会对你质疑。毫无疑问，你主要是以身体情况和人道主义精神来处理这件事的。可是你不妨考虑一下，是不是可以提出以英国人为了确保普通人不会遭到政府迫害而创立的伟大保障——"人身保护令"和陪审制的伟大原则为依据？政府行政部门将有权完全不遵照法律提出罪名就将一个人投进监狱，特别是有权永远不让和他身份一样的人对他进行审讯，这种行为实在让人愤懑；一切集权政府都以此种权力为根基，不管是纳粹政府，还是其他敌对政府，全是这样。只有国家遇到重大危险的时候，行政部门才能暂时使用此种权限；就算如此，使用此种权限，也得让"执行自由体制的议会"非常谨慎地予以说明。等过了危险期，这些被关押的人若是没有任何罪名能让法庭或者陪审官审理，那就该如同你坚持的那般被逐一释放。行政部门在危急时刻经议会同意获得的特权，在危急状况解除之后，也要解除。对民主体制而言，再没有比一个人只是因为不讨喜就被拘禁或者关押更恐怖的事了。这的确是文明的试金石。

内政大臣提议的这一步骤，在内阁成员间引发了截然不同的见解。此事我原本只是想就原则问题予以告诫，并不准备关心详细案情，不过对于内政大臣竭力支持的要求，我仍旧接受了。

首相（在开罗）致内政大臣　　　　　　　　　　　1943 年 11 月 25 日

在我看来，"人身保护令"和陪审制赋予个人的权利，现在已经不能用国家的危急状态作为理由予以剥夺了，所以第十八条第二款法令应该彻底作废。我认为不会有人坚决反对此事。当然，有些具有集权主义思想的人，他们希望用一张秘密逮捕令就将他们的政敌送进监狱，可是我相信这种人数量有限。在议会中，我多次表态，说自己憎恶这些特权，希望战争的胜利和国家赢得平安能终止这种权力的使用，可是，由于你采取的策略和这些看法不符，所以我准备暂时不提此事。

你按照人道主义精神行使职权，并没有错，人们若因此而对你议论不休，过几个月，你将会从民众的敬重中得到弥补。

首相（在开罗）致副首相及内政大臣　　　　　　　1943 年 11 月 25 日

1. 对废除第十八条第二款法令的演说予以改进一事，若在议会引发争论，我强烈要求使用此种言论：对我们来说，有责任使用此种权限，是将让人非常痛心之事，因为我们绝对赞成，此种权力违背了英国人民生活和历史的整体精神。国家处在非常危急的状况中，议会才赋予了我们这些权力，可我们一定要以人道主义精神来使用这些权力；可是，我们始终期待议会收回行政部门的这些权力。现在，我们已经赢得了伟大的胜利，并且我们的环境也远比之前安全，这让政府更想废除这些特权。虽然还没到完全停止使用这些权力的时候，可是已经可以信心满满地等候那天的来临了。

2. 行政部门有囚禁自己的政敌或者不讨人喜欢的人的权力，这种集权主义者持有的想法，不管怎样，我们都该予以遏制。"人身保护令"和陪审员根据法律审理受理案件，这是英国人的基本权利，此种权利的彻底恢复是应该得到欢迎的。我必须告诫你们，内政部门若想以特殊措施掌控少数的某些人，进而违背这些总体方针，那或许会造成我们和抱有集权主义思想的人之间的重大矛盾。在这么一场辩论里，下院里的大部分人和全国广大人民群众肯定会站在我们这边。不管怎样，我都要尝试一下。我认为，申明你们是迫不得已才接受此种权力，你们自身觉得痛心，而且严肃表态，说你们决定得非常谨慎，以人道主义精神来使用此种权力，是最佳的解决方案。望你们能持之以恒。

此时艾德礼先生同我说，内政大臣释放莫斯利夫妇的建议得到了内阁的批准。但是，我听说议会里有不少人对此争论不休，不赞成这么做。

首相（在德黑兰）致内政大臣　　　　　　　　　　　1943 年 11 月 29 日

1. 我这个首相和内阁都会支持你，所以你要做的只有一件事，就是持之以恒。毫无疑问，在发生直接辩论时，你会得到大部分人的赞同。

2. 不用急于解决第十八条第二款的事。不过，我当然希望你能表现出对此种权力的憎恶，声明你虽然因国家处于危险之中而不得不使用这些权力，但你是觉得痛心的，并且衷心希望能够恢复常态。身为一个民主国家的官员，就该坚持此种立场。

在对这场胁迫着他的狂风暴雨进行抗争时，莫里森先生表现得非常坚定勇敢，而这场暴风雨也按照一般规律平息了下来。一个因为惧怕责骂而不敢做事的人，一个无法在议论纷纷中勇往直前的人，怎么能在艰苦时期中担任大臣呢?

首相（在德黑兰）致内政大臣 1943 年 12 月 2 日

恭喜你赢得了下院的有力支持。你在履行你的那项难度极大、让人愤懑的工作时，展现出的英勇和人道主义精神，会让你得到不列颠民族的敬重。

六、各部大臣名录
1943 年 6 月—1944 年 5 月

[用斜体字表示的人名为战时内阁成员]

首相兼第一财政大臣及国防大臣	温斯顿·丘吉尔先生
海军大臣	A.V. 亚历山大先生
农业和渔业大臣	R.S. 赫德森先生
空军大臣	阿齐博尔德·辛克莱爵士
飞机制造大臣	斯塔福德·克利普斯爵士
缅甸事务大臣	L.S. 艾默里先生
兰开斯特公爵郡大臣	（1）达夫·库珀先生 （2）欧内斯特·布朗先生（任命于 1943 年 11 月 17 日）
财政大臣	（1）金斯利·伍德爵士 （2）约翰·安德森爵士（任命于 1943 年 9 月 28 日）
殖民地事务大臣	奥利弗·史坦利上校
自治领事务大臣	（1）克莱门特·艾德礼先生 （2）克兰伯恩子爵（任命于 1943 年 9 月 28 日）
经济作战大臣	塞尔伯恩伯爵
教育委员会主席	R.A. 巴特勒先生（根据 1944 年教育法案这项职务改称教育大臣）

粮食大臣	（1）伍尔顿勋爵 （2）J.J.卢埃林上校（任命于1943年11月12日）
外交大臣	安东尼·艾登先生
燃料及动力大臣	G.劳埃德·乔治少校
卫生大臣	（1）欧内斯特·布朗先生 （2）H.U.威林克先生（任命于1943年9月17日）
内政大臣	赫伯特·莫里森先生
印度事务大臣	L.S.艾默里先生
新闻大臣	布伦丹·布雷肯先生
劳工与兵役大臣	欧内斯特·贝文先生
司法官 检察总长	唐纳德·萨默维尔爵士
苏格兰检察总长	J.S.C.里德先生
副检察总长	戴维·马克斯韦尔·法伊夫爵士
苏格兰副检察总长	戴维·金·默里爵士
大法官	西蒙子爵
枢密院长	（1）约翰·安德森爵士 （2）克莱门特·艾德礼先生（任命于1943年9月28日）
掌玺大臣	（1）克兰伯恩子爵 （2）比弗布鲁克勋爵（任命于1943年9月28日）
国务大臣	R.K.劳先生（任命于1943年9月25日）
不管部大臣	威廉·乔伊特爵士
主计大臣	彻韦尔勋爵
年金大臣	沃尔特·沃默斯利爵士
邮政大臣	H.F.C.克鲁克香克上尉
制造大臣	奥利弗·利特尔顿先生
建设大臣	伍尔顿勋爵（任命于1943年11月12日）

苏格兰事务大臣	托马斯·约翰斯顿先生
军需大臣	安德鲁·邓肯爵士
城乡计划大臣	W.S.莫里森先生（任命于 1943 年 2 月 5 日）
贸易大臣	休·多尔顿先生
陆军大臣	詹姆斯·格里格爵士
军事运输大臣	莱瑟斯勋爵
工程与建筑大臣	波特尔勋爵

驻海外大臣：

驻中东国务大臣	（1）R.G.凯西先生（任职至 1943 年 12 月 23 日） （2）莫因勋爵（任命于 1944 年 1 月 29 日） （3）爱德华·格里格爵士（任命于 1944 年 11 月 22 日）
驻华盛顿供应大臣	（1）J.J.卢埃林上校 （2）本·史密斯先生（任命于 1943 年 11 月 12 日）
驻地中海盟军总部大臣	哈罗德·麦克米伦先生
驻西非大臣	斯温顿子爵
驻中东副国务大臣	默因勋爵（任职至 1944 年 1 月 29 日该机关撤销为止）
上院领袖	克兰伯恩子爵
下院领袖	安东尼·艾登先生